A CHUVA DESMANCHA TODOS OS FATOS

ENSAIOS DE FILOSOFIA

**A CHUVA DESMANCHA
TODOS OS FATOS**
ENSAIOS DE FILOSOFIA

Déborah Danowski

© Déborah Danowski, 2024
© n-1 edições, 2024
ISBN 978-65-6119-034-3

Embora adote a maioria dos usos editoriais
do âmbito brasileiro, a n-1 edições não segue
necessariamente as convenções das
instituições normativas, pois considera a
edição um trabalho de criação que deve
interagir com a pluralidade de linguagens e
a especificidade de cada obra publicada.

Coordenação editorial
Peter Pál Pelbart e Ricardo Muniz Fernandes

Gestão editorial
Gabriel de Godoy

Assistência editorial
Inês Mendonça

Preparação
Ana Cristina Joaquim

Revisão
Fernanda Mello

Projeto gráfico
Danowski Design

A reprodução parcial deste livro sem fins
lucrativos, para uso privado ou coletivo, em
qualquer meio impresso ou eletrônico, está
autorizada, desde que citada a fonte. Se for
necessária a reprodução na íntegra, solicita-se
entrar em contato com os editores.

1ª edição | 1ª reimpressão | fevereiro, 2025
n-1edicoes.org

REVIRAVOLTAS

A CHUVA **DESMANCHA** TODOS OS **FATOS**

ENSAIOS DE FILOSOFIA

Déborah Danowski

n-1
edições

Coleção Reviravoltas

Coordenação:
Eduardo Viveiros de Castro
e Déborah Danowski

Quando o mundo se torna a cada dia mais hostil,
é preciso desviar a flecha do tempo, fazer
com que ela chegue ao outro lado do futuro. Uma
reforma agrária do pensamento: uma outra
cartografia dos territórios existenciais, uma outra
geologia do transcendental. Os textos da
Reviravoltas — uma coleção que, como diria
o filósofo, inclina, sem necessitar — convidam
os leitores-viajantes a se juntar à tarefa que hoje
se impõe a todos nós, a de despredizer a
catástrofe e retomar o sentido da terra.

Sumário

Agradecimentos 13
Prólogo 15

LEVANTES

CAPÍTULO 1
Levante de que terra? 21

CAPÍTULO 2
O hiperrealismo das mudanças climáticas 25
e as várias faces do negacionismo

CAPÍTULO 3
Por que precisamos (ainda e de novo) 39
falar de holocausto?

CAPÍTULO 4
A zona cinzenta da negação ontem e hoje 45

FIM DO MUNDO

CAPÍTULO 5
Duas ou três coisas que sei sobre o fim do mundo 61

CAPÍTULO 6
Um mundo vivo 79

CAPÍTULO 7
Transformações perceptivas e afetivas 89
na Idade da Terra

FILOSOFIA MODERNA

CAPÍTULO 8
David Hume e a questão dos milagres 111

CAPÍTULO 9
David Hume, o começo e o fim 131

CAPÍTULO 10
Nota sobre Leibniz e a perspectiva 145

CAPÍTULO 11
Indiferença, simetria e perfeição segundo Leibniz 157

CAPÍTULO 12
Leibniz e as voltas do tempo 183

CAPÍTULO 13
O conceito, o conceito do corpo e o corpo em Leibniz 205

CAPÍTULO 14
Ordem e desordem na *Teodiceia* de Leibniz 221

CAPÍTULO 15
Predicados como acontecimentos em Leibniz 237

DIVERTISSEMENTS

CAPÍTULO 16
***Divertissement* sobre Hume e o poeta cego** 255

CAPÍTULO 17
Filosofia com literatura: quatro casos de insônia 265

ENTREVISTAS

CAPÍTULO 18
**O Brasil secou:
o que a *Superinteressante* não mostrou**   281

CAPÍTULO 19
**Há mundo por vir?
A necessidade de pensar o impossível**   287

CAPÍTULO 20
**Um novo começo, ou:
bem-vindos aos muitos fins do mundo**   293

CAPÍTULO 21
Não tem mais mundo pra todo mundo   299

CAPÍTULO 22
Colapso climático: negação e crítica   311

CAPÍTULO 23
As lutas terão de ser perpétuas   323

CAPÍTULO 24
**O futuro da universidade
é não ter mais universidade**   329

CAPÍTULO 25
A espiral do tempo   349

BIBLIOGRAFIA   371

Para Eduardo, minha estrela-guia

a chuva desmancha
todos os fatos.
eu costuro os fatos
e esqueço a chuva.
solicitam-me tanto e tão pouco
que eu nem respondo.
tenho escrito
sobre coisas tão etéreas
que esmoreço.
os fatos pouco importam,
a chuva já se foi,
e eu não sei o que tento.
um cachorro passa,
abandono,
tanto faz.

24 maio 1980

Agradecimentos

Este livro não existiria sem o convite, o incentivo, a insistência e a confiança do amigo Peter Pál Pelbart. Além dele e das pessoas que menciono em notas a diversos textos, agradeço às minhas irmãs, Miriam, Ruth e Sula, companheiras de vida; aos meus pais, Esther e Carlos (em memória); aos estudantes e colegas pesquisadores do Núcleo Terranias de Pensamento Ecológico; e a todos mais que estiveram e estão de tantos modos junto comigo me ajudando a pensar, des-pensar, repensar. Dentre eles, Alexandre Nodari, Aline Alcântara, Alyne Costa, Bruno Latour (em memória), Cecília Cavalieri, Daniel Vázquez Nicli, Dora Cavalieri Penna, Flávia Cera, Frederico Benevides, Gwen-Elen Goddard, Irene Danowski Viveiros de Castro, Ivone Margulies, Jean-Christophe Goddard, Jeane Albani dos Santos, João Camillo Penna, José Márcio Fragoso, Juliana Fausto, Márcio Goldman, Marco Antonio Valentim, Mariana Lacerda, Marika Moisseeff, Maryvonne Menget, Michael Houseman, Peter Gow (em memória), Rodolfo Capeto (em memória), Rondinelly Gomes Medeiros, Rosa Maria Dias, Tania Stolze Lima e Virgínia Figueiredo.

Rio de Janeiro, 24 de setembro de 2024

Prólogo

Um pensamento me acompanhou durante todo o processo de organização desta coletânea de textos e entrevistas: a grande sensibilidade do material aqui apresentado à passagem do tempo. Não apenas porque os textos, inéditos ou publicados originalmente como artigos ou capítulos de coletâneas, foram escritos ao longo de quase trinta anos, e as entrevistas concedidas nos últimos dez anos, mas porque esses anos assistiram a mudanças tão radicais que algo fundamental parece ter-se rompido, tanto na filosofia como no próprio tempo.

A primeira grande mudança diz respeito ao ganho de consciência da filosofia dita acadêmica acerca de sua cegueira quanto ao seu papel na sustentação e justificação do colonialismo, do preconceito contra mulheres, LGBTs, negros, indígenas, bem como na imposição do modo de pensar e de existir do Ocidente aos outros humanos e aos "outros-que--humanos" de toda a Terra. Esse ganho de consciência não se deu por um qualquer nobre autoesclarecimento da filosofia, mas por um movimento que foi forçado sobre ela, às custas de muita coragem, enfrentamento e sofrimento por parte daquelas minorias. Ocorre que, como observo em uma de minhas entrevistas, nós, estudiosos da disciplina, com rarissíssimas exceções, simplesmente não queríamos ver, e por isso não víamos, não enxergávamos a presença em nossos filósofos preferidos, ao lado de tantas ideias verdadeiramente geniais e muitas vezes até revolucionárias, desses pensamentos deploráveis. Assim foi que, ao falar ou escrever sobre um ou mais filósofos, contanto que deixássemos explícito que se tratava de ideias alheias, ideias não nossas, não víamos muito problema em permitir que rastros de colonialidade, preconceito e exclusão transparecessem nas palavras ditas ou escritas. Por isso, o leitor encontrará, em alguns capítulos aqui presentes, sobretudo em meus trabalhos sobre filósofos modernos, no caso de David Hume, expressões mencionando "povos bárbaros" e "ignorantes", e inversamente, afirmações de que a atribuição de "respeito e compaixão pelos inimigos", ou o "tratamento igualitário dispensado às mulheres" são características de povos "mais instruídos e de religiões mais refinadas"; e, no caso de Leibniz, junto à sua tese panpsiquista de que há almas em todo canto, mesmo na matéria inorgânica, uma inequívoca hierarquização dessas almas, que vão desde as "meras enteléquias" até os "espíritos", a quem se destinaria "o reino de Deus." Se tais expressões e pensamentos não diminuem o valor e o brilho desses (e de quase todos os outros) filósofos, eles entretanto não devem mais permanecer sob silêncio.

A segunda mudança, ainda mais radical, a mais radical de todas, foi a entrada brutal da Terra e do colapso ecológico global como personagens presentes em todos os aspectos de nossa existência, causando o rompimento do sentido do tempo e da história e a perspectiva do declínio e possível fim de nossa civilização. E mesmo internamente a esse acontecimento que se denominou de Antropoceno, tudo parece estar mudando o tempo todo, de modo que aquilo que se escreve a respeito torna-se defasado muito rapidamente. Começando pelo próprio nome dessa nova época geológica, que recentemente foi rejeitado pela Subcomissão de Estratigrafia Quaternária da União Internacional de Ciências Geológicas, o que não impede que continue a ser amplamente utilizado nos mais diversos campos. Enquanto isso, a Terra se aquece cada vez mais, as mudanças climáticas não param de se acelerar, assim como a gravidade e a frequência dos eventos extremos em todo o mundo. Por esse motivo, e infelizmente, quase todas as menções feitas por mim (por escrito ou em entrevistas) aos dados climáticos estão defasadas em maior ou menor grau. Em contrapartida, o negacionismo continua vivo e atual: no Brasil ele já aumentou (sobretudo durante o governo de Jair Bolsonaro), já diminuiu (com a reeleição de Lula, e sobretudo após as enchentes devastadoras no Rio Grande do Sul), e em todos os países vem assumindo formas distintas das anteriores, conforme os grandes poluidores e o mercado financeiro se dão conta, por exemplo, de que é melhor (para eles e por enquanto) optar por falsas soluções do que insistir na negação explícita.

A terceira mudança se deu pelo conjunto de acontecimentos de enorme impacto que tivemos nos últimos anos, alguns dos quais perduram até hoje. No âmbito global, a pandemia de Covid-19; no Brasil, o golpe sobre Dilma Rousseff, a prisão de Lula, a eleição de Bolsonaro, a eleição de Lula, as enchentes no Rio Grande do Sul, as secas e os incêndios na Amazônia, no Pantanal, a fumaça se espalhando sobre diversos Estados e cidades do país; na Europa, a guerra da Rússia contra a Ucrânia, que deixou ainda mais claro o papel nefasto, na geopolítica mundial, da dependência de nossa sociedade em relação aos combustíveis fósseis; no Oriente Médio, o ataque do Hamas a Israel, a guerra e o genocídio de Israel contra a população palestina em Gaza — que me fizeram entender que genocídios não se comparam, mas que, justamente por isso, o holocausto judeu durante a segunda guerra mundial não é, de direito nem de fato, a expressão absoluta do mal maior, e sobretudo não dá às suas principais vítimas o direito de oprimir e assassinar um outro povo. Essa mesma guerra, através de seus apoiadores principalmente na Europa e na América do Norte, nos mostrou (nos mostra) que ninguém tampouco está a salvo de ser um agente do silenciamento e do negacionismo ativo dos maiores crimes.

Diante desses e outros fatos, bastava que uma entrevista minha fosse concedida ou que um texto fosse escrito ou lido alguns meses antes ou depois de um desses eventos para que tudo mudasse, tudo exigisse uma reelaboração, uma precisão maior nas palavras. Em todos esses casos, preferi mencioná-los muito laconicamente neste pequeno preâmbulo do que encher de notas ou alterar mais radicalmente os respectivos textos ou entrevistas. Deixo o leitor à vontade para detectar e avaliar os pontos mais sensíveis do material aqui apresentado.

LEVANTES

LEVANTES

CAPÍTULO 1

Levante de que terra?*

Há levantes para serem celebrados, os quais, ainda quando terminam em morte e extermínio dos corpos daqueles que se levantam, continuam existindo, permanentemente acontecendo e reacontecendo, inspirando e des-diminuindo o mundo de muitas maneiras. Mas o que dizer do levante da Terra, esse acontecimento que os cientistas da Terra chamam pelo nome enganosamente grandiloquente de Época Geológica do Antropoceno, que outros preferem chamar de intrusão de Gaia, ou ainda de Capitaloceno, ou, mais simples e brutalmente, de colapso ecológico global, talvez de fim do mundo?

Quando a Casa do Povo me sugeriu falar sobre "o levante do planeta", eu me encantei com a ideia. Não deixa de ser um conforto pensar no que estamos vivendo como um grande levante, levante da Terra, pois seria como se cada seca severa, cada incêndio florestal, tempestade ou chuva torrencial, o próprio superaquecimento do planeta, cada um desses eventos cada vez mais extremos tivesse, afinal, um sentido maior que o de nossas pequenas vidas e mesmo que o da "humanidade", da espécie humana como um todo. "Estamos sofrendo as consequências do que plantamos, mas algo melhor surgirá daí, talvez não para nós humanos, mas, com sorte, para as outras espécies. A Terra, a vida ressurgirá." Mas então nos lembramos que muitas outras espécies estão sendo extintas; nos lembramos também que a espécie humana tem mais de 200 mil anos e o capitalismo industrial menos de dois séculos; que o Antropoceno (se esse nome for oficializado)[1] teve seu início mais provável no pós-guerra,

---

* Texto originalmente apresentado na Casa do Povo, São Paulo, no evento em Comemoração dos 80 anos do levante do Gueto de Varsóvia (abril de 2023), e em seguida publicado em Rivane Nuenschwander e Mariana Lacerda. *Reviravolta de Gaia*. Rio de Janeiro: Cobogó e n-1 edições, 2023. Por generosidade da n-1 e dos editores franceses, ele foi ainda publicado no final do volume *Não se dissolve um levante: 40 vozes a favor dos levantes da terra*. São Paulo: n-1 edições, 2023. Agradeço a Benjamin Seroussi pelo convite para falar na Casa do Povo nessa ocasião.

1 Em março de 2024, a Comissão Internacional de Estratigrafia (ICS) e a União Internacional de Ciências Geológicas (IUGS) rejeitaram a proposta de inclusão do Antropoceno como uma Época Geológica na Escala de Tempo Geológico.

e que portanto não estamos falando de um destino inexorável; que a maior parte dos membros de nossa espécie, justamente aqueles que estão sendo os primeiros a sofrer as piores consequências do colapso em curso, e com menos meios de resiliência, são os que menos contribuíram para ele, os menos "culpados". Se há um levante do planeta, da Terra ou mesmo de Gaia contra "os humanos", portanto, parece que não temos muito a comemorar.

Mas, é claro, não é nosso planeta que está se levantando, pois ele continuará seu curso de bilhões de anos, não para sempre, mas por muito mais tempo ainda, quer estejamos aqui ou não. Assim, se queremos acreditar em um levante contra a violência e a destruição — pois são levantes, pequenos ou grandes, que nos fazem acreditar —, precisamos nos perguntar, primeiro: quem se levanta? E sobretudo: de que lado estamos nós, enquanto coletivos e individualmente? De que lado nos colocamos (verbo no passado e no presente), de que lado nos colocaremos quando chegar a hora de defender os povos que resistem contra esse povo (uma certa Humanidade) que quer exclusividade para manter e expandir permanentemente seu modo de vida e seus privilégios?

Pois essa hora já chegou. Embora tentem nos fazer desacreditar, muitas terras, muitos mundos nunca pararam de se levantar. Toda terra tem um povo, e todo povo, inclusive um povo nômade, precisa de uma terra, o que é muito diferente de precisar ser seu dono, cercá-la e tê-la como único proprietário ou colono. A própria terra, afinal, o solo, é feita de uma multiplicidade de povos: insetos, fungos, bactérias, vírus, plantas; aves, mamíferos, e também de humanos. Há almas em todo canto, e por isso levante se diz no plural: levantes. A terra preta dos indígenas é em si mesma um levante, ou muitos levantes. As sementes crioulas são levantes. As baixas tecnologias são levantes. Hoje mesmo, portanto, neste exato momento, velhos e novos povos se levantam, em muitos lugares, movidos por diferentes premências.

O ecocídio é uma delas, uma premência, a mais extrema talvez, e não por acaso está em vias de se tornar um crime internacional, estreitamente conectado ao crime de genocídio. A proximidade entre os dois ficou claríssima em nosso país quando recentemente veio à tona o genocídio/ecocídio dos Yanomami, fomentado pelo governo passado, embora não seja a primeira vez que isso acontece na terra e ao povo Yanomami, e embora, ainda, este não seja o único caso que está acontecendo hoje. Por isso mesmo, os levantes de diversos povos indígenas no Brasil foram, talvez, o fato político mais importante na resistência ao governo fascista, cujos efeitos deletérios se fazem sentir violentamente até hoje. Mas há muitos outros levantes. As ocupações do MST e do MTST, o movimento dos agricultores-experimentadores pela convivência com o semiárido, as mulheres que lideram as comunidades em transição agroecológica, as comunidades quilombolas, os jovens pelo clima, os coletivos de catadoras e catadores — que transformam o lixo da produção em matéria de engendramento —, as greves de entregadores uberizados, a Teia dos Povos, as Zonas a Defender (ZADs) e o recente movimento na França chamado *Les soulèvements de la terre*[2], os zapatistas, que no final deste ano comemoram 30 anos de seu próprio levante. E, claro, a Intifada dos palestinos, que, assim como os indígenas e as mulheres, nunca desistiram de se levantar todos os dias.

Por que lembramos e comemoramos um levante, como foi o do gueto de Varsóvia? Para que ele não morra, para que ele continue existindo, inspirando outros, outros povos, e também a nós mesmos em outras situações e lugares, defendendo outros povos e coletivos, exigindo, combatendo outros inimigos, outros modos de fazerem matar e de morrer. Um povo, uma minoria se levanta quando se vê em uma situação extrema e insuportável ou quando enxerga com muita clareza um grande perigo à frente, um perigo extremo: o extermínio, a limpeza étnica, a queda do céu, o fogo e a lama do Antropoceno. Catástrofe, Holocausto, *Shoah*, *Nakba*. Com que enorme frequência temos ouvido essas palavras ultimamente. Ecocídio, genocídio. É contra todas elas que se dizem: Levante, *Mered*, *Intifada*.

Daqui a vinte anos, quando comemorarmos os cem anos do levante do gueto de Varsóvia, quem sabe em que mundo estaremos vivendo? Quem, que povo seremos? De que lado do muro estaremos? Que terra defenderemos? É pensando nessas perguntas que precisamos hoje repetir: "nunca mais!".

---

2 *Les soulèvements de la terre* (Os levantes da terra) é o nome de um coletivo de ecologia política surgido na França em 2021. Conhecido por sua luta aguerrida contra megaprojetos que comprometem territórios e suas populações, é constituído por mais de cem associações ou coletivos e 140 mil pessoas. Prega a desobediência civil e ações concretas. Em 2023, chegou a ser declarado ilegal pelo governo daquele país, provocando as mais vivas reações e contestações. [Nota de Nuenschwander e Lacerda, em *Reviravolta de Gaia*.]

LEVANTES

CAPÍTULO 2

O hiperrealismo das mudanças climáticas
e as várias faces do negacionismo*

A intrusão do tipo de transcendência que nomeio Gaia instaura, no seio de nossas vidas, um desconhecido maior, *e que veio para ficar*. E, aliás, talvez seja isto o mais difícil de conceber: não existe um futuro previsível em que ela [Gaia] nos restituirá a liberdade de ignorá-la; não se trata de 'um momento ruim que vai passar', seguido de uma forma qualquer de *happy end* no sentido pobre de 'problema resolvido'. Não seremos mais autorizados a esquecê-la. Teremos que responder incessantemente pelo que fazemos diante de um ser implacável, surdo às nossas justificativas. (Isabelle Stengers, *Au temps des catastrophes: résister à la barbarie qui vient*)

Introdução: "hiperobjetos" e "intrusão de Gaia"

As mudanças climáticas se incluem na classe desses objetos especiais que Timothy Morton[1] chamou recentemente de "hiperobjetos". Hiperobjetos são um tipo relativamente novo de objetos que, segundo Morton, desafiam a percepção que temos (ou que o senso comum tem) do tempo e do espaço, porque estão distribuídos de tal maneira pelo globo terrestre que não podem ser apreendidos diretamente por nós, ou então que duram ou produzem efeitos cuja duração extravasa enormemente a escala da vida humana conhecida.

Um exemplo de hiperobjetos são os materiais radioativos. O plutônio 239, por exemplo, tem uma meia-vida de 24.100 anos, de modo que sua

---

* Originado de uma palestra proferida em agosto de 2010, no II Encontro de Estudantes de Filosofia da Cidade de Goiás (UFG), o texto ganhou uma nova versão para ser enviado à Cúpula dos Povos (evento *Terraterra*), e pouco depois foi publicado na revista *Sopro* (Panfleto Político-Cultural), 70, abril de 2012, pp. 2-11. Florianópolis: Cultura e Barbárie.

1 Cf. Timothy Morton, *The Ecological Thought*. Cambridge, Massachusetts: Harvard University Press, 2010.

utilização no presente pode ter efeitos que duram mais do que já durou qualquer evento de que tenhamos notícia na história humana escrita. Um segundo exemplo é o aquecimento global e as mudanças climáticas que dele se seguirão em maior ou menor grau, podendo durar milênios até que sejam restabelecidas as condições climáticas que hoje conhecemos — só que então talvez não estejamos mais aqui para testemunhar esse restabelecimento.

A guerra atômica também pode ser dita um hiperobjeto. Há uns dois anos, ao ler pela primeira vez o manifesto sobre a bomba atômica escrito por Russell, Einstein e outros em 1955, fiquei enormemente surpresa ao pensar em como ele ainda é atual, em virtude de uma série de relações que se podem estabelecer entre a ameaça atômica e a ameaça representada pelo aquecimento global.

Como sabemos, o manifesto foi uma tentativa de alertar o mundo acerca dos perigos de uma guerra atômica. Pela primeira vez, a espécie humana dispunha dos meios tecnológicos para destruir a si mesma. E o que se pedia ali não era pouco: o que se pedia era que se pusessem em segundo plano disputas políticas e ideológicas, diferenças de raça e de nacionalidade, que se abrisse mão até mesmo da soberania nacional, se fosse preciso, em nome do fim das guerras, uma vez que, nas condições atuais, uma guerra mundial só poderia ter *um* desfecho: o fim da espécie humana. Um dos grandes obstáculos para que as pessoas se conscientizassem disso, continua o texto, é que "humanidade" ou "espécie humana" parece algo vago e abstrato demais, e era preciso que elas entendessem que o perigo era, ao contrário, muito preciso e concreto: a ameaça era a elas mesmas, a seus filhos e netos.

Há muitas semelhanças e muitas diferenças também entre o que estava exposto no manifesto de Russell/Einstein e os discursos ecológicos e mesmo científicos acerca do aquecimento global e das catástrofes que podem se seguir a ele. Uma diferença importante é que, no manifesto, simplesmente não se falava em "natureza", nem em outras formas de vida além da humana — exceto pelos peixes apanhados pelos pescadores japoneses após a bomba lançada sobre Hiroshima, que estavam contaminados, como os pescadores. Hoje, ao se falar em crise ambiental, não se pode deixar de lado o fato de que, sem as outras formas de vida, a espécie humana sequer existiria. Tudo está ligado, como diria Leibniz repetindo Hipócrates. E a extinção em massa de outras espécies muito provavelmente significaria, por si só, a extinção da nossa.

Outra diferença entre a ameaça nuclear e a ambiental é que o medo de uma guerra atômica era o medo de uma possibilidade — ainda que na época a guerra parecesse, e talvez até fosse mesmo, mais do que uma simples possibilidade, e em muitos momentos da história tenha chegado a ser bastante provável. De toda forma, embora as armas atômicas já estivessem aí, prontas e cada vez mais potentes, sempre foi e ainda é perfeitamente possível que elas jamais sejam usadas numa guerra. Por outro lado, caso isso aconteça, a catástrofe se seguirá muito rapidamente, de uma só vez. Se iniciada a guerra, ninguém terá nenhuma dúvida sobre o que estará acontecendo.

O aquecimento global, em troca, já não é mais apenas uma possibilidade, é uma realidade. Segundo alguns estudos, mesmo que hoje o mundo parasse completamente de produzir gases de efeito estufa, a temperatura da Terra iria subir mais de 2 graus Celsius até o próximo século, só como consequência do CO_2 e outros gases de efeito estufa que já estão circulando na atmosfera e nos oceanos. Por outro lado, os efeitos desse aumento sobre o clima serão bem mais lentos que os das bombas atômicas, serão esparsos e aparentemente desconectados uns dos outros. Isso, pelo menos, antes de os biomas atingirem seus chamados *"tipping points"* — pontos de não retorno, em que certas alterações retroalimentam outras, até gerarem comportamentos "catastróficos" (no sentido matemático do termo), e não lineares.

Temos visto nos últimos anos cada vez mais eventos climáticos extremos, e no Brasil não nos faltam exemplos desse tipo. As chuvas torrenciais que caíram sobre a região serrana do Rio de Janeiro em janeiro de 2011 foram bem reais, mas não é assim tão evidente que se possa relacionar esse fato aparentemente isolado às mudanças climáticas devidas ao aquecimento global. Como esse caso da região serrana, outras evidências vão se acumulando lentamente, e em relação a todas elas sempre é possível se perguntar se elas se devem ou não ao aumento da temperatura média da Terra. Um ciclone extratropical no sul do Brasil foi um evento climático tão inusitado que demorou para receber o nome apropriado: furacão, de categoria 1. A região amazônica teve num intervalo de 5 anos (2005 e 2010) duas secas extremas que só deveriam acontecer uma vez a cada século. Ondas de calor, chuvas, cheias e secas têm se sucedido de maneira cada vez mais frequente, deixando em situação de risco um número crescente de pessoas. Nada disso, entretanto, é suficiente para tornar concreto, objetivo, ou objetificável, o fato do aquecimento global. Quantos eventos extremos, quantas populações serão obrigadas e deixar suas terras e seus países, antes que finalmente se diga: "pronto: as mudanças climáticas já estão aqui"? Ao que tudo indica, elas só serão apreendidas como reais (exceto, é claro, pelos cientistas que fazem as medições e alguns cidadãos mais atentos) bem depois de já se terem instalado. É isso um hiperobjeto.

E essa maneira "hiperobjetiva" como se apresentam a nós as mudanças climáticas explica, ao menos em parte, a situação bizarra que envolve as discussões acerca desse fenômeno planetário, isso que Isabelle Stengers chamou de "a intrusão de Gaia" em nossas histórias ou nossas vidas, um acontecimento de tal radicalidade e magnitude que não poderemos mais nos dar ao luxo de desconsiderar.

Negacionismos

Por exemplo: podemos dizer com segurança que não há mais *controvérsia científica* sobre o aquecimento da Terra. A menos que queiramos desafiar todo o trabalho já realizado até hoje pelos climatologistas e outros estudiosos (e isso fica cada vez mais difícil, como estamos vendo), não há mais razão, cientificamente falando, para nos perguntarmos se as mudanças climáticas são reais ou não, se são antropogênicas ou não, nem se as suas consequências são ou serão graves ou não. Isso tudo já está estabelecido, e é aceito quase com unanimidade pela comunidade científica.[2] O que ainda se discute é o grau de gravidade, a velocidade do aumento de temperatura, o índice do derretimento das geleiras e da elevação do nível do mar, de que maneira o aquecimento global vai agravar a acidificação dos oceanos, como exatamente o novo regime de chuvas e secas vai se distribuir pelo planeta, como a biodiversidade vai ser afetada dependendo do grau de aumento, como a agricultura e a produção de alimentos vai ser afetada, quais as consequências sociais e políticas que advirão etc. Tudo isso dependendo de haver ou não uma diminuição nas taxas dos gases de efeito estufa lançados na atmosfera, da rapidez ou lentidão dessa diminuição. Isso estava já expresso nos últimos

---

2   Mais especificamente, por 97% dos climatologistas hoje em atividade. Diversas associações científicas no mundo todo endossam essa posição, além das Academias de Ciência de 19 países, entre eles o Brasil. Disponível em: http://www.skepticalscience.com/global-warming-scientific-consensus.htm. Acesso em 09 set. 2024. O artigo foi atualizado, passando a incluir pesquisas que mostravam um consenso de 99% em 2021.

relatórios do IPCC sob a forma das seis famílias de "cenários", dos mais otimistas ao mais pessimistas.[3]

Discute-se também a catástrofe em si (há toda uma escola nova de pensamento denominada de "colapsonomia", por exemplo), discutem-se as "saídas" para a catástrofe: ou melhor, se há saída e onde ela está; quais as melhores formas de mitigar as mudanças climáticas, e também as formas de adaptação a elas. Qual o "Plano B", em que entraria em cena a geoengenharia, se ele deve ser testado, e com que antecedência; quem teria o direito de implementá-lo ou de decidir sobre a forma dessa implementação. Discutem-se problemas de segurança nacional, de controle sobre os recursos hídricos e outros. Discute-se o que se quer e o que não se quer, que novas éticas devem valer de agora em diante (por exemplo, devemos ou não nos importar com as gerações futuras e, se sim, até que geração? Temos ou não o direito de lhes roubar a natureza amena que tivemos e talvez a própria existência?), o que deve prevalecer: nós ou nossos descendentes, a espécie humana ou os seres vivos e a natureza de maneira geral?

E no entanto, basta abrir os jornais ou ligar a TV para perceber o grau de esquizofrenia que acomete hoje nossa sociedade, e como esse consenso científico e de uma parte crescente dos meios mais "esclarecidos" (se podemos dizer assim) estranhamente não gerou um consenso da opinião, ou ao menos não gerou uma consciência da real gravidade da situação que estamos vivendo. Enquanto os cientistas (inclusive cientistas brasileiros) falam em um aumento de 4 a 6ºC na temperatura do planeta até o fim deste século,[4] aqui "embaixo", por trás da enxurrada de campanhas publicitárias das empresas que cada vez mais usam e abusam da maquiagem verde, limitamo-nos a discutir reciclagem de lixo e outras medidas proporcionalmente insignificantes, e o governo se empenha em destruir, pouco a pouco, a legislação ambiental construída a duras penas ao longo de décadas, difamando os ambientalistas como ecochatos e acusando-os de querer atrasar o desenvolvimento do país em nome de suas fantasias de mundos impossíveis. Boa parte da

---

3 Ver, por exemplo, o Quadro 3 (p. 30 da tradução para o português) do Sumário para Formuladores de Políticas do Grupo de Trabalho II do 4º *Relatório do IPCC* (IPCC 2007).

4 O INPE e o CPTEC, por exemplo, lançaram em 2007 um *Atlas de Cenários Climáticos Futuros para o Brasil*, com projeções climáticas para a segunda metade do século, em que partes da Amazônia aparecem com mais de 6ºC de aumento até o ano 2100 (ver CPTEC / INPE 2007).

esquerda ainda considera a preocupação com o meio-ambiente um luxo tipicamente burguês, ou se vê obrigada, muito a contragosto vale dizer, a "domesticar" a questão ambiental de modo a fazê-la caber dentro de seus esquemas cosmológicos clássicos, de conteúdo fortemente antropocêntrico e messiânico.

Para sermos justos, não são muitos os que, por aqui, se atrevem a negar abertamente a realidade do aquecimento global ou os que não admitem que ele seja causado pela ação humana (mas eles existem, e vão desde alguns cientistas raivosos — em geral de especialidades não diretamente relacionadas com o problema em causa — até vários representantes da bancada ruralista no Congresso Nacional). Reconheço que nossa situação sob esse aspecto é bem melhor do que a dos EUA, por exemplo, onde percebe-se cada vez mais uma identificação da posição republicana com o negacionismo climático, e onde há projetos de lei que propõem a abordagem nas escolas do tema das mudanças climáticas como uma mera controvérsia, semelhante àquela que oporia a teoria da evolução ao criacionismo. Não sei se chegaremos lá também, não duvido de nada. Mas o que predomina entre nós, de longe, são discursos sempre otimistas, que buscam diminuir a gravidade da crise e jogar para o segundo plano a preocupação com o meio ambiente, como se não estivessem em jogo as próprias condições de nossa existência (assim como da existência da maior parte das outras espécies do planeta).

Há vários tipos de negacionistas e negacionismos: há os por assim dizer independentes e há os que, por baixo do pano, são pagos por grandes corporações, pelas companhias de carvão, petróleo e gás para produzir artigos de jornal baseados em falsas pesquisas científicas.[5] Mas há ainda um outro tipo de gente que, por motivos diferentes, ou "não aceita" a realidade das mudanças climáticas, ou aceita, mas não tanto assim. São pessoas até bem esclarecidas, que dizem frases como: "ah, nisso eu não posso acreditar", "isso também não, aí já é demais", "isso aí já é catastrofismo"... "Catastrofismo não!".

---

5 Na verdade, existe uma história macabra por trás da aparente neutralidade reivindicada pelos negacionistas, que reclamam, por exemplo, o direito de não acreditar nas mudanças climáticas, de não acreditar no que dizem os cientistas do IPCC. Naomi Oreskes, da Universidade da California em San Diego, fez sobre isso uma longa pesquisa, que foi publicada em um livro escrito junto com Erik Conway em 2010, em que ambos expõem uma espécie de genealogia do negacionismo norte-americano.

Uma razão por que se nega o inegável (exceto pelas razões que acabamos de ver no caso norte-americano e em muitos outros) é que isso que é inegável é também intolerável. Se fôssemos encarar diretamente o que temos pela frente, isso exigiria de nós, aqui e agora, muito mais do que estamos realmente dispostos a fazer.

Tecnologia versus incivilização

Mas supondo que tenhamos coragem de encarar de frente a questão de quanto realmente temos que mudar (por exemplo, diminuir muito rapidamente em aproximadamente 90% a emissão dos gases de efeito estufa), a pergunta que vem em seguida, e que na verdade fundamenta aquela, é: mudar o quê para quê? Pode parecer claro: mudar nosso modo de vida insustentável para evitar o colapso. Mas colapso de quê? Do clima, dos ecossistemas, da vida no planeta. Essa é uma das respostas possíveis, mas, quase sempre (exceto no caso de algumas correntes ecocêntricas), ela vem complementada por uma referência preferencial à espécie humana — e, dentro desta, àquela que parece ser a única alternativa de vida digna de humanos, que é a *nossa* civilização. Assim, a expressão "salvar o planeta" quase sempre quer dizer, em primeiro lugar, salvar a vida humana no planeta e, em segundo lugar, salvar nosso modo de civilização, ocidental, democrático, capitalista, neoliberal, tecnológico e tecnofílico. A civilização do consumo, se possível (quando o enunciador está mais à esquerda) expandida suficientemente para promover um dia a inclusão nela de todos os homens, e a erradicação total da pobreza. Um mundo de classe média, para generalizarmos a fantasia de nossa atual presidente.

Quer dizer, a ideia é "salvar" o que nunca tivemos, aquilo que o capitalismo sempre prometeu mas só deu para uma pequena parte da população mundial. A ideia de salvação, assim, ganha um duplo sentido: *conservar* o que temos (ou manter para os mais abastados a vida que eles já têm, em maior ou menor grau) e ao mesmo tempo *redimir* a humanidade de seus pecados. Isso é no mínimo muito estranho, e, além do mais, simplesmente não é possível. Uma expansão ou um crescimento econômico ilimitado vem se mostrando, cada vez mais, um ideal não apenas utópico, mas paradoxal, o que fica evidente uma vez que entendemos que os recursos naturais que sustentariam esse crescimento, sendo a fonte última de qualquer tecnologia, são limitados, e que, além disso, também é limitada a capacidade que tem o planeta de processar os resíduos da atividade industrial. Essa ideia das limitações biofísicas para o crescimento econômico foi proposta pela primeira vez em 1971, pelo economista romeno Nicholas Georgescu-Roegen em seu livro *A lei da entropia e o processo econômico*, mas foi desprezada ou permaneceu simplesmente ignorada até bem recentemente, quando foi "redescoberta" e resgatada. Hoje ela começa a parecer óbvia como o ovo de Colombo. Não é mais possível esconder-se atrás do rótulo demonizador de "neomalthusianismo" para evitar encarar de frente a constatação de que há limites extra-econômicos ao crescimento econômico.

Dessa forma, a ideia de salvação ou resgate de nossa cultura e civilização pode esconder uma outra forma de negacionismo, presente em todos aqueles que, aceitando a realidade e a gravidade das mudanças climáticas, entretanto não veem para ela solução possível fora de um aprimoramento, uma correção, um aperfeiçoamento por assim dizer "verde" ou "ecológico" da sociedade (cristã-capitalista) e do modo de vida (tecno-industrial) que criaram esse monstruoso problema. Não apenas não queremos abrir mão dos avanços tecnológicos, das facilidades, segurança e conforto trazidos pela tecnologia (apesar de todos os seus problemas — que, como sabemos bem, não são poucos), como temos a plena convicção de que, sem estes, instaurar-se-ia necessariamente o caos absoluto, uma espécie de guerra hobbesiana de todos contra todos.

É de certa forma essa a questão que esteve por trás de um interessante debate entre o ambientalista e jornalista colaborador do *The Guardian* especializado em mudanças climáticas, George Monbiot, e um outro inglês amigo dele, o escritor, ex-ativista político e ecologista, Paul Kingsnorth,[6] debate que foi publicado no próprio blog de Monbiot.[7]

O debate se resume mais ou menos no seguinte: Kingsnorth considera que a posição de Monbiot e da maior parte dos ecologistas atuais diante da crise ambiental é na verdade uma "fuga", sintoma do total empobrecimento atual do discurso ecológico, mesmo de esquerda, e reflexo de uma incapacidade de encarar o que está na nossa frente, que é o fim *inevitável* da nossa civilização: "a civilização de que fazemos parte está rapidamente atingindo seu limite, e [...] é tarde demais" para deter

---

6   Criador, junto com Dougald Hine, de um projeto chamado *Dark Mountain Project*.
7   George Monbiot, "Should we seek to save industrial civilisation? A debate with Paul Kingsnorth", 2009.

o colapso. Nós todos (ele inclusive, e também os movimentos ambientalistas) ainda acreditamos num progresso tal como definido pelo liberalismo, i.e. "num futuro que seja uma versão melhorada do presente." Poderemos continuar vivendo mais ou menos as mesmas vidas confortáveis se conseguirmos adotar rápido o suficiente um modo de vida sustentável. Mas isso, segundo ele, também é uma forma de negacionismo.

Toda a nossa civilização foi construída sobre o mito da excepcionalidade humana, sobre uma crença cega no progresso tecnológico e material dependente de fontes de energia altamente destrutivas, um apetite infindável de diversas ordens, um sistema econômico que requer um crescimento contínuo, e que portanto só pode ser freado se entrar em total colapso. E ninguém quer de fato mudar isso. "O que realmente estamos querendo salvar não é o planeta, mas nosso vínculo com a cultura material ocidental sem a qual não imaginamos poder viver." O verdadeiro desafio portanto, segundo Kingsnorth, é pensar como vamos sobreviver ao declínio e o que aprenderemos com ele. Ou melhor, eu diria, o verdadeiro desafio seria pensar de que maneira queremos declinar, e o que podemos aprender com o colapso da civilização.

Em resposta a Kingsnorth, Monbiot, que confessa estar de fato cada vez mais pessimista com as chances de se evitar o desastre, afirma entretanto ter dúvidas sobre até que ponto devemos acreditar que o colapso da nossa civilização pode trazer algum bem. Monbiot diz detectar em Kingsnorth quase um desejo pelo apocalipse, como "um fogo depurador que livrará o mundo de uma sociedade doente". Mas as consequências de um colapso seriam terríveis: fome em massa, guerras, morte de bilhões de pessoas. Isso sem falar que os homens levarão consigo uma quantidade assombrosa de espécies vivas. E de qualquer forma, segundo ele, "o que provavelmente viria do lado de lá da civilização é bem pior que nossa situação atual". "Quando a civilização colapsa", complementa ele, "os psicopatas tomam o controle". Para Monbiot, é Kingsnorth o negacionista, porque imagina que algo de bom pode resultar do fracasso involuntário da civilização industrial. A resposta à pergunta de Kingsnorth (o que aprenderemos com esse colapso?) é, segundo Monbiot: nada, não aprenderemos nada.

É possível avaliar o desespero de George Monbiot ao se constatar sua posterior adesão à tecnologia nuclear como, segundo ele (que era, até há bem pouco tempo, um opositor ferrenho dessa tecnologia), o único meio disponível atualmente para evitarmos um aquecimento global catastrófico.

Conclusão: o círculo infernal

Há dois pontos importantes nessa discussão, que, para terminar, eu gostaria de elaborar um pouco mais.

O primeiro é a questão, que já mencionei há pouco, de saber se nossa única saída é aperfeiçoar o que temos, ou se é possível — isto é, se não seria "o fim do mundo", no sentido coloquial da expressão —, pensar uma outra forma de viver, fora desse modelo (para simplificar) patriarcal, produtivista, neoliberal e corporativo de sociedade que é a nossa. A rigor, não é de possibilidades ou escolhas que fala Kingsnorth; ele diz que, *queiramos ou não*, esse modelo está ruindo a olhos vistos, que não há como impedir isso, mas que seu fim não é o fim de tudo, nem leva necessariamente ao caos. Kingsnorth pretende se opor assim ao que chama de visão bipolar do mundo: ou tornamos nossa civilização "sustentável" ou teremos uma catástrofe de proporções bíblicas; ou optamos, como modelo de futuro, pela "democracia capitalista liberal 2.0" (i.e. o mundo em que vivemos hoje, só que com os combustíveis fósseis substituídos por placas solares, turbinas eólicas etc, "governos e corporações controlados por cidadãos ativos e o crescimento dando lugar a uma economia sustentável"), ou nosso futuro será como o mundo retratado por Cormac McCarthy no livro *The Road*, "o mundo macabro do pós-apocalipse, em que tudo está morto exceto os humanos", reduzidos em boa parte ao canibalismo.

Não deixa de ser uma transformação dessa visão, que Kingsnorth descreve como bipolar, a tese defendida por dois economistas californianos, T. Nordhaus e M. Schellenberger, em seu livro *Break Through*,[8] a saber, a de que nossa única saída é o progresso tecnológico. Nordhaus e Schellenberger dirigem o Instituto Breakthrough, que tem atuado como um *thinktank* pseudoambientalista da direita neoliberal norte-americana. Como solução para a crise ambiental, defendem que um aumento do investimento estatal em inovação tecnológica — não apenas energia eólica e solar, mas energia nuclear e extração de gás de xisto por fraturamento hidráulico — seria suficiente para baixar o preço dessas fontes de energia, e assim induzir o mercado a optar *naturalmente* por elas (que, na visão dos autores, são fontes não poluentes) em

---

8   Ted Nordhaus e Michael Schellenberger, *Break Through: Why We Can't Leave Saving the Planet to Environmentalists*. Nova York: Mariner Books, 2009.

lugar de petróleo e carvão. Defendem também a opção pelo uso na agricultura de sementes transgênicas e seus agrotóxicos associados. São, em suma, tecnólifos orgulhosos e triunfalistas. Aos críticos que os lembram de todos os efeitos perversos que esse modelo tem acarretado, os autores respondem que ele não tem nada de essencialmente errado ou "pecaminoso", por assim dizer, mas que jamais significou que um dia estaríamos livres de problemas; ao contrário, não há tecnologia pura, perfeita; os erros e deficiências são parte essencial do processo de tecnologização, e seu aperfeiçoamento é, portanto, uma tarefa sem fim, que deve ser levada a cabo por uma modernização desse processo — "modernizar a modernização", como diz Bruno Latour em sua leitura da proposta de Nordhaus e Shellenberger.[9] Uma modernização que finalmente leve em conta a inseparabilidade entre o sonho de emancipação (Latour) ou de liberação (N&S) (do homem, é claro) pela técnica e o *attachment*, sua *pertença*, seu vínculo indissociável com a natureza, o meio-ambiente e os não-humanos. Em outras palavras (ainda segundo a descrição que Latour faz do livro), temos que prestar atenção e nos *responsabilizar* por aquilo que criamos; não podemos, diante do enorme problema do aquecimento global[10] e do esgotamento dos recursos naturais, dos solos, dos mares etc., criados em boa parte por algumas de nossas tecnologias, simplesmente abandonar o barco. O grande pecado da nossa civilização não seria a tecnologia, mas, ao contrário, o abandono dessa tecnologia no meio do caminho, em nome por exemplo da valorização de uma espécie de volta às origens, aquilo que vem sendo chamado de irracionalismo ou primitivismo, que pregaria nossa separação de vez da cultura, nossa volta a uma pura natureza. A visão bipolar assume aqui, portanto, a forma: ou o progresso tecnológico indefinido (condição essencial da

---

9   "Love your monsters", in Nordhaus e Shellenberger. *Postenvironmentalism and the Anthropocene*. Breakthrough Institute: 2011, p. 17-25. Disponível on-line.

10   É Latour quem diz que este é um problema enorme; aparentemente não é a opinião dos dois autores. Cf. *draft* da declaração preparada por Latour para o San Giorgio Dialogues. Os textos apresentados naquele evento foram publicados em Pasquale Gagliardi, Anne--Marie Reijnen e Philipp Valentini (orgs), *Protecting Nature, Saving Creation: Ecological Conflicts, Religious Passions, and Political Quanderies*. Palgrave / Macmillan 2013. Mas, como Latour explica em seu rascunho de declaração, este "não foi validado pelos outros participantes" (Latour, "Draft for a San Giorgio Declaration"). Aquela edição dos Diálogos San Giorgio, evento que ocorria recorrentemente em Veneza, na Itália, teve entre seus diversos participantes o próprio Bruno Latour, Simon Schaffer, Eduardo Viveiros de Castro e a dupla Ted Nordhaus e Michael Schellenberger. [Nota da Autora].

liberdade humana — estamos no interior da teo-antropologia cristã), ou o primitivismo e o irracionalismo.

Do ponto de vista prático, digamos assim, parte dos argumentos de Nordhaus e Schellenberger se fundam no pressuposto, no mínimo bastante questionável, de que os ganhos ou melhorias (mesmo parciais) trazidos pelas tecnologias são sempre maiores que as perdas ou problemas que elas acarretam, as quais são espécies de efeitos colaterais indesejáveis, mas que por sua vez serão corrigidos por tecnologias ainda melhores, de preferência "verdes" (esse seria o "truque" que nos salvaria, ou seja, que as tecnologias agora têm de ser cada vez mais verdes, sustentáveis — ou ao menos o que os autores consideram verdes e sustentáveis). Mesmo essas novas tecnologias trarão outros problemas, é claro, porém menores, e estes serão novamente corrigidos e assim por diante. Por exemplo, os pesticidas permitem lavouras mais produtivas, e, embora possam gerar efeitos indesejáveis como envenenamento dos cursos d'água, etc., não devem ser simplesmente abandonados (pois isso nos deixaria como única opção a fome em massa) e sim substituídos por pesticidas melhores. Nunca se diz que quem lucra com esse tipo de tecnologia e quem sofre os efeitos indesejáveis são sujeitos distintos.

Juntamente com a defesa intransigente da tecnologia, os autores sustentam o lema *"big is beautiful"*, o qual (em um capítulo intitulado nada menos que *"Greatness"*) tentam fundamentar no conceito nietzscheano de afirmação da existência: para eles, o movimento em favor do decrescimento, da redução, da aceitação dos limites naturais (para não dizer físicos) é sintoma de niilismo e má-consciência, expressão de forças reativas que querem negar a existência e a vida de abundância que é nosso destino. O problema dos ambientalistas, segundo Nordhaus e Schellenberger, é "falta de imaginação":[11] deveriam ter imaginado que a solução para o aquecimento global reside na *liberação*, e não na *restrição*, da atividade humana e do desenvolvimento econômico. Ou seja, ao invés de reduzir, devemos crescer ainda mais, produzir, inovar sempre, promover a abundância, para finalmente incluir nessa abundância os que agora dela estão desprovidos — por aqui se dizia: aumentar o bolo para então dividi- lo.

---

11 Os ambientalistas estamos pelo visto encurralados entre acusações de falta de imaginação e de excesso de imaginação ou de gosto pela fantasia.

Um dos graves problemas dessa visão, na minha opinião, além do uso absolutamente deturpado e perverso de alguns conceitos nietzscheanos (e outros), é que ela parece já pressupor que, fora desse modelo que um dia escolhemos (ou, se preferirmos, que alguns escolheram), não há saída, o que no fundo significa que esse seria, afinal, não apenas o melhor modelo, mas a única alternativa ao caos, ao obscurantismo, à própria negação de nossa essência e nosso destino enquanto humanos. Além disso, embora os problemas ambientais e sociais muitas vezes sejam mesmo, como dizem Schellenberger e Nordhaus, "consequências não intencionais" da tecnologia, eles certamente são *essenciais* à ideologia capitalista do desenvolvimento e do crescimento, que os autores (não por acaso) não mencionam, mas da qual aquela tornou-se inseparável.

Se tivermos que acreditar que o grande "pecado" (para continuar nesse vocabulário moralizante) da nossa civilização seria, *não* o fato de ter feito o que fizemos, mas *reconhecer* que erramos e *querer* mudar radicalmente de direção, *não* insistir num sistema que vive e sempre viveu às custas da exclusão e miséria de um número enorme e crescente de pessoas e às custas do esgotamento das condições de vida no planeta, mas sim, justamente, desistir desse modelo, mudar de ideia, combatê-lo, encontrar uma saída, *pensar*, pensar *outra coisa* (porque, afinal, pensar de verdade é sempre pensar outra coisa, é portanto criar — como diria Gilles Deleuze — e não apenas realizar um destino); se tivermos que acreditar, enfim, que só há "salvação" na manutenção, ampliação e correção daquilo que um dia (e nem faz tanto tempo assim, afinal) acreditamos que realizava a nossa essência e excelência, então nosso grande sonho de salvação não será mais que um pequeno círculo infernal, que em breve será, aliás, desfeito pela própria realidade.

Termino com mais uma frase de Stengers: "Que não me venham perguntar que 'outro mundo' será possível... Não cabe a nós a resposta; ela cabe a um processo de criação cuja enorme dificuldade seria insensato e perigoso subestimar, *mas que seria um suicídio considerar impossível.*"[12]

---

12 Isabelle Stengers, *No tempo das catástrofes: resistir à barbárie que se aproxima* (trad. Eloisa A. Ribeiro). São Paulo: CosacNaify, 2015, p. 44.

LEVANTES

CAPÍTULO 3

Por que precisamos (ainda e de novo) falar de holocausto?*

Após os crimes cometidos pelo regime nazista contra os judeus, o termo holocausto, que em grego designa um sacrifício pelo fogo oferecido aos deuses, no qual o animal sacrificado era consumido por inteiro, passou a ser empregado no Ocidente como um nome próprio para designar esse mal extremo e sem sentido aparente cometido pelo Terceiro Reich, que, entre muitas outras atrocidades, tinha o projeto de exterminar os judeus europeus. No final da década de 1980, o termo negacionismo [*négationnisme*] passou a ser usado, primeiramente, em referência a certos historiadores de direita que se auto intitulavam "revisionistas", e em seguida à posição de vários outros intelectuais e políticos que negavam quer a existência, quer a dimensão, quer as causas desse fato histórico plenamente comprovado. Em meu trabalho sobre a catástrofe ecológica atual,[1] recuei até o Holocausto justamente porque estava tentando entender melhor o negacionismo, ou, mais precisamente, a forma mais premente de negacionismo hoje, que é o do aquecimento global de origem antrópica.[2]

Mas aos poucos foi ficando claro para mim que poderia ser importante, até necessário, compreender de que modo a própria singularidade do acontecimento que foi o Holocausto judeu (em hebraico, *Shoah*, que significa catástrofe ou destruição) poderia tornar o substantivo holocausto um instrumento importante na luta contra os diversos tipos de atrocidades que estão sendo cometidas por essa outra máquina de morte que culmina no Antropoceno — e aqui incluo não apenas sua expressão mais extrema, o Ecocídio e a extinção em massa das espécies

---

* Texto publicado originalmente na *Revista do Observatório Judaico*, nº 3, mar. 2020, pp. 36-39. Agradeço a Breno Isaac Benedykt pelas questões a mim colocadas, que me levaram a escrever este pequeno texto.

1 Cf. Déborah Danowski, *Negacionismos*. Coleção Pandemia. São Paulo: n-1 edições, 2018.

2 Aqueles que negam as mudanças climáticas antropogênicas costumam se autodenominar "céticos do clima", mas seus críticos (entre os quais me incluo) preferem chamá-los de negacionistas.

linha de frente dos desastres produzidos pelas elites, enquanto estas mesmas elites criam muros, e confinam um número cada vez maior de refugiados em instituições que nos lembram muito incomodamente os campos de concentração nazistas. Parecia-me que trazer o termo holocausto para o presente poderia nos ajudar a despertar a mesma indignação e vergonha, impressionar, chocar, nos fazer parar e acordar para o que está acontecendo.

Digo isso ciente de que usar a referência ao Holocausto para falar de outros crimes, ainda que atrozes e enormes, pode ser visto por parte da comunidade judaica como uma espécie de desrespeito ou até mesmo de traição às vítimas do nazismo durante a Segunda Guerra. É certo que aquele acontecimento não se compara, muito menos equivale, a nenhum outro, e não é meu objetivo fazer essa aproximação — razão pela qual a ele reservo, e evidentemente não sou a única a fazê-lo, o termo *Shoah*. Mas não penso que o reconhecimento da singularidade, nem sequer da extrema gravidade do Holocausto judeu deva nos impedir de estabelecer paralelos e analogias, de aprender com as semelhanças e continuidades, mas também com as diferenças e descontinuidades entre aquele e outros crimes, sobretudo se esses outros crimes estão se desenrolando agora, debaixo de nossos próprios olhos, muitas vezes em nossa própria casa, por assim dizer, e com nossos próprios conterrâneos. Uma das frases mais repetidas nas celebrações em memória das vítimas do Holocausto no mundo todo, "Nunca mais", deveria por si só nos advertir de que pretender manter isolado aquele acontecimento seria, não apenas equivocado, mas indesejável. Pois, embora seja verdade que o Holocausto judeu é um hapax, um nome que se diz uma única vez, que se refere a um acontecimento absolutamente singular, sem precedente, inesperado, intraduzível, embora isso tudo seja verdade, o que é que não queremos que aconteça "mais", o que é que, ao rememorarmos e ao ouvirmos novamente as testemunhas, tentamos evitar que se repita?

Ora, hoje estamos todos diante de uma catástrofe de dimensões planetárias, um novo hapax, com força suficiente para engolir em seu caminho todos os povos, todas as classes sociais, grande parte das espécies vivas, que habitam desde as mais altas montanhas até o fundo mais profundo dos oceanos, mudando radicalmente a face da Terra — mas não sem antes agravar enormemente as desigualdades e todo tipo de injustiça, trazendo guerras, fome, doenças, devastação. Apesar do que os novos (e antigos) negacionistas tentam nos fazer crer, essa catástrofe, o aquecimento global, tem origem humana, o que nos torna a todos, de diversas formas, implicados, tanto enquanto vítimas como enquanto perpetradores e espectadores, para me apropriar dos três tipos de personagens / testemunhas do Holocausto tão bem designados por Raul Hilbert e retomados por Claude Lanzmann em seu filme *Shoah*.

Que todos estejamos implicados, entretanto, não significa que sejamos todos igualmente culpados, mas tampouco igualmente inocentes. É preciso distinguir com máxima clareza entre o usuário de transporte público e o grande empresário da indústria de combustíveis fósseis, entre as pessoas que comem carne duas ou três vezes por semana e os donos da JBS ou o governo que protege e incentiva os desmatadores, entre os indígenas da Amazônia e os ruralistas e grileiros que põem fogo na floresta e invadem suas terras. O que não dá é para nos sentirmos confortáveis e em paz diante do que está acontecendo, dizer que está tudo normal, ou que não fomos nós porque, no íntimo, somos boas pessoas, ou que não sabíamos, e com isso simplesmente deixar que essas atrocidades se mantenham na invisibilidade. Desta vez somos nós que (se antes não sabíamos) hoje sabemos, e por isso penso que temos motivos de sobra para nos envergonharmos, seja enquanto humanos diante de outros humanos e de outras espécies, seja enquanto ocidentais modernos diante dos povos indígenas e tradicionais, seja enquanto moradores de bairros privilegiados diante dos moradores das periferias... Devíamos nos perguntar, como fizeram muitos pesquisadores não judeus do Holocausto judeu: será que eu, naquela situação, também teria virado o rosto para não ver; eu, o cidadão de bem ou o correto empresário de hoje, será que teria achado aceitável lucrar como dirigente de uma grande companhia ferroviária (como fizeram a SNCF francesa e várias outras), mesmo desconfiando que talvez as novas demandas de rotas de trens escondiam coisas terríveis e inomináveis? Será que acho normal? Será que viro o rosto?

Pensando no caso do Brasil, mais particularmente na recente eleição deste governo de extrema direita: aqui foram muitos os que, na elite neoliberal, aceitaram essa espécie de pacto com o diabo; aceitaram negociar, não só o direito à vida, mas os direitos de forma geral e a justiça social, em troca da aposta em medidas econômicas (que aliás já se mostraram desastrosas em outros países) como as reformas da previdência e trabalhista, de olho nos possíveis lucros a extrair das privatizações, nas isenções fiscais para os grandes empresários, no relaxamento do controle ambiental e fiscal. Nesses casos, nem creio que se trate de negação das evidências científicas, mas de total desinteresse e irresponsabilidade, acompanhados, claro, de uma confiança na impunidade e da certeza (mal fundada) de que seus privilégios também irão protegê-los em caso de colapso (social, econômico, político, ecológico ou todos esses juntos). Mas é claro que a esses mesmos que se acreditam protegidos de tudo, ainda que estejam bem informados sobre a real situação do planeta, é muito conveniente a atuação dos negacionistas profissionais, que fazem por eles o trabalho sujo de ir a público para semear a dúvida ou mesmo o descrédito face aos resultados das pesquisas dos cientistas do clima. Também é muito conveniente o trabalho sujo da maior parte da grande imprensa, que normaliza, não só este governo de extrema direita, mas também os efeitos das mudanças climáticas negadas por ele. Contanto que o "mercado" fique calmo, ou, melhor ainda, continue engordando o lucro dos investidores, eles fecham os olhos para qualquer coisa. Daí, um dia, o Secretário de Cultura Roberto Alvim faz um pronunciamento explicitamente inspirado no regime nazista e, paralelamente aos fortes protestos, no Brasil e no exterior, que levaram à sua demissão (na verdade ele apenas errou a mão, exagerou, pois está em total sintonia com seu chefe Bolsonaro, e se tivesse sido mais prudente teria permanecido no cargo), a gente acaba tendo que ler coisas como esta manchete da Folha de São Paulo de 17 de janeiro de 2020: "Citação nazista na cultura e agenda econômica não se misturam, dizem analistas: No dia em que ministro da Cultura é exonerado, Bolsa sobe 1,5% e se aproxima do recorde". Será que amanhã dará para dizer que "eles não sabiam"?

Este é um governo negacionista. Não estou falando da simples denegação, que é o caso daqueles que não querem ou não suportam ver e por isso negam ou distorcem a realidade de modo a fazê-la concordar com seus próprios desejos — nesse sentido todos nós negamos em muitos momentos, de diferentes modos e em diferentes graus. Mas não, esse é um governo de negacionistas profissionais, gente dedicada à tarefa da negação, ou seja, pessoas que negam os fatos por interesse econômico, político ou até religioso. Essas pessoas mentem mesmo. Tomemos o exemplo de Luiz Carlos Molion (que não está no governo mas parece que gostaria de estar, como mostra a carta que encabeçou, dirigida ao Ministro do Meio Ambiente e ao governo federal como um todo;[3] e sua

---

3   Luiz Carlos Molion, "Por uma agenda climática baseada em evidências e nos interesses reais da sociedade: Carta aberta ao ministro do Meio Ambiente, Ricardo de Aquino Salles."

participação em audiência pública sobre mudanças climáticas na Comissão de Relações Internacionais do Senado, em maio de 2019): ele sabe muito bem que o aquecimento global antropogênico é real e grave, mas diz o contrário para defender os interesses do agronegócio e da mineração. Ou o caso de Olavo de Carvalho: ele pode não ser muito inteligente, mas não é estúpido a ponto de acreditar que a Terra é plana e que o nazismo é de esquerda. Diz qualquer coisa para criar polêmica e para chamar a atenção sobre si mesmo. Ou Ricardo Salles, o "anti-ministro" do meio ambiente, aquele que foi posto ali para destruir o meio ambiente, e que, não contente em negar a ciência do clima, o aquecimento global e os dados do INPE sobre o desmatamento na Amazônia, acusou ativistas de serem culpados pelo hediondo Dia do Fogo; ou Weintraub, ou Damares, ou etc.

Quando se negam os fatos, é preciso colocar alguma coisa no lugar deles, e isso é feito, por um lado, transformando criminosos (coronel Brilhante Ustra, o torturador; Adriano da Nóbrega, o miliciano envolvido na morte de Marielle Franco) em heróis (o "pavor de Dilma Rousseff"; o militar condecorado com a medalha Tiradentes por desenvolver sua função com "dedicação e brilhantismo"), por outro lado fabricando espantalhos, bodes-expiatórios a serem detestados e se possível eliminados: ora a academia e os cientistas, ora os artistas, ora os professores, os indígenas, os negros, as mulheres, os LGBTs, agora são os pobres, agora são... Não pode ser por acaso que esse governo reúne tudo isso. Quem não enxergou antes, como pode não enxergar agora? O negacionismo se alimenta do ódio, do ressentimento, da paranoia, da vingança, da exclusão. Todos esses afetos tristes são muito conspícuos hoje no Brasil, infelizmente. Estão nas ruas, estão nas bicicletas do novo precariado, estão nos transportes públicos, nas periferias, nos presídios, estão em qualquer lugar e em todos os lugares. E isso só vai piorar, porque, por cima de todas as injustiças e crimes, vêm chegando, já chegaram, o dilúvio e o fogo do Antropoceno.

LEVANTES

CAPÍTULO 4

A zona cinzenta da negação ontem e hoje*

Neste texto abordo, inspirada pelos escritos de Primo Levi sobre sua experiência no campo de extermínio de Auschwitz durante a Segunda Guerra Mundial, o problema do negacionismo, a fim de defender a importância da retomada do termo holocausto na época do Antropoceno.

O negacionismo climático é um fenômeno grave que pode ser abundantemente constatado nos dias de hoje e, sob suas muitas formas, tem um papel central na paralisia cognitiva, psíquica e política diante da perda de mundo que testemunhamos. O aquecimento global antropogênico é a maior ameaça que pesa sobre a vida no planeta no presente e no futuro próximo. A quase totalidade (mais de 99%) dos cientistas que trabalham no campo das chamadas Ciências do Clima no mundo todo concorda com o fato e as causas do aquecimento global atual, bem como com a enorme gravidade de suas consequências de curto, médio e longo prazos. Entretanto, e embora os alarmes da ciência tenham soado já há várias décadas e venham ano a ano ficando cada vez mais fortes, nossa situação global encontra-se hoje pior do que jamais esteve, a ponto de várias cidades e mesmo países terem declarado em seus territórios um estado de emergência climática.[1]

Uma das principais razões do contraste entre a velocidade das mudanças climáticas e a lerdeza de nossa reação é o relativo sucesso do trabalho daqueles que fazem carreira e/ ou fortuna sobre a negação dessa ameaça, alegando estarem com isso apenas exercitando seu direito ao ceticismo, à dúvida, à opinião, à dissidência, ou mesmo à indiferença.

---

* Artigo que retoma parcialmente e prolonga meu texto *Negacionismos* (Danowski, 2018, São Paulo: n-1 edições), tendo sido apresentado no Colóquio Mundos de Primo Levi, ocorrido na PUC-Rio em 2019. Publicado em Renato Lessa e Rosana Khol Bines, *Mundos de Primo Levi*. Rio de Janeiro: PUC-Rio e NUMA, 2022. A versão a seguir contém raras alterações.

1 Recentemente, mais de 11.000 cientistas (e neste momento já são mais de 51.000 signatários de 184 países) publicaram um manifesto declarando estado de emergência climática global. Cf. William J. Ripple et al., "World scientists' warning of a climate emergency". *BioScience*, v. 70, n.1, jan. 2020, pp. 8-12.

Mas, sobretudo, pela dimensão humana e outra-que-humana da catástrofe que está chegando, penso que a denúncia dessa atitude não deve abrir mão de aplicar a esses que gosto de chamar de os profissionais da negação, em vez de termos insípidos como céticos, polêmicos, ignorantes, ou talvez excêntricos, o adjetivo que a eles vem sendo aplicado pela maior parte dos ativistas, críticos e até mesmo cientistas: "negacionistas" (*deniers*), exatamente como eram e são negacionistas os que advogavam e ainda advogam a revisão da história dos campos de extermínio da Alemanha nazista, dizendo por exemplo que as "supostas" câmaras de gás de Auschwitz não eram câmaras de gás mas bunkers, ou que eram câmaras de gás mas não serviam para matar pessoas, e sim piolhos, ou que o número de judeus mortos durante a guerra tem sido propositalmente exagerado, ou que tudo é um complô, ou que foram os próprios judeus que trouxeram para si mesmos essa catástrofe e que ela é apenas a realização de um destino.

Mas penso também — e sei perfeitamente o quão polêmica é a afirmação a seguir — que, embora o Holocausto judeu seja um *hapax* (isto é, um nome que se diz uma única vez, referente a um acontecimento absolutamente singular, sem precedente, intraduzível), o próprio termo "holocausto", de origem grega, pode e deve ser usado para designarmos outros acontecimentos, dentre os quais, por sua contemporaneidade e caráter igualmente grave e singular, destacarei dois: primeiramente, esse terrível e maligno conjunto formado pelas práticas de criação, confinamento e extermínio em massa de animais nas fazendas-fábricas da agroindústria mundial, pela tortura de animais em testes industriais e científicos e pela extinção em massa das espécies que os humanos estamos causando (a sexta Grande Extinção da história da vida na Terra); e em segundo lugar, de maneira ainda mais abrangente, o Ecocídio atual como um todo.

Comecemos por essa que é provavelmente a principal razão de nossa paralisia diante do atual Ecocídio, a saber, o enorme esforço (político e financeiro) que vem sendo despendido pelas grandes companhias de combustíveis fósseis, de agronegócio e de mineração para semear a "dúvida", ou melhor, para semear a percepção pública de que ainda há dúvida e controvérsia entre os cientistas a respeito da realidade, causa ou gravidade das mudanças climáticas. Graças a essa multimilionária campanha de desinformação, há algumas décadas a negação do aquecimento global se tornou a posição padrão dos políticos da direita republicana norte-americana. Em menor intensidade e número, ela se encontra em quase todos os matizes do espectro político no mundo inteiro. Mesmo assim, até o final de 2018, os EUA de Trump eram o único país que havia ficado de fora do Acordo do Clima assinado em 2015 em Paris. Acontece que, assim que assumiu o governo em janeiro de 2019, o Trump brasileiro, Bolsonaro, prometeu acompanhar seu ídolo. Ele teve que voltar atrás nessa promessa, mas está cumprindo várias outras, como a de que em seu governo não haveria um centímetro sequer demarcado para as terras indígenas ou quilombolas, e a de que liberaria essas terras para a mineração e o agronegócio.

Assim, o presidente e seus ministros deram o sinal verde para a grilagem de terras na Amazônia e para o desmatamento que resultou naquele vergonhoso e, é o caso de se dizer, holocáustico, Dia do Fogo, 10 de agosto de 2019. E, ao completar seus 400 dias de governo, anunciou em tom de comemoração um projeto de lei, que seu Ministro da Casa Civil chamou cinicamente de "a Lei Áurea dos índios", para permitir a exploração econômica (mineração, extração de petróleo e gás, agronegócio) em terras indígenas. O negacionismo se instalou na cúpula do Estado brasileiro. E o país parece ter submergido, não só na negação e no negacionismo de boa parte da classe política, da intelectualidade e da população de modo geral (conjugados aos fatos falsos, ou fake news, à distorção e à inversão da verdade), mas no próprio desejo de morte e de extermínio, a um só tempo, do sentido e de qualquer forma de alteridade, o que é a mola propulsora de todo fascismo.[2] Acusações, mentiras, censura, obscurantismo, ódio, preconceito, ressentimento, discriminação, indiferença ao sofrimento alheio — onde será que já vimos isso antes?

A substituição do termo "cético" pelo termo "negacionista", e a aplicação do termo "holocausto" para designar outros crimes que não o genocídio dos judeus na Segunda Guerra são decisões particularmente sensíveis. Os autodenominados "céticos do clima" não querem ver seus nomes associados publicamente aos negacionistas do Holocausto, já tantas vezes desmascarados em diversas cortes e tribunais internacionais.

---

2   No momento em que acrescento esta nota ao presente texto, a afirmação acima ganhou uma inesperada e trágica dimensão. A todas as formas de negacionismo anteriormente mencionadas somou-se a negação da gravidade da terrível pandemia da covid-19. Ampliando os efeitos da difusão do próprio vírus, o contágio dessa negação em particular, até o presente momento, já deixou para trás mais de 50.000 mil mortos (apenas nas contas oficiais) e terá consequências provavelmente devastadoras no Brasil, cuja dimensão final ainda não pode ser precisada.

Por sua vez, os termos holocausto (do grego antigo *holókaustos*, designando um sacrifício pelo fogo oferecido aos deuses, no qual o animal sacrificado era queimado por inteiro) e *shoah* (do hebraico designando "catástrofe" ou "destruição", que passou a ser mais amplamente adotado, sobretudo na França, após a exibição do filme de mesmo nome do cineasta Claude Lanzmann) se tornaram quase substantivos próprios, com inicial maiúscula e introduzidos por um artigo definido, e, portanto, a rigor intraduzíveis e inaplicáveis a outros genocídios. E igualmente importante, os dois nomes, sendo reservados a esse acontecimento em particular, trazem consigo a ideia não apenas do extermínio de um povo, mas do dispositivo de desumanização (ou seja, de negação da qualidade de humano) que preparou e permitiu esse extermínio (um tema que sabemos ser tão presente em Primo Levi), e por esse motivo aplicá-los abertamente a não humanos, ou seja, aos "animais", como fiz aqui, soa a muitos como desrespeitoso, praticamente uma traição e um sacrilégio. E, no entanto, como disse antes, eu não sou a primeira a fazê-lo, longe disso. Vejamos o que disse Elisabeth Costello, uma personagem do livro *A vida dos animais*, do escritor sul-africano J. M. Coetzee:

> [...] estamos cercados por uma empresa de degradação, crueldade e morte que rivaliza com qualquer coisa que o Terceiro Reich tenha sido capaz de fazer, que na verdade supera o que ele fez, porque em nosso caso trata-se de uma empresa interminável, que se autorreproduz, trazendo incessantemente ao mundo coelhos, ratos, aves e gado com o propósito de matá-los.[3]

Por meio das palavras de Costello, Coetzee está ecoando a personagem de mesmo nome de um dos livros de Isaac Bashevis Singer, judeu polonês morto em 1991, Prêmio Nobel de Literatura, que escreveu memoravelmente: "Para eles todas as pessoas são nazistas; para os animais, é uma eterna Treblinka".[4] A escritora franco-belga naturalizada americana Marguerite Yourcenar escreveu que se não tivéssemos aceito o transporte desumano de animais para os abatedouros não teríamos aceitado o transporte de humanos para os campos de concentração.[5]

3　John Maxwel Coetzee, *A vida dos animais*. São Paulo: Companhia das Letras 1999: 26-27.
4　Em *The Letter Writer* (1982).
5　"Às vezes penso que se não tivéssemos aceitado, ao longo de várias gerações, ver animais

O filósofo judeu franco-magrebino Jacques Derrida, em *O animal que logo sou*, fala do paradoxo contido na negação desse "assujeitamento do animal" pelo "homem ocidental":

> De qualquer maneira que se interprete, qualquer consequência prática, técnica, científica, jurídica, ética ou política que se tire, ninguém hoje em dia pode negar esse evento, ou seja, as proporções sem precedentes desse assujeitamento do animal. [...] Ninguém mais pode negar seriamente a negação. Ninguém mais pode negar, seriamente e por muito tempo, que os homens fazem tudo o que podem para dissimular ou para dissimular para si mesmos essa crueldade, para organizar em escala mundial o esquecimento ou o desconhecimento dessa violência que alguns poderiam comparar aos piores genocídios [...].[6]

Ninguém pode mais negar, diz Derrida. Mas o fato é que continuamos negando. Por um lado, estamos causando uma verdadeira "aniquilação biológica", uma "extirpação" ou "dizimação populacional" da vida selvagem, a qual se desdobra no que vem sendo chamado de a sexta grande extinção em massa da história da vida na Terra: hoje estima-se que a taxa de extinção é de algo em torno de 500 a 1.000 vezes a "taxa de fundo" (ou seja, a taxa estimada do número de espécies que vão sendo extintas ao longo da história natural da evolução, mesmo na ausência de grandes eventos catastróficos), e que 1 milhão de espécies de animais e plantas, das 8 milhões conhecidas, estão em risco de extinção. Ao mesmo tempo, trazemos ao mundo, torturamos e matamos dezenas (provavelmente centenas)[7] de bilhões de animais por ano, numa interminável indústria de vida forçada e de assassinato.

---

sendo sufocados em vagões de gado [...] ninguém, nem mesmo os soldados responsáveis por transportá-los, teria tolerado os vagões lacrados entre 1940 e 1945" (Margueritte Yourcenar, *Les yeux ouverts: entretiens avec Mathieu Galey*. Paris: Livre de Poche 1982, pp. 293-94). Todas as traduções dos textos em francês e inglês aqui citados são minhas, exceto quando extraídos diretamente de edições em português.

6 Jacques Derrida, *O animal que logo sou*. São Paulo: Edunesp 2002, p. 52.

7 O abate de animais para o fornecimento de carne ultrapassa os 65 bilhões a cada ano, segundo a FAO. Mas as estimativas chegam a 150 bilhões, se contarmos todas as espécies (peixes, aves etc.). Ver, por exemplo, o site Planetoscope. Disponível em: https://www.planetoscope.com/elevage-viande/1172-nombre-d-animaux-tues-pour-fournir-de-la-viande-dans-le-monde.html. Isso não inclui os animais mortos em experimentos científicos, para o fornecimento de pele ou outras práticas. Acesso em: 09 de set. 2024.

Esclareçamos que, obviamente, nem toda negação é um revisionismo, nem todos os negadores são criminosos ou "negacionistas" (no sentido dos profissionais da negação, isto é, aqueles que se dedicam a negar os fatos, que portanto mentem, por interesse econômico, político ou até religioso). Há várias formas de negar, começando talvez com a distinção mais básica entre negar ativamente e estar em negação ou em denegação (*to deny, to be in denial*).

A psicanálise descreve, além da famosa *Verneinung* (negação) freudiana, a *Verdrängung* (recalque), a *Verleugnung* (desmentido, recusa), a *Verwerfung* (foraclusão) — e estou convencida de que cada uma dessas formas estruturais do funcionamento psíquico encontra seu lugar no fenômeno geral da negação. Shoshana Felman[8], analisando o filme *Shoah*, de Lanzmann, chamou a atenção para a distinção de três categorias de testemunhas que compunham a narrativa do filme (distinção baseada naquela feita pelo historiador Raul Hilberg em *The Destruction of the European Jews*): as vítimas (sobreviventes judeus), os perpetradores (ex-nazistas), e os espectadores [*bystanders*] (poloneses). Essas três categorias correspondem, segundo Felman, a três perspectivas incomensuráveis, que não podem ser assimiladas ou subsumidas umas nas outras, e menos ainda totalizadas em um relato único e completo da Shoah; e se diferenciam, não apenas pelo que as pessoas em cada uma dessas "posições topográficas, emocionais e epistemológicas" viram, mas sobretudo pelo que elas não viram.

> Os judeus veem, mas não compreendem o propósito e a razão daquilo que veem; tomados pelo sentimento de perda e de engano, estão cegos ao significado do que testemunham. [...] Os poloneses, diferentemente dos judeus, veem mas, enquanto espectadores, não olham, evitam olhar diretamente, e assim negligenciam ao mesmo tempo sua responsabilidade e sua cumplicidade enquanto testemunhas [...]. Os nazistas, por outro lado, tomam todas as precauções para que tanto os judeus como o extermínio permaneçam não vistos, invisíveis [...].[9]

---

8 Shoshana Felman, "In an era of testimony: Claude Lanzmanns' Shoah". *Yale French Studies*, 78, 1971, p. 39-81.

9 Optei por não tentar traduzir para o português os jogos de palavras de Felman em torno dos verbos to see e to look. Eis o texto original: "The Jews see, but they do not understand the purpose and the destination of what they see; overwhelmed by loss and by deception, they are blind to the significance of what they witness. [...] The Poles, unlike the Jews, do

Muitos judeus, ao chegarem aos campos, não entendiam o que estava acontecendo; as luzes, os gritos, os cães, as pauladas, a nudez, as filas, as ordens absurdas em língua estrangeira, as regras, a hierarquia, os assassinatos inúteis; viam, mas não conseguiam extrair um sentido do que viam, e às vezes sucumbiam justamente por tentar entender. Outros, alertados por familiares, presos há mais tempo, de que estavam prestes a ser levados às câmaras de gás, simplesmente não acreditavam neles.

Os poloneses viam sem olhar. Lanzmann entrevista moradores dos arredores de alguns campos, que ao mesmo tempo em que diziam ter visto só "de fora", não ter sabido verdadeiramente o que se passava (já que os guardas nazistas os proibiam de olhar diretamente), contam detalhes sobre as viagens nos trens carregados de judeus, e relatam até ter ouvido com frequência os gritos de dor e de pavor vindos do interior dos trens ou dos campos vizinhos às suas casas.

Os oficiais e burocratas nazistas operavam um complicado dispositivo de negação da humanidade dos prisioneiros judeus, e cuidavam para que aquela enorme e monstruosa máquina de morte permanecesse invisível e indizível. O que explica não só a pressa no transporte, no extermínio e no "sumiço" dos corpos, como todo um sistema de controle da linguagem dentro e fora dos campos, inclusive nos documentos oficiais.

Ora, olhando para essa descrição a partir do mundo atual, pareceu-me que podemos enxergar perspectivas semelhantes às dos três personagens do Holocausto descritos por Hilberg também nos outros dois grandes acontecimentos que mencionei. Por exemplo, podemos talvez dizer que os animais abatidos ou explorados são as vítimas (os judeus, que não por acaso eram transportados para sua morte em vagões de gado); os empresários da grande agroindústria são os perpetradores (o alto comando do regime nazista); e os consumidores somos os espectadores (os bystanders poloneses). Os milhões de humanos e não humanos que estão perdendo seus mundos e seus modos de vida, as centenas de milhões e (nos piores cenários, que se tornam cada vez mais prováveis) bilhões que perderão seus mundos e suas vidas seriam as vítimas (os judeus) das mudanças climáticas; os grandes empresários das indústrias de combustíveis fósseis e as classes políticas e econômicas a eles

---

see but, as bystanders, they do not quite look, they avoid looking directly, and thus they overlook at once their responsibility and their complicity as witnesses [...] The Nazis, on the other hand, see to it that both the Jews and the extermination will remain unseen, invisible [...]."

aliadas seriam os perpetradores; e todos nós seríamos, em alguma medida, *bystanders*, testemunhas que tudo veem e, na maioria das vezes, pouco fazem a respeito.

Mas imediatamente percebemos que essa divisão é insuficiente para dar conta de todas as nuances da negação, de todos os pequenos recobrimentos e incongruências, das interfaces e mesmo da mobilidade interna e externa dessa posições. Os trabalhadores dos frigoríficos executam e preparam milhões de cabeças de frango e gado, mas o fazem por não terem alternativa, esmagados eles próprios sob péssimas e traumatizantes condições de trabalho; parte dos contemporâneos dessas indústrias, por outro lado, se recusam a comer carne para não compactuarem com esse extermínio e com o sofrimento dos animais; porém, mesmo eles, ainda assim, são espectadores [*bystanders*], e continuam de diversas formas implicados, contribuindo para outras indústrias que causam destruição de ecossistemas e morte de uma enorme quantidade de de viventes.[10]

Finalmente, muitos que negam o aquecimento global o fazem simplesmente por não suportarem pensar na radicalidade das mudanças que são necessárias para tentar mitigá-lo, e, sobretudo, por não suportarem pensar no mundo por vir. "Somos todos negacionistas", como alguns já disseram. E, afinal, quem seria capaz de receber de frente e de peito aberto todas as desgraças do mundo? Mesmo os prisioneiros dos campos de extermínio nazistas, para sobreviver e resistir (nos poucos casos em que isso era possível), precisavam de algum modo se tornar insensíveis aos sofrimentos que testemunhavam em seus próprios corpos e ao seu redor, mas não insensíveis ao ponto de se deixarem cair na condição dos "muçulmanos" dos Lager, aqueles que haviam perdido sua alma e vagavam como mortos-vivos. Numa passagem magnífica de *É isto um homem?*, Primo Levi[11] narra sua batalha noturna para encontrar entre o sono e a vigília, e entre o sonho e o pesadelo, um tênue lugar que fosse ao menos só seu, nem próximo demais nem desconectado demais da realidade da vigília.

---

10 Que fique claro que não estou aqui fazendo um julgamento moral sobre se se deve ou não comer carne, mesmo porque há inúmeras formas diferentes de fazê-lo. Apenas gostaria de esclarecer que recusar comer carne não livra ninguém de estar implicado no mundo em que essas e outras indústrias mortíferas existem.

11 Primo Levi, *É isto um homem?* Rio de Janeiro: Rocco, 1988, pp. 56-63.

E assim poderíamos seguir, ao modo dos fractais, encontrando diversas maneiras de ver e de não ver dentro de cada perspectiva, de cada posição e função de cada um de nós, e novamente diversas maneiras de ver e de não ver dentro de cada uma dessas maneiras de ver e de não ver, sempre diversas formas de estarmos implicados e de não nos sentirmos implicados, de nos sensibilizar e nos dessensibilizar.

Isso não significa de forma alguma que devamos, no fim das contas, simplesmente equalizar as posições e perdoar os maiores crimes porque todos seríamos igualmente culpados ou igualmente inocentes. Assim, também, embora possamos dizer que somos todos de certo modo negacionistas por nos recusarmos a ver alguma coisa, ou mesmo muitas coisas, em alguns momentos ou quase o tempo todo, nem por isso somos todos culpados ou igualmente responsáveis pelo colapso em direção ao qual caminhamos.

Essa talvez seja uma das principais lições que aprendi com Primo Levi, que, ao mesmo tempo em que era profundamente avesso às imagens esquemáticas, às abstrações, às simplificações e aos estereótipos, não parava de observar, criar e distinguir categorias de personagens, tipos, subtipos, contratipos, em nuances intermináveis. Pois nenhuma categorização é completa, nenhuma qualidade adquirida é uma garantia, nenhuma distinção deve ser levada adiante sem hesitação; mas também a ausência de distinção seria uma abstração e uma injustiça. E se ele se recusa a perdoar — "Não tenho tendência a perdoar, jamais perdoei nenhum de nossos inimigos de então nem tenho vontade de perdoar seus imitadores na Argélia, Vietnã, União Soviética, Chile, Argentina, Cambodja, África do Sul [...]"[12] — é apenas porque nunca encontrou "atos humanos que pudessem cancelar um crime".[13] Em troca, hesita em julgar: "para mim julgar é doloroso",[14] porque parece que sempre pode haver algo, uma pequena diferença que ele não viu, um

---

12 Primo Levi, *Os afogados e os sobreviventes: os delitos, os castigos, as penas, as impunidades*. Rio de Janeiro: Paz e Terra, 1990, p. 111.

13 Um pouco como o jovem Leibniz dizia que Deus nunca perdoou Judas por sua traição, mas não porque o tivesse condenado eternamente e de modo inescapável, o que seria uma injustiça, e sim porque Judas nunca mudou aquela única inclinação de sua alma, eternamente restrita e dedicada a repetir seu ódio por Deus. Cf. G.W. Leibniz, *Confessio philosophi: La profession de foi du philosophe*. Paris: Vrin, 1993; e Gilles Deleuze, *Le pli: Leibniz et le baroque*. Paris: Minuit, 1988.

14 Primo Levi, op. cit., p. 161.

pequeno olhar, um pequeno gesto,[15] um pequeno diferencial entre o grau do concurso para um crime e a intensidade da coação sofrida.

❧

No restante deste capítulo, buscarei justificar brevemente o artifício que utilizei aqui, a saber, o de retomar o sentido mais largo do termo holocausto (com minúscula, guardando a expressão Holocausto judeu e o hebraico *Shoah* como nomes próprios) para fundamentar a analogia, que considero necessária, entre o Holocausto judeu, o tratamento dos animais em nossa sociedade, e o aquecimento global antropogênico.

Recentemente, lutando contra os megaincêndios que tomaram conta de seu país (incêndios preparados por uma longa estiagem e seguidos por chuvas torrenciais e inundações), bombeiros e policiais na Austrália disseram que a cena lhes parecia a de um holocausto.[16] Alguns intelectuais também recorreram à analogia: o filósofo australiano Clive Hamilton desabafou: "Um importante ecólogo estimou que um bilhão de animais e aves foram mortos pelos incêndios. Um bilhão. É uma carnificina o que está acontecendo lá fora. Um holocausto da vida selvagem." E pergunta: "O que nós fizemos?".[17] O antropólogo Ghassan Hage defendeu a transformação do negacionismo da mudança climática em tabu no mesmo sentido em que nossa sociedade conseguiu transformar em tabu o negacionismo do Holocausto. Afinal, disse ele, "o aquecimento global antropogênico é o fenômeno mais destrutivo que o mundo testemunha atualmente. Neste momento, nós, na Austrália, estamos experimentando na pele o quão destrutivo ele é para os seres humanos, para os animais e para o planeta em geral".[18]

---

15 "Que os outros, os profissionais, cuidassem dos justificadíssimos enforcamentos. A mim competia compreender, compreendê-los. Não o punhado dos grandes culpados, mas eles, o povo, aqueles que eu vira de perto, entre os quais foram recrutados os soldados da SS, e também os outros, os que haviam acreditado, os que, não acreditando, haviam calado, não haviam tido a coragem sutil de nos olhar nos olhos, de nos dar um pedaço de pão, de murmurar uma palavra humana" (ibid., p. 138).

16 CNN, 2009, "Police: Australian Fires Create a 'Holocaust'".

17 Clive Hamilton, "A Letter from Canberra: The Apocalyptic Fires in Australia Signal Another Future." *Sierra*, 1 jan., 2020.

18 Ghassan Hage, "Holocaust Denialism and Climate Denialism: on the necessity of taboos." In *Hage Ba'a*, 8 jan., 2020.

Alguns meses antes disso, em junho de 2019, a congressista norte-americana Alexandria Ocasio-Cortez afirmou que os centros de detenção de imigrantes "ilegais" nos EUA, localizados na fronteira do Texas com o México,[19] eram campos de concentração. Essa afirmação desencadeou imediatamente a revolta, não só de republicanos, mas de grupos de judeus e, em particular, da direção do Museu da Memória do Holocausto dos EUA, que disse, em nota, "rejeitar de maneira inequívoca os esforços para criar analogias entre o Holocausto e outros acontecimentos, sejam eles históricos ou contemporâneos".[20] Muitos acadêmicos norte-americanos, porém, vários deles pesquisadores do holocausto e do genocídio, logo escreveram uma carta ao Museu condenando essa declaração.[21] Timothy Snyder (professor de história e consultor do Fortunoff Video Archive dos Testemunhos do Holocausto da Universidade de Yale), que também assina a carta, lembrou, em um artigo intitulado "It can happen here",[22] que as analogias nos ajudam a nos colocar na perspectiva das vítimas. "Criar um tabu em torno de analogias [...] nos impede de aprender".[23] E aprender significa não apenas conhecer a história, e saber identificar quem foram os culpados e quem foram as vítimas (embora isso seja fundamental), mas ser capaz de perguntar "em que condições eu ou meus compatriotas faríamos coisas que, na vida normal, seriam consideradas inaceitáveis?".[24] E continua: "O ponto das comparações históricas não é buscar a correspondência perfeita — o que não existe — mas nos ensinar como procurar por sinais de aviso".[25]

Vários conceitos que empregamos atualmente vieram de analogias históricas. Limpeza étnica, genocídio, e mesmo *Shoah*, palavra que, como eu disse antes, passou a ser mais utilizada na França depois do filme de Lanzmann, operam por analogia: *shoah*, prossegue Snyder, significa "o desastre que vem de longe",[26] com o qual Deus ameaça os

---

19 Que reuniam um total de 144.000 pessoas em maio de 2019.

20 USHMM — United States Holocaust Memorial Museum. "Statement Regarding the Museum's Position on Holocaust Analogies." USHMM, 24 jun. 2019.

21 Omer Bartov et al, "An open letter ot the director of the US Holocaust Memorial Museum". In *New York Review of Books Daily*, 1 jul., 2019.

22 Timothy Snyder, "It can happen here: the U.S. Holocaust Memorial Museum's decision to speak out against Holocaust analogies is a moral threat." *Slate*, 12 jul. 2019.

23 Ibid. Notar que Hage (cf. nota 18, acima), defende justamente a *criação* de um tabu, mas um tabu em torno da negação, e não da analogia.

24 Ibid.

25 Ibid.

26 Ibid.

judeus em Isaías 10:3 (aliás, não podemos deixar de mencionar a palavra árabe *Nakba*, que significa "catástrofe", e que passou a se referir à data da Declaração de Independência de Israel em 1948, quando 700.000 palestinos foram expulsos de suas terras e centenas de aldeias e cidades palestinas foram esvaziadas ou destruídas).

O mesmo vale para "holocausto", que, como também já dissemos, significava em grego um sacrifício pelo fogo, mas que em seu caminho até o presente passou por várias outras conexões: "na Europa moderna, um holocausto era a morte de humanos pelo fogo; no século XIX, passou a significar um cataclismo em geral; e [apenas] no final do século XX, o assassinato em massa dos judeus europeus".[27] Mas, nos lembra ainda Snyder, uma das razões por que essa palavra ganhou tamanha força no inglês norteamericano é que, "durante a Guerra Fria, antes, portanto, que o Holocausto judeu se tornasse um elemento central da memória norte-americana, a palavra foi usada no sentido de 'holocausto nuclear'".[28] A passagem de um sentido ao outro se deu de maneira quase contínua, "preservando o sentido de 'a pior coisa imaginável'"[29].

Difícil decidir qual a pior coisa imaginável hoje. Para alguns, os negros pobres das favelas e periferias do Rio, talvez seja a chegada em suas casas da polícia assassina de Witzel. Para os indígenas, talvez o sinal verde de Bolsonaro para o armamento dos grandes fazendeiros, ou a abertura de suas terras à mineração. Para um rio da Amazônia, a construção de uma nova megabarragem que vai fornecer energia para as fábricas de alumínio ou as cidades do Sudeste, ou quem sabe o pior seja o rompimento de mais uma barragem de rejeitos da mesma mineração. Para a Floresta Amazônica e para o Cerrado, um novo Dia do Fogo. Para os animais criados em cativeiro, mais um dia. Para os Yanomami, a queda do céu. Para todos nós, terranos,[30] a lama e o fogo do Antropoceno.

---

27 Ibid.
28 Ibid.
29 Ibid.
30 Com exceção das bactérias e outros muitíssimos seres pequeninos das profundezas insondáveis da terra e do mar.

A eleição pelas urnas de um presidente de extrema-direita no Brasil foi um verdadeiro choque de mundos, para pelo menos metade da população deste país. As ondas desse choque parecem não parar de crescer e de se propagar, entrecruzando-se com as ondas de choque do Antropoceno. Um tempo como este exige de nós coragem e determinação para lutar, mas também exige generosidade na distribuição dos nomes, sobretudo daqueles que podem servir como armas na luta. Não esqueçamos que "no gueto estamos todos... e que não muito distante espera o trem".[31]

---

31 Primo Levi, *Os afogados e os sobreviventes: os delitos, os castigos, as penas, as impunidades.* Op. cit, p. 54.

FIM DO MUNDO

FIM DO MUNDO

CAPÍTULO 5

Duas ou três coisas que sei sobre o fim do mundo*

> Again and again, far stranger things happen than the end of the world.
> (Rebecca Solnit, *A Hope in the Dark*)

O que apresentarei aqui hoje são algumas breves reflexões em torno da constatação da irreversibilidade daquilo que, em meu livro *Há mundo por vir? Ensaio sobre os medos e os fins*,[1] escrito juntamente com Eduardo Viveiros de Castro em 2014, nós chamamos de "fim do mundo". Estamos atualmente em meio a um desequilíbrio biogeofísico do planeta, de uma dimensão totalmente nova no que diz respeito não apenas à civilização moderna, mas à "civilização" em geral, e até mesmo à espécie *Homo sapiens* como um todo, bem como a uma grande parte dos outros organismos vivos que compõem conosco a biosfera atual. Para dar uma ideia da escala das transformações em curso, digamos que elas são comparáveis às produzidas pela transição dos períodos glaciais para os interglaciais na história da Terra, mas em um espaço de tempo muito mais curto. Sem contar a devastação, a poluição e a contaminação dos ecossistemas, provavelmente levará vários milhares de anos (ou mais) para que o CO_2 que estamos liberando na atmosfera e nos oceanos se estabilize como antes da revolução industrial no final do século XVIII e, especialmente, antes da grande aceleração do pós-guerra no século XX. Enquanto isso, os mares já estão mais ácidos, grandes partes do Ártico, da Antártida e da Groenlândia se

---

* Texto apresentado no *VII Seminário Conexões — Deleuze e Cosmopolíticas e Ecologias Radicais e Nova Terra e...* (Campinas, 2017) e reapresentado nos Encontros "*Penser les fins du monde*" (Toulouse, outubro de 2019). Originalmente publicado como "Mundos sob os fins que vêm", em S.O. Dias, S. Widerman e A.C. Rodrigues de Amorim (orgs.). *Conexões: Deleuze e cosmopolíticas e ecologias radicais e nova terra e...* Campinas: ALB/FE/UNICAMP, 2019. E-Book, pp. 85-96.

1 Déborah Danowski e Eduardo Viveiros de Castro, *Há mundo por vir? Ensaio sobre os medos e os fins*. Desterro: ISA e Cultura e Barbárie, 2017.

desestabilizaram de forma provavelmente irrefreável, o nível do mar está subindo cada vez mais rápido e espécies inteiras (muitas das quais ainda nem conhecíamos) estão desaparecendo a uma taxa que alguns estimam ser até mil vezes maior do que a taxa de extinção de fundo.[2] E mesmo antes de as espécies desaparecerem, uma "aniquilação biológica", uma "extirpação" ou "dizimação de populações selvagens" está em curso. Por fim, alguns cientistas afirmam que o planeta entrou em uma rota definitivamente divergente em relação ao Holoceno.[3] Outros sugerem que entramos não apenas em uma nova *época*, o Antropoceno, mas em uma nova *era* geológica, a era Antropozoica.[4]

Por tudo isso, é correto dizer que a situação que temos diante de nós é totalmente sem precedentes, desconhecida. Assim, mesmo que assistamos ao fim do capitalismo industrial global, aqueles que restarem ou que vierem depois de nós terão de conviver com um mundo empobrecido tanto ecológica quanto ontologicamente, um mundo que é muito diferente do que hoje chamamos de nosso mundo, nosso lar, Gaia, Terra, Planeta-Floresta, Planeta-Água, *Madre Tierra* e assim por diante. Quais serão os *mil nomes de Gaia* amanhã?[5] Viver *no* e *com* o Antropoceno não exige apenas que compreendamos a escala das transformações em curso; acima de tudo, precisamos aprender a importância dessa diversidade de nomes, que também expressam variações do mundo, séries divergentes que, no entanto, devem se cruzar em pontos singulares, à maneira daqueles portais de tantos filmes de ficção científica, que permitem a passagem entre diferentes dimensões. Mas o que pode o cruzamento de séries divergentes significar em um mundo puramente imanente?

Ao contrário do que costumávamos pensar, se é preciso procurar portais e se as séries precisam se cruzar, é justamente porque não há "outros lugares", um "fora", para onde possamos ir para nos salvar. O que estamos descobrindo no Antropoceno é que não há lugar para nos

---

2 Um milhão das 8 milhões de espécies conhecidas de animais e plantas estão correndo risco de extinção, segundo estimativas recentes.

3 Ver um bom resumo no primeiro capítulo de Clive Hamilton, *Defiant Earth: The Fate of Humans in the Antropocene*. Sydney: Allen & Unwin, 2017.

4 Cf. Déborah Danowski e Eduardo Viveiros de Castro, *Há mundo por vir ? Ensaio sobre os medos e os fins*. Op. cit, pp. 31-32.

5 Referência ao título do colóquio *Os Mil Nomes de Gaia: do Antropoceno à Idade da Terra*, que organizamos no Rio de Janeiro em setembro de 2014, na Fundação Casa de Rui Barbosa.

escondermos. É verdade que, diante desse cenário, muitas pessoas buscam conforto na ideia de que algum tipo de "salvação" é possível, para nos tirar desse impasse de uma vez por todas. Lembremos da expressão *"Sauve qui peut"* (salve-se quem puder) no belo título do filme de Jean-Luc Godard, *Sauve qui peut, la vie* (*Salve-se quem puder, a vida*). Poderíamos dizer que uma variação dessa fórmula é o mantra secreto que mantém os grandes poluidores e devastadores de nosso planeta em plena atividade (em seu *"business as usual"*), confiantes de que seus privilégios econômicos cada vez maiores serão suficientes para deixá-los tranquilos em seus *bunkers*, não importando a profundidade e o alcance da crise que possa atingir os 99% restantes. E pode até ser que eles estejam certos, pelo menos por enquanto. Mas... o mundo que nos aguarda está cheio de surpresas para eles também.

Outra forma da ideia de salvação muito recorrente nos dias de hoje é a crença na ciência (no singular e com S maiúsculo) e nas inovações e soluções tecnológicas (*"technofixes"*), expressa, por exemplo, na confiança cega de que "o problema será resolvido", "a tecnologia nos salvará", "inventaremos uma técnica sem riscos para extrair CO_2 da atmosfera e, assim, evitar o pior", ou para "transformar a água do mar em água potável a baixo custo"; que "podemos continuar vivendo como sempre vivemos porque faremos uma transição bem-sucedida para uma economia verde", "logo inventaremos a fusão a frio" ou até mesmo, em casos mais extremos, "iremos viver em outros planetas". É curioso notar que essa confiança coexiste e contrasta, em primeiro lugar, com um sentimento generalizado de pânico, um pânico frio (como Isabelle Stengers disse certa vez), que acompanha a deterioração da qualidade de vida nas sociedades modernas e, acima de tudo, a percepção de que desta vez as coisas podem dar errado; e, em segundo lugar, que ele coexiste e contrasta com uma indiferença ou até mesmo uma desconfiança, muito forte hoje em dia, em relação a essa mesma ciência, manifesta nos discursos ou atitudes negacionistas que estão presentes em todos os cantos do espectro político e que hoje se enraizaram no Estado brasileiro — que está travando uma verdadeira guerra contra a ciência e a academia.

Mesmo quando significa simplesmente um desejo de preservar a melhor parte do que já alcançamos como "civilização", a esperança de salvação (entendida como um resgate), confrontada com a constatação de uma forte deterioração ou degradação do mundo atual, a perda do mundo (o Apocalipse), pressupõe o sentimento de que a única saída

tre, extraterrestre ou supraterrestre. Em todos esses casos e em muitos outros, constatamos que, paralelamente à crença na salvação, há uma descrença por parte dos indivíduos e das comunidades concernidas em sua própria capacidade de lidar, aqui e agora, com a situação que os aflige, ou mesmo uma desconexão entre sua qualidade de agentes e suas ações (Spinoza diria: uma separação entre seu corpo e o que ele pode). A propósito, essa desconexão não se limita a uma condição subjetiva (consciente ou inconsciente), cujas causas seriam psicológicas e individuais, mas nos foi imposta como peça fundamental para a sustentação da economia capitalista industrial baseada no consumo.

Por fim, a esperança de "salvação" (minha, da minha família ou do meu grupo social, religioso ou político, mas também a da "nossa civilização" como um todo) implica frequentemente (mas não devemos generalizar) a disposição e até mesmo a prática da exclusão e do sacrifício de outros indivíduos e povos, outras cosmologias e ontologias, modos de existência, grupos étnicos e religiões; a exclusão de imigrantes, mulheres, pessoas LGBTQIA+, negros, indígenas, isso sem mencionar animais, plantas, o mundo inorgânico e tudo que possa funcionar como uma fonte perpétua de matéria-prima ou força de trabalho para sustentar essa salvação de poucos. Mas a perversidade dessa lógica — seu verdadeiro preço (seus sacrificados) — quase não é reconhecida como tal, porque, como dissemos, sua agência é transferida para uma instância transcendente ("alguém", "algo" vai nos salvar) e se refere ao futuro, tendo como horizonte o sonho da substituição de um estado de coisas muito ruim por um reino ótimo ou perfeito.

Acontece que o Apocalipse que nos espera é, como disse o filósofo Günther Anders durante a Guerra Fria, um Apocalipse sem Reino.[6]

Anders imaginou o Apocalipse sem Reino como um inverno nuclear que poria fim a toda a vida na Terra e à própria história, pois não restaria ninguém para olhar para trás e contemplar o que existiu e não existiria mais. Hoje, porém, diante de outros perigos (e de outras formas do mesmo perigo), podemos dizer que mesmo o advento do Apocalipse

---

6   Günther Anders, *Le temps de la fin*. Paris: L'Herne, 2007.

sem Reino não impedirá que reste um mundo, que será sempre o mundo de alguém, de um sujeito, de um povo. É certo que tudo sempre pode piorar, *ad infinitum* — como podemos dizer, paradoxalmente inspirando-nos no filósofo do otimismo, Leibniz. Mas Leibniz também sabia que há fins dentro de fins, porque há mundos dentro de mundos. Para nós, isso quer dizer que nenhum mundo é um reino, e nenhum Apocalipse é um fim absoluto. Não é isso que significa a expressão "um outro fim do mundo é possível", que lemos há alguns anos em um muro da Universidade de Nanterre, em Paris, durante as manifestações contra a Lei Trabalhista em 2016?

Ora, foi para não trair a vida daqueles que (no passado, no presente e no futuro) traçam linhas de fuga e encontram saídas para as linhas de morte que os cercam, onde não há salvação ou transcendência possível, aqueles que se reúnem e se encontram para formar povos que são sempre menores (os terráqueos de Latour? Os guerreiros do clima do Pacífico? As mulheres curdas? As jovens e as mulheres dos movimentos climáticos? Os indígenas? Os animais que voltaram a ser selvagens? As plantas resistentes aos pesticidas?), aqueles que acreditam na Terra, que acreditam nos mundos dentro ou sob os mundos que vêm, mundos nas ruínas, como diz Anna Tsing, que criam refúgios, que, talvez não como indivíduos mas enquanto coletivos, resistem e resistirão a todas as catástrofes; e também aqueles que serão forçados a deixar seus lugares (refugiados climáticos) e se tornarão outra coisa, talvez os que Gilles Deleuze chamou de povos por vir — é por tudo isso que achei que valeria a pena, depois de escrever um livro sobre imaginações do fim do mundo, apresentar algumas ideias muito breves sobre alguns livros e filmes de ficção científica, a fim de insistir um pouco mais no que poderia ser a "parte acontecimental" e a virtualidade contidas no fato do Antropoceno, no qual todos nós estamos agora submersos. São apenas alguns exemplos, mas espero que eles nos ajudem a imaginar como encontrar portais, saídas dentro de um mundo que hoje parece inimaginável, incompreensível e até impensável.

1. incompatibilidade, espectralidade[7]

O clássico *As crônicas marcianas*, de Ray Bradbury, publicado em 1950, é uma composição de contos organizados cronologicamente (de 1999 a 2026) e ligados pela operação de um incessante movimento de ida e vinda entre a Terra e Marte, de mudança entre os pontos de vista dos habitantes da Terra e de Marte. Além desse deslocamento no espaço, há um outro deslocamento, no tempo, de tal forma que somos constantemente transportados entre dois mundos, duas temporalidades, duas materialidades (a materialidade marciana, ao contrário da nossa, tendo um forte componente espectral), bem como entre duas experiências incompatíveis de morte e extinção: pouco a pouco, o Planeta Vermelho — suas cidades, sua geografia, seu clima, os corpos de seus habitantes, suas tecnologias e sua arte — vai sendo invadido pelos terráqueos em Marte, que ali replicam os mesmos crimes e a mesma devastação que impuseram a seus próprios povos e ao seu planeta de origem. Mas os marcianos que não sucumbiram à catapora trazida pelas primeiras tripulações de humanos resistem e continuam a viver em suas cidades espectrais, enquanto os invasores acabam testemunhando de longe a destruição da Terra em uma guerra atômica. Além disso, o que é vivenciado como passado e futuro em cada um desses dois mundos (Terra e Marte) muda continuamente, de acordo com os pontos de vista, de modo que ninguém em nenhum dos lados (nem o próprio leitor) tem certeza se está testemunhando uma realidade passada, presente ou futura.

No capítulo intitulado "Encontro Noturno", um marciano (Muhe Ca) e um terráqueo (Tomás Gomez) se encontram, dizem seus nomes e trocam algumas frases por telepatia. No entanto, quando Tomás Gomez oferece uma xícara de café a Muhe Ca, eles percebem que não conseguem estabelecer um contato físico porque não podem tocar um no outro ou nos objetos um do outro; suas mãos se interpenetram e cada um pode ver as estrelas por trás do corpo do outro. Porém, mais importante ainda, suas temporalidades divergem. Enquanto a paisagem observada pelo terráqueo em Marte é a de um planeta invadido, os canais secos, os marcianos todos mortos, suas cidades devastadas;

---

7   Fiz uma análise mais extensa do livro de Bradbury no capítulo "Transformações perceptivas e afetivas na Idade da Terra". Ver adiante, neste volume, o capítulo 7.

à sua frente, o marciano vê distintamente as belas e frágeis cidades de seu planeta ainda brilhantes e cheias de gente, mulheres passando, os canais cheios de vinho de lavanda... Tomás diz: "Mas as ruínas provam que eu represento o futuro, eu estou vivo e você está morto!" Ao que Muhe Ca responde: "Só há uma explicação: você é uma visão do passado!"[8]

Tudo parece indicar uma incompreensão e incompatibilidade quase totais entre seus corpos e temporalidades. Os marcianos vivem em um mundo muito mais estranho e alienígena do que os terráqueos pensavam. Tudo diverge, nada conspira. E, no entanto, em todo o livro de Bradbury, testemunhamos cruzamentos paradoxais, portais provisórios que levam a uma visão/visita de outro mundo e outro tempo, uma mudança de perspectiva que possibilita a passagem dos afetos, os encontros, mas também os conflitos.

Os marcianos já estavam lá muito antes da chegada da primeira tripulação vinda da Terra. Mortos ou vivos, materialmente sólidos ou mutáveis e fantasmáticos, falando por palavras ou por telepatia, eles ainda estão lá, em algum lugar, em um tempo que não podemos precisar. Ao se tornarem imperceptíveis, eles escaparam dos invasores e de seu mundo; quase desapareceram, mas estarão sempre lá, depois que os últimos humanos tiverem abandonado o Planeta Vermelho.

Por fim, é como se esses marcianos do passado fizessem intrusão no mundo atual dos terráqueos em Marte, como as crianças e os jovens ativistas de hoje que se fazem presentes nas ruas de muitas cidades de vários países. São refugiados do passado, assim como esses jovens são refugiados do futuro. Voltarei a esse assunto mais adiante.

2. devir-imperceptível, contra-efetuação

Em *The Incredible Shrinking Man* (*O incrível homem que encolheu*, filme em preto e branco de 1957 dirigido por Jack Arnold, com roteiro de Richard Matheson baseado em seu romance *The Shrinking Man*), um homem, acidentalmente exposto a um inseticida que estava sendo pulverizado sobre árvores ao longo de uma ruazinha e, em seguida, a uma misteriosa nuvem radioativa enquanto passeava de barco com

---

8   Ray Bradbury, *The Martian Chronicles*. New York: Bantam, 1979, p. 85.

sua esposa em alto mar, começa, alguns meses depois, a encolher mais e mais, sem parar. Com o desdobrar da doença, Robert Scott Carey terá que entrar em mundos menores, que não lhe pertenciam e cuja existência ele desconhecia quase completamente. A fatalidade de seu encolhimento dá origem à atualização de virtualidades corporais inumanas (e, em última análise, inorgânicas), até então imperceptíveis e desconhecidas por ele. Sua diferença vai diferindo, para usar a expressão de Gabriel Tarde,[9] ao mesmo tempo em que ele próprio vai se tornando cada vez mais imperceptível para os outros seres humanos e acedendo a outras percepções, afetos e pontos de vista.[10] E, enquanto seu corpo não pode senão se submeter à *efetuação* do encolhimento, efeito inescapável, irreversível e devastador da radiação, ele adentra o que se poderia chamar, com François Zourabichvilli, de "ética da contra-efetuação ou do devir-imperceptível", que traz ao primeiro plano "a parte 'acontecimental', 'inefetuável' de qualquer efetuação".[11]

Vou contar o resto da estória. À medida que encolhia cada vez mais e seu caso sem precedentes chegava às manchetes de todos os jornais, o protagonista teve que se afastar do mundo exterior, escondendo-se em casa, com sua esposa sempre amorosa. Mas o Robert Scott Carey que Louise amava tinha "um tamanho, uma forma, um jeito de pensar. Tudo isso está mudando". Scott sabe que seu casamento não pode durar e, desesperado, decide fugir. "Eu tinha que sair, tinha que fugir." Mas ele continua preso à sua antiga identidade, uma identidade fracassada. Sente-se uma "aberração", um monstro em um "mundo de gigantes". Sem saber aonde ir, ele entra em um café e encontra por acaso Clarice, uma simpática anã, que se torna sua amiga. Scott recupera sua vontade de viver e começa a escrever a história de seus infortúnios.

Nesse meio tempo, os médicos que buscavam barrar o processo celular de encolhimento encontraram um antídoto, e Scott para de encolher. Mas foi apenas um curto período de alívio, pois o processo logo recomeçou. Ele não era um anão, ainda que se parecesse com um. Os anões são um povo, mas Scott estava completamente sozinho, uma

---

9   Gabriel Tarde, 2013, *Fragmento de história futura*. Desterro: Cultura et Barbárie, p. 90.
10 Cf. Déborah Danowski, "Leibniz, Locke e Berkeley: mundos fenomênicos". *O que nos faz pensar, 26*, 2009, pp. 93-109.
11 François Zourabichvilli, *Le vocabulaire de Deleuze*. Paris: Ellipses 2003, p. 38. (Verbete *"Evènement"* ["Acontecimento"].

espécie ínfima. E agora, por causa dessa constatação, à medida que diminui mais e mais, ele vai se tornando mais "tirânico" com Louise.[12] Ele pensa várias vezes em se suicidar, mas a cada vez diz a si mesmo: "Amanhã, talvez, amanhã os médicos irão me salvar". Scott não quer abrir mão de sua humanidade e mantém a esperança de uma cura, a esperança de que sua condição talvez venha a ser revertida ou, pelo menos, amenizada.

Um acidente põe fim a essa esperança e a história toma uma trajetória completamente diferente. Scott tem apenas alguns centímetros de altura e é atacado por seu gato sem que sua esposa o perceba. Ele escapa por pouco, ao cair no abismo em que o porão da casa se convertera. É o buraco de Alice que se abre diante dele, o evento que desencadeia não uma transformação, que já estava em andamento, mas um verdadeiro devir-minoritário de Robert Scott Carey.

"O chão do porão se estendia diante de mim como uma vasta planície ancestral, sem vida, repleta de relíquias de uma raça desaparecida. Nenhum náufrago em uma ilha deserta jamais se deparou com uma perspectiva tão desoladora." Tomado pela fome, Scott passa a enxergar de outro ponto de vista os objetos até então esquecidos no fundo do porão: eles se transformam, adquirindo funções imprevistas, que lhe permitirão apenas continuar existindo à espera de Lousie, apenas não desaparecer: um alfinete torcido é um gancho, uma linha de costura é uma corda e, com ambos, ele consegue pegar seu alimento, um pedaço de bolo.

Tão logo se recuperou, Scott percebeu que estava próximo a uma pequena janela no porão, a qual dava para o jardim. Lá ele podia avistar as plantas, o céu azul e as nuvens. Sua amiga Clarice lhe dissera uma vez que o céu era igualmente azul para pessoas como eles e para os gigantes. Scott corre para a janela, mas não consegue passar pela tela, que se tornara a grade de uma prisão. Do lado de fora, um pássaro o olha com curiosidade. Em contraste com o mundo lá fora, a prisão de Scott era um espaço cinza e hostil a perder de vista. Mas ele ainda era um homem: "Assim como o homem havia dominado o mundo do sol, eu também dominarei o meu mundo."

---

12 "Só Deus sabe como ela suportou aquelas semanas. Eu era o único com poder de libertá-la disso..." (Jack Arnold, *The Incredible Shrinking Man*, 1957).

Um segundo acontecimento permitirá que ele se separe definitivamente da linha de morte à qual fora condenado não por causa de seu encolhimento, mas por seu apego à identidade molar que lhe fora roubada. Ele quer estocar comida; pega um grande pedaço de bolo para levar para sua casa (uma caixa de fósforos), mas, sem querer, esbarra em uma teia de aranha, despertando o monstro. Scott não estava mais sozinho em seu universo cinzento. Ele agora tinha um inimigo, "o mais terrível já visto por olhos humanos".

Durante todo o tempo em que seu marido estivera preso no porão, Louise pensava que ele estava morto, comido pelo gato. Com seu cunhado Charles, ela finalmente decide vender a casa e, naquele dia, eles se preparavam para partir definitivamente. No porão, um pequeno vazamento de água na caldeira aumenta subitamente e de repente Scott se vê em meio a uma grande inundação. Louise desce ao porão para pegar uma mala velha e vê o vazamento de água. Ela chama Charles, que também desce. Ao pé da escada, sobre um tronco (uma caneta) que boiava na água, Scott tentar gritar uma última vez o mais alto que pode, mas já estava pequeno demais para ser ouvido ou visto. Scott perde a consciência, Charlie libera o ralo e eles saem.

Quando Scott acorda, vê a aranha vindo em sua direção. Ele pega suas armas, o gancho e a corda, mas não sente mais ódio por seu inimigo. Agora entende que a aranha está tão faminta quanto ele, e que ambos estavam lutando pela simples existência. Era o instinto, e não a razão, que os levava ao combate. Tudo mudou, e o que acontece entre os dois a partir desse momento é um bloco de devir. Scott não era mais o Robert Scott Carey de antes, nem mesmo a aranha era "apenas uma aranha". "Era todos os terrores desconhecidos do mundo, todos os medos fundidos em um horror atroz, negro como a noite." Scott descobre em si mesmo uma força tanto sub-humana quanto sobre-humana. Eles lutam, ele vence. Seu prêmio, a vida e o grande pedaço de bolo. Ele o pega em suas mãos. Mas "foi como se seu corpo tivesse deixado de existir. A fome havia desaparecido. Não havia mais o terrível medo de encolher". Ele desmaia.

Ao acordar, a noite já havia se estendido para o lado de fora da pequena janela. No céu, a lua cheia brilhava por entre as nuvens. A história tem um epílogo tardiano: "Eu continuava encolhendo. Tornando-me... o quê? O infinitesimal? O que eu era? Ainda um ser humano? Ou talvez o homem do futuro?" Scott segue em frente e, dessa vez, passa facilmente pela tela da janela. Ele está no jardim, e olha para o céu estrelado, como se pudesse tocá-lo. "O universo, mundos incontáveis. O tapete prateado de Deus estendendo-se noite adentro." Como as duas extremidades "de um círculo gigante que se fecha sobre si mesmo", o subatômico junta-se às estrelas e o infinitamente pequeno funde-se com o infinitamente grande.[13]

3. ruínas, resistência, vingança

Beasts of the Southern Wild, filme dirigido por Benh Zeitlin, baseado na peça *Juicy and Delicious*, de Lucy Alibar.[14] Inspirado na vida de comunidades pesqueiras bayou no delta do Mississippi, na Louisiana, ameaçadas pela erosão, por furacões e pela subida do nível do mar, esse filme de ficção me parece constituir uma das melhores representações do que poderia ser aquilo que Bruno Latour chamou de guerra entre Terranos (ou Terrestres) e Humanos, ou, melhor ainda, da resistência dos Terranos ao projeto Humano modernizador, genocida, ecocida e suicida dos humanos. Vivendo com poucos recursos materiais (mas com abundância de pescados) em um terreno alagadiço que chamam de "a banheira", esses Terranos (que, neste caso, talvez pudessem ser mais apropriadamente apelidados de Povo da Lama ou do Alagado)[15] estão separados do mundo moderno ("o lado seco") por um dique que

---

13 "Se houvesse outras explosões de radiação, outras nuvens à deriva por sobre mares e continentes, será que outros seres me seguiriam para dentro deste vasto novo mundo? Tão próximos, o infinitesimal e o infinito. Mas, de repente, entendi que eles eram na verdade as duas extremidades do mesmo conceito. O incrivelmente pequeno e o incrivelmente vasto acabam se encontrando como um círculo gigantesco que se fecha sobre si mesmo. Olhei para cima, como se, de alguma forma, pudesse alcançar os céus, o universo, mundos incontáveis. O tapete prateado de Deus se estendia noite adentro. E, naquele momento, eu soube a resposta para o enigma do infinito. Eu havia pensado em termos da limitada dimensão humana. Havia presumido a despeito da natureza. É o homem, não a natureza, que acredita que a existência começa e termina. E senti meu corpo diminuindo, derretendo, tornando-se nada. Meus medos se dissiparam e, em seu lugar, veio a aceitação. Toda essa vasta majestade da criação tinha que ter algum sentido. E então eu também tinha um sentido. Sim, menor do que o menor, eu também significava algo. Para Deus, não existe o zero. Eu ainda existia." Ibid.

14 Nas telas brasileiras chamado de *A indomável sonhadora*. O filme é de 2012.

15 Em homenagem à expressão o "povo da lama/povo de pé", "*le peuple de boue*", usada por ativistas da ZAD de Notre-Dame-des-Landes, em um trocadilho com esta outra expressão, "*le peuple debout*". Cf. Déborah Danowski e Eduardo Viveiros de Castro, *Há mundo por vir ? Ensaio sobre os medos e os fins*. Op. cit. 2017, p. 77.

protege este último de inundações, ao mesmo tempo em que apressa o alagamento e a salinização do terreno que resta do primeiro.[16]

O povo da banheira não se sente de forma alguma atraído pelas vantagens e benefícios do lado seco, que eles consideram feio, monótono, bizarramente limpo. Com suas "baixas" tecnologias, suas gambiarras, seus mitos e seus hábitos corporais um tanto "animalescos", eles se recusam a ser absorvidos e reduzidos pela frente de modernização, abrindo mão até mesmo de comodidades e serviços de assistência que lhes são ofertados "gratuitamente", como hospitais e outros recursos de saúde. "No mundo seco, eles não têm nada do que nós temos. Só tiram férias uma vez por ano. Os peixes ficam presos em embalagens de plástico, os bebês em carroças, os frangos em espetos", diz a personagem principal, a pequena Hush Puppy. É melhor viver bem e ter a coragem de morrer cedo do que viver mais e ficar "preso à parede" por uma porção de fios quando você adoece, trancado nesses "aquários sem peixes" que são os hospitais.

A regra de ouro que Hush Puppie aprendeu é que, para que tudo no mundo funcione bem, todas as peças precisam se encaixar; quando alguma coisa se quebra, você precisa fazer o possível para consertá-la.[17] Mas os habitantes da banheira sabem muito bem que um dia, em um futuro não tão distante, tudo irá se quebrar definitivamente, a água irá engolir tanto a banheira quanto o lado seco, e o mundo chegará ao fim. Até lá, eles resistem, não apenas insistindo em sua alegria e permanecendo nesse lugar que deveria desaparecer, mas também, se necessário, realizando verdadeiros atos de guerrilha, como explodir o dique que garante a manutenção do domínio do mundo moderno sobre o deles.

Mas *Beasts of the Southern Wild* ainda é um filme um tanto romântico, centrado no relacionamento de Hush Puppie com seu pai e na busca por sua mãe, que os abandonara. Um verdadeiro cinema de guerrilha, por outro lado, tanto em seu conteúdo quanto em sua forma, é a surpreendente "docuficção", ou melhor, "docuscificção", do diretor brasileiro Adirley Queirós, *Branco Sai Preto Fica* (2014).

---

16 Sobre isso ver Christopher Flavelle, "Louisiana, sinking fast, prepares to empty out its coastal plain." in *Bloomberg*, 22 dez. 2017.

17 "Don't break what you can't fix" (Não quebre o que você não pode consertar) — dizia um cartaz em uma manifestação de jovens pelo clima na Bélgica em 2019.

O filme parte do caso real de uma batida policial ocorrida durante um baile black na cidade de Ceilândia, na periferia pobre da Brasília modernista, em 1986. Um dos policiais gritou a "ordem" que inspira o título do filme: *Branco Sai, Preto Fica*, que significava algo como "Quem é branco pode sair, quem é preto fica" (fica e vai ser espancado ou levar bala). O resultado da violentíssima ação policial foram inúmeras pessoas gravemente feridas, sendo que um rapaz (o rapper Marquim da Tropa) ficou paraplégico e outro (Schokito) perdeu a perna e passou a usar uma perna mecânica.

Esses são os personagens principais do filme que, em vez de seguir o caminho de um retrato realista, supostamente a forma mais adequada de representar a pobreza e a violência estatal no Terceiro Mundo, configura-se como o que o crítico Inácio Araújo chamou de "uma espécie de OVNI cinematográfico".[18] Marquim e Schokito vivem à margem de um Estado racista e genocida, cuja Polícia do Bem-Estar Social exige passaportes para os moradores dos subúrbios que queiram entrar no Plano Piloto (a parte da cidade de Brasília projetada pelo famoso arquiteto comunista Oscar Niemeyer, que circunda os prédios do Congresso Nacional e dos ministérios). Eles se tornam *bricoleurs* (além de falsários...) e acabam inventando um complexo artefato sonoro-mecânico para explodir o Congresso Nacional. Enquanto isso, enquanto a bomba sônica está sendo fabricada, outro personagem, Dimas Cravalanças, vem vindo do futuro, do ano de 2070, enviado a bordo de um contêiner/espaçonave para o presente, a fim de reunir provas que incriminem o Estado brasileiro pelos atos cometidos contra as populações negras e marginalizadas.

A bomba sonora explode, todos os sons, forró, rap, funk, vozes e ruídos diversos que haviam sido cuidadosamente misturados caem sobre Brasília, causando um impacto tão grande que se cria um enorme evento eletromagnético, de modo que, mesmo no futuro, como diz a voz no alto-falante da nave espacial, "As coisas mudaram muito... A vanguarda cristã tomou o poder".

Branco Sai Preto Fica é ao mesmo tempo um grito anarquista vindo dos espaços distópicos de um futuro-passado e um ato de reapropriação

---

18 Cf. Inácio Araújo, Cineclube Pedagogias da Imagem exibe *Branco Sai, Preto Fica*, 5 abril 2017. Agradeço a Aline Portugal os vários *insights* e a indicação de ótimas leituras (entre as quais a sua própria) do filme de Adirley Queirós.

[*reclaiming*], subversão, catarse e, por que não dizê-lo, da mais pura vingança.

4. a saída, a segunda origem

Parable of the Sower (*Parábola do semeador*), livro de Octavia Butler de 1993, está entre aquelas ficções distópicas mais desoladoras que se encontram na literatura atual, pelo retrato absolutamente sombrio que faz de uma sociedade em colapso climático, econômico e social, mas sobretudo pela proximidade desse retrato com a realidade de muitas de nossas cidades atuais. Visto do Brasil em particular, eu diria que a semelhança chega a ser assustadora (especialmente quando se pensa nos grandes incêndios que, nesta sombria Nova Era, começaram destruindo o Museu Nacional e agora estão devastando a Amazônia e o Cerrado). Filha de um pastor batista que vive com sua família nas ruínas de um dos últimos condomínios fechados que restaram na periferia de Los Angeles, a jovem Lauren Oya Olamina é dotada de uma capacidade empática que a faz sentir em seu próprio corpo a dor alheia. Olamina passa os dias redigindo seu evangelho próprio, que ela chama de *Earthseed: the Books of the Living* (Semente da terra: os livros dos viventes), até o dia em que sua própria casa é atingida diretamente pela violência que varre a cidade (o mundo), seus parentes são mortos e ela decide abandonar a segurança precária dos muros de sua comunidade. Ela deixa sua casa e parte em uma peregrinação que se mostra cada vez menos promissora. Mas nenhum infortúnio é suficiente para detê-la. Olamina pouco a pouco reúne em torno de si uma pequena comunidade nômade, um povo que ela acredita capaz de recriar um mundo.[19]

Mencionei aqui os jovens, especialmente meninas e mulheres, que são a maioria dos que participam dos movimentos de resistência climática. Citemos alguns nomes: Ridhima Pandey, na Índia; Nina Gualinga,

---

19 O documentário de Florent Tillon, *Detroit, ville sauvage* (2010), explora uma situação distópica na qual uma cidade decadente e quase completamente abandonada é reocupada e transformada por um "povo", se não subterrâneo, pelo menos quase imperceptível para a cultura das classes mais ricas da grande metrópole. O filme *Interstellar* (2014), de Christopher Nolan, por outro lado, é um exemplo de outro tipo de novo começo ou nova origem: os humanos sem mundo de uma Terra pós-catástrofe climática fogem de seu planeta e constroem, em uma estação espacial, um mundo artificial de alta tecnologia, em muitos aspectos o inverso perfeito daquilo que autores como Butler imaginam e do que esses novos residentes de Detroit fazem na vida real.

no Equador; Wangari Maathai, no Quênia (movimento do cinturão verde); as Mulheres Guerreiras da Floresta, no Brasil (como Sonia Guajajara); Autumn Peltier, no Canadá (defensora do "direito à água limpa"); Xiye Bastida, no México (indígena Otomi-Toltec, do Fridays for Future); Vic Barrett, em Nova York; Isra Hirsi, nos EUA (mulher negra muçulmana); Paloma Costa, no Brasil (do Instituto Socioambiental); e muitos outros. Mas eu queria aqui insistir um pouco sobre Greta Thunberg. Porque Olamina e Greta me parecem estranhamente semelhantes, apesar de seus dons inversos. Olamina sofre de empatia excessiva pelas pessoas ao seu redor, enquanto Greta sofre de uma forma de autismo conhecida como síndrome de Aspergers, que se caracteriza, entre outros sintomas, por dificuldades nas relações sociais e uma manifesta falta de empatia. Greta partiu para a América em um barco onde se lia: "*Unite Behind the Science*", e fala em nome daqueles que têm medo porque sabem que a Terra, nosso único lar, está queimando; Olamina não tem lar, o mundo está em ruínas; movida por sua nova religião minoritária, ela foge dos incendiários e da violência. Greta é uma sueca branca, de classe média, educada e formada em ótimas escolas. Olamina é uma adolescente negra, educada em casa pelo pai nas piores condições possíveis. Greta atraiu a atenção da imprensa mundial, mas Olamina atrai apenas um pequeno número de seguidores. Ela se esconde e desaparece, sonhando com um segundo lar em outro lugar, outro planeta. No momento de sua morte (na sequência de *Parable of the Talents*), ela observa os primeiros ônibus espaciais deixando a Terra em direção à nave Cristóvão Colombo, que leva colonos para Alpha Centauri. Mas ambas têm uma visão que pode ser descrita como profética, e que lhes permite reunir um povo.[20]

Retomo alguns pontos, para terminar:
    Em primeiro lugar, a alternativa, de um lado, ao negacionismo, sob suas formas mais diversas, e, de outro lado, a várias modalidades da ideia de salvação, passa antes de tudo por permanecer no presente, não

---

[20] Naomi Klein, em entrevista recente ao jornal *Democracy Now* (2019), se referiu ao caráter simbólico e profético de Greta. Cf. *Democracy Now*, "Naomi Klein: Greta Thunberg is a 'Prophetic Voice' in Fight for Climate Justice", 2019.

como uma condenação ou um destino inescapável (em relação aos quais salvar o futuro seria de fato o único remédio), mas como esse plano de imanência de que falam Deleuze e Guattari,[21] plano do acontecimento, de onde podem emergir povo e mundo.[22]

Segundo: o presente que nos concerne não é simplesmente um estado de coisas, mas sempre o que está vindo, o que vem, o devir, que vai nos dois sentidos ao mesmo tempo. Como no romance de Bradbury, aquilo que se efetua em um plano e que, nos corpos, *não pode ser desfeito*, pode entretanto ser contra-efetuado no plano mítico, ritual, do pensamento ou do sentido. Citando Arun Saldanha,

> [...] o povo é uma potencialidade da própria população, na medida em que esta última é uma multiplicidade heterogênea que produz devires-minoritários como os que se expressam na arte e na filosofia. *O por vir é o que já está vindo, não o que é eternamente adiado como no messianismo.*[23]

Terceiro: **é** verdade que, em um certo sentido, não há saída. Assim o capitalismo, por exemplo (enquanto existir), pode sempre absorver, engolir as resistências, transformá-las em tecnologias de assujeitamento, exclusão, reterritorialização. O mesmo ocorre com o Antropoceno. Muitas das transformações em curso já são irreversíveis, e tudo parece

---

21 Gilles Deleuze e Félix Guattari, por exemplo, em *Qu'est-ce que la philosophie?* Paris: Minuit, 1991, p. 106.

22 "Os filmes de Adirley parecem apostar nesse caminho. Se estamos em guerra, precisamos fortalecer o 'nosso lado'. Ceilândia é [...] o território sobre o qual o filme se debruça, perpassado por inúmeras disputas; mas é também um território inventado pelo próprio filme." *Branco Sai, Preto Fica* é "uma narrativa de vingança, que estabelece o Plano Piloto como um inimigo comum, e nesse mesmo gesto cria um outro 'plano', que Wellington Cançado vai chamar de Contra-Plano Piloto (Cançado, 2014, p. 209)." (citado por Aline Bittencourt Portugal, *Geografia de espaços outros: formas de ocupar e inventar as cidades no cinema brasileiro contemporâneo*. Niterói: Universidade Federal Fluminense, 2016. Dissertação de mestrado).

23 Arun Saldanha, *Space after Deleuze*. Londres et New York: Bloomsbury, 2017. Mesmo nas piores situações, nas situações mais extremas. É o que acontece na cabaninha de *Melancholia* (cf. Déborah Danowski e Eduardo Viveiros de Castro, *Há mundo por vir? Ensaio sobre os medos e os fins*. Op. cit. p. 162). E também o que ocorre um dia em uma das câmaras de gás de Auschwitz, quando todos os judeus, prestes a serem assassinados, começam a cantar o hino nacional tcheco e o Hatikva. Cf. relato de Filip Müller, em Claude Lanzmann, *Shoah, an Oral History of the Holocaust: The Complete Text of the Film*. Nova York: Pantheon Books, 2009, p. 164.

conspirar para a entropia, a homogeneização, a perda de mundo. Mas a perda do mundo não precisa nos impedir de crer no mundo. Não no mundo que virá no futuro, mas naquele que está sempre vindo e nunca termina de vir.

É um pouco como a distinção entre o devir revolucionário e o futuro da revolução de que fala Deleuze.[24] O fracasso da revolução não anula o devir revolucionário. É então que tudo precisa recomeçar, com outros materiais, outros corpos, de outra maneira, por outros caminhos, e a cada vez será diferente. Aliás, nenhum caminho deve ser seguido até o fim, assim como não se deve confiar cegamente em nenhuma distinção conceitual. É preciso parar antes que tudo desmorone, pois há sempre algo que acontece, tanto conceitualmente como empiricamente, num momento qualquer, e que torna necessário fazer uma curva, desviar e então recomeçar. Nada jamais funciona perfeitamente neste mundo terreno. Sem isso só há a morte.[25]

❧

Concluindo: todo pensamento ou imaginação de um fim não absoluto do mundo requer, além do pensamento mítico inverso de um começo (empírico ou transcendental) desse mundo que acaba, a busca, por parte do sujeito ou povo desse mesmo mundo, das condições de uma saída e uma separação. Essa saída e separação se dão sempre como um devir-outro-menor-imperceptível, que o torne capaz de incessantemente recomeçar como que nos subterrâneos desses fins de mundo, nos interstícios do mundo desertado, para criar um outro, sempre outro, sem fim, ou até que tudo termine.

---

24 Deleuze, in *L'abécédaire de Gilles Deleuze*, 1988-1999, letra G de "*Gauche*".

25 "O perigo inerente às linhas de fuga — e ele é fundamental, é o mais terrível dos perigos — é que a linha de fuga se transforme em uma linha de abolição, de destruição. Que a linha de fuga, que normalmente e enquanto processo é uma linha de vida e deveria traçar novos caminhos de vida, se transforme em uma pura linha de morte." Gilles Deleuze. Aula de 27 de maio de 1980, curso *Anti-Oedipe et autres réflexions*.

FIM DO MUNDO

CAPÍTULO 6

Um mundo vivo*

Preâmbulo

Em maio de 2015, o Papa Francisco (Bergoglio) publicou a *Encíclica Laudato Si'*, a primeira encíclica da Igreja Católica voltada quase inteiramente para a questão ecológica. Francisco não é nem o primeiro nem o único líder religioso a ter se pronunciado sobre a urgência da situação que estamos vivendo.[1] Para citar apenas alguns exemplos, anteriores e posteriores à divulgação da encíclica: em maio de 2015, veio a público a *Declaração budista sobre as mudanças climáticas*; em junho, a *Carta dos rabinos sobre a crise climática*; em agosto do mesmo ano, foi assinada em Istambul a *Declaração islâmica sobre a mudança climática global*, na presença de religiosos, cientistas, acadêmicos e organizações da sociedade civil; em outubro, uma *Declaração de líderes religiosos e espirituais sobre a próxima Conferência das Nações Unidas sobre Mudança Climática*, a COP21, realizada em Paris em dezembro de 2015; além das declarações de muitas lideranças indígenas e outros povos minoritários, sem esquecer, é claro, o impactante livro do xamã Davi Kopenawa e do antropólogo Bruce Albert, *A queda do céu*.[2]

O texto a seguir, com poucas alterações,[3] foi apresentado pela primeira vez em agosto de 2015 na Pontifícia Universidade Católica do Rio de Janeiro (PUC-Rio), em um evento sobre a *Laudato Si'*, e não contém

---

* Texto apresentado pela primeira vez em agosto de 2015, em evento sobre a *Laudato Si'* promovido pelo Decanato do Centro de Teologia e Ciências Humanas da PUC-Rio. O texto foi publicado com modificações sob o título "Un monde vivant : Une lecture de *Laudato Si'* depuis la clameur de la Terre", na revista *Relations*, 802 (2019), pp. 36-39.

1 Ver a lista de declarações de líderes religiosos preparada pelo Fórum de Religião e Ecologia de Yale. Disponível em: http://fore.yale.edu/climate-change/statements-from-world-religions/. Acesso em 24 jul. 2024.

2 Cf. Davi Kopenawa e Bruce Albert, *La chute du ciel: paroles d'un chaman yanomami*. Paris: Plon, 2010. [Ed. bras.: *A queda do céu*, trad. Beatriz Perrone Moisés. São Paulo: Companhia das Letras, 2015].

3 Por exemplo, as referências a Bruno Latour ("La grande clameur relayée par le pape François." In *Collectif Laudato Si', Édition commentée*, Collège des Bernardins: Parole et silence Editions, 2015, pp. 221-229) foram todas acrescentadas depois da apresentação original.

minhas críticas a posições conservadoras da Igreja que também se mostram presentes nesta encíclica, sobre questões fundamentais que vão desde a legalização do aborto até o reconhecimento das uniões homoafetivas. Também não menciono, ou apenas indiretamente, um pressuposto do qual, creio, a Igreja católica não pode abrir mão: a ideia de que, de alguma forma, o homem, embora não seja a única criatura e embora dependa intrínseca e extrinsecamente das demais, sendo por elas responsável, está sempre no centro da criação. Não há como negar que um forte antropocentrismo subjaz a todo o texto. Penso, entretanto, que a situação em que hoje nos encontramos é de tal monta, é tão grave e tão abrangente, para os humanos e os não-humanos ou outros-que-humanos que hoje habitam esta Terra, que não podemos nos dar ao luxo de não ouvir, muito atentamente, a seu chamado. Ainda mais que a encíclica *Laudato Si'*, produzida por essa instituição tantas vezes tão conservadora, em vários sentidos é muito mais avançada politicamente que boa parte do pensamento da esquerda brasileira hoje.

Finalmente: desde a data de publicação da *Laudato Si'* até a desta presente publicação, muita coisa se passou nacional e internacionalmente, roubando as atenções mundiais, e desgraçadamente (é o caso de se dizer) deixando em todos nós a sensação de que estamos, mais do que nunca, andando para trás (e não no bom sentido) no que concerne aos esforços para impedir ou amenizar os efeitos das mudanças climáticas, sem falar no retorno do pânico de uma guerra nuclear.

Naquele momento crítico para as negociações sobre o clima que aconteceram em mais uma Conferência das Partes (a COP21) promovida pela ONU em dezembro de 2015 em Paris,[4] a encíclica *Laudato Si'*, do papa

---

4 Em 3 de agosto de 2016, o Acordo de Paris, documento produzido na COP21, já havia sido assinado por nada menos que 180 países. Talvez mais do que qualquer outra COP anterior, a COP21 suscitou, nos ecologistas como nos cientistas, uma igual mistura de esperança e desapontamento, por ao mesmo tempo ter conseguido produzir um inédito consenso entre as partes sobre a necessidade de limitar o aumento da temperatura global a 2ºC, e se possível a 1,5ºC, e ter deixado de especificar qualquer medida concreta que pudesse tornar a observação desse limite mais realista, ou ao menos provável — o que produziu em muitos a amarga suspeita de que, sob o texto do acordo, subjaz o pressuposto inconfessável da inevitabilidade do chamado Plano B, ou seja, o emprego

Francisco, foi recebida com surpresa e entusiasmo por grande parte daqueles profundamente preocupados com a perspectiva de catástrofe ecológica com que nos defrontamos hoje globalmente.

Entre os grandes méritos da Encíclica, a meu ver, estão, em primeiro lugar, ter vinculado estreitamente a preocupação com a Terra — "nossa irmã, a mãe Terra"[5] — e a preocupação com a opressão, a exclusão, a desigualdade e a pobreza decorrentes do processo de globalização e do capitalismo industrial e pós-industrial atual — "Essas situações provocam os gemidos da irmã terra, que se unem aos gemidos dos abandonados do mundo, com um lamento que reclama de nós outro rumo";[6] mais ainda, ter vinculado estreitamente as *causas* da degradação ambiental e as causas da opressão, da desigualdade e da pobreza (coisa que, por incrível que pareça, a maior parte da esquerda até hoje não conseguiu enxergar ou não quis entender). Em segundo lugar, diante da complexidade e da gravidade do aquecimento global e demais crises ambientais, *Laudato Si'* dirige-se a crentes e não crentes — "quero dirigir-me a cada pessoa que habita neste planeta"[7] —, chamando à ação os governantes, as instituições, as empresas, os organismos não governamentais, as redes comunitárias, e também cada um de nós individualmente. Em terceiro lugar, o texto acata e reitera a robustez do conhecimento científico sobre as mudanças climáticas antropogênicas[8] — e, de maneira mais ampla, sobre a degradação ecológica da "nossa casa comum" — e chama a atenção para a necessidade de se ouvir e levar fortemente em conta, com o objetivo de responder ao "clamor da terra", as populações locais com seus saberes, conhecimentos e culturas próprias. E finalmente, o

---

    amplo, em um futuro próximo, da geoengenharia para tentar "consertar" um clima global fora do controle.

5   Papa Francisco, *Carta Encíclica do Sumo Pontífice Francisco. Laudato Si / Louvado Seja. Sobre o cuidado da casa comum.* São Paulo: Loyola/Paulus, 2015, §1.

6   Ibid. §53. Bruno Latour comenta esse trecho, em seu artigo sobre a Encíclica: "duas importantes inovações: a ligação da ecologia com a injustiça; o reconhecimento da potência de agir e de sofrer da própria terra. De modo bem interessante, essas duas inovações são associadas à estranha palavra 'clamor', da qual Francisco se faz o trasmissor, o amplificador e o intérprete (o inglês a traduz por *'cry'* [grito] e o italiano por *'grido'*): '§49: Uma verdadeira abordagem ecológica se torna sempre uma abordagem social, que deve integrar a justiça nas discussões sobre o ambiente, *para escutar tanto o clamor da terra como o clamor dos pobres*'" (grifos no original). (Bruno Latour, "La grande clameur relayée par le pape François." Op. cit., p. 221-229). São minhas todas as traduções desta e das demais citações a seguir.

7   Papa Francisco, op. cit, §3. Cf. ainda §62.

8   Para a redação desta encíclica, o Vaticano consultou diversos cientistas.

documento papal insiste na importância do princípio de precaução, reconhece o valor do conhecimento e das inovações tecnológicas, questionando, porém, a absolutização do "paradigma tecnoeconômico"[9] e o mito do progresso[10] invencível, certo e unidirecional.

O texto é muito rico e complexo, e, obviamente, eu não ousaria pretender analisá-lo integralmente aqui. Gostaria apenas de me deter neste último ponto que mencionei, ou seja, na crítica que a encíclica faz à noção de progresso a qualquer custo e ao que chama de "paradigma tecnocrático dominante";[11] porque é justamente este ponto que foi mais criticado por aqueles que dizem reconhecer a gravidade da crise ecológica mas não abrem mão da manutenção do nosso modo de vida atual (nosso *way of life*"), o capitalismo tecno-industrial globalizado e seu projeto de modernização integral de todas as sociedades do planeta, como sendo o único, não apenas possível, mas aceitável e desejável caminho histórico para toda a humanidade.

Assim que a encíclica foi divulgada, por exemplo, Mark Lynas, juntamente com Ted Nordhaus e Michael Shellenberger, escreveu um artigo que foi bastante difundido nas redes, intitulado "Um papa contra o progresso".[12] Lynas é um cientista político e jornalista britânico, há alguns anos dedicado, à sua maneira, à causa ambiental, autor do conhecido (e até muito útil) livro *Six Degrees*[13]. Nordhaus e Shellenberger são os dois fundadores do Instituto Breakthrough, na Califórnia, autores do livro *Break Through: Why We Can't Leave Saving the Planet to Environmentalists.*[14] Os três, junto com vários outros autores, escreveram recentemente um *Manifesto ecomodernista,*[15] que tem recebido fortes críticas de acadêmicos importantes, entre eles Bruno Latour[16] e Clive Hamilton.[17]

---

9   Ibid., §53.

10   Ibid., §60.

11   Ibid., §101.

12   Mark Lynas, Ted Nordhaus e Michael Shellenberger, "A Pope Against Progress", 2015.

13   Mark Lynas, *Six Degrees: Our Future on a Hotter Planet*. Washington, D.C.: National Geographic 2008.

14   Ted Nordhaus e Michael Shellenberger, *Break Through: Why We Can't Leave Saving the Planet to Environmentalists*. Nova York: Mariner Books, 2009.

15   John Asafu-Adjaye et al., *An Ecomodernist Manifesto*, 2015.

16   Bruno Latour, "Fifty Shades of Green", *Environmental Humanities,* vol. 7, 2015, pp. 219-225.

17   Clive Hamilton. "The Theodicy of the 'Good Anthropocene'", *Environmental Humanities,* vol. 7, 2015, pp. 233-238. Cf. ainda Chris Smaje, "Dark Thoughts on Ecomodernism", 12 ago. 2015.

Sob muitos aspectos, os autores pregam o inverso exato da encíclica de Francisco, um "capitalismo pós-industrial e vibrante", confiante em soluções tecnológicas centralizadas e com forte investimento material e energético, tais como: expansão e aperfeiçoamento das usinas nucleares, grandes projetos hidrelétricos, expansão e generalização da monocultura de vegetais transgênicos, geo-engenharia ambiental etc.

Ali onde a encíclica propõe um "regresso à simplicidade", "um crescimento na sobriedade e uma capacidade de se alegrar com pouco", em oposição ao consumismo e à injunção de "um crescimento infinito e ilimitado",[18] em suma "a convicção de que quanto menos, mais",[19] os autores de *Break Through* escrevem, literalmente: "*big is beautiful*". Ao invés de diminuir, devemos aumentar ainda mais, produzir, inovar, crescer sempre e prosperar, sem culpa nem vergonha: pois "enquanto a culpa nos leva a negar nossa prosperidade, a gratidão nos inspira a partilhá-la".[20] Mas uma coisa é a gratidão pela "dádiva" ou "empréstimo", se quisermos, da nossa terra comum, como está na encíclica; outra, bem diferente, é a gratidão pelos privilégios sociais e financeiros de que gozam os autores do *Manifesto* e os interesses que representam. Os autores tampouco mencionam, é claro, que, desde o início, nesta sociedade cujas "conquistas" eles tanto admiram, a prosperidade, liberdade e segurança de poucos foi e continua sendo construída às custas da miséria e submissão de muitos.

Ali onde a encíclica fala dos perigos de se tomar o desenvolvimento tecnológico e o crescimento econômico[21] como "um paradigma homogêneo e unidimensional"[22] e, em uníssono com os cientistas do clima, insiste na importância do chamado princípio de precaução; ali onde ela nos lembra que o planeta, ou antes, a vida no planeta, possui limites físicos, químicos e biológicos, sendo portanto urgente uma frenagem radical das práticas ecologicamente irresponsáveis, que permitem o acúmulo de lucros imensos enquanto destroem culturas inteiras, arrasam ecossistemas, envenenam o ar, rios, mares e solos, alterando o próprio equilíbrio termodinâmico desta "nossa casa comum" e roubando-nos a todos de nossas condições de existência,[23] os autores do *Manifesto*

---

18 Papa Francisco, op. cit. §106.
19 Ibid., §222.
20 Ibid., §250.
21 Ibid., §109.
22 Ibid., §106.
23 Cf. ibid., §34.

ecomodernista, inversamente, pensam que, se seguirmos adiante no projeto "eco"modernista, se apenas modernizarmos a modernização, nada teremos a temer: contanto que não a abandonemos no meio do caminho (*"love your monsters"...*), a mesma tecnologia que hoje envenena irá corrigir (não se sabe bem como) seus efeitos colaterais imprevistos, acabando por curar e alimentar com folga os dez bilhões de pessoas que povoarão o mundo até meados do século; assim e só assim garantiremos a todos um Bom, e mesmo, por que não ousar, um "Grande Antropoceno", no qual poderemos continuar a viver exatamente como hoje, só que com mais e melhor (o capitalismo 2.0). Nada falam, é claro, do trabalho escravo ou semi-escravo, ou daqueles que não têm outra saída senão ganhar (e perder) a vida borrifando veneno sobre imensas plantações de *commodities* transgênicas; nem dizem que, segundo dados da FAO (Organização das Nações Unidas para Alimentação e Agricultura) e da UNEP (Programa das Nações Unidas para o Desenvolvimento), 70% dos alimentos produzidos no mundo vêm, não dessas imensas monoculturas e desertos verdes, mas da pequena agricultura familiar, que perde cada vez mais espaço no mundo todo, no Brasil inclusive.

Ali onde a encíclica reconhece que há no mundo uma imensa variedade de culturas, de formas de vida e de pensamento, os ecomodernistas enxergam um só caminho para todos. Apenas uma direção é pensável e desejável, a que leva do "negativo" ao "positivo": do menos ao mais, da posse de pouco à propriedade de muito, da "técnica de subsistência" à "tecnologia de ponta", do nômade paleolítico ao cidadão cosmopolita moderno, do indígena selvagem ao trabalhador civilizado, dos mundos selvagens às paisagens domesticadas. E entretanto, como diz o §144 da *Laudato Si'*, "nem mesmo a noção da qualidade de vida se pode impor, mas deve ser entendida dentro do mundo de símbolos e hábitos próprios de cada grupo humano". O que diriam eles do indígena em sua aldeia, ou do ribeirinho que morou a vida inteira na beira do Xingu numa cabana com sua família, pescando e plantando sua hortinha, e que, se lhe dessem escolha, preferiria decididamente continuar sem energia elétrica a não ter mais água limpa para beber nem peixe para pescar porque a grande hidrelétrica que levará energia para o Sudeste do país, para as grandes lavouras de soja, as mineradoras e as fábricas de alumínio secou o rio e acabou com os peixes, de modo que ele agora terá que comprar comida de péssima qualidade no supermercado, ou então será obrigado a abandonar sua casa e se mudar para a periferia caótica da cidade de Altamira — isso caso consiga comprar ou alugar ali uma casa com o pouco dinheiro que receberá de indenização pela passagem do "progresso" por sua pequena terra?[24]

Finalmente, ali onde a encíclica repete diversas vezes que tudo na natureza tem um valor intrínseco (nada é desprezível, e nada pode ser visto como um mero recurso), que, mais ainda (como diria Leibniz[25]), tudo está interligado, os autores do *Manifesto ecomodernista* inventaram o estranho conceito de "descolamento" (desacoplamento: "*decoupling*"), para dizer que a tecnologia (que para eles é uma só Tecnologia, a saber, a tecnologia de grande escala, enraizada na *Big Science*, financiada pelos governos ou grandes grupos internacionais), essa tecnologia atingirá em breve um estado ótimo, em que terá transcendido quase completamente seus custos materiais e impactos ambientais. Estaria assim realizado o sonho antrópico dos Modernos, o de um pós-ambientalismo onde o homem se verá circundado, sustentado apenas por si mesmo, já que, segundo eles, de qualquer forma não existe uma Natureza separada do humano. Não explicam, é claro, onde iremos guardar o lixo nuclear. Nem o que faremos todos quando não houver mais peixes nos mares, quando as secas e inundações tiverem arrasado regiões ou países inteiros, ou quando a Floresta Amazônica, transformada progressivamente em savana, tiver sofrido um incêndio de proporções inimagináveis.

Por tudo isso, não é de espantar que esses mesmos autores tenham acusado Francisco de ser "um papa contra o progresso". Quase no final do artigo, eles afirmam:

---

24 Veja-se, por exemplo, o §146.
25 "Cada perfeição ou imperfeição nas criaturas tem seu valor, mas nenhuma tem um valor infinito. [...] Quando Deus explicou ao profeta Jonas o perdão que havia concedido aos habitantes de Nínive, mencionou também os interesses dos animais [*bêtes*] que teriam sido atingidos pela destruição daquela grande cidade. Nenhuma substância é absolutamente desprezível nem preciosa diante de Deus. [...] É certo que Deus se importa mais com um homem que com um leão, mas não sei se se pode assegurar que Deus prefira um único homem a toda a espécie dos leões sob todos os aspectos; e, mesmo que assim fosse, daí não se seguiria que o interesse de um número qualquer de homens prevaleceria quando comparado a uma desordem geral espalhada por um número infinito de criaturas." (Leibniz, *Essais de théodicée: sur la bonté de Dieu, la liberté de l'homme et l'origine du mal*. Paris: Garnier — Flammarion 1969, p. 118).

Laudato Si' é muito relevante para o movimento ecomodernista porque torna claro o ascetismo, o romantismo e o paternalismo reacionário presente em vários aspectos do pensamento ambientalista tradicional. Também é útil ao explicitar o cunho religioso das narrativas que sustentam vários temas ecológicos, como o do pecado/redenção e o catastrofismo apocalíptico sobre questões como as mudanças climáticas.[26]

Difícil entender como o autor de uma encíclica que abraça o consenso do conhecimento científico acerca daquilo que se mostra cada vez mais evidentemente como o maior desafio (para não dizer *perigo*) que a sociedade humana já enfrentou desde sua origem, que abraça não só o conhecimento sobre os aspectos físicos da mudança climática mas também sobre mecanismos de mitigação e de adaptação, pode ser chamado de "um papa contra o progresso". A menos, é claro, que progresso se entenda justamente da maneira como o entendem os autores.

Mas se me detive nessa acusação, ou nesses acusadores, especificamente, é porque sua posição é bem mais comum do que pode parecer à primeira vista. Aqui no Brasil, por exemplo, fora alguns poucos cientistas "negacionistas", que repetem *ad nauseam*, contra todas as evidências documentadas e provas abundantemente referenciadas, que a Terra está esfriando e que "CO_2 é comida de planta", e fora também alguns políticos e publicistas que preferem ecoar esses discursos "excêntricos" do que ler o que escrevem, cada vez com mais alarme e mesmo desespero, a virtual totalidade dos cientistas do clima no mundo inteiro, temos os que pensam, ainda e sempre, que qualidade de vida e felicidade são indissociáveis de um crescimento econômico cada vez mais acelerado, baseado em tecnologias cada vez mais caras, centralizadas e arbitrariamente impostas a condições locais muito diferentes entre si. Pouco importa que aqueles que irão sofrer mais e mais cedo as consequências desse esgotamento e dessa homogeneização (de culturas e ecossistemas) sejam, mais uma vez, aqueles mesmos que sempre sofreram mais e mais cedo. E entretanto, não é tão difícil assim perceber a necessidade urgente de uma mudança radical de rumo. Basta olhar ao redor.

É justamente isso que *Laudato Si'* convoca a fazer, e por isso é um texto tão importante, chegado em um momento crítico, como aquele que viu cientistas e filósofos como Albert Einstein e Bertrand Russell

---

26 Mark Lynas, Ted Nordhaus e Michael Shellenberger, "A Pope Against Progress", 2015.

escreverem um manifesto contra as armas atômicas, em plena Guerra Fria, em 1955. Ainda que se afaste de uma visão mais ecocêntrica e não chegue nem perto do que poderíamos chamar de uma *cosmopolítica*, a encíclica convoca toda a sociedade a uma "conversão ecológica" ampla e profunda, que necessariamente deve tocar e envolver o interior e o exterior, o mundo humano e o mundo mais-que-humano em que o primeiro está inserido, questões filosóficas e questões políticas, econômicas, sociais e espirituais. *Laudato Si'* é um pedido para que se encare de frente a catástrofe multifacetada que está diante de nós — não com tristeza, depressão ou paralisia, mas com a coragem de quem faz o possível para mudar de rumo, e evitar que o espaço e o tempo, nessas novas guerras pelos "recursos" que restam, guerras que aliás já se iniciaram, sejam reapropriados e mais uma vez concentrados em algumas poucas mãos.

Epílogo

E já que falei muito pouco das "outras criaturas", essa trama quase infinita de outros seres e viventes que hoje compartilham o mundo conosco (fora e dentro de nossos próprios corpos) e que estamos arrastando para o que se considera a sexta grande extinção em massa da história da vida na "nossa irmã, mãe terra", eu gostaria de terminar com a citação de um outro texto, um texto literário, o *Parable of the Sower* (*Parábola do semeador*), de Octavia E. Butler, uma escritora negra norte-americana morta há pouco mais de 10 anos, e com essa citação lembrar a importância de nos mantermos afastados do "pecado da indiferença" e atentos aos clamores[27] e "gemidos da criação" (como está dito na Oração Cristã com a Criação, que fecha a *Encíclica*):

> *There is no end*
> *To what a living world*
> *Will demand of you*[28]

---

27 Ainda Latour, "La grande clameur relayée par le pape François": "Um clamor, um *lamento* [em italiano no texto original] não é uma mensagem, uma doutrina, um slogan, um parecer, um fato; é algo que se acha entre o grito, o sinal, o rumor, o barulho e o alarme, alguma coisa [...] que nos torna atentos e que [...] exige que escutemos o que vem de 'uma outra direção'. Por definição, um clamor é um barulho imenso que alerta e que não temos como decodificar. O clamor não diz nada: apenas faz virar a cabeça." (op. cit.)

28 "Não há fim/ Para o que um mundo vivo/ Exigirá de você". Octavia E. Butler, *Parable of the Sower*. Nova York: Grand Central, 1993.

FIM DO MUNDO

CAPÍTULO 7

Transformações perceptivas e afetivas na Idade da Terra*

Hoje (Taiguara)

Hoje
Trago em meu corpo as marcas do meu tempo
Meu desespero, a vida num momento
A fossa, a fome, a flor, o fim do mundo
[...]

Hoje
Homens sem medo aportam no futuro
Eu tenho medo, acordo e te procuro
Meu quarto escuro é inerte como a morte

Bomba explode na cabeça (MC Dodo)

Bomba explode na cabeça estraçalha ladrão
Frita logo o neurônio que apazigua a razão
Eu vou comprar e com certeza a guerra eu vou ganhar
Os trutas e as correria vão me ajudar
[...]

Tarde de sabadão tristeza no coração
Meu telefone toca eu pressenti a razão
Soou logo as trombetas da triste agonia
Que rola nas famílias dias após dias

---

* Baseada em minha apresentação no colóquio *Os Mil Nomes de Gaia: do Antropoceno à Idade da Terra* (Rio de Janeiro, 2014), a presente versão é (com pouquíssimas alterações) a que foi publicada em Déborah Danowski, Eduardo Viveiros de Castro e Rafael Saldanha (orgs.), *Os mil nomes de Gaia: do Antropoceno à Idade da Terra*. Rio de Janeiro: Machado, 2022. Volume 1, pp. 57-78.

Todos aqueles que, de uma maneira ou de outra, levamos a sério a realidade e a gravidade do aquecimento global e da ruptura de vários outros parâmetros necessários à manutenção da vida na Terra sob sua forma atual são, creio, de alguma forma, transportados, ou tomados, pela imaginação de um mundo futuro muito diferente de nosso mundo presente, e muito pior. Quer esperem que esse futuro distópico possa ser evitado, quer temam que ele acontecerá inevitavelmente e atingirá a todos, sua percepção é repetidamente deslocada, seu ponto de vista mudado em um ponto de vista vindo de um tempo alheio, de outras gentes, próximas a nós ou distantes, que terão (ou teriam) vivido e experimentado a catástrofe climática e ecológica (e com ela muitas outras catástrofes: econômica, social, psíquica, institucional) — ou seja, daqueles que terão perdido seu mundo, e que entretanto deverão viver no que resta e com o que resta de um mundo; o ponto de vista daqueles mesmos que talvez olhem para trás buscando entender o mistério da conjugação dos "avanços científicos" com a paralisia política (ou, pior, com o suicídio político) de nossa época.

O filósofo W.G. Leibniz dizia que sabemos o que somos pelo lugar onde estamos, isto é, pelo lugar ocupado por nosso corpo, muito embora nossa alma alcance o mundo inteiro, percebendo o que está próximo como o que está distante, o grande como o pequeno, o passado, o presente e o futuro. Estar em um corpo implica que, de todas as infinitas coisas que nossa alma exprime, ela percebe de modo mais claro e distinto nosso próprio corpo, o que ele faz e o que lhe acontece mais imediatamente, as coisas que lhe são mais diretamente afeitas. É isso que caracteriza nosso ponto de vista próprio, nossa perspectiva. Além disso, o corpo que temos restringe a *maneira* como percebemos os fenômenos. Normalmente não veremos aquilo que, por exemplo, um micróbio vê. Isso não significa que não possamos, desde que munidos de uma chave apropriada (um microscópio, digamos), adentrar de maneira provisória outros níveis fenomênicos, adequados a outras espécies de corpos.[1] Mas confundir involuntariamente perspectivas, ou ter nossa própria percepção tomada pela percepção que deveria ser a de outrem, de outros tempos ou mundos, de outros corpos, indica que algo não vai bem conosco, ou que alguma coisa muito estranha está acontecendo. E não é isso

---

1 Cf. Déborah Danowski, "Leibniz, Locke e Berkeley: mundos fenomênicos." *O que nos faz pensar*, 26, 2009, pp. 93-109.

também, justamente, o Antropoceno, uma coisa muito estranha que está nos acontecendo, uma mutação generalizada?

O clássico da ficção científica As *crônicas marcianas*, de Ray Bradbury, publicado em 1950, talvez seja uma das mais profundas e fascinantes experimentações literárias sobre o deslocamento perceptivo. O romance de Bradbury é uma composição de episódios ordenados cronologicamente (de 1999 a 2026) e ligados pela operação de um incessante movimento de ida e vinda entre a Terra e Marte, de troca entre os pontos de vista dos habitantes da Terra e de Marte. Já após o primeiro capítulo, "O verão do foguete" ("Rocket Summer"), em que o autor descreve — da perspectiva da paisagem, antes que do homem que vai dentro do foguete — uma espécie de mudança climática em miniatura ("The rocket made climates, and summer lay for a brief moment upon the land..."),[2] a transformação do inverno de Ohio em verão por causa do calor liberado pelo foguete que parte levando a "primeira expedição" a Marte, a narrativa salta para a bela, estranha, delicada e frágil paisagem marciana, mais exatamente para o ambiente que cerca a vida do casal formado por Ylla e Yll. A narrativa salta, mas as ondas do ar cambiante que envolve o foguete em Ohio chegam até Ylla, cujos pensamentos e afetos se veem ocupados por uma perspectiva alheia, tão nítida que ela pressente a chegada em seu mundo de algo ou alguém que nem ela nem seu marido sabem quem é. Ela "ouve" uma canção cantada em inglês, repete os versos mesmo sem os compreender, e se apaixona por esse desconhecido que em breve pousará na superfície de seu planeta a bordo de um foguete brilhante, e que será incontinenti morto por Yll, tomado de ciúmes.

A primeira expedição terráquea a Marte, assim, fracassa (do ponto de vista dos futuros colonizadores), mas é seguida por várias outras, e aos poucos o planeta vermelho, suas cidades, paisagens, corpos, tecnologias, cultura, vão sendo invadidos, poluídos e devastados pelos humanos, que ali replicam os mesmos crimes e destruições que impõem sobre sua própria gente e seu planeta de origem.[3] Quase todos os

---

2 "O foguete trouxe tempo bom, e o verão se instalou por sobre os campos por um breve momento..." (Ray Bradbury. *The Martian Chronicles*. Nova York: Bantam, 1979, p. 1). Neste trecho e nos seguintes utilizei a tradução de Ana Ban, com algumas modificações: Ray Bradbury, *Crônicas marcianas*, trad. Ana Ban. São Paulo: Globo, 2005.

3 Numa guerra de mundos, assim, os marcianos de Bradbury estão muito mais próximos daqueles que Bruno Latour (cf. *Face à Gaïa: huit conférences sur le nouveau régime climatique*. Paris: Les Empêcheurs de Penser en Rond / La Découverte, 2015) chamou de Terranos ou Terrestres, enquanto os terráqueos (com raras exceções) conservam em

marcianos morrem da catapora trazida pelas primeiras tripulações humanas, mas alguns (vivos ou mortos?) resistem em corpos espectrais e continuam habitando suas cidades espectrais, enquanto os invasores acabam testemunhando de longe a destruição da Terra por uma guerra atômica. Além disso, o deslocamento espacial é complicado por um outro deslocamento, temporal: o que é vivido como passado e futuro em cada um desses dois mundos (Terra e Marte) muda continuamente com os pontos de vista, de modo que ninguém de nenhum dos lados, muito menos o próprio leitor, sabe muito bem se está testemunhando uma realidade passada (sob a forma de alucinações ou memórias), presente (nas ruínas do passado, vistas pelos humanos como os únicos traços remanescentes da sociedade marciana) ou futura (em seus sonhos ou mentalizações materializadas).

Há muitas passagens magníficas que eu adoraria comentar aqui;[4] mas o episódio sobre o qual vou me deter é o capítulo intitulado "Encontros noturnos" ("Night Meetings"), mais ou menos no meio do livro. Um marciano e um terráqueo (Muhe Ca e Tomás Gomez) se encontram à noite, sob as estrelas; apresentam-se um ao outro, trocam algumas frases por telepatia; mas quando Tomás tenta oferecer uma xícara de café a Muhe, eles se dão conta de que não conseguem se tocar fisicamente nem tocar os pertences um do outro; suas mãos se atravessam e atravessam seus corpos, cada qual enxerga o céu noturno e as estrelas por trás do novo amigo. E mais importante: suas temporalidades divergem. Enquanto a paisagem observada pelo terráqueo em Marte era a de um planeta invadido, os canais secos, as ruas empoeiradas, os marcianos todos mortos e suas cidades destruídas; diante dele, o marciano enxergava nitidamente suas belas e frágeis cidades ainda brilhantes e cheias de gente, suas torres de cristal intactas, as formosas mulheres passeando pelas ruas, os canais transbordando de vinho de lavanda. "Mas as ruínas o provam!", diz Tomás, "Elas provam que eu represento o futuro, que estou vivo e vocês estão mortos!" Ao que Muhe Ca responde: "Só vejo uma explicação. Você é uma visão do passado!"[5]

Marte sua posição de Humanos-Modernos.

4   Por exemplo, a descrição das máscaras usadas pelos marcianos para esconder as flutuações de seus humores.

5   Ray Bradbury, *The Martian Chronicles*. Nova York: Bantam, 1979, p. 85.

Bizarro encontro noturno de dois mundos incompossíveis, tanto espacial como temporalmente. *As crônicas marcianas* são também crônicas de diferentes experiências de extinção e de extermínio: o presente dos homens da Terra sobre Marte rejeita os marcianos para um passado de cinzas e ruínas — ruínas que se dispõem em camadas: pois os humanos podem observar cidades marcianas que parecem estar abandonadas há milhares de anos, outras há alguns séculos, e uma outra, ainda, cheia de corpos dos que morreram há apenas alguns dias — e simultaneamente projeta-os para um futuro de existência puramente fantasmática, espectral. Ocorre que mesmo os espectros têm as suas maneiras de seguir existindo por entre os corpos materiais. E mal sabem os colonizadores,[6] mas também eles estão mortos. A frase de Muhe Ca citada acima lembra de maneira incômoda um outro *plot twist*, a frase de Runciter, um dos personagens de *Ubik*, de Philip K. Dick, que seus colegas acreditavam ter morrido em uma explosão numa base lunar. Ao amigo que tentava desesperadamente se manter vivo, resistindo a uma poderosíssima força entrópica que o atraía cada vez mais intensamente em direção à morte, Runciter escreveu a seguinte nota: "Vocês estão todos mortos, eu é que estou vivo."[7] Na Marte de Bradbury, também os homens do presente estão mortos, já que em breve poderão observar a olho nu sua Terra natal mergulhar em uma grande e última guerra, e rapidamente partirão de volta em seus foguetes para se juntar a seus conterrâneos.

Tudo parece então indicar uma quase total incompreensão e incompatibilidade entre seus corpos, culturas, tempos, razões suficientes (porque, de fato, é de razões suficientes que se trata quando se diz "as ruínas provam", "eu vejo apenas uma explicação"). Os marcianos vivem em um mundo muito mais estranho e alienígena do que os terráqueos pensavam (quer tenham vindo a Marte para colonizá-lo ou para fugir da escravidão à qual haviam sido submetidos na Terra). Tudo difere, nada

---

6   Exceto talvez por uma ou outra pessoa, como Spender, membro de uma das primeiras expedições, que mata quase todos os seus companheiros na tentativa de preservar ao mesmo tempo o silêncio e o som marciano gravado em seus livros; e William Stendhal, que viaja a Marte apenas para ali homenagear Edgar Allan Poe e todos os outros autores da literatura fantástica e de terror, cujos livros haviam sido queimados na Grande Fogueira de 1975 pelo Departamento de Climas Morais. Stendhal manda construir em Marte uma réplica da *Casa de Usher*, uma espécie de trem-fantasma em forma de casa, perfeitamente calculada para permitir a realização de seu sonho de vingança: "Esta vingança contra o governo antisséptico por seu terrorismo literário e suas conflagrações." (Ibid., p. 110).

7   Philip Dick, *Ubik*. Nova York: Daw Books, 1983, p. 220. Tradução da autora.

conspira. Entretanto, ao longo do livro de Bradbury, do primeiro ao último episódio, assistimos a cruzamentos paradoxais, portais provisórios que levam a uma visão e visitação de outro mundo e outro tempo, capturas de perspectivas que permitem a passagem dos afetos (amor, ciúme, amizade, esperança, medo, curiosidade, astúcia, ódio, vontade de vingança, descrença, solidão...), possibilitando enfim os encontros, mas também os conflitos.

Os marcianos estavam ali muito antes da chegada da primeira tripulação da Terra. Mortos ou vivos, materialmente sólidos ou mutáveis e fantasmáticos, falando através de palavras ou por telepatia, eles ainda estão lá, em algum lugar, em uma época que não podemos especificar.[8] Ao se tornarem imperceptíveis aos terráqueos, eles escaparam dos invasores e de seu mundo; *quase* desapareceram, como os nomes de suas cidades, montanhas, rios e florestas, enterrados sob os nomes impostos pelos colonizadores.[9] Mas ainda estarão lá depois que os últimos humanos tiverem abandonado o planeta vermelho. Lembremos a profecia de Russell Means, pronunciada em 1980:

> E quando a catástrofe passar, nós, povos indígenas americanos, ainda estaremos aqui para habitar o hemisfério. Não importa se seremos apenas

---

8 Um pouco como aqueles remanescentes virtuais de diversos povos indígenas de que Eduardo Viveiros de Castro nos fala: "os povos isolados da Amazônia estariam destinados a desaparecer como tais, transformando-se em outras tantas ilhas indígenas em 'isolamento involuntário', ou pior, a submergirem de vez no oceano tóxico do progresso, dissolvendo-se na massa dos [...] habitantes [...] das periferias das cidades amazônicas ou do sul do país? Ou permanecerão eles sob a forma de povos por assim dizer virtuais, como uma remanência espectral que assombra permanentemente o espírito dos povos indígenas e de seus descendentes dispersos na população nacional, como uma memória que recorda a estes povos que eles continuam indígenas — que nunca deixaram de sê-lo, e que por isso sempre podem voltar a sê-lo?" (nesta coleção: *A floresta de cristal: ensaios de antropologia*, capítulo 12. São Paulo: n-1 edições).

9 Cf. capítulo "2004-05, A Escolha dos Nomes": "Os antigos nomes marcianos falavam de água, de ar e de colinas. Falavam das neves que escorriam em direção ao sul pelos canais de pedra para encher os mares vazios. E de feiticeiros sepultados em catacumbas herméticas, e torres e obeliscos. E os foguetes se abateram sobre esses nomes como marretas, estilhaçando os mármores, despedaçando os marcos de cerâmica que davam nome às antigas cidades, e sobre os escombros foram plantados grandes postes com os novos nomes: CIDADE DO FERRO, CIDADE DO AÇO, CIDADE DO ALUMÍNIO, VILLAGE ELÉTRICA, MORADA DO MILHO, TRIGOVILLE, DETROIT II, todos nomes industriais, mecânicos e metálicos importados da Terra. [...] E depois de construídas e batizadas as cidades, foram construídos e batizados os cemitérios: Colina Verde, Cidade dos Musgos, Morro da Despedida, Descanso Eterno. E os primeiros mortos baixaram aos túmulos..." (Ray Bradbury *The Martian Chronicles*, 1979, op. cit. p. 102. Tradução da autora.)

um punhado de gente vivendo no alto dos Andes: o povo indígena americano sobreviverá e a harmonia será restabelecida. *Isso* é revolução.[10]

Os marcianos entraram em uma espécie de devir-imperceptível para escapar da invasão humana, mas continuam aparecendo, aqui e ali, infiltrando-se vez por outra nas cidades recém-renomeadas, iniciando amizades como aquela entre Muhe Ca e Tomás Gomez, ou roubando a identidade de mortos humanos para assim se aproximarem e receberem o calor e o carinho de seus familiares saudosos. São refugiados do passado (mas será mesmo do passado que eles vêm?), de forma algo semelhante ao modo como, hoje, aqui na Terra, refugiados do futuro, guerreiros indígenas de diversas etnias, crianças e jovens ativistas de vários cantos do mundo, saem às ruas de muitas grandes cidades dos adultos, criando rachaduras em sua perspectiva antropocênica: "Vocês dizem amar seus filhos acima de tudo; mas estão roubando o futuro deles diante de seus próprios olhos." "Não queremos morrer de novo."[11]

Como disse Rebecca Solnit em seu livro *A Hope in the Dark*:[12] "*Again and again, far stranger things happen than the end of the world*".[13] O livro de Solnit é um ensaio sobre a esperança, a favor da esperança. Nestas últimas décadas, conforme foi se agravando a emergência climática, não foram só nossas percepções que se viram tantas vezes ocupadas momentaneamente por outras perspectivas, de gentes, tempos e lugares alheios. Junto com essa instabilidade perceptiva, tão bem ilustrada no livro de Bradbury, é notável uma forte instabilidade *afetiva*, e um sentimento de inadequação dos velhos nomes e descrições atribuídos pela filosofia moderna às chamadas *paixões da alma*. Discussões acerca da esperança e do medo têm sido frequentes: o que devemos sentir diante

---

10   Russel Means, "The Same Old Song", in Ward Churchill (org.), *Marxism and Native Americans*. Boston: South End Press, 1983, pp. 19-23. Tradução da autora.

11   Trechos de falas de, respectivamente, Greta Thunberg e Davi Kopenawa.

12   Rebecca Solnit, *Hope in the Dark: Untold Stories, Wild Possibilities*. Nova York: Nation Books, 2004, p. 1.

13   "Vez após vez, acontecem coisas muito mais estranhas do que o fim do mundo" (tradução de Cícero Castro para a edição de *Os mil nomes de Gaia*, Danowski et. al. 2022).

dos acontecimentos e dos cenários futuros? O que é mais promissor como móvel de nossas ações políticas? É justo dar esperança? É correto amendrontar? E, a depender da ênfase da narrativa ou análise em um ou em outro dos dois afetos, o discurso será dito otimista ou pessimista. Mas, além da esperança e do medo, há muitas outras paixões em situação de labilidade: fala-se abundantemente de apreensão, de confiança, desespero, desconexão, sentimento de pertencimento, alheamento, solidão, ceticismo, desilusão, indignação, indiferença, melancolia, culpa, raiva, revolta, tristeza, e, *last but not least*, alegria.

E não poderia ser de outra forma. Quando dizemos que tudo está em mutação, que estamos vivendo claramente uma perda de mundo, não estamos nos referindo apenas ao clima ou à paisagem ao nosso redor, ao pano de fundo onde nós humanos e outros existentes nascemos, crescemos, vivemos. Corpos, de todas as espécies, também são eles próprios zonas críticas, e respondem diferentemente às mutações climáticas. Ora, como vimos com Leibniz, a primeira coisa que as almas exprimem são seus próprios corpos. Ou, na versão de Spinoza,[14] afetos são "as afecções do corpo, que aumentam ou diminuem, auxiliam ou contrariam, a potência de agir desse corpo, e ao mesmo tempo as ideias dessas afecções."[15]

Alguns exemplos. Primeiro: uma série de estudos realizados por grupos de cientistas de diferentes países vem mostrando uma queda acentuada na fertilidade de diversas populações humanas masculinas e femininas nas últimas décadas, causada provavelmente pelo efeito cumulativo de produtos químicos tóxicos (como ftalatos e Bisfenol B). Em entrevista sobre o último desses estudos, Shanna H. Swan, epidemiologista norteamericana especialista em reprodução, previu que, se essa tendência continuar, daqui a duas décadas a maior parte dos casais que quiser ter filhos terá que apelar para a reprodução assistida.[16]

Segundo exemplo: enquanto vários cientistas consideram que estamos já em meio à sexta grande extinção em massa[17] da história da

---

14 Spinoza, *Ética*. Trad. Tomaz Tadeu. Belo Horizonte: Autêntica, 2009, Def. III.

15 Os afetos podem ser ações (quando somos sua causa adequada) ou paixões (quando somos sua causa inadequada), e são de tantos tipos diferentes quantas são as espécies de objetos que nos afetam (ibid., prop. LVI). Além disso, como o próprio corpo humano "se compõe de um grande número de indivíduos de natureza diversa", cada um desses objetos pode ser causa no corpo de afetos numerosos e contrários (ibid., prop. XVI).

16 Shanna Swan, em entrevista feita por Zoë Corbyn, "Most Couples May Have to Use Assisted Reproduction by 2045". *The Guardian*, 28 mar. 2021.

17 Mas, segundo Thomas et al, citados por Carlson et al 2017, para ser considerada uma

vida na Terra (hoje calcula-se que um milhão de espécies de animais e plantas, das oito milhões conhecidas, estão em risco de extinção), outros estudos se concentram mais naquilo que chamam de "aniquilação biológica", uma "extirpação" ou "dizimação populacional" da vida selvagem, também causada por nós humanos, direta ou indiretamente. E, tanto no que concerne à baixa populacional como à extinção específica, em todas as etapas dos processos de degradação os efeitos vão se fazendo sentir nos corpos, e consequentemente nos afetos da alma. Pensemos no estudo de Carlson et al.,[18] mostrando a preocupante queda na biodiversidade dos parasitas presentes em diversos organismos, inclusive no corpo humano. Segundo a pesquisa, 30% dos parasitas estão em risco de extinção, por impacto das mudanças climáticas, por perda de habitats adequados ou risco de coextinção (já que, por definição, dependem de outras espécies para sobreviver), o que por sua vez está causando uma redistribuição de espécies em diferentes biomas, isto é, algumas espécies invadindo novos ecossistemas e acabando por tomar o lugar de espécies nativas. As consequências, evidentemente, são imprevisíveis.

> Quais serão as consequências de uma onda de novas espécies de parasitas, aumentando e possivelmente substituindo a diversidade nativa, para a estabilidade dos ecossistemas, para comunidades de vida selvagem e para a saúde humana? A maioria dos parasitas não são agentes de doenças emergentes, mas a desestabilização das redes entre parasitas e hospedeiros pode criar oportunidades para novos padrões de emergência. A redistribuição de espécies em escala global provavelmente facilitará a geração e evolução de novos pares hospedeiro-parasitas, bem como a mudança no equilíbrio regional da diversidade parasitária em diferentes ecossistemas, permitindo assim que diferentes classes de parasitas se tornem ecologicamente dominantes e potencialmente mudando a dinâmica eco-evolutiva a longo prazo.[19]

---

grande extinção no sentido geológico, a taxa de extinção teria que já ultrapassar a marca dos 75% do total das espécies, o que pode só se completar daqui a centenas a milhares de anos (cf. "Parasite Biodiversity Faces Extinction and Redistribution in a Changing Climate". *Science Advances*, 6 set. 2017, 3-9).

18 "Parasite Biodiversity Faces Extinction and Redistribution in a Changing Climate". Op. cit.
19 Ibid., p. 5.

Terceiro exemplo: em seu livro *Falter*, Bill McKibben relata alguns estudos,[20] que sugerem que o aumento da concentração de CO_2 no ar que respiramos diminui nossa capacidade de racio*cício*; com uma concentração de mil partes por milhão (o que, lembra McKibben, está dentro das possibilidades projetadas pelo IPCC para 2100), a capacidade cognitiva humana cairia 21%. Isso ao mesmo tempo que o aumento das temperaturas (para ficarmos apenas com essa variável), além de acarretar grandes perdas nas safras de alguns dos alimentos mais consumidos no mundo (como milho, trigo e arroz), terá levado também a uma forte diminuição de sua qualidade nutritiva.[21]

Bem, se nunca fomos 100% humanos, se, como bem disse Alanna Collen, nós sempre fomos apenas 10% humanos,[22] o que somos agora, que nossos corpos e alimentos estão sofrendo alterações de tal magnitude? E o que seremos em um futuro não tão distante? Pensemos na pletora de personagens híbridos que povoam o livro de Margaret Atwood, *Oryx and Crake*, enquanto, em meio a elas, Jimmy, talvez o último de sua espécie, o último homem (mas que já não se parece exatamente humano, até porque não há ninguém que o reconheça como tal), luta, sem muito afinco, para continuar existindo. Corpos mutantes em um mundo mutante, como esperar que nossas percepções e afetos não se modifiquem também?

Já era hora de escrevermos toda uma nova *Ética*, coisa de que, entretanto, ainda não sou capaz. Apenas me inspiro nela, na *Ética* de Spinoza, para deixar claro que, quando me refiro aos *afetos do clima*, aos novos fluxos, às flutuações e reacomodações dos afetos que têm aparecido em boa parte dos discursos suscitados pelas mudanças climáticas, não tenho nenhuma intenção de fazer uma leitura "psicológica" desses

---

20 Notadamente o artigo de Allen et al., "Associations of Cognitive Function Scores with Carbon Dioxide, Ventilation, and Volatile Organic Compound Exposures in Office Workers: A Controlled Exposure Study of Green and Conventional Office Environments", in *Environmental Health Perspectives*, 124 (6), 2016, pp. 805-812.

21 Cf. Bill McKibben, *Falter: Has the Human Game Begun to Play Itself Out?* Nova York: Henry Holt and Co, 2019, cap. 3.

22 "Você é apenas dez por cento humano... Para cada uma das células que compõem o recipiente que você chama de seu corpo, há nove células impostoras que pegam carona. Você não é apenas carne e sangue, músculo e osso, cérebro e pele, mas também bactérias e fungos. Você é mais 'eles' do que 'você'. Só as suas entranhas hospedam 100 trilhões deles, como um recife de coral crescendo no rugoso fundo do mar que é seu intestino." (Alanna Collen. *10% Humano: como os micro-organismos são a chave para a saúde do corpo e da mente*. Rio de Janeiro: Sextante, 2016, p. 12. Tradução modificada).

afetos — como aquela presente na já quase clássica hipótese de que o negacionismo sobre as mudanças climáticas seguiria o mesmo caminho ou ciclo descrito no modelo dos cinco estágios do luto (*grief*) proposto pela primeira vez pela psiquiatra suissa Elizabeth Kübler-Ross em seu livro *On Death and Dying*, de 1969: a negação, a raiva, a barganha, a depressão, e finalmente a aceitação.[23] Não que essa leitura não tenha interesse (pelo contrário, ela consegue descrever vários aspectos do fenômeno do negacionismo climático), mas ela me parece reduzir a qualidade múltipla, corpóreo-material, pública e mesmo cosmopolítica dos afetos a disposições e sentimentos estritamente privados (apesar da qualidade "ativa" de alguns desses sentimentos) e subjetivos (mesmo que potencialmente comuns aos que compartilham da mesma natureza humana), que se seguiriam uns aos outros em uma trajetória indo do comportamento menos ao mais apropriado, maduro, apaziguado ou razoável em resposta ao choque que representa para nós a notícia da intrusão em nossas vidas da relativa irreversibilidade das mudanças do clima. Ao contrário, o que eu gostaria de destacar nos afetos que tenho visto serem abundantemente relatados, descritos e estudados é antes sua variedade, o fato de não parecerem se encadear numa linha causal simples, e sobretudo seu aspecto ao mesmo tempo "público" e "privado", em um sentido inspirado (muito livremente) em Whitehead: o fato de que eles, ao mesmo tempo em que são sentidos ou ressentidos, *preendidos* pelos sujeitos ou povos que os expressam de múltiplas maneiras, são neles mesmos já *preensões, concrescências* das qualidades e relações de coletivos, corpos e "climas" em mutação, de lugares empobrecidos, de entes perdidos, mas também de mundos imaginados, canções e modos de vida sonhados, iniciados, concebidos e implicados.[24]

❧

Consideremos o par medo e esperança. Vários filósofos que se debruçaram sobre os sentimentos humanos trataram longamente do medo e de seu inverso, a esperança. Esses dois afetos, dizem eles, existem onde há

---

23 Sobre os trabalhos de Elizabeth Kübler-Ross e sua aplicação na recepção das mudanças climáticas, cf. Amanda Kahn, "Climate Change and the 5 Stages of Grief." *The BMSC Blog*, 6 de maio de 2014.

24 Em *Process and Reality*, apud Gilles Deleuze, *Le pli: Leibniz et le baroque*. Paris: Minuit, 1988, pp. 105-107.

incerteza, quer a respeito de um bem quer a respeito de um mal por vir. Onde não há incerteza, o que existe é a alegria e a satisfação, ou a tristeza e o desespero. Vista mais de longe, porém, podemos dizer que a esperança é um dos afetos emblemáticos da modernidade, fundada, entre outras coisas, na ideia de que o tempo segue sempre em uma única direção, e que essa direção leva no final a um estado melhor do que aquele estado miserável do qual partimos e ao qual não queremos voltar. Esperança é ao mesmo tempo adiamento e espera: do progresso, da abundância, das Luzes, do desenvolvimento, da realização da História, do paraíso reencontrado, do Reino, do futuro prometido. O modernismo é instrinsecamente otimista, portanto, ao passo que o pessimismo costuma ser visto como uma disposição retrógrada, reacionária, típica de niilistas descrentes ou de primitivistas saudosos de uma origem imaginária.

Com nossa entrada no Antropoceno, entretanto, alguns têm sugerido que devemos abrir mão da esperança, pois esta nos faz acreditar em falsas soluções, como se os problemas estivessem já dados e pudessem ser dispostos todos sobre uma mesa, de modo que alguém (que nunca somos nós mesmos, isto é, os coletivos, a sociedade civil, os povos autônomos) soubesse fazê-los desaparecer de uma vez por todas como em um passe de mágica, um passe de gerenciamento e alta tecnologia. Por isso, segundo esses autores — e um excelente exemplo é o livro de Clive Hamilton, *Requiem for a Species*[25] — é só quando abandonarmos a esperança que nos tornaremos capazes de agir, resistir e combater os responsáveis pela destruição.[26]

Mas o medo não se sai muito melhor diante da crítica. O medo também paralisa e mata, sobretudo quando capturado pelo Estado neoliberal, que vê grandes oportunidades nos momentos de catástrofes para se livrar de seus opositores e de todo tipo de empecilhos e regulações.[27] Podemos dizer que, nesse sentido, o medo é um afeto fascista, ou

---

25 Clive Hamilton, *Requiem for a Species: Why We Resist the Truth About Climate Change*. Abington: Earthscan, 2010.

26 Há também os que abraçam otimisticamente o pessimismo, como Brassier e Eugene Thacker. Ver Déborah Danowski e Eduardo Viveiros de Castro, *Há mundo por vir? Ensaio sobre os medos e os fins*. Op. cit., pp. 49-57.

27 Cf. Naomi Klein, *The Shock Doctrine: The Rise of Disaster Capitalism*. Toronto: Penguin, 2008. E o caso da famosa reunião ministerial do governo Bolsonaro, em 22 de abril de 2020, em que o então ministro do meio ambiente, Ricardo Salles, celebrava a oportunidade aberta pela pandemia de covid-19 para fazer "passar a boiada" da desregulamentação.

melhor, é um afeto que convém, e por isso é de bom grado alimentado, por nacionalismos xenófobos e outras tendências de direita. Também nesse sentido ele é o inverso da esperança, porque cria inimigos fictícios e preconceitos em todo canto, cria muros, adoece e, no final das contas, também desespera. Daí as acusações muito frequentemente dirigidas pela própria esquerda aos ativistas ambientais de serem pessimistas e catastrofistas. Concorda-se que é preciso alertar a população para os perigos e denunciar os interesses das grandes indústrias e do capital — mas dosando as palavras e sem exageros; se assustarmos as pessoas, corremos o risco de desmobilizá-las.

Penso que essas críticas a ambos os sentimentos se justificam por boas razões, mas outras razões nos mostram que não devemos fazer avaliações apressadas, pois afetos não são monolitos sentimentais, nossas almas são inclinadas por motivos múltiplos, móveis e contraditórios (já vimos como podemos ser capturados por diferentes perspectivas).[28]

Sim, há uma esperança, a "esperança placebo" (como disse Ailton Krenak),[29] que funciona como um dispositivo do capitalismo neoliberal e que, enquanto tal, destrói ainda no berço qualquer sentimento de revolta e resistência, qualquer ímpeto de ação coletiva e de invenção de saídas. Mas há também um outro tipo de esperança. Como achar que ela não deveria existir, ou que deveria ser combatida, quando ouvimos o próprio ativista indígena dizer: "É a experiência de estar vivendo o dia de hoje que nos habilita a pensar o dia de amanhã. Isso não é uma esperança placebo, mas a esperança da própria vida, que potencializa a vida." Ou quando lemos ou ouvimos relatos de alguns sobreviventes de uma das situações mais extremas a que humanos já foram submetidos por outros humanos, nos campos de extermínio da Alemanha nazista, como o do químico e escritor Primo Levi, por exemplo, que nos conta da esperança que os prisioneiros mantinham de sobreviver ao dia extenuante, até a hora de poderem deitar de novo em suas camas esquálidas e sonhar brevemente com suas famílias e o mundo de fora do Campo. Ou como o de

---

28 Alternativamente, podemos dizer que somos povos atraídos e influenciados por diversos planetas, como propõe Latour nas várias versões de seu planetário. Ver por exemplo Latour e Chakrabarty, "Conflicts of Planetary Proportion — a conversation". *Journal of the Philosophy of History* 14 (3), 2020, pp. 419-454.

29 Entre outros ocasiões, em uma *live* que fizemos juntos. Cf. Danowski e Krenak, "Crônicas terranas, mundos por vir". *Live* no Youtube com mediação de Tatiana Amaral. SESC São Paulo, ciclo Ideias #emcasacomsesc, 2020.

Filip Müller, sobrevivente de Auschwitz, que conta ao cineasta Claude Lanzmann:

> [...] estávamos convencidos de que a esperança perdura no homem enquanto vive. Enquanto se vive não se deve nunca renunciar à esperança. E foi assim que lutamos nessa vida tão dura, dia após dia, semana após semana, mês após mês, ano após ano. Com a esperança de que lograríamos talvez, contra toda esperança, escapar daquele inferno.[30]

A esperança dessas e de muitas outras pessoas — e é neste sentido que a proponho aqui — não precisa ser um afeto grandioso, nem precisa pressupor a flecha ascendente e unidirecional do tempo. Para que alguma coisa se passe, para que haja uma saída, basta um diferencial de esperança, que no fim das contas podemos definir como qualquer pequena inclinação da alma em direção àquilo que amplia nossa existência e, portanto, em direção à alegria. A ausência absoluta desses afetos exprimia-se na morte em vida dos que nos campos eram chamados de "muçulmanos".[31]

E sim, há um medo que paralisa e que mata, como já dissemos. Mas consideremos: alguns pensadores, sobretudo após a segunda Guerra Mundial e as bombas atômicas lançadas pelos aliados sobre o Japão (estou pensando aqui em Günther Anders e Hans Jonas), tomaram o medo como uma paixão profilática, necessária, fundamental mesmo, a única que seria capaz de nos sensibilizar e nos tirar do estado de paralisia, dando-nos alguma chance, não de anular, mas de adiar, literalmente no caso, o fim do mundo.[32] Günther Anders tem uma bela expressão para esse afeto: ele fala no "medo amoroso",[33] que não é aquele medo que nos

---

30 Lanzmann, Claude. *Shoah*, 1985 (filme).

31 Talvez por ver neles a expressão de um fatalismo equivocadamente atribuído aos adeptos das religiões muçulmanas, a palavra *Muselmann* era utilizada na linguagem dos prisioneiros dos campos de extermínio nazistas para designar os agonizantes, aqueles outros prisioneiros em estado de total debilidade e resignação, uma espécie de antecipação da morte em vida. Cf. Primo Levi, *É isto um homem?* Trad. Luigi Del Re. Rio de Janeiro: Rocco, 1988, op. cit.

32 Cf. Ailton Krenak, *Ideias para adiar o fim do mundo*. São Paulo: Companhia das Letras, 2019.

33 "Esse medo, é claro, deve ser de um tipo especial: 1) um medo destemido, na medida em que exclui temer aqueles que podem escarnecer de nós como covardes, 2) um medo estimulante, já que deve impulsionar-nos para as ruas e não para os abrigos, 3) um medo amoroso, não medo do perigo à frente mas pelas gerações por vir." (Günther

leva para os abrigos, mas o que nos leva às ruas, o medo *pelos* outros e pelas próximas gerações. Um medo coletivo e político, o que é também uma maneira de nos reapropriarmos desse afeto que nos tem sido roubado pela extrema direita ou simplesmente pela associação Estado-Capital-Polícia.

É claro que esses dois autores, sobretudo Anders, estão pensando em um fim do mundo muito mais abrupto do que aquele que nos ameaça hoje: a imagem que ele tem em mente é a de uma guerra nuclear total, que traria não apenas o fim absoluto da espécie humana, mas o fim da história, do mundo e do Ser. Hoje estamos vivendo um fim do mundo relativamente bem mais lento, e talvez seja isso o que nos permite ainda pensar que se trata de uma escolha ética, aquela entre assustar e não assustar, deprimir ou não deprimir, dosar as palavras ou dizer toda a verdade. 1ºC de aumento da temperatura global é demasiado? Mas vamos dizer que o limite são 2ºC, ou 1,5ºC. Para limitarmos o aquecimento global a 1,5ºC deveríamos deixar por volta de 88% de toda a reserva de petróleo, carvão e gás enterrada no chão?[34] Mas vamos dizer só, digamos, 50%, pois qualquer proposta além dessa seria politicamente infactível e contraprodutiva. O nosso modo de vida ocidental é *totalmente* incompatível com as condições de vida na Terra? Melhor dizer que ainda dá tempo de evitar o pior, que ainda temos a famosa "janela de ação", cada vez menor e cada vez empurrada um pouco mais para o futuro.

Diante de acusações de catastrofismo, sempre me perguntei: se *eu* posso ter medo, me deprimir, me entristecer, por que estaria melhor equipada para isso do que "os outros", as pessoas em geral, o famoso homem comum a que a filosofia sempre se referiu, aquele que só tem opiniões, que é presa fácil de ideologias, que não sabe realmente, que não sabe pensar? O que me dá essa prerrogativa?

Dois acontecimentos ao longo da última década imprimiram uma espécie de inflexão nessa ideia de que não se deve assustar: o primeiro foram os movimentos de jovens ativistas pelo clima, sobretudo os inspirados pela sueca Greta Thunberg, que afirmou diversas vezes: queremos que vocês tenham medo, queremos que sintam o que estamos sentindo. Ora, quando crianças e jovens dizem que estão com medo e

---

Anders, *Teses para a era atômica*. Trad. Alexandre Nodari e Déborah Danowski. *Sopro*, 87, 2013, pp. 1-11). Tradução levemente modificada.

34 Segundo cálculo feito por Alexandre Araújo Costa, *com pess.*

que é preciso ter medo, quem somos "nós" para dizer que precisamos dosar nossas palavras? Lembremos também da frase do xamã yanomami Davi Kopenawa: "Os Brancos não temem, como nós, ser esmagados pela queda do céu. Mas um dia eles terão medo, talvez tanto quanto nós!"[35]

Mas a crítica não se resume a questionar os afetos que podemos ou devemos gerar nos outros; também se os condenam enquanto nossos próprios sentimentos, como se ter medo ou, alternativamente, ter esperança expressasse uma fraqueza moral. Então veio o segundo acontecimento, a pandemia do novo coronavirus, a covid-19. Ela chegou com cenas terríveis de Wuhan (e pouco depois, da Itália, do Equador...), com alertas da OMS, com o fechamento do espaço aéreo para pessoas vindas desses países. Chegou também cheia de adversativas, que não era tão grave nem tão contagiosa quanto o sarampo, que usar máscara escondia "a coisa mais humana", o rosto[36]... E, sobretudo nos Estados Unidos e aqui no Brasil, chegou juntamente com a política de negação ativa por parte do governo: "é só uma gripezinha, vai matar algumas pessoas mais velhas, mas e daí? É a vida."

Mas rapidamente aprendemos que, para proteger a nós e aos outros era preciso ter, antes de tudo empatia, mas, além da empatia, medo. Medo de contaminar os próximos, e medo de adoecer e morrer sem assistência na porta dos hospitais. Dia após dia, conforme o número de vítimas foi aumentando, epidemiologistas e outros médicos e cientistas vieram a público com fatos, projeções e apelos assustadores. Quando a catástrofe chega, não é hora de medir as palavras. Quem não tem medo, ou ao menos finge que não, é Bolsonaro, o indiferente, o genocida e seus apoiadores incondicionais. É preciso ser um covarde para não ter medo. O medo amoroso, ao contrário, tanto nos mantém em casa como nos leva às ruas para combater a política da morte. Tanto nos entristece como nos alegra.

---

35 Davi Kopenawa e Bruce Albert, *A queda do céu: palavras de um xamã yanomami*. Op. cit., p. 498.

36 "O rosto é a coisa mais humana; o homem tem um rosto e não apenas um focinho ou uma cara, porque habita o aberto, porque em seu rosto se expõe e comunica. Por isso, o rosto é o lugar da política. Nosso tempo impolítico não quer ver o próprio rosto, o mantém à distância, o mascara e recobre. Não deve haver mais rostos, mas apenas números e cifras. Mesmo o tirano não tem rosto." (Giogio Agamben, *Quando a casa queima*. Trad. Vinícius Nicastro Honesco. Coleção Pandemia Crítica #150. São Paulo: n-1, 2020). Compare-se com o conceito, muito diferente, de "rostidade" em Deleuze e Guattari, *Capitalisme et schizophrénie: mille plateaux*. Paris: Minuit 1980.

Mais uma vez é Krenak quem expressa essa ideia de maneira extremamente lúcida:

> O que me inspirou a alinhar ideias no livro *Ideias para adiar o fim do mundo* foram visões que recebi dos meus antepassados, foi habitar um mundo coletivo. É uma perspectiva de mundo que só tem sentido se eu o estiver coabitando com outros seres. É o que me dá a alegria de estar participando dele. A alegria de estar no mundo é o compartilhamento. Se eu extinguir as outras espécies, o mundo fica triste, cada vez mais triste.[37]

Algo semelhante vem se passando por ressonância com esse meteoro ou tsunami incomparavelmente maior que é o colapso ecológico e que também *já está aí*. Citemos mais alguns sentimentos que têm surgido reiteradamente em relatos, seja de pessoas e povos que já estão sofrendo eles mesmos os impactos das mudanças climáticas, seja dos cientistas do Sistema Terra, seja enfim de todos os que estão preocupados com o que está acontecendo à sua volta e em todo o globo. Os Inuit do Canadá descrevem o clima mais ameno como "devastador", "deprimente", "frustrante", "triste", "assustador".[38] Os aborígenes da região de Upper Hunter, no leste da Austrália, relatam um tipo de tristeza para a qual o filósofo Glenn Albrecht sugeriu um neologismo, a "solastalgia"[39]: diante da realidade de

---

[37] Ailton Krenak. "Crônicas terranas, mundos por vir". Live no Youtube com mediação de Tatiana Amaral. SESC São Paulo, Ciclo Ideias #emcasacomsesc, 2020.

[38] Segundo Ashlee Cunsolo Willox, de Cape Breton University, mencionado em Glenn A. Albrecht, *Earth Emotions: New Words for a New World*. Ithaca e Londres: Cornell University Press, 2019.

[39] Albrecht publicou em 2019 um livro acerca do que ele denomina "as emoções da terra", mas acaba recaindo em um dualismo algo simplista entre emoções ou sentimentos negativos e positivos: "Depois de criar o conceito de solastalgia, cheguei à conclusão de que esta experiência emocional e psicológica negativa estava dentro de uma gama mais ampla do que eu agora chamo de conceitos emocionais 'psicoterráticos' (de *psyché* e terra). Comecei a descrever estas emoções negativas da Terra e a colocá-las em confronto com as emoções positivas." Sua escolha, como bom modernista, é pelos sentimentos positivos e pelo que chama de "otimismo extremo", necessário para sairmos do Antropoceno e entrarmos no "Simbioceno": "Embora um filósofo transdisciplinar por inclinação, tentei dar à 'Geração Simbioceno' uma visão incansável, otimista e prática de seu futuro. Esse otimismo extremo é necessário para combater o pessimismo implacável que está emergindo dos críticos do Antropoceno." (Glenn A. Albrecht, *Earth Emotions: New Words for a New World*. Ithaca e Londres: Cornell University Press, 2019, pp. x-xi, op. cit.).

suas terras milenares devastadas pelas minas de carvão a céu aberto, pela poluição das fábricas e pela seca, a solastalgia se refere à "saudade de casa que [ao contrário da nostalgia[40]] se sente quando ainda se está em casa".[41] O mesmo povo fala da sensação de perder um braço, de estar preso numa armadilha. Os cientistas do Sistema Terra confessam não apenas sua tristeza e desolação ao testemunharem a morte de corais, o silêncio dos campos despovoados de insetos e pássaros, o derretimento de gigantescas placas de gelo, as secas cada vez mais duras e longas, os incêndios florestais, os furacões e as enchentes devastadoras, mas também sua frustração e mesmo depressão diante da inação dos governos e grandes empresas para mitigar os impactos futuros apesar de seus avisos. Os espíritos *xapiri* se enfurecem, como nos conta Davi Kopenawa:

> [...] se todos os que fazem dançar os *xapiri* morrerem, os brancos vão ficar sós e desamparados em sua terra, devastada e invadida por multidões de seres maléficos que os devorarão sem trégua. [...] É isso que pode acontecer um dia se morrerem todos os xamãs e se os *xapiri*, enfurecidos pela morte de seus pais, fugirem para longe dos humanos. Então, só sobrarão na mata, na natureza, os seres maléficos *ne wãri*, que já estão avisando e ameaçando: "*Ma*! Se os Yanomami desaparecerem, nós vamos ficar aqui para vingá-los! Não deixaremos sobreviver os brancos que os devoraram!" Isso me contam às vezes meus xapiri durante o sono, depois de ter bebido yãkoana o dia todo.[42]

Raiva, ira, vontade de vingança, portanto,[43] mas também alegria. É um erro pensar que é preciso optar, escolher o que sentir, que sentimento despertar e cultivar nos outros, como se fossem dois planos distintos, o perceptivo e o afetivo, e como se eles fossem determinados simples-

---

40 Cf. *Oxford English Dictionnary* para a origem da palavra "nostalgia": "*origin late 18th century (in the sense 'acute homesickness'): modern Latin (translating German Heimweh 'homesickness'), from Greek nostos 'return home' + algos ' pain .*"

41 "*The homesickness you have when you are still at home*". Cf. Glenn A. Albrecht, *Earth Emotions: New Words for a New World*. Op. cit., p. 200.

42 Davi Kopenawa e Bruce Albert, *A queda do céu: palavras de um xamã yanomami*. Op. cit., p. 492.

43 Ainda nas palavras de Kopenawa, ao ver os corpos de quatro grandes homens yanomami assassinados em suas terras por garimpeiros: "A Funai me enviou para lá para encontrar seus corpos na mata, no meio de todos aqueles garimpeiros, que bem teriam gostado de me matar também. Não havia ninguém para me ajudar. Tive medo, mas minha raiva foi mais forte." (Ibid., p. 71. Eu grifo).

mente por nossa vontade e razão individuais. Como eu disse antes, afetos não são blocos atômicos e monolíticos, mas misturas instáveis, móveis e moventes, no mais das vezes passageiras como são passageiras as percepções, expressões da multiplicidade relacional do cosmos (do mundo) na unidade diferencial da alma.[44] Afetos e percepções preendem uma vida, e não há vida que não seja coletiva. O perigo está justamente em sua separação e sua imobilização, sua fixação em um objeto único. E eu diria que a fixação afetiva se dá no mesmo momento em que se interrompe o fluxo perceptivo,[45] quando perdemos nossa capacidade de criar portais, canais entre perspectivas distintas. Quando nossa existência se encolhe a tal ponto que resta apenas como uma pequena fagulha solitária em um mundo escuro e evanescente.

---

44 Cf. Leibniz, no §14 de sua *Monadologia*. In Leibniz, *Discours de métaphysique suivi de monadologie et autres textes* (ed. Michel Fichant). Paris: Gallimard, 2004.

45 Sobre a maneira como Leibniz descreve uma interrupção semelhante, causada pela obsessão da auto-reflexão, cf. adiante neste volume, capítulo 17.

FILOSOFIA MODERNA

FILOSOFIA MODERNA

CAPÍTULO 8

David Hume e a questão dos milagres*

Ao criticar a noção tradicional de causalidade, David Hume reduz a conexão necessária que acreditamos encontrar entre objetos ou fatos da experiência ao sentimento de determinação, provocado pelo hábito, que leva a mente a passar de uma impressão presente à ideia daquele fato ou objeto que a acompanhou repetida e regularmente no passado. As inferências de causa e efeito, assim, dependem inteiramente da regularidade passada dessa experiência, e jamais podem alcançar a certeza que caracteriza as demonstrações matemáticas. No melhor dos casos, saberemos que as coisas sempre se comportaram de determinada maneira, isto é, que tal causa foi sempre acompanhada de tal efeito. Conceber que o futuro pode nos reservar uma surpresa, assim, não é nada absurdo. Os raciocínios por probabilidade e as regras gerais vêm justamente regularizar ou corrigir a incerteza que, em maior ou menor grau, resulta da contingência da experiência.

Mas esses raciocínios têm um poder limitado. Em primeiro lugar porque nem tudo na natureza humana se deixa guiar pelos chamados princípios universais ou regulares da imaginação.[1] E em segundo lugar porque, mesmo quando nos guiamos por eles, não podemos simplesmente fazer as contas, extrair o grau de probabilidade de um acontecimento, e ignorar o lado menos provável da experiência.

Um dos efeitos mais visíveis da incerteza na natureza humana são, segundo Hume, as paixões da esperança e do medo. Enquanto a visão de um objeto prazeroso (ou a certeza de sua ocorrência futura) produz em nós a paixão da alegria e a visão de um objeto desprazeroso produz a paixão da tristeza, a concomitância de visões contrárias, resultante

---

* Este artigo, originalmente publicado em *Manuscrito* (1995, XVIII: 37-64), retoma parte de um capítulo de minha tese de doutorado (*Natureza acaso: a contingência na filosofia de David Hume*), defendida na PUC-Rio em dezembro de 1991. A presente versão traz mais algumas leves alterações.

1 Cf. a distinção feita no *Tratado da natureza humana*, 1.4.4.1 (p. 258): os princípios regulares, firmes e mais estabelecidos da imaginação são exatamente aqueles baseados na relação de causa e efeito e nas regras gerais.

de uma experiência incerta, produz uma *mistura* de alegria e tristeza. Esperança e medo são resultantes dessa mistura, correspondendo à maior ou menor probabilidade de existência e de inexistência dos objetos do desejo e da aversão. Em seu livro *História natural da religião*, Hume mostra como essas duas paixões são responsáveis, nos povos bárbaros ou simplesmente na parte menos instruída dos homens, pela atribuição de poderes invisíveis e inteligentes aos fenômenos inexplicáveis da natureza, dos quais dependem nossa felicidade ou infelicidade, e pela gradual personificação desses poderes, que acaba levando às religiões politeístas e à idolatria.[2] E mesmo naquelas religiões mais refinadas, que têm origem na admiração da ordem e harmonia do universo, das quais inferem a existência de um único Ser inteligente e infinitamente perfeito como sua causa, a incerteza deve receber uma explicação que a torne parte do sistema como um todo. Assim, por exemplo, a existência de uma infinidade de males e catástrofes imprevisíveis que assombram permanentemente a vida dos homens é por vezes explicada pela chamada "teoria do pórtico", segundo a qual nossa vida presente é apenas a passagem para uma vida feliz e eterna, e o que hoje nos parece despropositado receberá um sentido pela visão da totalidade.[3]

Mas existe um outro tipo de "incerteza", que adquire quase um papel de fundamento em certas religiões. Este é o caso dos *milagres*, que Hume examina na seção X de seu livro *Investigação sobre o entendimento humano*, reunindo as problemáticas do entendimento (por sua análise do mecanismo da crença) e das paixões (pela análise da credulidade).

---

2   Cf. David Hume, *The Natural History of Religion*. Stanford: Stanford University Press, 1981 (NHR) §II. No que se segue, utilizarei as seguintes abreviações para os textos de Hume: NHR (*The Natural History of Religion*), DNR (*Dialogues Concerning Natural Religion*), EHU (*An Enquiry Concerning Human Understanding*), THN (*A Treatise of Human Nature*), HE (*The History of England*) e HL (*The Letters of David Hume*). No caso do THN, usarei minha própria tradução, publicada em Hume, *Tratado da natureza humana: uma tentativa de introduzir o método experimental de raciocínio nos assuntos morais*. São Paulo: Edunesp, 2001.

3   Cf. David Hume, DNR, XI.

A crítica

Um milagre se apresenta como um acontecimento que contraria de maneira radical as leis da natureza, e chega a nós sempre através do relato de uma ou mais testemunhas (a possibilidade de presenciarmos nós mesmos um milagre parece não interessar tanto a Hume, embora uma ou duas frases neste e em outros textos tenham dado margem a diferentes especulações a este respeito).[4] Ora, a evidência de um testemunho, como toda evidência acerca de questões de fato e de existência, deriva exclusivamente da experiência. Isto significa que, se temos uma tendência a confiar na veracidade daquilo que os homens nos relatam, é porque nós mesmos somos testemunhas da frequente conformidade dos fatos a esses relatos.

> Se a memória não fosse um tanto tenaz; se os homens não tivessem comumente uma inclinação para a verdade e um princípio de probidade; se não fossem sensíveis à vergonha de serem flagrados em uma falsidade: se a experiência, digo, não mostrasse que todas essas são qualidades inerentes à natureza humana, jamais depositaríamos a menor confiança no testemunho humano. Um homem delirante, ou famoso por sua mentira e vileza, não tem para nós qualquer autoridade.[5]

Aliás, todo o nosso conhecimento histórico está baseado no mesmo princípio: a experiência.[6] Acontece que a experiência não é sempre perfeitamente regular em suas operações, e com frequência temos que nos decidir sobre qual dos eventos contrários é mais provável e merece nossa crença em grau mais alto. Esse mecanismo se repete no caso dos testemunhos. É muito comum hesitarmos em dar crédito ao relato dos outros, e alguns dos motivos para isso podem ser a existência de testemunhos divergentes ou opostos, o caráter ou o número das testemunhas, o interesse que porventura tenham naquilo que afirmam, a maneira como narram o supostamente acontecido (por exemplo, de

---

4   Trataremos desta questão adiante.
5   Cf. EHU, X.
6   Além das "testemunhas oculares", o fato tem que percorrer uma longa cadeia de causas e efeitos para chegar até nós, sendo transmitido de boca em boca até o primeiro historiador, e em seguida passando por diversas edições escritas. Mas isto não chega a afetar a evidência da história antiga. Cf. THN, 1.3.11.4 pp. 177-178.

forma hesitante ou com segurança exagerada), e finalmente, o tipo de fato que se tenta estabelecer: quanto menos comum, quanto mais "extraordinário" este for, menor será a possibilidade de nossa confiança na veracidade das testemunhas sobrepujar nossa descrença nele, ou melhor, nossa crença em seu contrário.

> O mesmo princípio da experiência que nos dá um certo grau de segurança em relação ao relato de testemunhas [*in the testimony of witnesses*] também nos dá, neste caso, um outro grau de segurança contra o fato que elas tentam estabelecer; e desta contradição surge necessariamente um contrapeso, e uma destruição recíproca da crença e da autoridade.[7]

Há duas coisas ou duas "experiências" a serem pesadas, portanto.[8] Em primeiro lugar, a veracidade das testemunhas, por um lado, e as diversas circunstâncias que podem abalar nossa aceitação da mesma, por outro. Em segundo lugar, supondo por exemplo que o autor do relato seja uma pessoa inteiramente digna de confiança e que, portanto, esta experiência atinja o grau de uma *prova*,[9] devemos agora medir a força do fato que ela tenta estabelecer em relação à força de nossa própria experiência contrária. "*Eu não acreditaria nesta história, nem que o próprio Catão ma tivesse contado*, era um provérbio que se dizia em Roma, durante a vida mesma daquele patriota-filósofo".[10]

Estaremos, em última análise, confrontando a probabilidade da veracidade das testemunhas e a probabilidade de nossa própria experiência do fato contrário ao que estas relatam. Ora, no caso do relato se referir a um acontecimento, não simplesmente *extraordinário* ou *fantástico*, mas *milagroso*, este confronto se fará entre duas *provas*, "das

---

7   EHU, p. 113.

8   Cf. Michelle Beyssade, "Hume et les miracles", *Revue de l'enseignement philosophique*, set./out. 1987, p. 61.

9   Hume define como "prova" a evidência decorrente de uma experiência passada perfeitamente regular (o que não significa que ela atinja a "certeza" e o caráter de necessidade das meras relações de ideias), reservando o termo "probabilidade" para os casos que apresentam ao menos uma exceção no passado. Para facilitar nossa exposição, estarei, no que se segue, tomando por base sempre a suposição de que o testemunho atinge o grau de evidência de uma prova. Mas Hume tratará de mostrar que, na verdade, é apenas por uma concessão excessivamente tolerante que supõe que o testemunho de um milagre possa chegar a uma prova total: "[...] jamais houve um evento milagroso estabelecido com base em uma evidência tão completa." (EHU, X-II, p. 116).

10   EHU, p. 113.

quais a mais forte deve prevalecer, mas com uma diminuição de sua força, em razão inversamente proporcional àquela de sua antagonista".[11] A questão será saber se, alguma vez, em se tratando de milagres, o lado mais forte pode ser o da veracidade da testemunha.

Um milagre pode ser definido como *"uma transgressão das leis da natureza pela volição particular da Divindade ou pela interposição de algum agente invisível"*.[12] Em princípio, dentro de um empirismo que, como vimos, concebe a experiência como irredutivelmente contingente, as "leis" da natureza só podem ser estabelecidas *a posteriori*, isto é, como uma indução em função da regularidade mesma desta experiência. Não há nada de estranho, pois, em se conceberem tais leis como sendo violadas, quer dizer, como sendo passíveis de exceções. "Não há probabilidade tão grande que não admita uma possibilidade contrária; caso contrário, deixaria de ser uma probabilidade, tornando-se uma certeza [...] uma experiência no passado revela pelo menos uma possibilidade para o futuro."[13]

Poderíamos completar: uma "prova" que admitisse uma possibilidade contrária deixaria de ser uma prova e tornar-se-ia uma probabilidade. Frente a uma exceção, basta suprimir a designação de "lei" (se quisermos restringi-la às chamadas "provas"), ou então reformular a descrição dessa lei.

Este é o procedimento a ser adotado no caso dos fatos extraordinários, que, embora não sejam *conformes* à experiência comum, não chegam a lhe ser *contrários*.[14] O príncipe indiano que se recusou a acreditar que a água congela em climas frios,[15] diz Hume, raciocinou

---

11 Id., p.114. É difícil entender como uma "prova" pode ser mais forte que outra, já que Hume define a prova como o grau mais alto de probabilidade nas questões de fato. Entretanto, numa carta ao Rev. Hugh Blair, ao responder à *Dissertation on Miracles*, de George Campbell (que pretendia ser uma crítica ao texto humeano), Hume reafirmará: "A prova contra um milagre, como se funda numa experiência invariável, é dessa *espécie* ou *tipo* de prova que é completa e certa quando considerada sozinha, porque não implica qualquer dúvida, como é o caso de toda probabilidade; mas há graus dessa espécie, e quando uma prova fraca se opõe a uma mais forte, ela é sobrepujada." (Hume, in J.Y.T. Greig (org.). *The Letters of David Hume*. Oxford: Clarendon Press, 1932, p. 350). Olin sugere que Hume talvez tenha em mente a ideia de que as provas podem variar em termos da quantidade de evidência (i.e. número de observações positivas). Cf. "Hume, Miracles, and Prior Probabilities" in Tweyman, S. (org.) vol. V, 1995, p. 417.

12 EHU, p. 115, nota.

13 THN, 1.3.12.14, pp. 168-169.

14 EHU, X, p.114, nota 1.

15 Locke utiliza exatamente este exemplo para comentar a questão da probabilidade que

corretamente: "As operações do frio sobre a água não são gradativas, de acordo com os graus de frio; ao contrário, sempre que atinge o ponto de congelamento, a água passa, em um instante, da total liquidez à perfeita rigidez."[16] Este acontecimento "catastrófico" não poderia ter sido previsto por alguém que jamais deixou o clima quente. Mas, embora tenha tão pouca analogia com o que ali se vê, uma testemunha forte o bastante talvez fosse capaz de contrabalançar seu caráter extraordinário: afinal, quem sabe o que pode acontecer em lugares tão distantes e em climas tão diferentes?

Já os milagres não teriam sentido se não se opusessem de maneira radical às leis naturais. Eles não apenas se constituem como exceções, singularidades no conjunto da experiência, mas supõem que estas apresentem uma constância perfeita, isto é, que sua evidência seja e continue sendo a de uma prova. Quando Hume define o milagre como sendo causado "pela volição particular da Divindade ou pela interposição de algum agente invisível", é nisto que devemos pensar: para ser milagroso, e não simplesmente inusitado, extraordinário ou casual, um acontecimento requer uma causa *não-natural*; ele requer que sua existência *não* diminua a certeza das leis da natureza, e que ainda assim o testemunho a seu favor seja considerado uma prova. Por isso, para que acreditássemos na verdade do milagre, seria preciso que acreditássemos *ao mesmo tempo* nas leis da natureza e na existência e ação dessas causas sobrenaturais: apenas a vontade divina pode violar leis invioláveis.

A verdadeira oposição não é entre fatos *não-conformes* e fatos *contrários* ao curso normal da experiência. Embora Hume tenha utilizado as duas expressões para caracterizar os dois tipos diferentes de ocorrências, o certo é que ele só admite a relação de contrariedade propriamente dita entre a existência e a inexistência, o que significa que nenhum objeto real é contrário a outro.[17] Neste sentido, se não há contrariedade, nada nos impede de conceber a água congelando mesmo num clima quente — e tudo o que podemos conceber claramente pode existir:

---

deve ser atribuída aos testemunhos. Cf. *An Essay Concerning Human Understanding*. Oxford: Clarendon Press, 1987, IV-XVI-5, pp. 656-657.

16 Ibid.

17 "[...] todos os objetos que não são contrários são suscetíveis de uma conjunção constante, e nenhum objeto real é contrário a outro" (THN, 1.4.5.32, p. 282); "[...] nenhum objeto é contrário a outro, senão a existência e a não-existência" (THN, 1.3.15.1, p. 206). Quando fala em "contrariedade na experiência passada", Hume tem em vista simplesmente sequências de objetos ou acontecimentos diferentes das normalmente encontradas.

"Qualquer coisa pode produzir qualquer coisa".[18] A oposição é antes entre fatos que comportam uma explicação natural, seja esta conhecida ou não, e fatos cuja causa é "anti" ou "sobre" natural. Assim, no primeiro caso, a própria experiência abre um espaço para a inserção do fato inusitado, que pode perfeitamente ser classificado dentro de uma nova espécie: nos climas quentes, a água é *sempre* fluida, mas em climas frios, ou em certas circunstâncias desconhecidas, ela pode congelar. No segundo caso, a experiência *deve* permanecer fechada, e o acontecimento milagroso é insubsumível sob qualquer espécie (a não ser, talvez, sob aquela dos fatos causados diretamente pela interferência divina). Ele é inteiramente singular neste sentido, mesmo que ocorra mais de uma vez, e não pode dar margem a nenhuma inferência causal.

Hume esclarece a distinção entre acontecimentos extraordinários e milagrosos através de dois exemplos imaginários.[19] O primeiro conta o relato unânime, de todo tipo de testemunhas, em todas as partes do mundo, de que, a partir do dia 1º de janeiro do ano de 1600, teria havido um período de oito dias de total escuridão sobre a Terra. Tal relato, diz Hume, mereceria "que nossos filósofos [...], ao invés de duvidarem do fato, [...] admitissem-no como certo e buscassem as causas que poderiam tê-lo originado". O segundo narra o testemunho, unânime apenas entre os historiadores da Inglaterra, da morte e ressurreição da rainha Elizabeth, naquela mesma data. Mas este caso, ao contrário do primeiro, não mereceria qualquer crédito.

A principal diferença entre esses dois tipos de "acontecimentos", não é, como pode parecer à primeira vista, o número e a extensão de suas testemunhas,[20] mas sim que apenas o segundo pretende ser visto como um milagre.[21] O pretenso milagre isola-se inteiramente da tota-

---

18 THN, ibid. E também: "[...] não há nenhum objeto que, por um mero exame e sem consultar a experiência, possamos determinar ser, com certeza, a causa de algum outro; e não há um só objeto que possamos determinar, desse modo, não ser a causa de outro. Qualquer coisa pode produzir qualquer coisa. Criação, aniquilação, movimento, razão, volição; todas essas coisas podem surgir umas das outras, ou de qualquer outro objeto que possamos imaginar" (ibid.). "Tudo que é inteligível e pode ser concebido distintamente não implica qualquer contradição, e jamais pode ser refutado por meio de um argumento demonstrativo ou de um raciocínio abstrato a priori" (EHU, IV-II, p. 35).

19 EHU, X, pp.127-128.

20 Cf. abaixo, nota 43, o caso dos poemas de Ossian.

21 É verdade que o primeiro caso vem ilustrar a afirmação de que pode haver outros tipos de milagres, comprováveis pelo testemunho humano, contanto que não fundem nenhum sistema religioso (cf. EHU, p. 127). É certamente neste trecho que Michelle Beyssade se

lidade do curso da natureza; coloca-se *fora* da ou *sobre* a natureza, impedindo assim qualquer raciocínio por analogia ou por regras gerais, que o reinserisse no repertório de fatos da experiência. Por isso não pode ser visto como possibilidade para o futuro. Já o primeiro exemplo, embora também excepcional, não se exclui do curso da natureza; e pode-se então considerá-lo como um fato que merece um mínimo de crença, conforme sua analogia com outros fatos: "A decadência, dissolução e corrupção da natureza é um acontecimento que tantas analogias tornam provável, que qualquer fenômeno que pareça tender para esta catástrofe estará ao alcance do testemunho dos homens, se tal testemunho for bastante extenso e uniforme."[22]

Assim, em resumo, mesmo a prova mais consistente em favor da veracidade do testemunho de um milagre refere-se sempre a um acontecimento que se pretende único, singular em seu mais alto grau, e *por definição* deve ter contra ela a prova incomparavelmente mais forte a favor das leis naturais supostamente violadas. A imaginação tenderá com uma força muito maior em direção a estas, e a crença daí derivada será apenas insensivelmente tocada pela imagem do milagre. "Nenhum testemunho é suficiente para fundamentar um milagre, a menos que seja tal que sua falsidade fosse mais miraculosa que o fato que tenta estabelecer [...]".[23]

Hume dará diversos exemplos históricos para provar isso que ele chama de "máxima geral". Diante deles, entretanto, vemos o caráter

---

baseia para dizer que Hume faz uma distinção entre milagres religiosos e não-religiosos (M. Beyssade, "Hume et les miracles", *Revue de l'enseignement philosophique*, set./out., 1987, pp. 65-67). Entretanto, ao expor seu "milagre não-religioso", Hume somente utiliza a caracterização de "acontecimento extraordinário", e menciona a possibilidade de se encontrarem as causas que o expliquem. O segundo caso, sim, é descrito como "um acontecimento [...] milagroso (EHU, p. 128), e justamente porque pode servir de apoio a um sistema religioso qualquer. Não creio, portanto, que Hume realmente diferencie dois tipos de milagres. Aliás, que causa poderia ser atribuída a um milagre não-religioso? Se uma causa sobrenatural, ele será religioso; se natural, não será um milagre. Um "milagre não religioso" pode perfeitamente ser reduzido a um acontecimento extraordinário.

22 EHU, p. 128. Cf. também: "Não há qualquer contradição em se dizer que todos os testemunhos que já foram ou serão apresentados em favor de um milagre são objetos de escárnio; e por outro lado imaginar uma ficção ou suposição de um testemunho em favor de um milagre particular, que não somente merecesse atenção, mas que pudesse se constituir numa prova completa desse milagre. Por exemplo, a ausência do sol durante 48 horas; mas homens racionais apenas concluiriam desse fato que a máquina do globo estava desordenada durante esse período." (HL, pp. 187-88).

23 EHU, p. 115-16.

irônico da segunda parte da afirmação, e ficamos com a nítida impressão de que a evidência dos testemunhos é tratada como absolutamente inútil e insignificante frente ao "absurdo" inerente à simples pretensão de que se aceite um fato como milagroso. Na verdade, podemos dizer que, com os milagres, a religião pretende trazer para dentro da natureza (isto é, inserir dentro do sistema da crença e da realidade) a singularidade que em sentido estrito cabe somente a um estado anterior ou exterior à experiência e à natureza, e que por isso mesmo é incompatível com qualquer crença.

Assim, após discorrer sobre os argumentos que fortalecem de todos os modos possíveis a veracidade dos relatos sobre os milagres de Vespasiano narrados por Tácito (que aquele teria curado um cego em Alexandria com sua saliva, e um homem manco com o toque de seus pés), Hume conclui, sem mais explicações: "[...] não se pode supor evidência mais forte para uma falsidade tão grosseira e palpável."[24] E sobre os inúmeros milagres atribuídos à tumba do Abade de Paris (que Hume investigara pessoalmente em sua estada na França entre 1734 e 1737),[25] talvez os mais bem atestados de toda a história,[26] o filósofo pergunta: "o que temos a opor a uma tal massa [*cloud*] de testemunhas, senão a absoluta impossibilidade ou natureza milagrosa dos eventos que relatam?"[27] Em casos como estes, tentar rebater o falso milagre por um desmascaramento das testemunhas é tarefa vã, tal a força e a complexidade da rede criada pelo encontro de interesses diversos, da ignorância, da vileza e da esperteza com a tendência natural dos homens à credulidade e à superstição. "[...] a vileza e a insensatez dos homens são fenômenos tão comuns, que prefiro acreditar que os acontecimentos mais extraordinários possam resultar desta mistura do que admitir uma violação tão flagrante das leis da natureza".[28]

Mais sábio é fazer aqui como o Cardeal de Retz, que, relator do extremamente bem atestado milagre de Saragossa, "concluiu, [...] como um bom raciocinador, que tal evidência [das testemunhas] levava a fal-

---

24 EHU, pp. 122-123.
25 Cf. E.C. Mossner, *The Life of David Hume*. Nova York: Thomas Nelson and Sons, 1954, p. 95.
26 A ponto de Hume afirmar: "Em suma, a cura sobrenatural era tão incontestável que, durante algum tempo, salvou aquele famoso monastério [jansenista] da ruína com que os Jesuítas o ameaçavam. Se fosse uma trapaça, teria sido detectada por antagonistas tão sagazes e poderosos, e teria apressado a ruína dos que a forjaram (EHU, X-II, p. 125, nota).
27 Ibid., p. 125.
28 Ibid., p. 128.

sidade estampada no rosto, e que um milagre sustentado por qualquer testemunho humano era mais propriamente um objeto de escárnio que de argumentação."[29]

O caso Joana D'Arc

Se não chega a ser com escárnio, é ao menos com ironia que Hume trata a maioria dos inúmeros casos de prodígios e acontecimentos miraculosos que perpassam sua *História da Inglaterra*. São raras as vezes em que o filósofo-historiador se dispõe a justificar sua descrença nos relatos ou a entender suas causas. Isto ocorre com a célebre história de Joana d'Arc, passada no século XV, durante a Guerra dos Cem Anos entre França e Inglaterra.[30] À parte algumas poucas tiradas levemente irônicas, Hume tenta inserir a manifestação supersticiosa ou de "entusiasmo" dentro de uma análise mais ampla do mecanismo das paixões na mente humana e de seu uso político-religioso, e propõe ao mesmo tempo algumas hipóteses alternativas para explicar o suposto milagre.

Admitindo a "singularidade" do caso, Hume começa com uma descrição do caráter da jovem nascida na pequena cidade francesa de Domremy, de vida irrepreensível e pacata até ser contagiada pelo desespero e preocupação do povo francês com a situação e o destino de seu país frente ao aparentemente irreversível domínio inglês, e pelo sentimento de simpatia para com o rei Charles VII.

> [...] Joana, inflamada pelo sentimento geral, foi tomada de um desejo feroz de trazer alívio a seu soberano em suas dificuldades presentes. Seu espírito inexperiente, trabalhando dia e noite sobre este objeto único, confundiu os impulsos da paixão com inspirações celestes; e ela imaginou ter visões e ouvir vozes, que a exortavam a restabelecer o trono da França e a expulsar os invasores estrangeiros.[31]

Frente à segurança e à convicção de Joana, o parlamento francês, de início incrédulo, mas ansioso por trocar seu desespero pela esperança,

---

29 Ibid., p. 124.
30 HE, XX, pp. 398-ss.
31 Ibid, p. 397.

deixou-se convencer da inspiração. Tal sentimento rapidamente tomou conta de todos, chegando até os ouvidos das tropas inglesas; estas, que ridicularizavam o "fenômeno", aos poucos viram a incerteza e o medo tomarem conta de suas mentes, acabando por inferir que uma vingança divina caíra sobre eles — sentimentos que trouxeram sua fragilização e a consequente vitória francesa. O mesmo tipo de raciocínio genealógico explicará o retorno de Joana às suas paixões naturais, com o reconhecimento de suas ilusões, quando, após uma série de batalhas e incidentes, foi finalmente presa pelos ingleses.

Uma outra linha que rege a narrativa de Hume sobre esse caso é a descrição do modo como se dá o favorecimento e a amplificação da superstição e do entusiasmo com objetivos político-estratégicos. Por exemplo, após discorrer sobre o que Joana teria supostamente prometido e cumprido ao ter seus serviços aceitos pelos oficiais franceses, Hume acrescenta: "Uma coisa é certa: todas essas estórias miraculosas foram espalhadas a fim de cativar o vulgo. Quanto mais o rei e seus ministros estavam determinados a aquiescer à ilusão, mais escrúpulos fingiam ter".[32] O "aperfeiçoamento" da figura da "Donzela de Orleans" segue uma lógica semelhante:

> Sua ocupação anterior foi até negada: Ela não era mais serviçal de uma estalagem. Foi convertida em pastora, um emprego bem mais agradável à imaginação. Para torná-la ainda mais interessante, subtraíram-se dez anos de sua idade; e todos os sentimentos do amor e da cavalaria se uniram aos do entusiasmo, a fim de inflamar a tola fantasia do povo com predisposições a seu favor.[33]

Tratava-se, em suma, de um engenho cuidadosamente elaborado, que se beneficiava dos inúmeros fatos reais a reforçar e a "dar crédito a cada exagero".[34] Ao historiador cabe separar esses fatos reais daqueles criados pela fantasia, pela superstição e pelos interesses dos homens. É o que Hume faz quando propõe algumas interpretações alternativas dos acontecimentos. Assim, ao contrário do que dizem os escritores franceses, seria muito pouco provável que a moça do interior, além de

---

32 Ibid, p. 399.
33 Ibid.
34 Ibid., p. 405.

participar pessoalmente dos combates, fosse capaz de dirigir as tropas e de liderar as deliberações nos conselhos de guerra, atividades que requerem "mais gênio e capacidade que qualquer outra cena ativa da vida". Já é suficientemente elogioso, propõe Hume, imaginar que ela soubesse discernir as pessoas mais capazes e confiáveis, "captar suas deixas e sugestões, e, de repente, revelar suas opiniões como se fossem dela: e que era capaz de conter, quando necessário, o espírito visionário e entusiástico que a animava, e temperá-lo com a prudência e a discrição".[35]

❧

Apesar de terminar a longa narrativa sobre a história de Joana d'Arc com um elogio à "admirável heroína",[36] em nenhum momento Hume contempla a possibilidade de aceitar a versão da inspiração divina de seus atos.

> É tarefa da história distinguir entre o *miraculoso* e o *fantástico*; rejeitar o primeiro em todas as narrativas meramente profanas e humanas; duvidar do segundo; e, quando obrigado, pelo testemunho inquestionável, como neste caso presente, a admitir algo extraordinário, aceitar apenas aquilo que for consistente com os fatos e as circunstâncias conhecidas.[37]

Fundamentada na argumentação "filosófica" contra a crença nos testemunhos de milagres, contida na *Investigação sobre o entendimento humano*, tal tarefa "histórica" é, na verdade, interminável. Pois a natureza humana, que normalmente se guia pela experiência e rejeita o que é *pouco* usual, apresenta paradoxalmente uma inclinação a acreditar naquilo que é *inteiramente* absurdo e inacreditável, "pela mesma circunstância que deveria destruir toda sua autoridade".[38] Milagres e outras espécies de prodígios alimentam as paixões agradáveis da surpresa e da admiração, e o sentimento derivado destas paixões vem por

---

35 Ibid., pp. 403-04.
36 Ibid., p. 410.
37 Ibid., p. 398.
38 EHU, X-II, p. 117.

sua vez fortalecer a crença naqueles acontecimentos.[39] E mesmo os que não chegam a acreditar nos milagres que lhes são relatados, experimentam um prazer "de segunda mão" em despertar a admiração dos outros.

A crença em milagres, entretanto, embora acompanhe o homem em toda a sua história, e embora certamente nunca deixe de existir enquanto existir o homem, não é propriamente universal, como as crenças derivadas da relação regular de causa e efeito. No *Tratado da natureza humana*,[40] Hume faz uma distinção entre os princípios regulares, firmes e mais estabelecidos da imaginação (baseados na relação de causa e efeito e nas regras gerais, e constituindo o entendimento) e os princípios fracos, instáveis e irregulares (baseados apenas na semelhança e contiguidade, e constituindo o que podemos denominar fantasia ou imaginação propriamente dita).[41] Embora ambos sejam "naturais", os princípios regulares são inevitáveis e, se abolidos (mesmo que isso significasse, por exemplo, querer nos limitar estritamente aos raciocínios baseados nas meras relações de ideias, como na matemática, e assim obter a certeza ao invés da simples probabilidade), a própria natureza humana se arruinaria. Já os princípios irregulares, responsáveis entre outras coisas pelas ideias da metafísica e pela superstição, "não são nem inevitáveis à humanidade, nem necessários, ou sequer úteis para a condução da vida"; eles só ocorrem nas "mentes fracas", e podem ser facilmente subvertidos pelos princípios do costume e do raciocínio. Este é o caso da crença em milagres, onde podemos, portanto, ser "esclarecidos" e optar pelo controle dos princípios regulares.[42] Deixar a fantasia e as

---

39 HL: "Nunca conheci quem estudasse e deliberasse sobre o despropósito [*nonsense*] e não passasse a acreditar nele antes do fim de suas investigações".

40 THN, 1.4.4.1, p. 258.

41 Defino assim os termos "entendimento" e "fantasia" visando uma maior clareza nesta exposição; mas o certo é que Hume faz um uso bem mais flexível destes termos, assim como do termo "razão".

42 Na verdade, esta distinção feita por Hume é bastante problemática. Ela se segue, no *Tratado*, a uma longa exposição sobre o mecanismo pelo qual a imaginação é levada a fabricar uma série de ficções, como a do mundo, da existência contínua e distinta de algumas de nossas percepções, dos objetos externos, da substância, da identidade material e pessoal (da mente), do eu (*self*). Acontece que essas análises deixam claro que nem todas as crenças derivadas dos princípios irregulares são dispensáveis ou são irrelevantes para a saúde de nossa natureza (cf. a utilização das metáforas da doença e da saúde, ambas situações naturais, para caracterizar os dois tipos de princípios — THN, ibid.). No caso de algumas destas ficções, o máximo que se pode desejar ou obter é uma espécie de solução de compromisso entre os princípios regulares e os irregulares da imaginação — ou seja, entre o entendimento e a fantasia. De toda forma, o caso da

paixões dominarem o entendimento é certamente bem mais comum entre povos "bárbaros" e "ignorantes", como é comum entre as crianças. Novamente, na *História da Inglaterra* proliferam comentários sobre a credulidade e a superstição que costumam anteceder estados mais iluminados das sociedades.[43] De toda forma, "embora esta inclinação possa, durante certos períodos [*at intervals*], ser barrada pelo bom senso e pela erudição, ela jamais será inteiramente extirpada da natureza humana".[44] Existe sempre o perigo de, enquanto indivíduos ou enquanto sociedade, escorregarmos de volta à ignorância.

Deve-se, portanto, sempre desconfiar de que há um motivo passional semelhante atuando por trás da evidência de um testemunho. E se a ele estiver acrescentado o "espírito religioso", outra tendência impossível de ser extirpada, "então é o fim de todo bom senso; e o testemunho humano, nestas circunstâncias, perde qualquer pretensão à autoridade".[45] É

---

crença em milagres é mais simples: ela é natural, como toda crença, porém irregular, e também nociva à nossa "saúde".

43 Cf. cap. I, pp. 17, 50-51; III, p. 12; apêndice I, pp. 180-181; caps. IV, pp. 214-215; VI, pp. 264-265; IX, p. 370; XI, p. 434; apêndice II, pp. 486-487; caps. XIV, p. 181; XVI, p. 258; XXII, p. 492; XXIII, pp. 512, 518-ss. Sobre este assunto, muito interessante também é um pequeno texto (que Hume não publicou em vida) destinado a provar a não-autenticidade de uma série de poemas épicos antigos, que James Macpherson, poeta e professor contemporâneo de Hume, teria coletado nas Terras Altas da Escócia e traduzido do gaélico para o inglês. Entre vários argumentos, Hume diz que o mais inacreditável de tudo é, por um lado, a ausência na narrativa de fatos "inacreditáveis" (gigantes, monstros, magias) bem como de qualquer religião; e, por outro lado, a caracterização das maneiras e costumes desse povo bárbaro de um modo muito mais apropriado à época moderna (p.ex., o respeito e mesmo a compaixão pelos inimigos, e o tratamento igualitário dispensado às mulheres). Ora, um povo rude, sem conhecimento de outros povos, não pode falsificar suas próprias maneiras, ao passo que nada lhe é mais prazeroso que dar asas à sua imaginação e violar o curso normal da natureza. "Em Ossian, a natureza é violada exatamente onde deveria ter sido preservada; e é preservada exatamente onde deveria ter sido violada" (David Hume, "Of the Autenticity of Ossian's Poems" In *Essays: Moral, Political, and Literary*. Green e Grose, orgs. Londres: Scientia Verlag Aalen, 1962, p. 418). Ossian é o nome do personagem que teria composto os poemas. "As canções e tradições dos Senachies, a genuína poesia irlandesa, trazem em sua rudeza e absurdidade as marcas inequívocas da barbárie, algo muito diferente da correção insípida de Ossian, onde os incidentes, que me perdoem a antítese, são os mais antinaturais [*unnatural*], apenas porque são naturais" (ibid. p. 420). Diante desses bem-comportados absurdos, nenhum testemunho humano é forte o bastante para provar a autenticidade dos poemas: "Como o finito adicionado ao finito não se aproxima nem um fio de cabelo do infinito, assim também um fato, nele mesmo tão inacreditável, não tem sua probabilidade aumentada em nada pelo acúmulo de testemunhas" (ibid., p. 424). Sobre todo o caso dos "poemas de Ossian", ver E.C. Mossner, *The Life of David Hume*. Nova York: Thomas Nelson and Sons, 1954, pp. 415-ss.

44 EHU, X-II, p. 119.

45 Ibid., p. 117.

muito mais sensato, por parte do filósofo, atribuir a crença em milagres a essa natureza híbrida da mente humana do que permitir que seja abalada a regularidade do curso da Natureza. Por que admitir uma explicação sobrenatural de um fenômeno fora do normal quando podemos recorrer aos "princípios tão conhecidos e *naturais* da credulidade e do embuste"?[46]

Questão de fé

Hume termina seu capítulo sobre os milagres com uma daquelas frases fadadas a serem fonte inesgotável de polêmica:

> [...] podemos concluir que a Religião Cristã não apenas se fez acompanhar de milagres em seus primeiros momentos, mas ainda hoje não pode ser objeto de crença, por parte de qualquer pessoa razoável [*reasonable*], sem um milagre. A mera razão é insuficiente para nos convencer de sua veracidade: E aquele que, movido pela Fé, dá a ela seu assentimento, está consciente de um contínuo milagre em sua própria pessoa, a subverter todos os princípios de seu entendimento e a fazê-lo crer naquilo que é mais contrário ao costume e à experiência.[47]

A questão controversa é: são sérias ou irônicas estas palavras? Hume estará aqui confessando-se adepto da doutrina de que a crença religiosa não pode ser fundada na razão mas apenas na fé e na Revelação; estará demonstrando prudência ao não querer ultrapassar os limites da tolerância da Inglaterra de sua época; ou estará simplesmente exercitando sua fina ironia cética?

Muito se disse a favor de cada uma dessas hipóteses.[48] Eu não ousaria tentar defender aqui uma delas em particular, mesmo porque a

---

46 Ibid., p.126 (meu grifo).
47 EHU, p. 131.
48 Ver p.e. M. Beyssade, "Hume et les miracles", *Revue de l'enseignement philosophique,* set./ out. 1987, op.cit., p. 68; Kemp Smith, "Introduction" in Hume, *Dialogues Concerning Natural Religion.* Nova York: Macmillan, 1989, pp. 39-42; Butler, "Natural Belief and the Enigma of Hume", *Archiv für Geschichte der Philosophie,* 42 (1), 1960, pass.; Mossner, "The Enigma of Hume.", *Mind,* 45, 1936, pp. 340-41; Cléro, *La philosophie des passions chez David Hume.* Paris: Klincksieck, 1985: 203; Deleuze, *Empirisme et subjectivité: essai sur la nature humaine selon Hume.* Paris: PUF, 1980, p. 77; Parent, 1976, pp. 110-12.

análise desta questão não pode ser completada sem um estudo da posição mais geral de Hume sobre a religião, o que não é o objetivo deste artigo. Apresentarei apenas algumas observações.

Além do trecho citado acima, há mais três, somente neste capítulo da *Investigação*, que à primeira vista parecem indicar que Hume, por trás de todo seu ceticismo, era um homem de fé. O primeiro conclui o relato do argumento (que Hume admira e que inspira seu próprio raciocínio sobre o assunto) de John Tillotson contra a "presença real":

> Ela [a doutrina da presença real] contradiz os sentidos, embora tanto a Escritura como a tradição, em que supostamente se funda, não tragam consigo tanta evidência quanto os sentidos, *quando são consideradas simplesmente como evidências externas, e não são infundidas no coração de cada um de nós pela operação imediata do Espírito Santo*.[49]

O segundo vem a propósito de um livro sobre os milagres do Abade de Paris, que Hume diz ser muito bem escrito:

> Há, entretanto, por todo o livro, uma comparação ridícula dos milagres de nosso Salvador com os do abade, onde se afirma que a evidência destes é igual à daqueles: *Como se o testemunho dos homens pudesse jamais ser posto numa balança com os do próprio Deus, que conduziu a pena dos autores inspirados*. De fato, se estes autores devessem ser considerados meramente enquanto testemunhas humanas, o autor francês estaria sendo bastante moderado em sua comparação; uma vez que poderia dizer, com alguma aparência de razão, que a evidência e autoridade dos milagres jansenistas ultrapassam em muito as dos outros milagres.[50]

E finalmente:

> Ainda mais me agrada o método de raciocínio aqui exposto quando penso que ele pode servir para confundir esses perigosos amigos ou inimigos disfarçados da *Religião Cristã*, que assumiram a tarefa de defendê-la por meio dos princípios da razão humana. Nossa religião mais

---

49 EHU, p. 109 (meu grifo).
50 Ibid., p. 125, nota (meu grifo).

sagrada se funda na *Fé*, não na razão; e submetê-la a uma prova a que ela não pode de nenhum modo fazer frente é um método seguro de traí--la. Para tornar isto mais evidente, examinemos os milagres relatados na Escritura; e [...] confinemo-nos aos que encontramos no *Pentateuco*, que examinaremos, segundo os princípios desses pretensos cristãos, não como a palavra ou o testemunho do próprio Deus, mas como produções de um mero autor ou historiador humano.[51]

Tomados em seu sentido literal, tais textos parecem claros. Sabemos que para Hume a razão dispõe quer sobre relações de ideias quer sobre questões de fato, sendo que os objetos da religião encontram-se neste último caso.[52] Mas as questões de fato fundam-se em inferências de causa e efeito, e estas não poderiam ultrapassar os limites da experiência, isto é, daquelas repetições constantes de objetos ou acontecimentos que o hábito faz adquirirem, em nossa mente, uma conexão necessária. Quanto menos usual for um fato ou objeto, maior será nossa dificuldade de crer nele. Ora, as testemunhas de milagres relatam fatos que não têm qualquer semelhança ou analogia com o que se passa normalmente na experiência, e por isso sua evidência não tem força contra a evidência das leis da natureza. A razão, portanto, que baseia seu procedimento sobre esta última evidência, é incapaz de provar a verdade de um acontecimento miraculoso. Mas todo este raciocínio se refere à "evidência externa", ou seja à evidência trazida pelas testemunhas para um fato que não se conforma ao que nossos próprios sentidos nos mostram. A evidência interna, por sua vez, aquela que é "infundida no coração de cada um de nós" por uma ação divina, tem a mesma força de um sentimento, de uma impressão dos sentidos, e está, portanto, acima de dúvidas.[53]

O ceticismo pode denunciar a ausência de fundamento racional (isto é, empírico) da crença na veracidade das testemunhas de milagres. Mas, assim como reconhece a realidade da *crença* nesses milagres, ele não pode combater a Fé, esta crença que cada qual sente ou não sente

---

51 Ibid., pp. 129-130.
52 A prova *a priori* da existência de Deus será refutada nos DNR, parte IX.
53 "A Teologia [*Divinity or Theology*], enquanto prova a existência de uma Divindade e a imortalidade da alma, é composta em parte de raciocínios sobre fatos particulares, e em parte de raciocínios sobre fatos gerais. Ela tem um fundamento na razão, enquanto é apoiada pela experiência. Mas seu melhor e mais sólido fundamento é a *fé* e a revelação divina." (EHU, XII, p. 165).

dentro de si.[54] Ao mencionar a fé, Hume está ao mesmo tempo reforçando sua crítica aos milagres (relatados pelos homens) e concedendo à matéria religiosa o único espaço que esta poderia ocupar: o espaço individual e incomunicável do sentimento. Em termos de evidência, a fé ou "o testemunho direto de Deus" não chegam aos pés dos testemunhos "profanos"; mas tampouco precisam desta evidência. É como se dissesse: "Não, a razão é incapaz de provar a verdade dos milagres; quanto ao milagre particular, de que estão conscientes 'em suas próprias pessoas' todos aqueles que creem — quanto a isto, não há o que defender ou combater". Isto não significa o nivelamento da crença religiosa ou supersticiosa à crença racional e científica.

É verdade que para Hume toda crença é uma espécie de sentimento. Uma crença não é "senão *uma concepção mais vívida e intensa de uma ideia*".[55] Mas, como bem mostrou J. Passmore,[56] Hume acrescenta a essa definição mais geral e abrangente duas outras "teorias" sobre a crença nas questões de fato e existência: uma que a faz depender de uma *impressão* presente, que transmite sua força e vividez à ideia *relacionada*,[57] e outra que a faz depender da *causação*,[58] que constitui, na maioria dos casos, essa "relação" entre a impressão presente e a ideia. Dessa forma, embora não se possa questionar a "vividez" e o modo como uma ideia é *sentida*, é sempre possível negar a legitimidade racional da crença que não se baseia em uma evidência, e que não se insere dentro de um sistema de realidades controlado por regras gerais e pela regularidade da experiência passada.[59]

Saber em que "acreditava" o próprio Hume, porém, é uma outra questão, talvez impossível de ser resolvida definitivamente. Mas podemos nos perguntar, supondo que ele realmente acreditasse no que disse, por que motivo jamais foi além destas e de algumas outras poucas menções tão curtas e esparsas ao problema da fé e da Revelação. No

---

54 Também nos *Diálogos*, como prova da existência de um Deus inteligente, aparece o argumento do sentimento inevitável da maravilhosa harmonia do universo. E, aliás, ao final do texto, ressurge a polêmica questão da fé. Cf. também: "Philo's Confession", *Philosophical Quarterly*, 26 (102), 1976, pp. 63-68: o fato psicológico que leva as pessoas a aceitarem a revelação.

55 THN, 1.3.10.3, p. 150.

56 *Hume's Intentions*. Londres: Duckworth, 1980, pp. 61-62.

57 THN, 1.3.7.5, p. 125.

58 Ibid., I-III-IX, p. 107.

59 Cf. THN, 1.3.9.

ensaio póstumo "Da imortalidade da alma", por exemplo, após expor cuidadosamente seus argumentos contra a doutrina da imortalidade da alma, Hume conclui:

> Com que argumentos ou analogias podemos provar um estado de existência que ninguém jamais viu, e que em nada se assemelha a qualquer estado que já tenha sido visto? Quem confiará tanto em uma pretensa filosofia a ponto de admitir, apenas a partir de seu testemunho, a realidade de uma cena tão fantástica? Para isto seria necessária alguma nova espécie de lógica; e novas faculdades da mente que nos permitissem compreender essa lógica.[60]

Mas logo acrescenta, para espanto de alguns de seus leitores, e alívio de outros: "Nada poderia iluminar melhor a infinita dívida dos homens para com a revelação divina; pois vemos que nenhum outro meio [entenda-se, a razão] pode nos assegurar desta grande e importante verdade".[61]

Aqui, como no capítulo sobre os milagres, e também na última parte dos *Diálogos sobre a religião natural*,[62] é quase impossível não notarmos a enorme desproporção entre a crítica de Hume (à doutrina da imortalidade da alma, aos milagres, e ao argumento do desígnio divino) e sua afirmação de que a fé e a revelação podem e devem suprir o lugar da razão nos domínios que esta não alcança. Seria assim tão inconfessável para o cético empirista esta parte concedida à "verdadeira religião"?

A outra possibilidade, evidentemente, é que essas referências — inofensivas, como vimos, ao sistema humeano — fossem apenas prova de prudência. Se aceitarmos esta última alternativa, talvez possamos apreciar melhor o gênio com que Hume mistura prudência e ironia. O verdadeiro "milagre", a que se refere o último parágrafo da seção X da *Investigação sobre o entendimento*, não será a própria natureza humana, que, imprimindo diferentes direções a seus princípios, parece violar a si própria?

---

60 *Essays*, p. 598.
61 Ibid., 1.3.9.2, p. 137.
62 Ver também: Hume, *A Letter from a Gentleman to His Friend in Edinburgh*. Paris: Annales Littéraires de l'Université de Besançon/ Les Belles Lettres, 1977, p. 21.

FILOSOFIA MODERNA

CAPÍTULO 9

David Hume, o começo e o fim*

> [...] sinto-me assustado e confuso com a solidão desesperadora em que me encontro dentro de minha filosofia; imagino-me como um monstro estranho e rude que, por incapaz de se misturar e se unir à sociedade, foi expulso de todo relacionamento com os outros homens e largado em total abandono e desconsolo.
> (Hume, *Tratado da natureza humana*)

David Hume tinha uma certa predileção por um tipo de situação imaginária que uma vez chamei de ficções de estranhamento.[1] São ficções que relatam o que significaria a ausência de experiência, ou porque esta ainda não existiria, ou porque, por algum motivo, ela não existiria mais.

Lemos, por exemplo, em textos diversos: "[...] se uma pessoa adulta e de natureza igual à nossa fosse subitamente transportada para nosso mundo [...]";[2] "Se um homem como Adão fosse criado com todo o vigor de seu entendimento, mas sem experiência...";[3] "Se um homem abstraísse de tudo que conhece ou viu [...]";[4] "Caso um estranho [*a stranger*] caísse subitamente neste mundo [...]";[5] "Se uma inteligência bastante limitada, que

---

*   Uma primeira versão deste texto, também baseado em um capítulo de minha tese, foi apresentada em 2007, no III Colóquio Hume, na Universidade Federal de Minas Gerais; e em 2011, no *Coloquio Interdisciplinario La Filosofía de David Hume a 300 años de su nascimiento*, em Montevidéu, Uruguai. Em sua forma final, o texto foi publicado na revista *Kriterion*, 124, dez 2011, p. 331-343. A versão a seguir contém algumas alterações.

1   Cf. capítulo 5 de minha tese de doutorado, *Natureza acaso: a contingência na filosofia de David Hume*. Rio de Janeiro: PUC-Rio, 1991.

2   David Hume, *A Treatise of Human Nature* (orgs. David Fate Norton & Mary J. Norton). Oxford: Clarendon Press, 2007, 2.1.6.9, p. 192; em minha tradução, *Tratado da natureza humana*. São Paulo: Edunesp, 2001, p. 328. Daqui em diante citarei sempre a tradução e a paginação da edição brasileira, abreviada como "THN".

3   David Hume, *An Abstract of a Treatise of Human Nature*. Citado em minha tradução na edição do *Tratado na natureza humana*, op. cit (daqui em diante: *Sinopse*), p. 688.

4   David Hume, *Dialogues Concerning Natural Religion*, org. Norman Kemp Smith. Nova York: Macmillan, 1989 (daqui em diante: DNR KS), II, p. 145; *Diálogos sobre a religião natural* (trad. de José Oscar de Almeida Marques). São Paulo: Martins Fontes, 1992 (daqui em diante: DNR AM), p. 34. Neste artigo utilizo, entretanto, minha própria tradução.

5   DNR, X; KS, p. 196; AM, p. 133.

suporemos sem qualquer conhecimento do universo [...]";[6] "Se uma geração de homens saísse de cena de uma só vez e uma outra a sucedesse, como é o caso com os bichos-da-seda e as borboletas, a nova raça [...]".[7] Etc.

De um modo geral, e antes de mais nada, quase todas essas ficções visam a prestar o devido reconhecimento à experiência e ao hábito, como únicos fundamentos possíveis de nossas inferências de causa e efeito. Representando um suposto ponto zero da experiência, em que os objetos e o mundo apareceriam pela primeira vez a um observador, Hume por um lado nos mostra que, no mundo real, esse ponto zero não existe, que estamos sempre já meio caminho andado, sempre já "habituados", sempre já longe daquilo que, de outra forma, seria um reino de contingência ilimitada e irredutível, acompanhado ou de uma imaginação tresloucada ou da mais pura apatia, talvez as duas coisas ao mesmo tempo. Por outro lado, o caráter inusitado dessas mesmas ficções, a sensação de estranhamento que produzem em nós, parecem ter também o papel de nos lembrar que nem o hábito nem a regularidade da natureza, por mais fortes que sejam, são capazes de eliminar completamente a incerteza decorrente da falta de um fundamento racional para nossas inferências causais e para nossos juízos morais.

Adão: o começo

Comecemos pelo começo, a saber, pela ficção do primeiro homem, Adão. Para ilustrar sua afirmação de que a razão e a demonstração não têm qualquer papel nas inferências sobre questões de fato, e de que, sem a experiência, tudo o que podemos conceber é igualmente possível, Hume, na *Sinopse* do *Tratado da natureza humana*, traz à cena a figura de um Adão que, criado já pronto como seu modelo do Antigo Testamento, com faculdades mentais perfeitamente maduras, estranhamente estaria contemplando duas bolas em movimento, no que parece ser um jogo de bilhar:

---

6   Ibid., XI; ibid., pp. 203 e 146.
7   David Hume, "Of the original contract", in *Essays: Moral, Political and Literary* (org. E.F. Miller). Indianapolis: Liberty Fund, 1985, p. 476 (daqui em diante: *Essays*).

Se um homem como Adão fosse criado com todo o vigor de seu entendimento, mas sem experiência, nunca seria capaz de inferir um movimento na segunda bola partindo do movimento e do impacto da primeira. O que nos faz inferir o efeito não é algo que a razão vê na causa. Uma tal inferência, se fosse possível, constituiria uma demonstração, por estar fundada exclusivamente na comparação de ideias. A mente sempre pode conceber que qualquer efeito se segue de uma causa e, aliás, que qualquer acontecimento se segue de outro; tudo que concebemos é possível, ao menos em um sentido metafísico; mas, sempre que há uma demonstração, o contrário é impossível, e implica contradição [...]. Teria sido necessário, portanto, que Adão (se não fosse inspirado) tivesse tido experiência do efeito que se seguiu ao choque dessas duas bolas.[8]

É a experiência, e no sentido forte, ou seja, a experiência enquanto "princípio",[9] a experiência como uma repetição constante capaz de gerar hábitos, é ela que direciona a imaginação, a qual, de outro modo, não teria por que concluir que nosso futuro será semelhante a nosso passado. Esse Adão humeano, um Adão "não inspirado" e por isso muito diferente do Adão bíblico, é justamente o retrato do que seríamos sem essa experiência, por mais perfeitas que fossem nossas faculdades mentais.

Hume repete o exemplo de Adão em pelo menos duas outras ocasiões, introduzindo aos poucos variações que o tornam cada vez mais próximo da figura bíblica. Entretanto, temos a impressão de que, quanto mais Adão vai ganhando em coerência, mais ele perde em seu poder de causar estranhamento. O primeiro Adão, da *Sinopse*, era ainda muito semelhante a nós, a única diferença sendo justamente a ausência total de hábitos que pudessem nele gerar crenças e expectativas. Mas sua experiência inaugural era a experiência de qualquer cidadão britânico urbano da época do próprio Hume. Poderia ter surgido ali mesmo, ao lado do filósofo e de seus companheiros, num dos clubes de sinuca que ele gostava tanto de frequentar.

---

8   *Sinopse*, p. 688.
9   "A experiência é um princípio que me instrui sobre as diversas conjunções de objetos no passado. O hábito é um outro princípio, que me determina a esperar o mesmo para o futuro [...]" (THN, 1.4.7.3; p. 297).

Na *Investigação sobre o entendimento humano*, entretanto, Adão não aparece mais na cidade. Surge em meio à natureza, num momento e lugar indeterminados, e seu primeiro contato se dá diretamente com dois dos elementos primordiais: a água e o fogo.

> Adão, ainda que supuséssemos que suas faculdades racionais fossem inteiramente perfeitas desde o início, não poderia ter inferido da fluidez e transparência da água que esta o sufocaria, nem da luminosidade e do calor do fogo que este poderia consumi-lo.[10]

A experiência dos dois elementos primordiais não parece causar a esse segundo Adão nenhum verdadeiro espanto ou sentimento mais forte. Seu caráter inteiramente inusitado apenas o impede de fazer inferências ou tirar conclusões acerca do que vê. Mesmo assim, o breve texto nos deixa suspeitar a presença de ao menos duas paixões calmas: uma certa curiosidade em relação à natureza daqueles objetos e uma atração em sua direção, provocadas respectivamente (estou especulando) pelo sentimento do belo frente à transparência da água e à luminosidade do fogo, e pela sensação agradável proporcionada, talvez, pelo calor deste último. O leitor imagina o que pode se seguir: a água pode afogá-lo, o fogo pode consumi-lo, caso Adão se precipite na direção de um ou de outro. Pressentimos que esse primeiro homem, ao contrário do personagem bíblico, pode não sobreviver por muito tempo. Mas o fato é que somos nós que pressentimos o perigo. O próprio Adão não tem dele a menor consciência. Nenhuma paixão ou emoção mais violenta é mencionada, em nenhum momento.

Algo muito diferente se passa na terceira versão da ficção adâmica, que encontramos na *História natural da religião*. Ali o cenário é bem mais condizente com o momento bíblico da criação. Adão se ergue, e vê o paraíso:

---

10 David Hume, *An Enquiry Concerning Human Understanding*. In *Enquiries Concerning Human Understanding and Concerning the Principles of Morals* (org. L.A. Selby-Bigge). Oxford: Clarendon Press, 1986 (daqui em diante EHU SB), IV.I.23, p. 27; *Investigação sobre o entendimento humano*. In *Investigações sobre o entendimento humano e sobre os princípios da moral*. (trad. J.O. de Almeida Marques). São Paulo: Editora Unesp, 2004 (daqui em diante EHU AM), p. 56.

Adão, erguendo-se de uma só vez no paraíso, e de plena posse de suas faculdades, como o representa Milton, naturalmente se espantaria com as gloriosas aparências da natureza, os céus, o ar, a terra, seus próprios órgãos e membros; e seria levado a perguntar de onde uma cena tão maravilhosa havia surgido.[11]

O espanto e a curiosidade, aqui, parecem decorrentes de um sentimento que diríamos próximo do sublime.[12] Mas o contexto não é mais o mesmo do *Tratado da natureza humana* ou da *Investigação sobre o entendimento humano*. Hume está investigando a origem histórica das formas religiosas. Adão tem o mundo inteiro à sua frente, e todo o tempo do mundo. Não corre perigo, não tem necessidades nem sobressaltos, ainda não é, como nós, escravo das paixões. Por isso a questão que se põe a si mesmo é sobre a causa dessa cena tão maravilhosa que constitui a própria natureza. E a resposta não poderia ser outra, segundo nos diz o texto: a causa é o Deus único, infinito, racional e perfeito do monoteísmo.

Pouco aqui lembra a sensação de estranheza, de deslocamento, que, por simpatia talvez, sentimos pelo Adão do *Tratado* e também da *Investigação do entendimento*. Ao mesmo tempo em que lhe empresta a beleza poética do *Paradise Lost*, de Milton, Hume reinsere a figura de Adão em seu mundo próprio, levando-o definitivamente para longe de nós. Assim é que, daquele paraíso bíblico à nossa dura realidade, o contraste é brutal. Eu cito agora um pedaço mais extenso do trecho de onde retirei a citação anterior:

As causas dos objetos que nos são familiares nunca despertam nossa atenção ou curiosidade [...] Adão, erguendo-se de uma só vez no paraíso, e de plena posse de suas faculdades, como o representa Milton, naturalmente se espantaria com as gloriosas aparências da natureza, os céus, o ar, a terra, seus próprios órgãos e membros; e seria levado a perguntar de onde uma cena tão maravilhosa havia surgido. Mas um animal bárbaro e necessitado (como o homem na origem da sociedade), pressionado pela

---

11 David Hume, *The Natural History of Religion* (org. H.E. Root). Stanford: Stanford University Press, 1981, p. 24.

12 Esta minha análise das modulações do personagem de Adão no texto humeano foi em parte inspirada em Emilie Hache e Bruno Latour, "Morale ou moralisme? Un exercice de sensibilisation", *Raisons Politiques*, 34 (2), 2009, pp. 143-165, e em sua proposta de atentar para a "sensibilidade moral" (mas não "moralista") de alguns textos escolhidos.

penúria e por paixões tão numerosas, não tem tempo para admirar a face regular da natureza, ou colocar questões sobre a causa desses objetos aos quais se acostumou gradativamente desde a infância.[13]

Nada em nossa própria origem, portanto, lembra a cena bíblica. Na verdade, é preciso lembrar que, apesar das cenas fictícias que estamos analisando, Hume não se interessa muito pela questão da gênese real primeira de nossos hábitos ou da sociedade. O que ele aqui chama de "origem da sociedade" são os estágios iniciais de um processo já em curso. Desde que nos entendemos por gente, somos pressionados de todos os lados por necessidades e paixões. O hábito está de tal modo entranhado em nossas vidas, que acreditamos que a determinação que sentimos em nossa mente é reflexo de uma determinação existente nas próprias coisas; pois é justamente ali onde esse princípio da natureza humana, o hábito, é mais forte que ele menos se faz notar. Na *Investigação sobre o entendimento*, na seção seguinte àquela em que dera o exemplo de Adão defrontando-se pela primeira vez com a transparência da água e com a luminosidade do fogo, Hume resgata a cena do jogo de bilhar mencionada no *Tratado*, porém agora tendo nós mesmos como protagonistas: "Imaginamos que, se tivéssemos sido trazidos de súbito a este mundo, poderíamos ter inferido desde o início que uma bola de bilhar iria comunicar movimento a uma outra por impacto".[14]

Para mostrar que na verdade não poderíamos ter feito tal inferência, portanto, Hume precisava de Adão, mas o Adão de que precisava era mesmo aquele primeiro, do *Tratado*, um Adão surgindo dentro de nosso mundo mais cotidiano, e ao mesmo tempo absolutamente estranho a ele. Apenas essa estranheza seria capaz de nos fazer ver o quanto nós de fato devemos ao hábito e à experiência.

Suspeita

Essa sensação de estranheza, entretanto, parece-me ter uma segunda função, igualmente importante, no texto humeano. É que a segurança que sentimos acerca da regularidade da natureza, a confiança de que a

---

13 Idem, minha tradução.
14 EHU, IV.I.24, SB, p. 28; AM, p. 57. Tradução um pouco modificada.

experiência futura não irá nos desapontar, de que, ao contrário, ela confirmará aquilo que nossos hábitos nos fazem esperar, esse sentimento na verdade é mais frágil do que parece. Isso porque, diz Hume, "se houver qualquer suspeita de que o curso da natureza pode vir a modificar-se, e de que o passado pode não ser uma regra para o futuro, toda a experiência se tornará inútil, e incapaz de dar origem a qualquer inferência ou conclusão".[15]

Ora, a possibilidade de despertar essa suspeita, há muito em nós adormecida sob a força do hábito, é isso que me parece ser também de alguma forma sugerido pelo uso abundante que Hume faz de ficções como aquela de Adão. Uma tal suspeita, a suspeita da intransponível instabilidade do mundo, nos lançaria, enquanto permanecêssemos sob sua influência, num estado semelhante (embora ampliado) àquele gerado por algumas situações bem particulares, tais como aquela que é descrita por Hume na seção 11 da parte 3 do 1º livro do *Tratado*, quando introduz a noção de probabilidade de chances: o exemplo que ele ali analisa é o do lance de um dado, em que, frente às seis chances equivalentes de cada face do dado cair virada para cima, ou, dito de outra forma, frente a seis possibilidades entre as quais não encontramos nenhuma diferença, a imaginação recai em sua situação original de indiferença, sendo incapaz de fazer qualquer inferência:

> Uma causa traça o caminho para nosso pensamento e, de certo modo, nos força a considerar objetos determinados em relações determinadas. Tudo que o acaso pode fazer é destruir tal determinação do pensamento, deixando a mente em seu estado original de indiferença, ao qual, na ausência de uma causa, ela retorna instantaneamente.[16]

Não importa que Hume negue explicitamente a realidade do acaso, e diga que este é apenas um nome que damos para causas que desconhecemos; aqui, no lance de dados, a situação se apresenta de tal maneira que a imagem de cada alternativa, embora semelhante às outras (pois cada lado tem exatamente a mesma chance de sair que os outros), é incompatível com elas (ou seja, não pode existir, não pode se tornar real, ao mesmo tempo que elas), sendo e permanecendo portanto absoluta-

---

15 Ibid., IV.II.32, ibid., pp. 37-38 e 68. Meu grifo, em tradução levemente modificada.
16 THN, 1.3.11.4; p. 158.

mente isolada, incapaz de se unir ou se fundir a elas para causar um peso e influência maiores sobre a imaginação. Frente a elas, portanto, a mente fica indiferente, sem inclinações.[17]

Ora, se essa situação restrita fosse ampliada até englobar toda a experiência, ou seja, se o mundo inteiro aparecesse a nós como um conjunto de alternativas absolutamente equipolentes, encontrar-nos-íamos em pé de igualdade com o Adão de Hume. O efeito geral seria, portanto, exatamente o do puro acaso, isto é, da pura ausência de causas, uma situação, podemos dizer, de quase atemporalidade, em que a experiência, ou nunca existiu, ou é anulada, e as determinações estabelecidas pelas causas e hábitos se desfazem. Não é à toa que, frente a um lance de dados, a mente não forma sequer um raciocínio por probabilidades de chances. Para explicar como formamos estes raciocínios, Hume precisará ainda considerar um dado que seja de algum modo assimétrico, o que permitirá a reintrodução de inclinações na mente.[18]

Nos *Diálogos sobre a religião natural*, uma situação parecida com essa que estou sugerindo aparece, na segunda parte, imaginada pelo personagem Filon: a ficção é agora, não mais de Adão, porém de um homem que se desfizesse por completo de sua memória e experiência, e tentasse então imaginar como seria o mundo.

> Se um homem abstraísse de tudo que conhece ou viu, seria inteiramente incapaz de, apenas a partir de suas ideias, determinar a cena do universo, ou dar sua preferência a um estado ou situação de coisas ao invés de outro. Pois, como nada que ele concebe claramente poderia ser considerado impossível ou implicando uma contradição, todas as quimeras de sua fantasia estariam na mesma situação; e ele não poderia sequer dar uma boa razão pela qual adere a uma ideia ou sistema e rejeita outros que são igualmente possíveis.[19]

---

17 "Uma indiferença perfeita e total é essencial ao acaso [*chance*], e uma indiferença total jamais pode ser em si mesma superior ou inferior a outra. Essa verdade não é peculiar a meu sistema; ao contrário, é admitida por todo aquele que faz cálculos sobre chances" (THN, 1.3.11.5, p. 158).

18 Isso será feito por meio da suposição de um dado com quatro faces marcadas por um mesmo número de pontos e as outras duas marcadas por um número diferente. Cf. THN, 1.3.11.6, p. 159.

19 DNR II, KS, p. 145; AM, p. 34 (aqui, em minha tradução).

O ponto de Filon é mostrar que, sem hábitos e experiência passada, a atividade da imaginação seria por assim dizer selvagem, poderíamos fantasiar qualquer coisa, e não teríamos como fazer uma seleção entre as mais diversas possibilidades, e muito menos nos inclinar a crer em sua maior ou menor probabilidade. Antes de constatarmos o que de fato existe, tudo que concebemos pode se dar. E após vermos pela primeira vez o que se dá, ainda assim tudo o mais que imaginamos pode acontecer. Nada nos diz que a natureza se manterá uniforme.[20] Filon continua:

> E após abrir os olhos e contemplar o mundo como ele realmente é, de início ser-lhe-ia impossível designar a causa de um único acontecimento, e muito menos da totalidade das coisas, ou do universo. Poderia dar asas à sua fantasia, e esta o levaria a uma infinidade de relatos e representações. Todos estes seriam possíveis; mas, sendo todos igualmente possíveis, ele jamais conseguiria por si mesmo dar uma explicação satisfatória de por que prefere um aos outros. Apenas a experiência pode lhe apontar a verdadeira causa de um fenômeno.[21]

Notemos que não se trata apenas, nessas ficções, do vislumbre de nosso "estado natural de ignorância quanto aos poderes e à influência de todos os objetos", como está dito na *Investigação sobre o entendimento*,[22] mas também de nosso estado natural de ignorância em relação aos *valores* desses objetos, e, ou de uma total indiferença e apatia, ou então de uma espécie de confusão afetiva frente aos mesmos. Veja-se este outro caso:

> [...] se uma pessoa adulta e de natureza igual à nossa fosse subitamente transportada para nosso mundo, ela ficaria bastante confusa com todos os objetos, e não descobriria facilmente que grau de amor ou ódio, orgulho ou humildade, ou qualquer outra paixão, deveria atribuir a eles.[23]

---

20 Ver também EHU IV.I.25; SB, p. 29; AM, pp. 57-58.
21 DNR, II. O objetivo específico de Hume (Fílon) neste trecho dos *Diálogos* é argumentar que a regularidade e a harmonia que caracterizariam nosso mundo não nos permitem concluir com certeza uma inteligência ou desígnio supremo como sua causa, visto que esta não faz parte de nossa experiência.
22 EHU, IV.II.32; SB, p. 37; AM, p. 67.
23 THN, 2.1.6.9, p. 328.

Se podemos sempre ao menos supor ideias e impressões (inclusive de prazer e dor) aparecendo pela primeira vez a um homem, assim como uma imaginação atuando, isto é, separando e associando ideias, de maneira independente do hábito e da causação, é impossível fazer o mesmo tipo de suposição em relação às paixões. É possível, sim, haver objetos que não nos dão nem prazer nem desprazer, e que nos são indiferentes neste sentido, a saber, não interessam nem despertam nossas paixões.[24] Mas como sentir medo de algo se não temos ideia de seus efeitos? Como desejar um objeto se não sabemos que nos proporcionará prazer? Em outras palavras, como haver paixões onde não há experiência em sentido forte, e onde não realizamos inferências de causa e efeito?[25]

Em suma, não seríamos o que somos, se não estivéssemos já sempre no meio: no meio da experiência, de sistemas de valores, da sociedade, da política, dos outros homens.[26]

---

24 Talvez devêssemos neste caso falar antes em "desinteresse" do que em "indiferença".

25 Além disso, a contingência e a incerteza da experiência são ainda mais visíveis no caso das paixões do que no de nossos raciocínios sobre questões de fato, uma vez que as paixões são muito instáveis, e suscetíveis a variações por princípios e circunstâncias frequentemente desprezíveis. Daí a necessidade de regras gerais, sem as quais a atribuição de valores diferenciados aos objetos tornar-se-ia uma arte por demais refinada para operar de maneira tão universal sobre o homem comum. Mesmo as paixões diretas, que se originam imediatamente do sentimento de prazer ou de dor, não se reduzem simplesmente a estes. Por isso, apenas o costume e a prática, ao criarem máximas gerais, permitem que atribuamos aos objetos e ações um valor preciso. "As paixões frequentemente variam por causa de princípios insignificantes; e estes nem sempre atuam com uma regularidade perfeita, sobretudo na primeira tentativa. Mas o costume e a prática tornam claros todos esses princípios, determinando o valor correto de cada coisa, o que certamente contribui para a fácil produção dessas paixões, e para nos guiar, mediante máximas gerais estabelecidas, acerca das proporções que devemos guardar ao preferir um objeto a outro" (THN, 2.1.6.9, loc. cit.).

26 Sobre a sociedade, mais uma ficção: "Se uma geração de homens saísse de cena de uma só vez e uma outra a sucedesse, como ocorre com os bichos-da-seda e as borboletas, a nova raça, se tivesse bom senso suficiente para escolher seu governo, o que certamente nunca acontece com os homens, poderia voluntariamente, e por um consenso geral, estabelecer sua própria forma de política civil, sem qualquer preocupação com as leis ou precedentes que prevaleciam entre seus ancestrais. Mas como a sociedade humana está em perpétuo fluxo, com um homem a toda hora deixando o mundo e outro entrando, é necessário que, para preservar a estabilidade no governo, a nova geração se conforme com a constituição estabelecida, e siga de perto os passos que seus pais, seguindo os dos seus, haviam-lhes demarcado." *Essays*, "Of the original contract", pp. 476-77.

Mundo alheio: o fim

Podemos arriscar extrair uma ou duas conclusões de tudo que foi dito. Ao retratar situações em que a experiência perde sua qualidade de "princípio da natureza humana" — porque, embora ela própria se mantenha a mesma, o que se supõe é um ser estranho à nossa natureza e ao nosso mundo tendo seu primeiro contato com ela, ou então um homem como nós, porém despido de todas a suas memórias, e portanto, em certo sentido, despido também de sua natureza humana —, todas essas ficções inventadas por Hume parecem por um lado querer apresentar o contrário daquilo que retratam. Pois nós sobretudo não somos esses seres estranhos. Nós não somos eles, nem que quiséssemos. Mesmo que fôssemos para um outro mundo ou simplesmente para uma ilha deserta, não poderíamos deixar de levar sempre conosco nossos semelhantes, a lembrança da regularidade de fato da natureza, nossa própria sociedade ou civilização. Assim, por exemplo, utilizando imagens que reconheceríamos talvez em *Robinson Crusoé*, de Defoe,[27] Hume mostra como, ao contrário do que ocorre com o "extraterrestre" que subitamente viesse a nosso mundo, nós, mesmo em uma situação solitária, e a partir de um objeto isolado, seríamos sempre capazes de reconstruir toda a nossa realidade: "Se você visse à beira do mar a marca de um pé humano, concluiria que um homem havia passado por ali, e que também havia deixado a marca do outro pé, apenas apagada pelo deslizar da areia ou pela maré".[28] Ou então: "Um homem que encontrasse um relógio ou outra máquina qualquer em uma ilha deserta concluiria que outros homens já haviam estado naquela ilha".[29]

Ainda que estas fossem as únicas marcas da presença humana naquelas paisagens, a ilha ou a praia deserta não passam de recortes na totalidade da experiência, que aponta ao homem que todos os objetos semelhantes por ele já vistos sempre tiveram a mesma causa, a saber, a arte, a inteligência e o desígnio humanos. Ora, efeitos semelhantes supõem causas semelhantes e, portanto, a inferência do homem solitário não poderia ser diferente. Não há mundo de um homem só, não há "mundo sem outrem".[30]

---

27 É provável que Hume conhecesse *Robinson Crusoé*, publicado em 1719. Cf. N.K. Smith, na introdução à sua edição dos *Dialogues Concerning Natural Religion*, pp. 54-55.

28 EHU, XI.111; N/SB, p. 143; AM, p. 195 (tradução modificada).

29 Id., IV.I.22, id., p. 26; id., p. 55 (tradução modificada).

30 Tomo emprestada essa expressão de um dos apêndices de Gilles Deleuze ao seu livro

Por outro lado, entretanto, por vezes somos tomados por uma dúvida profunda, por uma forte, ainda que surda, suspeita. Percebemos que nunca poderíamos nos livrar completamente da incerteza e da singularidade da experiência. Tudo que é concebível é possível, e por isso desconfiamos de que, a qualquer momento, poderíamos ser surpreendidos por um mundo que não esperávamos, por um mundo completamente alheio a este com que estamos tão familiarizados, muito mais alheio que uma ilha deserta. Frente à imagem do Adão desamparado, ou do homem que caiu na terra e não sabe o que pensar ou sentir, é como se subitamente indagássemos: não há sempre o perigo de estes outros serem já nós mesmos? Não somos todos ETs em potencial de nosso próprio mundo?[31] Cito as palavras de Gilles Deleuze, num pequeno artigo sobre Hume:

> [...] Hume tem uma posição muito particular. Seu empirismo é, antecipadamente, uma espécie de universo de ficção científica. Como na ficção científica, tem-se a impressão de um mundo fictício, estranho, estrangeiro, visto por outras criaturas; mas também o pressentimento de que esse mundo já é o nosso e essas outras criaturas, nós próprios.[32]

É como se, nesses exemplos, nós nos descobríssemos sob a "atração" de duas forças, entre as quais na verdade parece se desenrolar toda a filosofia de Hume: uma força que nos puxa em direção à regularidade e uniformidade das leis da natureza e da natureza humana, afastando-nos

---

Logique du sens, "Michel Tournier et le monde sans autrui", reflexão acerca do livro de Tournier, *Vendredi ou les limbes du Pacifique*. É curioso que, num outro sentido, a filosofia de Hume suponha justamente um "mundo sem outrem". Sua análise da *ficção* da existência distinta e independente dos corpos externos deixa bem claro que, diferentemente do que ocorre com George Berkeley, para quem Deus é o grande "outrem" que garante a existência e a regularidade dos objetos que, não eu, mas outros espíritos finitos, podem estar observando, em Hume, como não há uma *substância* espiritual e o recurso a Deus seria de todo modo ilegítimo, essa garantia não existe em nenhuma parte. Tudo se limita às *nossas* percepções, e por isso o mundo exterior só será posto através de uma ficção. Sobre isso, cf. também o que Hume diz em carta: "Nenhum homem pode ter qualquer outra experiência que não seja a sua própria" (Hume, in Greig, *The Letters of David Hume*. Oxford: Clarendon Press, 1932).

31 Talvez seja em parte essa sensação de estranhamento invertido que Hume descreve tão soberbamente no final do livro I do *Tratado*, como pus na epígrafe ao presente artigo. THU, 1.4.7.2, p. 296.

32 G. Deleuze, "Hume", In François Châtelet (org.), *História da filosofia: ideias, doutrinas*, vol. 4: O Iluminismo (o século XVIII). Rio de Janeiro: Zahar Editores, 1974, p. 59.

permanentemente da singularidade, da pura diferença entre percepções atômicas[33] e da indiferença original da imaginação; e uma outra, que apenas entrevemos, mas que se mantém como uma ameaça constante por trás de todas as associações, inferências, crenças e mecanismos de paixões — o reino da pura singularidade, a recaída na indiferença, a ruína da natureza humana.[34] Creio não ser exagerado dizer que, em poucos momentos da nossa história, sentimos tão de perto o perigo, ou talvez precisamente a perversa atração, dessa segunda força.

---

33 Cf. Michel Malherbe, *La philosophie empiriste de David Hume*. Paris: J. Vrin, 1984.
34 Sobre tudo isso, ver Déborah Danowski "Deleuze avec Hume". In: E. Alliez (org.), *Gilles Deleuze: une vie philosophique*. Le Plessis-Robinson: Institut Synthélabo/Les Empêcheurs de Penser en Rond, 1998 pp. 191-206; e id. "Leibniz e Hume sobre a indiferença", *Kriterion*, XLIV n° 108, jul. a dez. 2003, pp. 209-223.

FILOSOFIA MODERNA

CAPÍTULO 10

Nota sobre Leibniz e a perspectiva*

> Eu nunca teria feito esta descoberta se não estivesse molhada até os ossos e então me sentado no escuro de um celeiro vazio. De onde podemos inferir que existe, afinal, um propósito em nossas vidas, e se esperarmos por tempo suficiente é certo que veremos esse propósito se desdobrando; exatamente como, ao observar um tecelão de tapetes, podemos de início ver apenas um emaranhado de fios; mas, se formos pacientes, flores começarão a surgir diante de nossos olhos, e unicórnios saltitantes, e pequenas torres. (J.M. Coetzee, *Foe*)

Quem adentra os textos de Leibniz em geral não demora a perceber a importância, em sua filosofia, dos conceitos de perspectiva e ponto de vista. São muitos os textos em que essas noções aparecem,[1] abordadas elas próprias de diversos ângulos, retratadas em imagens variadas, revelando a cada vez novas relações com outros conceitos e disciplinas. Mas, talvez em virtude mesmo dessa amplitude e variedade de relações, não é nada fácil determinar o que exatamente Leibniz tem em mente quando utiliza tais conceitos, nem se o faz sempre da mesma maneira.

A presente nota não tem a menor pretensão de ser exaustiva. Apenas gostaria de lançar algumas ideias que me parecem importantes para compreendermos tais conceitos. Antes de mais nada, penso que, na metafísica de Leibniz, as noções de "perspectiva", de "ponto de vista", ou simplesmente de "visão" surgem para dar conta de dois gêneros distintos de problemas. Por um lado, trata-se de explicar a natureza e a diversidade das substâncias criadas[2] de maneira geral. Por outro, trata-se de

---

* Texto inédito, escrito em 2008.

1 Por exemplo: *Discurso de metafísica*, §§ 9 e 14; cartas a Arnauld de 4-14 de julho de 1686 e de 30 de abril de 1687; carta ao Landgrave de 12 de abril de 1686; *Monadologia*, §§ 56 e 57, *Ensaios de teodicéia*, §§ 157 e 357; *Princípios da natureza e da graça*, § 3; Apêndice à carta a Des Bosses de 5 de fevereiro de 1712; carta à princesa Sofia de 12 de junho de 1700.

2 Para o leitor que não está habituado à linguagem da filosofia moderna, e em particular da metafísica leibniziana, esclareço que "substâncias criadas" são os seres individuais criados por Deus neste mundo. Na primeira fase da filosofia madura de Leibniz, elas são

diferenciar níveis da realidade fenomênica, que podem dizer respeito a uma mesma substância ou a várias.

A primeira abordagem aparece em textos como o §14 do *Discurso de metafísica*, quando Leibniz explica como Deus produziu as diversas substâncias.

> [...] pois como Deus revolve por assim dizer de todos os lados e modos o sistema geral dos fenômenos que achou bom produzir para manifestar Sua glória, e olha todas as faces do mundo de todas as maneiras possíveis (pois não há relação que escape à Sua onisciência), o resultado de cada visão do universo, como visto de um certo lugar, é uma substância que exprime o universo conformemente a essa visão, se Deus escolhe tornar efetivo seu pensamento e produzir essa substância.[3]

Cada substância criada é o resultado de uma visão do universo por Deus, "como visto de um certo lugar". O universo é o que Leibniz chama de "sistema geral dos fenômenos que [Deus] considera bom produzir para manifestar sua glória", ou seja, é o mundo possível que ele decide tornar real. Como um caleidoscópio em três ou quatro dimensões e contendo infinitas pecinhas, Deus gira, por assim dizer, esse sistema possível de todos os lados e de todas as maneiras, e considera o que vê. Considerar o universo de todas as maneiras significa ao mesmo tempo considerar todas as suas faces ou "perspectivas", como se o observador ocupasse a cada vez um lugar determinado, ou seja, um ponto de vista; e significa também considerar todas as suas relações, já que, como acrescenta Leibniz, "não há relação que escape à sua onisciência". Pois bem, a cada conjunto ou sistema de relações, ou a cada face do universo *corresponderá* uma substância. O ponto de vista, portanto, não é *produzido* pela substância criada, não é o ponto de vista *da* substância; ao contrário, é a substância que vem ocupar um ponto de vista.[4] Um ponto de vista é

---

os humanos e os outros animais (dos maiores aos mais minúsculos), talvez as plantas, e talvez até mesmo seres habitantes de outros planetas. Na segunda fase, chamada fase monadológica, o que Deus criou, e que são as *verdadeiras* substâncias, foram as chamadas *mônadas* ou átomos metafísicos, cujas complexas relações é que formam o mundo tal como o vemos e experimentamos. Homens, animais, plantas serão então ditos substâncias apenas em sentido derivado.

3 Leibniz, *Discours de métaphysique et correspondance avec Arnauld* (org. Georges Le Roy). Paris: J. Vrin 1988, §14.

4 G. Deleuze, aula de 22 de abril de 1980, curso sobre Leibniz: "é a subjetividade que remete

constituído por relações *possíveis*, e a substância vem *atualizar* ou *realizar* essas relações.

As relações que definem uma perspectiva são determinadas pelo corpo a que estará ligada a alma da qual se dirá que vê o mundo do ponto de vista que gera aquela perspectiva. "Devemos colocar a alma no corpo, onde está seu ponto de vista, segundo o qual ela representa para si o universo presente", diz Leibniz em carta de 30 de junho de 1704 à Lady Masham.[5] Uma vez que todas as substâncias criadas exprimirão o mundo em sua totalidade, ou seja, uma vez que suas percepções (que, juntamente com suas apetições, constituem sua natureza e sua essência) terão os mesmos objetos, essas substâncias só se diferenciarão em função da região e do grau maior ou menor de clareza e distinção (ou obscuridade e confusão) de suas percepções, o que por sua vez é função das relações de seu corpo com todos os outros corpos presentes no universo criado, ou ainda, dito de outra forma, é função do lugar, sítio ou situação (*situs*) que esse corpo ocupa. As almas exprimem os corpos, e são os corpos que *fixam*, por assim dizer, as relações próprias de cada alma com todas as outras. Sem corpos, não haveria obscuridade e todas seriam deuses, como Leibniz diz na *Teodiceia*.[6] Mas, ainda que isso fosse possível, o preço a pagar é que todas as relações seriam intercambiáveis, e as substâncias (que nesse caso seriam puras almas) seriam capazes de passear a seu bel prazer pelo universo, assumindo todo e qualquer ponto de vista, ou pior, sem conseguir assumir um ponto de vista próprio, perdendo assim sua individualidade e confundindo-se umas com as outras. Ocupar um corpo, ao contrário, ter uma matéria, é, entre outras coisas, possuir uma ordem que a distingua eternamente de todas as outras coisas existentes.[7] Dotadas de corpos, as substâncias passam a ter cada qual

---

à noção de ponto de vista e não a noção de ponto de vista que remete à subjetividade" (minha tradução). Gravação acessível nos sites *La voix de Gilles Deleuze* e *Webdeleuze*.

5   In Gerhardt, C.I. (org.), *Die Philosophischen Schriften von Gottfried Wilhelm Leibniz.* Hildesheim: Georg Olms, 1978 [daqui em diante abreviado como GP], III, pp. 356-7. Leibniz diz também, em um pequeno texto ou carta que nunca mais encontrei, algo mais ou menos assim: "Eu só posso ver o mundo por esses dois buracos na minha cabeça".

6   *Essais de théodicée.* Paris: Garnier-Flammarion, 1969, §200.

7   A ordem é a relação de diversas coisas, por meio da qual qualquer uma delas pode ser distinguida da outra (in Bodemann, 124, citado por Donald Rutherford, *Leibniz and the Rational Order of Nature.* Cambridge: Cambridge University Press, 1998, p. 32 e 111). Ver tb. "Definições", in Rutherford, ibid. p. 109: "A ordem é uma relação discriminante entre vários termos". E *Resumo de metafísica*, §15: "[...] a ordem é simplesmente uma relação de distinção entre coisas diversas; a confusão é quando várias coisas estão presentes, mas

uma perspectiva própria (o que de forma alguma significa que essa perspectiva é estática, muito pelo contrário).

Por esse motivo, podemos dizer que a visão ou perspectiva que cada substância tem do universo não é *subjetiva*, deformada nem parcial, mas "relativa", ou melhor ainda, "relacional", isto é, determinada pelas relações *objetivas* que seu corpo estabelece com os outros corpos. Que as substâncias (ou as mônadas, se quisermos) possuam uma interioridade (e aliás, elas *são* pura interioridade) não significa que suas percepções sejam subjetivas nesse sentido. No *Sistema novo da natureza e da comunicação das substâncias*, Leibniz diz que, ainda que o faça com maior ou menor distinção, "a natureza da alma é representar o universo *de uma maneira muito exata*".[8] Cada detalhe, cada mudança, cada relação está representada, ou expressa, *exatamente* em cada substância, em uma perspectiva única.

Estou chamando a atenção para esse caráter objetivo e exato, e não subjetivo, parcial e aproximado, das diversas perspectivas, porque pelo menos uma das imagens que Leibniz utiliza como metáfora dessa noção pode levar a um mal entendido. Essa metáfora é a da cidade, vista de maneiras diferentes conforme a posição do observador, ao passo que Deus vê essa mesma cidade de todas as perspectivas, e também de uma maneira diferente de todas. Ora, é grande a tentação de identificar a "visão" de Deus com um ponto de vista ou total ou absoluto (ou os dois ao mesmo tempo), isento das deformações características de toda projeção perspectiva, isento igualmente da parcialidade a que parecemos estar condenados porque nossos olhos não têm visão de raio X, e porque os objetos que vemos ocultam necessariamente todos os que estão atrás — isso sem falar no alcance limitado de nossa visão em termos de ângulo de visão e de distância física. O olho de Deus, ao contrário, estaria em todos os lugares e em nenhum lugar, e a cidade que ele veria é a cidade em si mesma: sem sombras, sem ocultamentos, sem distorções. Se é que podemos ainda falar em um ponto de vista de Deus, portanto, este será um ponto de

---

não há razão para distingui-las umas das outras." In Parkinson, *Leibniz: Philosophical Writings*. Londres: Dent, 1984.

8   Leibiniz, *Système nouveau de la nature et de la communication des substances et autres textes 1690-1703*. Paris: GF Flammarion, 1695, p. 28, meu grifo. Ver também carta à princesa Sofia de 4 de novembro de 1696 (in GP VII, p. 542): "como toda alma representa *fielmente* todo o universo, e todo espírito representa também Deus no universo [...]" (eu sublinho).

vista absoluto. Acontece que um ponto de vista absoluto seria o par perfeito de um *espaço* absoluto, um espaço prévio e neutro em relação aos corpos que nele se inseririam, bem como aos lugares por estes ocupados. E sabemos com que veemência Leibniz se opunha a essa noção: o espaço, assim como o tempo, são tipos de ordens, tipos de relações entre as substâncias criadas ou possíveis, e nada seriam sem essas substâncias.

Uma boa maneira de compreender o que Leibniz talvez tivesse em mente ao dizer que a visão de Deus difere de todas as outras é sugerida pela leitura de Michel Serres, em *O sistema de Leibniz e seus modelos matemáticos*.[9] Serres lembra a seguinte frase de Lebniz numa carta a Des Bosses de 5 de fevereiro de 1712:[10] "A diferença que existe entre a aparição dos corpos para nós e sua aparição para Deus é como a que existe entre a cenografia e a icnografia".[11] Icnografia, ou plano geometral, é a projeção horizontal de uma obra ou construção, mantendo suas reais proporções. Ao contrário da cenografia, dir-se-ia que ela não leva em conta a perspectiva, não se sujeita a nenhuma perspectiva. Mas na realidade, se as verdadeiras proporções dos objetos são mantidas na projeção geometral, é porque, como sugere Serres, o ponto de vista que permite o traçado desse plano situa-se no infinito, de modo que as linhas normalmente convergentes das projeções perspectivas são aqui paralelas, ou, se quisermos, encontram-se apenas no infinito, ponto de vista de Deus.[12] Além disso, lembremos que o plano geometral também não deixa de ser uma *projeção*, ou seja, uma *expressão* do objeto. Se quisesse se referir ao "objeto em si", Leibniz não precisaria ter recorrido à imagem da icnografia.[13]

---

9   Serres, *Le système de Leibniz et ses modèles mathématiques*. Paris: PUF, 1990, pp. 152-ss.
10 In GP II, p. 438.
11 Serres, *Le système de Leibniz et ses modèles mathématiques*. Op. cit, p. 153.
12 O inverso disso também parece nos fornecer uma explicação plausível: Deus está, não apenas no infinito, mas em todo lugar. E não há qualquer distância a separá-lo daquilo que ele conhece. Cf. *Principes de la nature et de la grace* [daqui em diante abreviado como PNG], §13 (in Leibniz, *Principes de la nature et de la grâce fondés en raison / principes de la philosophie ou monadologie,* ed. A. Robinet. Paris: PUF, 1986: "apenas Deus tem um conhecimento distinto de tudo, pois ele é sua fonte. Afirmou-se muito bem que Deus é como centro em todo lugar [*comme centre partout*]; mas que sua circunferência não está em nenhum lugar, pois tudo lhe está presente de maneira imediata, sem nenhum distanciamento desse centro". In Serres, *Le système de Leibniz et ses modèles mathématiques*. Op. cit., p. 251. Mas desconfio que estou usando muito livremente o exemplo dado por Serres.
13 Outra comparação com o plano geometral está presente numa carta ao Landgrave, de 12 de abril de 1686 (pp. 87-88): "é preciso considerar em Deus uma certa vontade mais geral, mais compreensiva, que ele tem em relação a toda a ordem do universo, porque o universo

No início do século XX, José Ortega y Gasset exprimiu essa ideia com uma clareza cristalina, certamente inspirado em Leibniz. Em seu texto "O sentido histórico da teoria de Einstein",[14] ele compara a física "relativa" de Newton e de Galileu com a física "relativista" de Einstein. Para aqueles, nosso conhecimento das "determinações empíricas da duração, do lugar e do movimento" é relativo porque "existe um espaço, um tempo e um movimento absolutos".[15] "Relativo" aqui significa, portanto, meramente subjetivo, e nosso conhecimento está sempre aquém daquilo que gostaríamos de conhecer, que é a realidade espacio-temporal absoluta. A verdade que podemos alcançar só é verdade para o sujeito que contempla a realidade de um certo ponto de vista, e cada sujeito tem o seu ponto de vista *sobre* ela. A realidade, o real é único e sempre outra coisa, e só seria acessível a um observador absoluto, Deus.

Com a física de Einstein, esse relativismo dá lugar ao que Ortega y Gasset chama de "perspectivismo": "nosso conhecimento é absoluto, a realidade é que é relativa".[16] O que isso quer dizer é que, assim como não há espaço absoluto, tampouco pode haver um ponto de vista absoluto.

é como um todo que Deus penetra por uma só visão. Pois essa vontade compreende virtualmente as outras vontades acerca do que entra nesse universo, e entre as outras também a de criar um tal Adão, que se refere à série de sua posteridade, a qual Deus também escolheu como tal. E podemos mesmo dizer que essas vontades em particular não diferem da vontade em geral senão por uma simples relação, e como a situação de uma cidade considerada de um certo ponto de vista difere de seu plano geometral; pois todas exprimem todo o universo, como cada situação exprime a cidade." O que eu disse até aqui não esgota o problema, evidentemente. Cf. por exemplo este outro texto em que Leibniz se refere ao plano geometral como apresentando "a verdade geométrica" (Apêndice a carta a Des Bosses de 5 de fevereiro de 1712. In Christiane Frémont, *L'être et la relation: Lettres de Leibniz à Des Bosses*. Paris: J. Vrin, 1999, p. 200): "se os corpos forem fenômenos que julgamos segundo nossas aparências, eles não serão reais, porque aparecem de maneira diferente a cada um. É por isso que me parece que a realidade dos corpos, do espaço, do movimento e do tempo consiste no fato de eles serem fenômenos de Deus, ou objetos da ciência da visão. E entre o modo como os corpos aparecem a nós e a Deus, há uma diferença da mesma ordem que entre a cenografia e a icnografia. Pois as cenografias são diversas em função do *situs* do espectador, mas a icnografia ou representação geométrica é única; assim, Deus vê exatamente as coisas tais como são segundo a verdade geométrica, embora saiba também como cada coisa aparece a cada um; e assim, Ele contém em Si eminentemente todas as outras aparências."

14 "El sentido histórico de la teoría de Einstein", in José Ortega y Gasset, *El tema de nuestro tiempo*. Madri: Revista de Occidente, 1956, pp. 169-179.

15 Ibid., op. cit.

16 J. Ortega y Gasset, *El tema de nuestro tiempo*. Op. cit., p. 172. Cf. Deleuze, em aula de 16 de dezembro de 1986: "Segunda característica do ponto de vista: sobretudo ele não significa que tudo é relativo, ou pelo menos significa que tudo é relativo apenas com a condição de que o relativo se torne absoluto" (minha tradução).

Se houvesse, entre os infinitos pontos de vista, um excepcional, ao qual coubesse atribuir uma congruência superior às coisas, caberia considerar os demais como deformadores ou "meramente subjetivos". Era nisso que acreditavam Galileu e Newton quando falavam do espaço absoluto, que dizer, de um espaço contemplado de um ponto de vista que não é nenhum concreto. Newton chama o espaço absoluto de *sensorium Dei*, o órgão visual de Deus; poderíamos chamá-lo de perspectiva divina. Mas basta pensar até o final essa ideia de uma perspectiva que não é tomada de nenhum lugar determinado e exclusivo para se descobrir seu caráter contraditório e absurdo. Não há um espaço absoluto porque não há uma perspectiva absoluta. Para ser absoluto, o espaço tem que deixar de ser real — espaço cheio de coisas — e converter-se em uma abstração.[17]

Segundo a teoria da relatividade (para continuar com um exemplo dado pelo próprio Ortega y Gasset), enquanto nós, da Terra, vemos, por exemplo, um evento A anteceder no tempo um evento B, um habitante de Cirius vê o "mesmo" evento na ordem inversa. Qual é a visão correta? Evidentemente, nenhuma. O que acontece aqui, portanto, não é que o habitante de Cirius, ou então nós, vemos de maneira deformada um fato único existente em si; o próprio fato, o próprio real se constitui em perspectivas diversas, e só pode se constituir assim. Ora, mas isso é o mesmo que dizer que esse fato não é *um* fato, mas vários.

Voltando a Leibniz, como não há espaço absoluto, não pode haver ponto de vista absoluto, e a realidade não pode ser exterior às substâncias e independente delas. Ou melhor, o que é exterior a uma substância é, antes de mais nada, imanente a ela. Como Leibniz dirá, não há relação extrínseca que não esteja expressa na natureza intrínseca da substância. Por esse motivo, cada substância contém a totalidade do mundo dentro de si. E o mundo não pode ser diferente das diferentes perspectivas.

Que as substâncias venham *ocupar* pontos de vista possíveis, é, portanto, uma consequência dessa compreensão "relativista" ou, melhor ainda, "relacionalista", e não "relativa", da realidade. Citando mais uma vez Ortega y Gasset: "a perspectiva é a ordem e forma que a realidade toma para aquele que a contempla. Se varia o lugar ocupado pelo observador, varia também a perspectiva. Em troca, se o observador é substi-

---

17 Ortega y Gasset, *El tema de nuestro tiempo*. Op. cit, p. 178.

tuído por outro no mesmo lugar, a perspectiva permanece idêntica."[18]

Esse conceito de perspectivismo não deve ser confundido de forma alguma com a ideia de que, como não há ponto de vista absoluto, então todas as visões se equivalem; nenhuma delas pode ser dita falsa ou verdadeira, e portanto todas têm o mesmo valor, nenhuma é melhor ou pior que a outra. Esse assunto nos levaria longe. Para não irmos longe demais, observemos apenas o que Leibniz diz das "anamorfoses".

Anamorfoses são experimentos pictóricos que faziam sucesso na época de Leibniz, por apresentarem imagens aparentemente desordenadas e sem sentido, caóticas, mas que, observadas do ponto de vista correto, revelavam belos desenhos.[19] Na *Teodiceia*, fazendo um paralelo com os defeitos e males que muitas vezes povoam nossos pequenos mundos, mas sobre os quais podemos estar certos de que ganharão um sentido maravilhoso ao serem reunidos por Deus em seu grande mundo, ele afirma:

> É como nessas invenções de perspectiva em que certos belos desenhos parecem pura confusão, até que os vejamos sob *seu verdadeiro ponto de vista*, ou que olhemos para eles através de um certo vidro ou espelho. É colocando-os e utilizando-os da maneira apropriada [*comme il faut*] que fazemos deles ornamentos de um quarto. Assim, as deformidades aparentes de nossos pequenos mundos se reúnem em belezas no grande [...][20]

Embora a descrição seja breve, ela é suficiente para entendermos que, segundo esse modelo, em primeiro lugar, as perspectivas não são deformações de um mundo verdadeiro. Elas não são algo a ser superado numa busca eterna da visão atópica de Deus. Ao contrário, quanto mais clara e distinta for nossa percepção de um quadro em anamorfose, quanto mais de perto o olharmos, mais longe estaremos de seu verdadeiro sentido. Em segundo lugar, se não nos colocarmos naquele único ponto determinado, se não interpusermos entre nosso olho e o desenho um espelho com uma inclinação própria para refletir os raios luminosos de uma maneira única, jamais acederemos à aquela perspectiva "exata". Ou ainda, se quisermos: se um dia o habitante de Cirius começar a ver o mundo como

---

18 Ibid., p. 177.
19 Ver também, neste volume, o capítulo 12, "Leibniz e as voltas do tempo".
20 Leibiniz, *Essais de théodicée*, op. cit. p. 147 (meu grifo).

um terráqueo o vê, alguma coisa estará errada. Ou, pelo menos, será preciso explicar que diabos está acontecendo.

É certo que são infinitas as perspectivas, são infinitos os sistemas de relações que tornam possível ordenar o universo. Mas de uma a outra, é preciso toda uma conversão; é preciso uma chave, uma lei, razão ou função (no sentido matemático) que nos permita passar dos elementos de um dos mundos, ou daquilo que se pode dizer ou predicar de uma substância, aos elementos de outro mundo, ou àquilo que se pode dizer ou predicar de outra substância — como passamos da elipse ao círculo, deste à parábola, desta ao cone e assim por diante.[21] Ora, justamente, no melhor dos mundos possíveis que é o nosso, essa conversão será sempre possível. Desde que se ocupe o ponto de vista adequado, todas as perspectivas são entre-expressivas, todas são proporcionais e harmônicas.[22]

É o mesmo recurso às anamorfoses que nos permitirá passar agora à segunda parte de nossa exposição (que é bem menor que a primeira). Eu dizia no início que, em Leibniz, as noções de "perspectiva" e "ponto de vista" parecem querer dar conta de dois gêneros distintos de problemas. Até aqui buscamos mostrar como elas explicam a natureza e a diversidade das substâncias criadas de maneira geral. Veremos agora que o "perspectivismo" pode ter um outro sentido em Leibniz, ao fundamentar a existência e a correlação entre diferentes níveis da realidade *fenomênica*, os quais podem dizer respeito a uma mesma substância ou a várias. Enquanto a primeira abordagem está presente de maneira bastante regular ao longo de toda a filosofia madura de Leibniz, esta última é mais clara no chamado período do sistema monadológico.

Dissemos que, para Leibniz, o atrativo das anamorfoses é que uma imagem aparentemente caótica se revela ordenada desde que observada do ponto de vista adequado. Quanto às pobres almas que não estão

---

21 Essa é uma das definições que Leibniz fornece da noção de "expressão", conceito também chave em toda a sua filosofia. Ver Serres: "[...] para uma pluralidade dada, para uma desordem dada, *existe apenas um ponto* a partir do qual tudo se reordena; esse ponto existe e é único. De todas as outras partes, a desordem parece permanecer, e [também] a indeterminação. Assim, *conhecer* uma pluralidade de coisas [...] consiste em *descobrir esse ponto* a partir do qual sua desordem se resolve, *uno intuitu*, em uma lei de ordem única." (*Le système de Leibniz et ses modèles mathématiques*. Op. cit., p. 244). No caso das seções cônicas, esse ponto é o vértice do cone, do qual as curvas em questão são apenas seções.

22 Apenas é preciso entender (ao menos é o que penso) que essa harmonia já está dada no interior de cada substância deste mundo, uma vez que é a totalidade infinita do mundo que está contida em cada uma delas.

na posição ou na situação correta, elas estão condenadas a não enxergar ali senão desordem. Mas o que acontece aqui é muito diferente do que acontece com as percepções sensíveis de maneira mais geral, e por isso penso que o exemplo das anamorfoses tem um alcance bem determinado, e não deve servir de modelo para toda e qualquer perspectiva.

O mecanismo, digamos assim, da anamorfose se dá apenas na superfície. Dependendo de onde estivermos, aquela imagem é ou ordenada ou caótica. Se não estivermos dispostos a sair do lugar, então não há o que fazer; de nada adianta, por exemplo, nos munirmos do mais potente microscópio: este jamais irá nos revelar "aquela" imagem (embora possa nos revelar outras, mas então não será por virtude da anamorfose ela mesma). Já as percepções sensíveis possuem uma espessura, uma espessura infinita, porque elas têm infinitas partes, ou, se quisermos, são infinitamente dobradas. De modo que sempre haverá uma alma (ou um corpo) capaz de ver aquilo que nós não vemos *sob* uma determinada camada ou nível fenomênico — a saber, as pequenas percepções cuja conjunção e relação produz aquela percepção que é apreendida por nossos sentidos, certamente não de modo totalmente "distinto" (pois toda percepção é relativamente complexa e confusa), mas ao menos de modo "claro". Por exemplo, ali onde nós vemos o verde e não vemos o amarelo e o azul das partículas que o produzem, outro organismo poderá ver o amarelo e o azul, e então será o verde a cor sacrificada, uma vez que não se pode ter ambos ao mesmo tempo (ou focalizamos o olho — ou o microscópio — no verde ou o focalizamos no amarelo e no azul). E de fato, Leibniz se refere a seres ou animais mais sutis do que nós (podemos pensar nas criaturas ínfimas recém-descobertas por Leeuwenhoeck e outros por meio do microscópio) e que seriam capazes de ver o azul e o amarelo que nós não vemos por trás do verde.

Na verdade, a razão dessa diferença entre uma anamorfose e uma percepção sensível é que, evidentemente, confusão para Leibniz não é a mesma coisa que caos ou desordem. Como eu disse antes, não adianta distinguirmos as partes daquela imagem que nos aparece de maneira caótica numa pintura em anamorfose: se não adotarmos um determinado ponto de vista, ela jamais se ordenará. Já a percepção confusa não apenas pode ela mesma nos aparecer de maneira clara (e essa é uma condição para que constitua propriamente uma "sensação"), mas também pode revelar outras ordens subjacentes, desde que se analisem suficientemente suas partes — análise esta que tem diversas etapas progressivas, cada qual correspondendo a pontos de vista distintos, que podem ser assumidos tanto por nós mesmos como por outros seres.[23]

Mas nem nós nem esses outros seres podem enxergar ou estar ao mesmo tempo em todos os níveis fenomênicos, sequer em dois níveis fenomênicos distintos. É como se cada nível fosse adequado a uma faixa única de perfeição e a uma determinada conformação corporal — em outras palavras, a algo como um ponto de vista *específico*, um ponto de vista da espécie. Isso não impede, é claro, que, por meios naturais ou artificiais, nós experimentemos diversos desses níveis *alternadamente*. Sobretudo porque só a linguagem comum justifica que falemos em *espécies*. Estritamente (ou metafisicamente) falando, "dois indivíduos físicos nunca são exatamente da mesma espécie [...], e, mais ainda, o mesmo indivíduo passará de espécie em espécie, pois nunca é inteiramente semelhante a si mesmo além de um momento".[24]

É assim que nossos olhos, por exemplo, nos permitem naturalmente variar o foco de nossa visão em objetos mais ou menos distantes. O microscópio, por sua vez, é um olho artificial que fabricamos para nós mesmos, e que iguala nossa visão, naquele momento, à de seres dotados de outros corpos, talvez àqueles mesmos seres minúsculos a que nos referíamos, que passam a vida enxergando detalhes que nem sabemos que existiam, talvez gênios, anjos e outras inteligências mais perfeitas que nós. O nível ou o "mundo" fenomênico que uma espécie ou indivíduo consegue atingir não é, por si só, testemunha do nível de perfeição dessa espécie ou indivíduo (algo como: quanto mais fundo conseguimos ir, mais perfeitos somos), uma vez que *aprofundar-se* nesses níveis não nos aproxima de algo como uma essência fenomênica das coisas. Se podemos falar de essência, ela certamente não é fenomênica. O que talvez se possa dizer é que quanto mais *amplo* o acesso a esses mundos fenomênicos (ou seja, quanto maior o espectro de percepções distintas pelas quais somos capazes de passear), mais alto é o grau de perfeição da substância em questão.

---

23 Cf. a sugestão por Serres de que haveria em Leibniz a ideia (anticartesiana) de uma progressão das verdades, de uma verdade progressiva ou de *verdades regionais*, ideia que traduz uma teoria do conhecimento pluralista. Serres, *Le système de Leibniz et ses modèles mathématiques*. Op. cit., pp.122-ss.

24 Leibiniz, *Nouveaux essais sur l'entendement humain*. Op. cit., 3.6.12, p. 240. Momento surpreendentemente heraclitiano de Leibniz...

Bem, como eu disse no início, meu objetivo aqui era apenas lançar certas ideias sobre a concepção leibniziana das noções de ponto de vista e perspectiva. O que eu espero que tenha ficado suficientemente claro é a diferença, e também a relação, entre as duas abordagens em que esses conceitos aparecem: as diferentes perspectivas do mundo como constituindo as diferentes substâncias criadas, e as diferentes perspectivas, que não apenas *correspondem* aos diversos níveis fenomênicos, mas os *constituem*, uma vez que esses níveis só existem como fenômenos porque são apreendidos (de fato ou como possibilidades) por almas (e seus corpos) dotados de e constituídos por outras perspectivas. No primeiro sentido, é impossível a uma substância assumir o ponto de vista de outra, uma vez que ela se define e se distingue das outras justamente por seu ponto de vista único. Cada qual percebe e expressa todas as perspectivas, mas as expressa *enquanto* perspectivas de outrem ou de outras substâncias. O mundo inteiro está incluído dentro da minha alma, mas eu sei muito bem (estou sendo otimista) o que devo atribuir a mim mesma e o que devo creditar aos outros.[25] No segundo sentido, entretanto, esse comércio de perspectivas é possível, e muitas vezes real. Podemos abandonar uma determinada visão e assumir outra, momentaneamente (também estou sendo otimista). A perspectiva única que, no primeiro sentido, constitui nossa individualidade é, ela mesma (neste segundo sentido), constituída de uma diversidade (infinita) de perspectivas possíveis.

---

25 Cf. trecho do manuscrito original do §14 do *Discurso de metafísica*, suprimido na versão definitiva: "[...] quando meu corpo é empurrado, digo que eu mesmo fui empurrado, mas quando algum outro corpo é empurrado, embora eu me aperceba disso e embora isso gere em mim alguma paixão, não digo que fui empurrado, porque meço o lugar onde estou pelo lugar de meu corpo." (Leibniz, *Discours de métaphysique et correspondance avec Arnauld, org.* G. Le Roy. Paris: J. Vrin, 1988, p. 229).

CAPÍTULO 11

Indiferença, simetria e perfeição segundo Leibniz*

> la tempête incertaine d'une extravagante indifférence
> (Leibniz, *Remarques sur le livre de l'origine du mal*)

> Aucune chose ne se presente à nous où il n'y ait quelque difference, pour legiere qu'elle soit; et [...] ou à la veuë ou à l'atouchement, il y a tousjours quelque plus qui nous attire, quoy que ce soit imperceptiblement. Pareillement qui presupposera une fisselle egalement forte par tout, il est impossible de toute impossibilité qu'elle rompe; car par où voulez-vous que la faucée commence? et de rompre par tout ensemble, il n'est pas en nature. (Montaigne, "Comme nostre esprit s'empesche soy-mesmes")[1]

A bem conhecida distinção feita por Leibniz entre *verdades de razão* e *verdades de fato* se apoia em uma outra distinção, igualmente importante, entre dois princípios fundamentais de nossos raciocínios, o *princípio de contradição* e o *princípio de razão suficiente*. Leibniz denomina "verdades de razão" aquelas verdades (proposições) que são necessárias, e cujo oposto é impossível, ou seja, implica contradição. Isso significa que essas verdades podem ser demonstradas por meio de uma análise das noções nelas contidas em noções cada vez mais simples, até que fique imediatamente evidente a identidade entre o sujeito e o predicado da proposição. Já as "verdades de fato" são contingentes, e seu oposto, embora não seja real, permanece possível. Essa contingência, entretanto, não significa que não se possa e não se deva encontrar a razão das

---

* Este capítulo, do qual apresentei uma versão um pouco reduzida no *IV Colóquio Internacional de Estudos Filosóficos do Século XVII* (Curitiba, setembro de 2001), foi originalmente publicado na revista *Kriterion*, vol. XLII nº 104, 2001, pp. 49-71. Agradeço a Renaud Barbaras, Michel Fichant e Ulysses Pinheiro a leitura e discussão acerca de diversas fases do manuscrito que resultou no texto final.

1 Foi Luiz Alves Eva quem me chamou a atenção para este texto de Montaigne.

verdades de fato. Também aqui deve ser possível, através de uma análise, mostrar a identidade, ao menos parcial, entre o sujeito e o predicado, ou, dito de outra forma, mostrar que o conceito do predicado está contido no do sujeito da proposição. Mas essa seria uma análise infinita, acessível apenas a um entendimento também infinito, que vê, não o final da análise (já que, por causa da infinidade dos predicados incluídos em cada substância individual, essa análise não tem fim), mas a ligação entre todos os termos e a inclusão do predicado no sujeito.[2] Além disso, como o contrário da proposição também é possível, a razão da existência *dessa* verdade em lugar de seu contrário deve levar em conta, em primeiro lugar, a compossibilidade entre essa e todas as outras verdades; e, em segundo lugar, como existem infinitos conjuntos de compossíveis, essa razão depende ainda de um terceiro princípio fundamental para o sistema leibniziano: o *princípio do melhor*. Nosso mundo, o mundo real, é a melhor dentre as infinitas séries infinitas de existências compossíveis. De modo que a razão *suficiente* de qualquer verdade contingente está, em última análise, na vontade de Deus, que escolheu, dentre todos os mundos possíveis, concebidos sem exceção por seu entendimento infinito, o melhor. Inclinado por sua vontade soberanamente boa, e guiado por seu entendimento, que lhe mostrou, não apenas todos os possíveis, e não apenas todas as infinitas combinações ou mundos possíveis, mas também qual o melhor de todos eles, Deus, por meio de sua potência também infinita, deu existência a este mundo, deixando os outros concorrentes como meros possíveis irrealizados.[3]

Assim, do ponto de vista da *potência* divina, todos os compossíveis se equivalem, ou seja, são *indiferentes*.[4] Todos aspiram com igual direito à existência, e todos poderiam ter sido contemplados com a passagem à realidade. Por isso, se procurássemos a razão suficiente de uma verdade contingente apenas nessa potência, nunca a encontraríamos.[5] Por outro lado, do ponto de vista do *entendimento* ou sabedoria divina, nenhum

---

2 Leibniz, *La monadologie* (org. Emile Boutroux). Paris: Delagrave, 1998, §36 e "Sur la liberté", in *Recherches générales sur l'analyse des notions et des vérités: 24 thèses métaphysiques et autres textes logiques et métaphysiques* (org. Jean-Baptiste Rauzy). Paris: PUF, 1998, pp. 332-33.

3 Ver, por exemplo, Leibniz, "Remarques sur le livre de l'origine du mal", in *Essais de théodicée.* Paris: Garnier-Flammarion, 1969, §14.

4 Ibid., §174.

5 É assim que, se a necessidade que leva Deus a produzir o mundo fosse metafísica (e não apenas moral), Deus teria produzido todos os possíveis, ou nenhum. Cf. ibid., §201.

compossível é igual a outro. Pois, embora todos os possíveis tendam com igual direito à existência, eles o fazem de maneira proporcional à quantidade de essência ou realidade que implicam, ou seja, a seu grau de perfeição.[6] Além disso, esse grau de perfeição depende diretamente da ligação de cada substância com a série inteira do universo expressa em seu conceito. Assim, cada substância, ou antes cada conceito de cada substância que compõe cada um desses universos possíveis é absolutamente único, e subordina ou está subordinado a todos os outros,[7] de modo que, nesse sentido, nada, nem um fio de cabelo, é indiferente a Deus. "Não se deve imaginar que qualquer acontecimento, por menor que seja, possa ser concebido como indiferente em relação à sua [de Deus] bondade e sabedoria".[8] Tal é a cena que a sabedoria divina apresenta à sua vontade. E esta, que, *antecedentemente*, possui uma inclinação para "criar e produzir todo bem possível"[9], assim como para evitar todo mal, tomados isoladamente, vê-se levada a considerar a ligação ou combinação de todos os bens e males que lhe são apresentados, e a escolher, *consequentemente*, a melhor combinação possível, a saber, aquela que realiza o máximo de essência com um mínimo de gasto ou de princípios.[10]

Portanto, a vontade divina não apenas *prefere* antecedentemente os bens aos males, mas ainda, iluminada pela sabedoria divina, terá sempre uma razão suficiente *determinando* sua escolha final ou consequente de um objeto possível em detrimento de outros, seja esse objeto mais ou menos perfeito. É verdade que essa determinação da vontade por

---

6   "Todos os possíveis, isto é, tudo que exprime uma essência ou realidade possível, tendem, com direito igual, à existência, proporcionalmente à quantidade de essência ou realidade, isto é, ao grau de perfeição que eles implicam" ("De la production originelle des choses prise à sa racine", in *Leibniz: Opuscules philosophiques choisis* (org. Paul Schrecker, Paris: Vrin, 1978, p. 85).

7   "A ligação e a ordem das coisas fazem com que o corpo de todo animal e de toda planta seja composto de outros animais e de outras plantas, ou de outros seres vivos e orgânicos; e que, consequentemente, haja subordinação, de modo que uma substância sirva à outra: assim sua perfeição não poderia ser igual." (Leibniz, *Essais de théodicée,* op. cit., §200).

8   Ibid., §174.

9   Ibid., §116.

10 "*De la production originelle des choses...*", in ibid. Essa combinação, portanto, nem incluirá todos os bens a que se inclina primitivamente a vontade divina, nem excluirá todos os males. Será a melhor série possível: o máximo de bens com o mínimo de males; ou ainda, dito de outra forma, a maior variedade possível de efeitos produzidos pelo menor número de princípios. Para uma discussão da relação, em Leibniz, entre a "maximização" da perfeição ou quantidade de essência e a ordem, ver Donald Rutherford, *Leibniz and the Rational Order of Nature.* Cambridge: Cambridge University Press, 1998, pp. 22-ss.

uma razão não a obriga por uma necessidade absoluta, matemática ou metafísica, que não tem lugar no caso das verdades contingentes, mas apenas por uma necessidade moral ou hipotética. Ou seja, moralmente falando, Deus *não* poderia agir de maneira diferente da maneira como agiu — pois, sendo perfeito, sempre irá querer o melhor; mas, metafisicamente falando, ele *poderia* ter escolhido algo diferente do melhor, e por isso sua escolha foi livre, e a realidade criada conserva sua contingência.[11] Apesar disso, ou seja, apesar de não ser necessitada (no sentido metafísico da palavra), a ação de Deus decorre sempre de uma *inclinação* de sua vontade. Na fórmula de Leibniz: a razão que guia a vontade "inclina, sem necessitar".

Essa fórmula, "inclinação sem necessitação", tem dois sentidos em Leibniz.[12] A ausência de necessidade na escolha resultante da inclinação se explica em alguns textos[13] simplesmente pelo fato de que aquilo que não é escolhido permanece possível em si mesmo (ou seja, teria sido possível, não seria contraditório, escolher outra coisa). Por outro lado, mais adiante na *Teodiceia*[14] e em alguns outros textos, como por exemplo "Conversations sur la liberté et le destin",[15] Leibniz sublinhará antes o papel da análise infinita das proposições contingentes, que, por deixar sempre um "resto" a ser explicado pela razão, não pode determinar a vontade de um modo absoluto; ou, dito de outra forma, não se pode *demonstrar* a necessidade da ligação entre aquele predicado e o sujeito.[16]

---

11 Cf. *Essais de théodicée*. Op. cit., §234 e 228.
12 Cf. Robert Adams, *Leibniz: Determinist, Theist, Idealist.* Oxford: Oxford University Press, 1994, p. 34.
13 Por exemplo, Leibniz, *Discours de métaphysique et Correspondance avec Arnaud* (org. Georges Le Roy). Paris: J. Vrin, 1988, §30; *Essais de théodicée*. Op. cit. §45; e *Correspondance Leibniz-Clarke* (org. André Robinet), 5º texto de Leibniz, §8. Paris: PUF, 1957.
14 "Remarques sur le livre de l'Origine du mal", §§13-14.
15 In Gaston Grua (org.), *Leibniz: textes inédits.* Paris: PUF, 1998, p. 479.
16 Notemos, entretanto, que as duas abordagens não parecem ser mutuamente excludentes para Leibniz. Ambas ocorrem, embora em pontos diferentes, nos mesmos *Ensaios de teodicéia* e também no mesmo texto da correspondência com Clarke acima citada — onde lemos um pouco adiante, no §11: "Mostrei também que nossa vontade não segue sempre precisamente o entendimento prático, pois pode ter ou encontrar razões para suspender sua resolução até uma discussão ulterior." (org. André Robinet, *Correspondance Leibniz-Clarke.* Op. cit.). Ora, essa suspensão da deliberação por parte de nossa vontade é essencial para a explicação que Leibniz dá para a contingência e para a liberdade no texto "Verdades necessárias e verdades contingentes" (in Jean-Baptiste Rauzy *Recherches générales*, op. cit., pp. 339-354), baseada justamente na análise infinita das noções singulares e existenciais. Ou seja, se podemos suspender a escolha, é porque temos sempre, infinitamente, novas razões a incluir em nossa deliberação. Inversamente, no §30 do

Nos dois sentidos, é essa inclinação sem necessitação da vontade, entre outras coisas, que permite a Leibniz se afastar ao mesmo tempo daquelas doutrinas que recusam o apelo à razão e à vontade divinas como princípios de explicação da realidade (e essas doutrinas, segundo Leibniz, podem ser tão diferentes como o spinozismo, que defende uma necessidade cega e absoluta, e o epicurismo, para o qual uma *declinação* casual permitia a criação da ordem natural a partir do movimento vertical e perfeitamente uniforme dos átomos) e daquelas outras doutrinas que aceitavam o recurso a essa vontade, mas que erroneamente tinham a "liberdade de indiferença" ou "indiferença de equilíbrio" como uma modalidade mais ou menos perfeita da liberdade.[17] Para Leibniz, a total indiferença da vontade, assim como a necessidade absoluta e como o puro acaso, é ao mesmo tempo impossível e indesejável — e isso não apenas no que diz respeito à vontade e às ações de Deus, mas também às das criaturas, racionais ou irracionais.

É bom esclarecer que tomo aqui o termo "indiferença" sempre no sentido da indiferença total, vaga ou de equilíbrio. Mas Leibniz ressalva diversas vezes[18] que podemos falar em uma indiferença, se entendermos por ela "que nada nos *necessita* (i.e. que somos apenas *inclinados*, nos dois sentidos que acabamos de encontrar para essa palavra) em direção a uma alternativa ou a outra; mas não há jamais uma *indiferença de equilíbrio*, isto é, em que tudo seja perfeitamente igual dos dois lados, sem uma inclinação maior para um deles."[19]

Discurso de metafísica, Leibniz parece reduzir o poder da vontade de suspender a deliberação a uma simples modalidade de seu poder de escolher entre alternativas: "[...] absolutamente falando, [a vontade] possui uma indiferença enquanto a opomos à necessidade, e tem o poder de fazer outra coisa ou ainda de suspender inteiramente sua ação, uma e outra alternativa sendo e permanecendo possível." Dito de outro modo, quando escolhemos entre duas alternativas, aquela não escolhida permanece possível; quando suspendemos a deliberação e não escolhemos nenhuma das duas, as duas permanecem possíveis, o adiamento da decisão podendo ser considerado de certa forma como uma terceira alternativa, que se tornou real.

17 A posição de Descartes no que diz respeito ao valor da indiferença para caracterizar a verdadeira liberdade não é algo simples de se determinar. Para constatá-lo, basta comparar alguns textos, como por exemplo a quarta Meditação, a parte I §§37 a 41 dos *Princípios*; e as cartas a Mesland de 2 de maio de 1644 e de 9 de fevereiro de 1645. Cf. René Descartes. *Oeuvres et lettres* (Bibliothèque de la Pléiade). Paris: Gallimard, 1953. Ver também infra, nota 23.

18 Por exemplo, em Leibniz, *Essais de théodicée*. Op. cit., I §46.

19 Coerentemente, portanto, Leibniz associa a ideia dessa indiferença (que não é a de equilíbrio) tanto ao fato de que aquilo que não é escolhido permanece possível como ao

Essa recusa da ideia de que a indiferença é uma condição compatível com o exercício de nosso livre arbítrio fica bastante clara nos *Ensaios de Teodiceia*, texto de 1710, particularmente naqueles parágrafos em que Leibniz analisa o sofisma conhecido na época como "o asno de Buridan." Jean Buridan foi um filósofo escolástico do século XIV, e o famoso sofisma a ele atribuído esteve no centro de várias discussões em torno da questão do livre arbítrio.[20] Em seu *Dictionnaire historique et critique* (art. "Buridan"), Pierre Bayle fizera um longo comentário a ele, e é principalmente esse comentário que Leibniz tem agora em vista. O sofisma, segundo Bayle, tem duas versões. Na primeira, um asno faminto e que se encontrasse a igual distância de duas medidas de aveia seria incapaz de se determinar para um lado ou para o outro, e acabaria morrendo de fome. Na segunda versão, o asno teria tanta sede quanta fome, e estaria diante de uma medida de aveia e de um balde d'água; mas como ambos agiriam igualmente sobre suas faculdades, ele também acabaria morrendo de sede e de fome. Nos dois casos, explica Bayle, "como não teria qualquer razão para preferir um ao outro, o asno permaneceria imóvel como um pedaço de ferro entre dois ímãs de força igual".[21]

Esse desfecho soa justificadamente absurdo, e Bayle chega a dizer que o considera "fisicamente impossível". Ele não está disposto, por exemplo, ao sacrifício feito por Spinoza, que não vê qualquer problema em admitir,

---

fato de que as proposições contingentes comportam uma análise infinita. Em "Vérités nécessaires et vérités contingentes", a indiferença que acompanha a liberdade é explicada pelo fato de que, embora se possa dizer com certeza que nunca escolheremos o que nos parece pior, não se pode prever que escolheremos o que nos parece o melhor dentre as duas alternativas que consideramos no presente; pois podemos adiar e suspender nosso juízo "até uma deliberação posterior, desviando a alma para outros pensamentos" (ibid., p. 344). Esse adiamento poderia em princípio se prolongar indefinidamente, mas não para sempre; do contrário, se não parássemos em algum ponto, ficaríamos indefinidamente incluindo novas considerações, o que nos levaria a uma inação semelhante à da indiferença de equilíbrio — cf. Leibniz, *Nouveaux essais sur l'entendement humain*. Paris: Garnier-Flammarion, 1990, II-I-19, pp. 93-4 e II-XX-6, p. 130 (paradoxalmente, a decisão do espírito, num determinado momento, de parar de adiar e finalmente escolher depende não apenas de seu grau de perfeição, mas também de sua limitação essencial enquanto criatura; ou seja, sua limitação faz com que ele precise adiar; mas faz ao mesmo tempo com que ele pare de adiar num certo momento, mesmo sem conhecer a totalidade da série infinita, e portanto sem que sua escolha seja necessariamente a melhor. É essa limitação que explica a escolha do pecado, que, portanto, não depende de Deus, mas da substância livre que ele criou).

20 Para uma discussão do sofisma e de seus antecedentes na história da filosofia, ver Nicholas Rescher, "Choice without preference". *Kant Studien* 21, 1959-1960: 142-145.

21 Pierre Bayle, *Dictionnaire historique et critique*. Paris: Desoer, 1820.

na *Ética* II (escólio da prop. XLIX), que uma pessoa que se encontrasse nessa situação de equilíbrio deixar-se-ia morrer de sede e de fome, exatamente como um asno, ou como uma mera estátua de homem. Bayle entende que, de fato, o homem dispõe de duas vias para escapar da "armadilha" do equilíbrio paralisante. A primeira é nosso livre arbítrio, que nos permite eleger uma das alternativas simplesmente pelo prazer de mostrar que "somos os senhores em nossa própria casa"; como quando dizemos: "eu quero preferir isto àquilo, porque assim me apraz fazê-lo". A segunda via é delegar a escolha ao acaso. Se um homem tivesse que decidir a qual dentre duas damas deveria dar a precedência, e se não encontrasse nelas nada que o determinasse, poderia fazê-las tirar a sorte no palitinho. Ou seja, a sorte decidiria por ele, fornecendo-lhe desse modo um remédio contra a inação a que Spinoza parecia condená-lo.

Ao longo da *Teodiceia*, Leibniz apresenta, *grosso modo*, três soluções para o sofisma de Buridan, em particular, e para o problema da liberdade de indiferença, em geral. A primeira refuta essa ideia de que, mesmo em uma situação de perfeito equilíbrio, ou seja, de total ausência de uma razão determinante, os homens (diferentemente dos animais irracionais) seriam capazes de agir. As outras duas refutam diretamente a possibilidade de haver uma semelhante situação de perfeito equilíbrio e simetria, de modo que o próprio sofisma perde seu sentido.

Primeiramente, é uma ilusão achar que nós alguma vez agimos sem termos sido determinados por motivos, isto é, por alguma razão ou inclinação anterior. A primeira via apontada por Bayle para escaparmos do equilíbrio é totalmente estéril. Ela se apoia em uma concepção da vontade como uma faculdade cuja essência e excelência é ser capaz de *criar* uma diferença lá onde não existe qualquer diferença, ou, na linguagem de Leibniz, de criar uma determinação a partir da pura indeterminação.[22]

---

22 Leibniz analisa uma concepção semelhante no texto, que se segue à *Teodicéia*, em que combate as ideias de William King, *Remarques sur le livre de l'Origine du mal, publié depuis peu en Angleterre*. A ideia se encontrava já no filósofo-teólogo árabe Al-Ghazali (1058-1111), e também em alguns escolásticos — cf. Nicholas Rescher, "Choice Without Preference". Op. cit., pp. 146-147. É também a concepção de Descartes, que, na carta a Mesland de 9 de fevereiro de 1645, identifica a indiferença a essa "faculdade positiva [da vontade] de se determinar em direção a um ou outro dentre dois contrários" (René Descartes, *Oeuvres et lettres*. Op. cit., p. 1177). Embora aqui a indiferença não fique mais

Mas se, frente a duas alternativas igualmente atraentes, elegemos uma delas simplesmente para exercitar nosso livre arbítrio, ou para provar que somos "donos de nós mesmos", em primeiro lugar estamos sendo movidos justamente pelo desejo de provar nossa liberdade e independência;[23] em segundo lugar, e mais importante, esse desejo não possui em si mesmo nada capaz de causar uma especificação, ou seja, não é suficiente para que se determine qual das alternativas será afinal escolhida para satisfazer a ele. Mesmo impulsionados por esse motivo, permaneceríamos incapazes de fazer uma escolha, se nossa vontade não fosse determinada por outras razões e inclinações, frequentemente pequenas demais para que nos apercebamos delas. Ou então, se dizemos: "Escolhi tal coisa porque sim, porque assim me aprouve"[24] — como se com isso estivéssemos referindo nosso ato exclusivamente à nossa vontade, e esta a mais nada —, esse "porque me aprouve" já esconde uma inclinação em direção à alternativa escolhida. Na verdade, mesmo quando nossa vontade segue uma razão e deliberação perfeitamente distinta e consciente, esta é apenas a resultante de uma infinidade de pequenas percepções e inclinações, que podem passar desapercebidas, mas que nem por isso são menos determinantes. "Há uma infinidade de figuras e movimentos presentes e passados que entram na causa eficiente de meu ato presente de escrever, e há uma infinidade de pequenas inclinações e disposições de minha alma, presentes e passadas, que entram na causa final."[25]

É pelo mesmo motivo que a segunda via de Bayle também não resolve o sofisma de Buridan. Delegar a escolha à sorte ou acaso não deixa de ser um reconhecimento de nossa incapacidade de fazer essa escolha quando nenhuma razão nos inclina mais para um lado que para outro. E seria inútil afirmar que não é a sorte que decide, que nós mesmos decidimos por meio dela. Pois nesse caso, dirá Leibniz, "o próprio homem não está

---

limitada (como na quarta Meditação) às situações em que não somos impelidos mais para um lado que para outro, caracterizando antes o poder de, mesmo quando fortemente levados por razões claras e distintas a uma alternativa, escolher a alternativa contrária, ainda assim a ideia subjacente é de que a vontade é capaz de criar sua própria determinação. Note-se entretanto a distinção que Descartes faz, nessa mesma carta, entre o fato de que, uma vez fortemente impelidos a um dos lados, não podemos, moralmente falando, escolher o partido contrário, e o fato de que, absolutamente falando, nós o podemos.

23 Cf. também Leibniz, *Nouveaux essais sur l'entendement humain*. Op. cit., II-XXI-25, p. 143.

24 Id., *Essais de théodicée*. Op. cit., §306.

25 Id., *La monadologie* (org. Emile Boutroux). Paris: Delagrave, 1998, §36. Ver também *Essais de théodicée*. Op. cit., §§46 e 305.

mais em equilíbrio, porque a sorte não está, e o homem se vinculou a ela".[26] A sorte não está em equilíbrio porque ela também é determinada por razões. "Na natureza há sempre razões que são causa do que acontece por acaso ou pela sorte";[27] apenas, essas razões são tão complexas ou imperceptíveis que geram a aparência do acaso, isto é, de que alguma coisa acontece sem ter sido determinada por nenhuma causa.

Esses argumentos contra a ideia de uma liberdade de indiferença não dependem apenas da constatação, na experiência, de que nunca praticamos uma ação que não tenha tido um motivo, por mais imperceptível que fosse; e de que, inversamente, numa situação perfeitamente equilibrada, não há escolha nem ação, de modo que qualquer artifício para sair dessa paralisia só tem efeito ao quebrar esse mesmo equilíbrio, ou seja, ao produzir uma inclinação. A indiferença da vontade e o acaso, considerados como causas, não são apenas inexistentes de fato, eles são quimeras, diz Leibniz, supõem situações impossíveis, que nunca existiram e nunca poderão existir, porque contrariam o grande princípio da razão determinante ou razão suficiente. Esse princípio diz que nada se faz sem uma causa ou razão suficiente. E assim como um corpo só pode ser posto em movimento pelo movimento de um outro corpo que o impulsiona, assim também a alma, para agir, tem que ter sido determinada por alguma causa ou razão.[28] É verdade que a alma, diferentemente da matéria, é ativa por si própria[29] — e é isso que garante sua perfeita espontaneidade, e consequentemente sua liberdade. Mas isso não significa que ela possua essa espécie de faculdade mágica capaz de criar uma determinação a partir do nada e da completa indeterminação. Ao contrário, se sua ação é

---

26 Id., *Essais de théodicée*. Op. cit., §307.

27 Ibid.

28 "Tudo que acabamos de dizer está perfeitamente de acordo com a máximas dos filósofos, que ensinam que uma causa não poderia agir sem ter uma disposição para a ação; e é essa disposição que contém uma pré-determinação, quer o agente a tenha recebido de fora, quer a tenha tido em virtude de sua própria constituição anterior." Ibid., "Remarques sur le livre de l'origine du mal", §3 e parte I §46, op. cit.

29 Na verdade, também o movimento de um corpo é só aparentemente causado por um corpo externo: "Quando os corpos ricocheteiam após o choque, é pelo efeito da força elástica; donde se segue que, na realidade, o movimento que eles parecem receber do choque é um movimento que pertence a eles, que eles tiram de sua própria força, força à qual o impulso externo só fornece a ocasião de agir, e por assim dizer uma determinação." (in GP IV, pp. 469-470 — citado por Joseph Moreau, *L'univers leibnizien*. Hildesheim: Georg Olms, 1987, p. 153). Cf. ainda "De la nature en elle-même" §14, in Schrecker, *Leibniz: opuscules philosophiques choisis*. Paris: Vrin, 1978, p. 109, op. cit.

espontânea é porque ela encontra em si mesma, em seus estados precedentes, e já em sua natureza ideal anterior à existência, as razões de sua determinação, e consequentemente as razões de suas ações livres, harmonizadas desde a eternidade com tudo que a rodeará.[30]

> Querer que uma determinação venha de uma plena indiferença absolutamente indeterminada é querer que ela venha naturalmente do nada. Supõe-se que Deus não concede essa determinação; portanto, ela não tem origem na alma, nem no corpo, nem nas circunstâncias, já que se supõe que tudo é indeterminado. E ei-la entretanto que aparece e que existe, sem preparação, sem que nada leve a ela, sem que um anjo, sem que Deus mesmo possa ver ou fazer ver como ela existe. Isso não é apenas sair do nada, mas sair do nada por si mesmo.[31]

Na verdade, a noção de uma vontade isenta de motivos, ou capaz de se sobrepor ao equilíbrio entre suas diversas inclinações, já é uma noção autocontraditória. Pois essas inclinações e motivos não estão fora da vontade, como pesos que fazem uma balança se inclinar.[32] Eles *constituem* a própria vontade, que se inclina, portanto, espontaneamente e por sua própria natureza e disposições. "Uma mera vontade sem motivo [*a mere will*] é uma ficção, não apenas contrária à perfeição de Deus, mas também quimérica e contraditória, inconsistente com a definição da vontade".[33] Por isso, aos olhos de Leibniz, é claro o parentesco da compreensão errônea do livre-arbítrio como fundado sobre uma total indiferença com a noção autocontraditória do acaso como algo capaz de causar verdadeiramente alguma coisa. "Todos os sábios concordam", diz ele, que o acaso não é uma coisa real mas sim aparente, um termo que apenas esconde nossa ignorância das causas.[34] Mas se pudéssemos

---

30 Cf. Op. cit., §323. Sobre a relação entre as noções de espontaneidade, liberdade e contingência, bem como sobre a maneira como o conceito leibniziano de substância individual torna, não apenas compatível, mas indissociável o vínculo entre essas noções e a de determinação, ver Luiz Henrique Lopes dos Santos, "Leibniz e a questão dos futuros contingentes". *Analytica*, 3, 1998, pp. 91-121. Para uma leitura distinta, mais centrada no conceito de análise infinita e no modo de conexão entre os predicados, ver Ulysses Pinheiro, "Contingência e análise infinita em Leibniz". *Kriterion* XLII (104), 2001, pp. 49-71.
31 Leibniz, *Essais de théodicée*. Op. cit., §320.
32 Cf. André Robinet (org.), *Correspondance Leibniz-Clarke*, op. cit., 5º texto de Leibniz, §15.
33 Ibid., 4º texto de Leibniz, §2.
34 Leibniz, *Essais de théodicée*. Op. cit., §303.

escolher sem que houvesse nada que nos levasse a escolher algo determinado, se a vontade fosse essa faculdade pura, capaz de criar uma diferença onde não há absolutamente qualquer diferença, então o acaso, o puro acaso, "sem razão determinante, aparente ou oculta", seria algo real. E isso é ao mesmo tempo falso, absurdo e ridículo; tão ridículo quanto aquela pequena declinação atômica introduzida por Epicuro para escapar da necessidade e do pleno determinismo a que seu sistema parecia condenar o mundo.[35] Ora, essa declinação ou *clinamen* não era senão uma espécie de livre arbítrio atômico, ele mesmo inexplicável, mas supostamente capaz de desviar os átomos materiais de sua inexorável queda vertical, ao mesmo tempo em que livrava o homem de sua submissão ao destino.[36] Mas, com isso, na avaliação de Leibniz, Epicuro não resolvia, apenas mudava a dificuldade de lugar.

Vemos, assim (retornando ao sofisma de Buridan), que aquelas duas vias propostas por Bayle no fundo se equivalem, e não poderiam ser aceitas por Leibniz. A vontade que triunfa sobre a vaga e plena indiferença já é por si mesma uma espécie de acaso (ou vice-versa), e este, por sua vez, será uma noção completamente absurda se não o quisermos reduzir à nossa mera ignorância das causas determinantes. Ou seja, ou a vontade mesma quebra o equilíbrio, isto é, produz uma determinação a partir da pura indeterminação (mas isso violaria o princípio da razão suficiente), ou escapa da indiferença e do equilíbrio apelando para o acaso, que por sua vez, entendido corretamente, situa-nos longe de qualquer equilíbrio. Em outras palavras, parece que não há saída: se o equilíbrio é rigorosamente mantido, se, como acontece na situação proposta por Buridan, não há uma razão que nos incline mais para um lado que para outro, então Spinoza está certo: a ação é de fato impossível; e, homens ou asnos, acabaríamos por morrer de fome ou de sede.

Mas, ao mesmo tempo, Leibniz, como Bayle, não quer aceitar esse desfecho. Sem poder abrir mão, seja da completa determinação de todas as substâncias, seja da liberdade e da contingência, ele enxergará uma solução onde nem Spinoza nem Bayle enxergaram. No fundo, diz ele, a discussão é sobre o impossível. A armadilha do equilíbrio paralisante

---

35 Cf. Cícero, "De Fato", *Traité du destin*. In *Les stoïciens* (Bibliothèque de la Pléiade, trad. E. Bréhier). Paris: Gallimard, 1983 XI, 23-4 e XIV, 31-2; e Pierre Bayle, *Dictionnaire historique et critique*. Paris: Desoer, 1820, op. cit., art. Epicure, n. "U".

36 Ibid., §321.

simplesmente não existe, porque não há, não pode existir um equilíbrio perfeito no universo.

Para haver uma situação de equilíbrio teríamos que supor duas coisas: em primeiro lugar, um ponto fixo de referência ou um ponto de vista em relação ao qual se possa dizer que há duas ou mais alternativas, dois ou mais lados equilibrados; ou seja, temos que definir "lados" em relação a um sujeito. Em segundo lugar, temos que supor uma *simetria* ou igualdade, seja entre dois ou mais objetos quaisquer, tomados isoladamente de cada um desses lados ou alternativas, seja entre os valores que esses objetos têm para o sujeito em questão. As duas versões do sofisma de Buridan contemplam precisamente essas duas possibilidades: na primeira versão, o asno faminto tem, de cada lado, uma medida de aveia que lhe parece exatamente igual à outra. Na segunda versão, o asno, com tanta sede quanta fome, tem, dos dois lados, objetos diferentes (uma medida de aveia e um balde d'água), mas que satisfariam de maneira igual a cada um de seus apetites separadamente. Vejamos a resposta de Leibniz:

> [...] o caso do asno de Buridan, entre dois prados e igualmente levado a um e a outro, é uma ficção que não poderia ocorrer no universo, na ordem da natureza [...] no fundo, a questão é sobre o impossível, a menos que Deus produza a coisa propositalmente [*exprès*]. Pois o universo não poderia ser bipartido por um plano vertical que passasse pelo meio do asno, cortando-o longitudinalmente de forma que tudo fosse igual e semelhante de um lado e de outro, ao modo de uma elipse e de todas as figuras planas do tipo daquelas que denomino *anfidestras*, e que podem ser assim bipartidas por alguma linha reta que passe por seu centro: pois nem as partes do universo, nem as vísceras do animal são semelhantes ou estão situadas igualmente dos dois lados desse plano vertical.[37]

Em primeiro lugar, notemos que Leibniz não considera aqui a segunda versão do sofisma, que entretanto havia sido mencionada por Bayle. Ele descreve o asno como parado entre dois objetos iguais: dois prados, ou duas medidas de aveia. E quando propõe sua solução, modifica também a situação representada na primeira versão: a simetria que ele imagina (que imagina não poder existir) não é apenas entre esses dois objetos, mas entre os dois lados do universo. Assim, somos levados a

---

37 Leibniz, *Essais de théodicée*. Op. cit., §49.

entender a indiferença da vontade como dependendo necessariamente de uma perfeita e total simetria de todo o universo. Além disso, como se para reforçar essa ideia, o exemplo geométrico escolhido é o daquelas figuras que Leibniz define como "anfidestras" (ou seja, figuras com um alto grau de simetria, que contêm um ponto tal que toda reta que passa por esse ponto divide a figura em duas partes de áreas iguais), de modo que esse universo simétrico se multiplica imediatamente em, não apenas duas, mas infinitas partes equivalentes (de áreas iguais), ou seja, tantas partes quantas linhas podemos passar pelo ponto em questão.

É interessante que Spinoza, quando comenta o sofisma, diga que o equilíbrio que gera a inação depende do isolamento dos dois objetos possíveis da escolha em relação ao resto da experiência: "Concordo inteiramente que um homem situado em tal equilíbrio (i.e. *que não percebe nada além* da sede e da fome, tal alimento e tal bebida igualmente distantes dele) morrerá de fome e de sede."[38] Leibniz poderia ter afirmado a impossibilidade do equilíbrio perfeito tomando também como parâmetro apenas dois objetos isolados. Ele dispunha de um instrumento mais que suficiente para isso: seu princípio da identidade dos indiscerníveis. Esse princípio diz que não pode haver na natureza duas coisas individuais que difiram apenas numericamente.[39] Se elas são diferentes, deve haver (pelo princípio da razão suficiente) uma razão para essa diferença. Ora, como todas as relações que um objeto pode manter com outro já estão contidas desde sempre no próprio conceito desse objeto (em outras palavras, como todo predicado está contido no sujeito), a razão que diferencia dois objetos tem que ser interna à essência de cada um: "[...] *não há denominações puramente extrínsecas* que não tenham um fundamento também na própria coisa denominada. Pois é preciso que a noção do sujeito denominado envolva a noção do predicado."[40] Dito de outra forma, se duas substâncias têm exatamente os mesmos predicados, sem exceção, então elas são também numericamente idênticas, isto

---

38 Spinoza, "*Ética* II", in *Oeuvres complètes* (Bibl. de la Pléiade). Paris: Gallimard, 1954, escólio da prop. XLIX, pp. 409-410, meu grifo.

39 Ver, por exemplo, "Principes logico-métaphysiques", in Rauzy, *Recherches générales...* Op. cit., p. 460. Rauzy considera que esse texto foi composto em 1689. Na edição de Loemker (que o localiza entre 1680 e 1684), o texto recebeu o título de "First Truths" (*Gottfried Wilhelm Leibniz: Philosophical Papers and Letters.* Dordrecht: Kluwer, 1989, p. 268). Não confundi-lo, portanto, com o texto publicado nessa mesma edição de Rauzy como "Sur les vérités premières" (*Recherches générales...* Op. cit., pp. 446-448).

40 Leibniz, *Principes logico-métaphysiques*, p. 461.

é, são uma e não duas substâncias. Assim, ainda que (por absurdo) tivéssemos duas substâncias iguais, o simples fato de, por exemplo, uma se localizar à esquerda e a outra à direita do sujeito em questão implicaria a existência de relações (espaciais) que, embora aparentemente exteriores às duas substâncias, teriam que estar expressas em propriedades internas a cada uma delas — e essas substâncias seriam, portanto, numérica e essencialmente diferentes, o que já constituiria uma razão suficiente para inclinar a vontade.[41]

Entretanto, no fundo, o próprio princípio dos indiscerníveis depende, no sistema leibniziano, da ligação harmônica de todas as substâncias umas com as outras. "[...] não há denominação puramente extrínseca (*denominatio pure extrinseca*), por causa da conexão real de todas as coisas".[42] Se nenhuma relação pode ser meramente extrínseca, isto é, se

---

41 Como o presente texto trata do problema da simetria apoiando-se sobretudo na resposta de Leibniz ao sofisma de Buridan, tal como ela se encontra na *Teodicéia*, limitamo-nos aqui à análise da simetria espacial. Mesmo no que diz respeito à possibilidade de adiar uma decisão, trata-se antes de mostrar a impossibilidade de um equilíbrio perfeito em um momento preciso da vida do sujeito. Seria necessário, entretanto, refazer toda essa análise levando em consideração a impossibilidade de uma simetria temporal, ou seja, de uma repetição dos acontecimentos ou substâncias, tanto do ponto de vista dos sujeitos particulares como na perspectiva mais ampla da história. Sobre essa questão, ver os textos de Leibniz publicados por M. Fichant em 1991 (Postface: "Plus Ultra". In *De l'horizon de la doctrine humaine: apokatastasis pantwn (la restitution universelle)*. Paris: J. Vrin, 1991, pp. 125-210). Encontramos ali a mesma oposição entre um ponto de vista ideal ou abstrato e um ponto de vista concreto ou efetivo. A impossibilidade de uma simetria temporal é analisada também, embora mais rapidamente e a partir de outra perspectiva (a da noção do próprio tempo, e não das substâncias que existem no tempo), por Breger ("Symmetry in Leibnizean Physics." In *The Leibniz Renaissance International Workshop, Firenze, 2-5 giugno 1986*. Centro fiorentino di storia e filosofia della scienza. Florença: Leo S. Olschki, 1989, pp. 34-5), quando este analisa a oposição de Leibniz à noção de um tempo (como de um espaço) absoluto: como o tempo não é senão uma certa relação entre acontecimentos, se Deus tivesse criado o universo em um momento posterior ou anterior ao momento em que efetivamente o criou, os dois universos (que apresentariam então uma simetria de translação, cf. Weil, *Symmetry*. Princeton: Princeton University Press, 1980, fig. 24) seriam indiferenciáveis. Entretanto, isso violaria o princípio dos indiscerníveis, assim como o da razão suficiente (pois Deus não teria tido uma razão suficiente para escolher um momento preciso como o momento da criação). Ver adiante o capítulo 12 do presente volume, "Leibniz e as voltas do tempo".

42 O trecho completo é: "Filaletos: Pode haver [...] uma mudança de relação sem que ocorra qualquer mudança no sujeito. Titius, que hoje considero como pai, deixa de sê-lo amanhã, sem que haja nenhuma mudança nele, apenas porque seu filho morre. Teófilo: Pode-se dizer isso no que diz respeito às coisas que percebemos; mas, no rigor metafísico, a verdade é que não há denominação puramente extrínseca [...], por causa da conexão real de todas as coisas." (Leibniz, *Nouveaux essais sur l'entendement humain*. Op. cit., II-XXV §5, p. 177)

toda relação está expressa no interior da substância, é porque esta contém uma infinidade, não apenas de propriedades, mas de percepções; ou, dito de outra forma, porque exprime, em sua unidade e de seu próprio ponto de vista, todas as outras infinitas substâncias que compõem com ela o universo real. Rigorosamente falando, portanto, seria impossível isolar (como faz Spinoza) dois objetos do resto; a simetria perfeita de dois objetos quaisquer dependeria necessariamente da simetria de todo o mundo que eles representam, ainda que obscuramente. Tudo isso parece estar condensado na imagem utilizada por Leibniz para refutar a indiferença de equilíbrio. Tomada de maneira abstrata, uma figura geométrica, formada de unidades homogêneas, pode ser considerada bilateralmente simétrica ou mesmo "anfidestra" (ou, se quisermos, duas ou mais figuras geométricas podem ser consideradas idênticas); mas isso só é possível porque se trata de uma abstração matemática, em que se consideram apenas noções incompletas das coisas, privilegiando-se algumas propriedades isoladas e omitindo-se suas relações com todas as outras.[43] Ao contrário, se inseríssemos essa mesma figura, não mais em um espaço geométrico e ideal, mas em uma extensão concreta e real, ou seja, se considerássemos os indivíduos completos e todas as infinitas relações neles contidas (se fizéssemos o plano vertical cortar vísceras e universo), então não haveria mais simetria possível.

> As partes do tempo e do espaço consideradas em si mesmas são coisas ideais, e assim se assemelham perfeitamente umas às outras como duas unidades abstratas. Mas não é o que se passa com duas unidades concretas, ou com dois momentos efetivos, ou dois espaços preenchidos, quer dizer verdadeiramente atuais.[44]

---

43 Cf. Joseph Moreau, *L'univers leibnizien.* Hildesheim: Georg Olms, 1987, pp. 202-204; e Michel Serres, *Le système de Leibniz et ses modèles mathématiques.* Paris: PUF, 1990, p. 806 nota 3: "Existe um espaço homogêneo para a geometria, um espaço diferenciado para a física; o primeiro é imaginário como a indiferença, o segundo é bem fundado, como a inclinação." No texto "De la nature en elle-même", de 1698, embora Leibniz não se refira especificamente à noção de simetria, fica bastante claro como ela é indissociável da concepção cartesiana da matéria como pura extensão geométrica — concepção contrária à natureza e à ordem das coisas, pois "não há jamais, em lugar algum, uma similitude perfeita" (in Schrecker, *Leibniz: Opuscules philosophiques choisis.* Paris: Vrin, 1978, p. 108).

44 André Robinet, *Correspondance Leibniz-Clarke.* Op. cit., 5º texto de Leibniz, §27.

Em suma, a própria indiferença de equilíbrio é uma noção incompleta.[45] Mesmo que não nos apercebamos disso, ao considerar dois possíveis objetos de nossa vontade estamos na verdade percebendo toda a série de substâncias expressas mais ou menos obscuramente por cada um desses objetos. Estamos percebendo a totalidade dos dois mundos possíveis distintos que se tornariam reais caso escolhêssemos uma ou outra alternativa.

Por isso mesmo, um adiamento da decisão, a cuja possibilidade Leibniz já se referia em seu texto "Verdades necessárias e verdades contingentes" como caracterizando a contingência, e com ela um outro tipo de indiferença, de nossas ações livres, tampouco nos permitiria sair de um equilíbrio perfeito. Ao contrário, se podemos suspender e adiar nossa decisão é porque existe um motivo que nos inclina a isso, mais que a realizar imediatamente a escolha. A inação que domina o asno de Buridan (ou que o dominaria, se fosse possível o perfeito equilíbrio) não se dá porque ele estaria protelando demasiadamente sua decisão, buscando levar em consideração sempre outras alternativas. Ela ocorre por ele ser prisioneiro *daquela* alternativa estreita e isolada que se lhe apresenta no presente, e não poder sair desse embaraço. O adiamento, ao contrário, depende da possibilidade de se introduzir sempre mais um termo na alternativa. Ora, justamente, essa introdução é sempre possível, infinitamente.

Se ainda quisermos falar de equilíbrio, portanto, a única possibilidade que parece restar é que os dois objetos, embora diferentes, tivessem para nós o mesmo valor, ou então que os dois mundos alternativos definidos por esses objetos contivessem a mesma soma de bens e males e por isso o mesmo valor global, ou seja, fossem igualmente atraentes ou repulsivos. Chegamos, assim, à segunda versão do sofisma de Buridan.

Embora Leibniz não comente diretamente essa versão, podemos arriscar algumas hipóteses. O que significa dizer que dois objetos teriam para nós o mesmo valor? Significa, por exemplo, que, se o asno tem tanta sede quanta fome, seria igualmente atraído por um balde d'água e por uma medida de aveia. Bayle descrevia essa possibilidade como uma

---

45 Cf. carta a Arnauld, 4/14 julho 1686, p. 122: "Uma perfeita indiferença é uma suposição quimérica ou incompleta."

situação em que a fome e a sede pressionariam [*préssaient*] o asno de maneira igual, ao mesmo tempo em que ele teria diante de si uma medida de aveia e um balde d'água agindo com a mesma força sobre seus órgãos.[46] Entretanto, a refutação por Leibniz da possibilidade de uma simetria perfeita não se aplicava apenas aos objetos, mas também aos sujeitos; o plano vertical por ele imaginado não cortava só o universo, cortava o asno também. Ou seja, a fome e a sede só podem parecer exercer a mesma pressão se construirmos com elas uma espécie de noção incompleta, abstraindo-as de suas relações com todo o restante da realidade em que estão inseridas. O mesmo raciocínio se aplica se imaginarmos uma situação um pouco diferente. Suponhamos que um homem sinta apenas uma sede muito forte, e que tenha diante de si dois copos d'água, de mesma forma e tamanho, mas de cores diferentes. Ele bem poderia fazer uma abstração, e raciocinar que, embora os dois objetos sejam diferentes, eles se equivalem pelas propriedades relevantes para aquela situação, ou seja, são igualmente bons para satisfazer sua sede. Entretanto, mais uma vez, essa situação só poderia se dar idealmente, pois, na realidade, fora desse espaço abstrato, a própria sede não pode ser isolada de todas as outras infinitas percepções e inclinações, de modo que há muito mais razões, além da sede, que determinam a vontade desse homem para o copo de uma certa cor ao invés do outro. Mesmo a cor sendo uma qualidade supérflua no que diz respeito à sede, ela não é supérflua para pelo menos alguma das infinitas pequenas percepções que acompanham essa percepção mais distinta que é a sede. "Embora nem sempre eu veja a razão de uma inclinação que me faz escolher entre duas alternativas que *parecem* iguais, sempre haverá alguma impressão que nos determina, ainda que seja *imperceptível*."[47]

Mas se, no que diz respeito aos valores de dois objetos, não podemos proceder a esse isolamento, será que não podemos ao contrário fazer uma avaliação das *totalidades* respectivas das duas experiências alternativas, e não poderia ser o caso então que essas totalidades tivessem o mesmo valor, isto é, que as *somas* de bens e males implicados por cada alternativa sejam iguais? A solução dessa questão ficará mais clara se abandonarmos por um momento o ponto de vista humano, e considerarmos o ponto de vista divino (embora, rigorosamente falando, Deus não tenha um ponto de vista, já que concebe em seu entendimento a

---

46 Pierre Bayle, *Dictionnaire historique et critique*. Paris: Desoer, 1820, *idem*.
47 Leibniz, *Essais de théodicée*. Op. cit., §305, meu grifo.

totalidade dos pontos de vista possíveis). Ao mesmo tempo, ao contrário do que fizemos anteriormente, devemos aqui partir já da consideração do mundo como um todo, para finalmente chegarmos aos objetos, ações e acontecimentos individuais que constituem esse todo. Ora, se dois ou mais mundos possíveis são indiferentes a Deus, ou seja, se os dois mundos alternativos, além de igualmente possíveis, são igualmente bons ou maus, não há uma razão suficiente para a escolha de um deles ao invés do outro, e por isso Deus não poderia decretar a criação de nenhum, já que seria contrário à sua sabedoria e perfeição agir sem uma razão. Se Deus criou este mundo, portanto, podemos concluir que seu valor e seu grau de perfeição são diferentes dos de qualquer outro que pudesse ter criado.

Ora, quando Deus viu em seu entendimento a totalidade das substâncias que decidiu criar, viu também que qualquer modificação nessa série, por menor que fosse (e mesmo que fosse, por exemplo, a troca singular de um mal por um bem, ou de um bem menor por um bem maior), traria consigo um mundo inteiramente (infinitamente) distinto, e necessariamente menos perfeito que nosso mundo real. No que diz respeito às ações humanas, isso significa que nenhuma alternativa que se apresente à nossa vontade pode ser moralmente indiscernível de outra, já que cada alternativa implica um mundo distinto. Resta saber se, como criaturas essencialmente limitadas que somos, não podemos nos *enganar* quanto aos valores dessas alternativas, tomando como indiscerníveis mundos possíveis que na verdade não o são. Afinal, não é justamente essa defasagem entre o ser e o parecer que explica a má escolha, e com ela o pecado? Suspeito que a resposta a essa pergunta já tenha que ter sido dada juntamente com as soluções de Leibniz para a primeira versão do sofisma. Pois se nossa incapacidade de ver nitidamente a totalidade infinita implicada por cada alternativa fosse suficiente para que de fato nossa vontade ficasse em equilíbrio entre as duas, também ficaríamos em equilíbrio e imóveis entre dois objetos que apenas nos *parecessem* iguais quando tomados isoladamente dessa totalidade. Vimos que aquilo que faz com que dois objetos isolados não possam ser idênticos é que eles na verdade não são isolados, ou seja, que cada um deles possui infinitos predicados, que têm ligação com todos os outros objetos do universo, ou seja, da totalidade. A inexistência *real* da simetria, seja entre dois objetos seja entre dois mundos alternativos, pode não impedir nossa *apercepção* confusa ou incompleta desses objetos ou mundos, e nossa representação deles como sendo iguais ou de mesmo valor para nós, mas não poderia impedir que nossa vontade continue sendo determinada, em maior ou menor grau, por todas as infinitas *percepções* "inapercebidas", presentes em nossa alma. Como dizíamos logo no início, a vontade que nos determina é, na maioria das vezes, apenas a resultante de uma infinidade de pequenas vontades e inclinações, que raramente percebemos.

Podemos portanto concluir que, também de nosso ponto de vista (isto é, da perspectiva das substâncias livres realmente escolhidas por Deus e tornadas reais, cujas ações fazem parte do mundo por ele escolhido, e que é o melhor de todos), não apenas não há duas coisas essencialmente iguais, como não há nenhuma opção cujo valor moral seja indiscernível do de outra. E isso nos leva ainda a concluir que, no fundo, qualquer diferença entre objetos, ações ou propriedades compossíveis com nosso mundo real mas incompatíveis entre si (i.e. compossíveis, embora não simultaneamente)[48] — em suma, qualquer diferença entre objetos entre os quais se tenha que escolher —, corresponde a uma diferença em seus graus de perfeição. Quando duas coisas são incompatíveis, se Deus tem uma razão suficiente para escolher entre elas é porque o mundo em que uma existe é melhor, e portanto mais perfeito, que o mundo em que a outra existiria. Como, então, supor que elas possam ser igualmente perfeitas, se implicam — e portanto exprimem, isto é, contêm — mundos diferentemente perfeitos? De maneira semelhante, quando duas coisas incompatíveis existem em um mesmo mundo, há uma ordem temporal determinada entre elas; e se essa ordem existe é porque uma é mais perfeita que a outra, a saber, a posterior é mais perfeita que a anterior. Do contrário, se fossem igualmente perfeitas, nenhuma delas existiria: "Quando duas coisas incompatíveis são igualmente boas e, tanto em si mesmas como por sua combinação com outras, uma não tem qualquer vantagem sobre a outra, Deus não produzirá nenhuma delas";[49] e, inversamente: "Se dois incompatíveis existem, então eles diferem temporalmente, e aquele que é anterior por natureza (ou posterior) é anterior (ou posterior) no tempo".[50]

---

48 Sigo aqui a distinção entre os termos "compossibilidade" e "compatibilidade" sugerida por Jean-Baptiste Rauzy, em *"Quid sit natura prius*? La conception leibnizienne de l'ordre", *Revue de métaphysique et de morale*, 1/jan.-mar. 1995, p. 40.
49 André Robinet, *Correspondance Leibniz-Clarke*. Op. cit., 4º texto de Leibniz, p. 19.
50 VE (G.W. Leibniz, *Vorausedition zur Reihe VI in der Ausgabe der Akademie der Wissenschaften der DDR*, Münster 1980-1992, p. 330). Citado por Rauzy, ibid. 1998, p. 40.

Essas últimas considerações talvez nos esclareçam sobre como compreender aquela que anunciamos como a terceira solução de Leibniz ao sofisma de Buridan, mas que (como não vem diretamente a propósito do sofisma) seria mais exatamente caracterizada como uma segunda ordem de razões que Leibniz nos apresenta para demonstrar a impossibilidade da existência de um equilíbrio e simetria perfeitos no universo. Ela aparece também na primeira parte da *Teodiceia*, mas alguns parágrafos antes da análise do sofisma (§35):

> Não se deve imaginar que nossa liberdade consiste em uma indeterminação ou uma *indiferença de equilíbrio*, como se precisássemos estar inclinados igualmente para o lado do sim e do não, e para diferentes partidos, quando há vários a tomar. Esse equilíbrio em todos os sentidos é impossível; pois mesmo que fôssemos igualmente levados a A, B e C, não poderíamos ser igualmente levados a A e não-A.[51]

Antes de pensarmos sobre a especificidade dessa argumentação, notemos que ela tem uma importante semelhança com a anterior, representada pela imagem do plano vertical: aqui também Leibniz nos leva a estender a simetria pontual a uma simetria generalizada, que compreende todo o universo. Neste caso, entretanto, o que é generalizado não é mais uma simetria entre objetos, seres ou partes homogêneas ou mesmo idênticas, mas entre as *inclinações*, ou as maneiras como o espírito se *comporta* em relação a partes contraditórias do universo. O seguinte trecho de "Verdades necessárias e verdades contingentes" deixará isso mais claro: é impossível (dizia então Leibniz) haver uma "indiferença metafísica total, em que o espírito se comporta exatamente da mesma maneira em relação a um e a outro dos contraditórios e em que, portanto, alguma coisa está, por assim dizer, em equilíbrio com a natureza inteira [...]".[52] O que Leibniz parece estar pretendendo fazer aqui, sobretudo no §35 da *Teodiceia*, é fornecer uma prova lógica de que um equilíbrio entre diferentes objetos de escolha, quaisquer que sejam eles, é impossível. Para isso, ele precisa estabelecer relações negativas entre os termos

---

51 Leibniz, *Essais de théodicée*. Op. cit., §35.
52 Ibid., p. 345.

positivos, o que faz ao tratar as diferentes alternativas que se apresentam ao sujeito como contraditórias umas em relação às outras. Assim, A e B (digamos, uma medida de aveia e um balde d'água) não são termos necessariamente contraditórios em si mesmos, mas se a situação do sujeito faz com que ele deva escolher entre os dois, então B é necessariamente não-A e vice-versa. Podemos pensar que esse raciocínio se aplica a todas as situações em que temos que fazer uma escolha. Mas, dito isso, como entender que não possamos ser igualmente levados a A e não-A? Leibniz não nos dá, nesses dois textos, nenhuma indicação de por que deva ser assim, e a única maneira que vejo de responder a essa questão é recorrer à definição de perfeição que mencionei há pouco: A e não-A são, senão incompossíveis, ao menos incompatíveis (o asno pode ter tanto a água como a aveia, mas não os dois ao mesmo tempo); e, se são incompossíveis ou incompatíveis, então necessariamente existe entre eles uma diferença nos graus de perfeição — caso contrário, Deus não teria tido uma razão para escolher a realização de um deles ao invés ou antes do outro. Somente dois seres compatíveis podem ser igualmente perfeitos.[53] Assim, glosando o texto que citamos acima: podemos (logicamente falando) ser igualmente inclinados para A, B e C; mas se reduzimos B e C a não-A, então não podemos (moralmente falando) ser igualmente inclinados aos três.

Um último ponto. Poder-se-ia pensar que, como nada impede que substâncias de um mesmo mundo sejam igualmente perfeitas (a saber, desde que não haja incompatibilidade entre elas), Leibniz não precisaria ter concebido o melhor dos mundos possíveis como um mundo que reúne bens e males em uma proporção ótima. O melhor mundo parece ser antes aquele composto exclusivamente de seres perfeitos, e por isso um mundo que só contém bens. Para refutarmos essa objeção, devemos entender que é a mesma ilusão que está por trás da ideia de que a verdadeira liberdade depende de uma indiferença de equilíbrio e da ideia, que

---

53 A menos que tomemos "perfeição" no sentido de "máximo de compossibilidade", definição que tem como consequência que todos os seres de um mundo possível serão igualmente (mas nunca absolutamente) perfeitos. Cf. Rauzy, "*Quid sit natura prius?* La conception leibnizienne de l'ordre." *Revue de métaphysique et de morale*, 1/jan.-mar. 1995, p. 43, op cit.

Leibniz também combate, de que o melhor mundo possível deveria ser um mundo formado exclusivamente de substâncias perfeitas. De fato, se a liberdade de indiferença parece a alguns ser a única verdadeira liberdade, não é apenas porque, nessa situação de indiferença em que se encontra a vontade, não há "qualquer razão de se determinar, anterior à determinação, nem naquele que escolhe nem no objeto", mas também porque assim "não elegemos o que agrada; ao contrário, elegendo sem motivo, fazemos com que aquilo que elegemos agrade".[54] Ou seja, segundo essa hipótese, a vontade não é determinada pelo bem do objeto que escolhe; sem ver nos objetos qualquer razão de determinação, ela mesma cria essa razão, atribuindo um certo grau de bondade ao objeto da escolha, e fazendo assim com que ele nos agrade.

Mas, nesse caso, pergunta Leibniz, o que impediria a vontade de atribuir aos objetos sempre o grau máximo de bondade, "24 quilates de bondade"? O que nos impediria de "transformar tudo em ouro pelo toque dessa faculdade mágica"?[55] Se tudo é indeterminado, de onde tiraríamos a razão de um limite? Não é à toa que isso nos lembra um conto de fadas, como diz Leibniz; um mau conto de fadas, poderíamos acrescentar. É um engano pensar que um mundo composto só de seres perfeitos é o mundo mais perfeito. Em primeiro lugar, porque isso seria impossível. Se todas as substâncias criadas fossem absolutamente perfeitas, elas seriam iguais, o que contraria o princípio da identidade dos indiscerníveis, além de contradizer a noção mesma de perfeição. De fato, como todas as substâncias representam todas as outras (todo o universo), a única coisa que as diferencia é o fato de que cada uma o faz de seu próprio ponto de vista, ou seja, percebe mais ou menos distintamente uma certa região do real.[56] Mas uma substância perfeita conteria apenas percepções distintas, e em nada se diferenciaria de outras substâncias perfeitas, visto que cada uma exprimiria todas as outras exatamente da mesma maneira. E, novamente, não haveria uma razão que explicasse por que umas não são as outras.[57] Além disso, para que uma substância

---

54 Leibniz, "Sur l'origine du mal", *Essais de théodicée*. Op. cit., §1.

55 Leibniz, "Sur l'origine du mal", *Essais de théodicée*. Op. cit., §18.

56 Cf. carta a Arnauld de 30 de abril de 1687: a alma exprime mais distintamente o que pertence a seu corpo, pois "não poderia exprimir igualmente todas as coisas; do contrário, não haveria distinção entre as almas". (in *Discours de métaphysique...*, op. cit. p. 159).

57 Por isso, sem uma razão suficiente, Deus não teria criado nenhuma delas. Um raciocínio semelhante explica por que não poderia haver sempre um mundo mais perfeito que outro, infinitamente: se não houvesse *o* mundo mais perfeito possível, Deus tampouco

contenha apenas percepções distintas, seria preciso que nada limitasse sua perfeição.[58] Ora, a própria diversidade implica a existência de relações entre aquilo que é diverso, relações estas que são representadas internamente por percepções mais ou menos distintas ou confusas, conforme o grau de perfeição ou imperfeição da substância, ou seja, conforme a substância esteja agindo ou apenas sofrendo a ação das outras. "Diz-se que a criatura *age* fora dela enquanto tem perfeição, e *sofre* a ação de outra enquanto é imperfeita. Assim, atribui-se a *ação* à mônada enquanto ela possui percepções distintas, e a *paixão* enquanto possui percepções confusas."[59] Se uma substância criada só tivesse percepções distintas, ela seria puramente ativa; mas sobre quê agiria ela se todas as outras substâncias criadas fossem também puramente ativas? Como seria possível a existência de relações entre criaturas perfeitas?[60] Essas mônadas perfeitas não seriam apenas sem janelas; elas teriam que ser cegas, surdas e mudas.

Em suma, o mundo mais perfeito possível, o mundo que realiza a maior quantidade de essência, não poderia ser composto exclusivamente de substâncias perfeitas. Uma multiplicidade de substâncias perfeitas seria, na verdade, uma única substância perfeita; e a única substância absolutamente perfeita é Deus. Para criar o melhor mundo, para produzir o máximo de essência, complexidade e perfeição, Deus terá que dar existência à maior *variedade* possível de substâncias, cada qual realizando e desenvolvendo um grau próprio de perfeição ou essência. Em outras

---

teria criado nenhum. Cf. Leibniz, *Essais de théodicée*. Op. cit., §196.

58 "[...] a ação de uma substância finita sobre outra consiste unicamente no aumento do grau de sua expressão, juntamente com a diminuição da expressão da outra [...]"; "Assim, uma substância que tenha uma extensão infinita, enquanto exprime tudo, torna-se limitada pelo modo mais ou menos perfeito como o exprime. É portanto nesse sentido que podemos pensar [em um sentido não metafísico] as substâncias como impedindo e limitando umas às outras, e consequentemente é nesse sentido que podemos dizer que elas agem umas sobre as outras, sendo obrigadas, por assim dizer, a se adaptarem umas às outras." (Id., *Discours de métaphysique et correspondance avec Arnaud* (org. Georges Le Roy). Paris: J. Vrin, 1988, §15, op. cit.).

59 Id. *La monadologie*, (org. Emile Boutroux). Paris: Delagrave, 1998, §49.

60 Cf. ainda *Monadologie*, §50: "Uma criatura é mais perfeita que outra se nela encontramos a razão a priori do que se passa na outra; e é por isso que dizemos que ela age sobre a outra." E §56: "Ora, essa ligação ou acomodação de todas as coisas criadas a cada uma e de cada uma a todas as outras faz com que cada substância simples tenha relações que exprimem todas as outras e consequentemente seja um perpétuo espelho vivo do universo." Ver tb. §52.

palavras, a perfeição do mundo como um todo supõe sua diversidade interna, e a diversidade, por sua vez, exige a imperfeição, maior ou menor, das substâncias criadas.[61]

Aliás, ainda que fosse possível, um mundo composto exclusivamente de substâncias perfeitas, um mundo de deuses, seria na verdade menos desejável que o nosso. Ao longo de alguns parágrafos da segunda parte da *Teodiceia*,[62] Leibniz faz algumas observações sobre o livro do teólogo católico François Diroys, seu contemporâneo, intitulado *Preuves et préjugés pour la religion chrétienne et catholique contre les fausses religions et l'athéisme*, escrito em 1683. Em seu livro, Diroys afirma que, se é verdade que Deus produz sempre o melhor, então ele deveria produzir um mundo composto exclusivamente de deuses. Leibniz pondera que essa visão é parcial, e que Diroys não considera a ordem e a ligação das coisas.

> Se cada substância considerada isoladamente fosse perfeita, elas seriam todas semelhantes — o que não é conveniente nem possível. Se fossem deuses, não teria sido possível produzi-las. O melhor sistema das coisas, portanto, não conterá deuses; será sempre um sistema de corpos, quer dizer de coisas dispostas segundo os lugares e os tempos, e de almas que representam e apercebem os corpos, e segundo as quais os corpos são em boa parte governados.[63]

Que Deus produza o melhor mundo possível, o mundo mais perfeito possível, não quer dizer que os seres que compõem esse mundo, considerados isoladamente, sejam perfeitos. A perfeição do ato divino da criação está justamente na produção do maior número e variedade possível de efeitos a partir das causas ou meios mais simples. É essa regra que orienta a escolha divina. Leibniz insiste repetidamente, na *Teodiceia* como em vários outros textos, na importância desses dois pontos: que o sentido, a beleza e a harmonia das partes só se mostram pela consideração da

---

61 Cf. Moreau, *L'univers leibnizien*. Hildesheim: Georg Olms, 1987, p. 188, op. cit.; e Rutherford, *Leibniz and the Rational Order of Nature*. Cambridge: Cambridge University Press, 1998 pp. 25-26, op. cit. Cf. ainda *Da origem radical das coisas*, p. 92: além dos argumentos acima, que explicam por que, para Leibniz, o mundo mais perfeito não pode ser um mundo formado de substâncias perfeitas, podemos acrescentar um outro: a divisibilidade infinita do contínuo, que faz com que sempre haja ainda outros elementos a serem desenvolvidos em cada substância.

62 Leibniz, *Essais de théodicée*. Op. cit., §§197-203.

63 Ibid., §200.

totalidade, e que o sentido e a harmonia dessa totalidade estão, não na monotonia, mas na infinita diversidade de suas partes infinitas, juntamente com a simplicidade dos meios empregados para sua produção.

Um dos melhores exemplos desse pensamento está em suas respostas às dezenove máximas filosóficas que Bayle apresenta contra seu sistema e contra sua explicação da origem do mal físico e moral.[64] Respondendo uma a uma a essas máximas, Leibniz vai repetindo: querer, como Bayle, que não houvesse males no mundo, querer que não houvesse vícios nem crimes, pensar que Deus, por sua onipotência e onisciência, poderia e deveria ser capaz de criar um mundo em que os homens fossem todos bons, virtuosos e felizes — isso é separar as partes do todo, e deixar-se guiar pela falsa máxima de que a felicidade das criaturas racionais é o único objetivo de Deus.[65] Nós vemos um pequeno fragmento, Deus vê a ligação de todos os fragmentos em sua obra completa. Nós somos uma parte, uma parte importante, mas Deus não despreza nenhuma criatura, e nenhum fio de cabelo de nenhuma criatura.[66] Por isso nosso mundo não poderia ter sido diferente, nem melhor. Por isso o mal era inevitável.

A insistência de Bayle, ao longo de suas objeções, em bater sempre na mesma tecla, obrigando Leibniz a dar sempre a mesma resposta com pequenas variações, gera, já na resposta à nona máxima,[67] uma espécie de desabafo. Leibniz reage à repetitividade e falta de inventividade de seu opositor, mas no fundo sua irritação é apenas reflexo de uma reação conceitual, contra a repetitividade e mesmo contra a falta de sentido do mundo que Bayle, como muitos outros, crê ser o melhor. A indiferença, a simetria, a ausência de males, desequilíbrios e dissonâncias na harmonia representariam (caso fossem possíveis) uma perda de perfeição no mundo criado, além de diminuir nossa capacidade de saborear todos os bens existentes. E tudo seria, enfim, muito entediante. A citação é um pouco longa, mas vale a pena, porque condensa boa parte do que dissemos. Eu termino com ela:

---

64 Ibid., §§116-ss.
65 Ibid., §120.
66 Cf. ibid. Prefácio, p. 30.
67 Ibid., §124.

Ainda não estou nem na metade das 19 máximas, e já estou cansado de refutar e responder sempre a mesma coisa [...]. Se só houvesse virtude, se só houvesse criaturas racionais, haveria menos bem. Midas ficou menos rico quando só tinha ouro. Além disso, a sabedoria deve variar. Multiplicar unicamente a mesma coisa, por mais nobre que ela seja, seria uma superfluidade, seria uma pobreza. Ter mil Virgílios bem encadernados em sua biblioteca, cantar sempre as árias da ópera de Cadmos e Hermione, quebrar todas as porcelanas para só possuir taças de ouro, ter apenas botões de diamante, não comer senão perdizes, não beber senão vinho da Hungria ou de Shiras — chamaríamos a isso de razão? A natureza precisou de animais, de plantas, de corpos inanimados; há nessas criaturas não racionais maravilhas que servem para exercer a razão. Que faria uma criatura inteligente se não houvesse coisas não inteligentes? Em que pensaria ela, se não houvesse nem movimento, nem matéria, nem sentidos? Se ela só tivesse pensamentos distintos, seria um deus, sua sabedoria não teria limites [...]. A partir do momento em que há uma mistura de pensamentos confusos, é porque há os sentidos e a matéria. Pois esses pensamentos confusos vêm da relação de todas as coisas entre si, segundo a duração e a extensão. É por isso que em minha filosofia não há criatura racional sem um corpo orgânico, e não há espírito criado que seja inteiramente desvinculado da matéria. Mas esses corpos orgânicos não diferem menos em perfeição que os espíritos a que pertencem.[68]

---

68 Ibid., §124.

CAPÍTULO 12

Leibniz e as voltas do tempo*

Meu objetivo no presente texto é confrontar algumas definições que Leibniz apresenta da noção de perfeição com uma série de modelos, propostos por ele quase sempre hipoteticamente, para representar a maneira como essa perfeição evolui temporalmente nas substâncias criadas. Respeitando seu caráter hipotético, não ousei aqui tentar conciliar esses diversos modelos, e muito menos destacar um deles como o correto ou mais acabado. Contentei-me em apresentar o problema, e propor alguns desdobramentos possíveis desse confronto.

Perfeição

O vínculo entre as noções de perfeição e de existência é afirmado repetidas vezes por Leibniz. No texto "Sobre as verdades primeiras", escrito provavelmente entre 1677 e 1680,[1] ele é introduzido para justificar aquela que, entre as verdades de fato, é considerada como absolutamente primeira, a partir da qual se torna possível a demonstração *a priori* de todas as experiências: que "todo possível pretende existir, e *portanto* existiria efetivamente se um outro possível que também pretende existir e que é incompatível com ele não viesse impedi-lo" (meu grifo). De fato, diz Leibniz, uma vez que todos os possíveis tendem à existência, das duas uma: ou todos existiriam (e teríamos que dizer que "todo possível pretende de tal forma existir que existe efetivamente"), ou apenas uma parte deles existe, e nesse caso teremos que ser capazes de dar a razão dessa verdade de fato, ou seja, dizer por que uns existem em lugar de outros. Bem sabemos que Leibniz escolherá esta última alternativa, e a razão, diz ele neste texto, encontra-se na própria essência ou possibilidade: "o possível pretende à existência segundo sua própria natureza e

---

* Artigo originalmente publicado na revista *Dois Pontos*, 2 (1) 2005, pp. 101-122. Agradeço a Ulysses Pinheiro sua leitura cuidadosa dos dois textos que resultaram neste artigo.

1 G.W. Leibniz, *Recherches générales sur l'analyse des notions et des vérités: 24 thèses métaphysiques et autres textes logiques et métaphysiques* (org. Jean-Baptiste Rauzy). Paris: PUF, 1998, p. 446.

proporcionalmente à sua possibilidade, quer dizer, a seu grau de essência". Que o grau de essência, portanto, não seja igual em todos os possíveis explica ao mesmo tempo que eles não são todos compossíveis numa mesma série (pois essa variação no grau de essência gera sua entrelimitação), e que passarão por uma espécie de competição, da qual sairão vitoriosos os que contiverem e implicarem a maior quantidade de essência, ou, em outras palavras, os mais perfeitos.

Essa explicação de Leibniz, que é parcialmente retomada em textos posteriores, como por exemplo *A origem radical das coisas* (de 1697),[2] não deve levar à idéia errônea de que existe uma espécie de mecanicismo metafísico na passagem à existência dos possíveis presentes no entendimento divino. Aparentemente, o que está dito é que todo possível existirá, a menos que seja *impedido* por um outro possível com o qual não pode compartilhar de um mesmo mundo. Entretanto, a série de compossíveis que assim se forma, dentro da qual tudo se entrelimita mas nada impede nada, não é a única série que exige existir. Há infinitas delas. E, embora Leibniz afirme que a série que existirá é aquela que contém o maior número de "coisas" ou a maior quantidade de essência, não é verdade que uma maior quantidade de essência ou coisas bastaria para *automaticamente* realizar a tendência dessa série a existir — ao contrário do que acontece no caso, por exemplo, de uma balança com dois pratos, em que o lado que desce é simplesmente aquele que contém o maior peso.[3] Para que isso aconteça, é preciso ainda que intervenha a escolha divina, e com ela o princípio do melhor.

É por esse motivo, ou seja, porque quer levar em conta o princípio do melhor, que Leibniz identifica em todos esses textos grau de essência e grau de perfeição, de tal maneira que poderá finalmente afirmar: "as coisas existem sob o modo mais perfeito".[4] Assim, tanto em *Sobre as verdades primeiras* como em *A origem radical das coisas*, a afirmação inicial de que todos os possíveis pretendem existir, que vem responder à primeira questão que "temos o direito" de fazer uma vez aceito o princípio de que tudo

---

2   Leibniz, In *Opuscules philosophiques choisis* (org. Paul Schrecker). Paris: Vrin, 1978, pp. 83-92.

3   Embora Leibniz tenha dado esse exemplo para reforçar justamente o ponto de que o possível que existirá é aquele que tem a maior tendência a existir. Cf. "Observações Gerais" (entre 1678 e 1686), in Leibniz, 1998, p. 455.

4   *Sobre as verdades primeiras*, in Leibniz 1998, p. 447.

deve ter uma razão suficiente,[5] é complementada pela introdução da noção de perfeição: "todos os possíveis, quer dizer, tudo aquilo que exprime uma essência ou realidade possível, tendem com igual direito à existência, *proporcionalmente à quantidade de essência ou realidade, isto é, ao grau de perfeição que implicam. Pois a perfeição não é senão a quantidade de essência.*"[6] É em função do grau de perfeição de cada possível que Deus escolherá alguns deles, guiado pelo princípio do melhor, de modo a criar o melhor mundo, isto é, o mundo mais perfeito possível.

A diferença nos graus de perfeição das substâncias, portanto, não tem exclusivamente o papel negativo de limitar os campos de compossíveis, e com isso também a escolha divina. A alternativa apresentada por Leibniz para representar o que poderia acontecer com todo aquele conjunto infinito de possíveis que tendem a existir (ou que todos eles existiriam, ou que existiriam apenas aqueles que não fossem impedidos de fazê-lo) não era tão exaustiva quanto parecia à primeira vista. Havia ainda uma terceira opção, não mencionada nestes textos, mas bastante explícita por exemplo nos *Ensaios de teodicéia*: que, na absoluta ausência de razão suficiente, *todos* os possíveis permanecessem eternamente no entendimento divino apenas pedindo para existir, sem que Deus se decidisse a criar nenhum deles. Justamente, essa triste hipótese é a que se verificaria se a exigência de existência por parte dos possíveis não se apresentasse em diferentes graus, proporcionais à quantidade de essência de cada possível. Apenas essa opção deixa claro que a passagem dos possíveis à existência não é uma verdade de razão, mas a primeira verdade de fato,[7] contingente e dependente do princípio do melhor. Por isso, a nova formulação dessa primeira verdade de fato não é mais que "todo possível pretende existir, e *portanto* existiria efetivamente se um outro *possível* [...] que é incompatível com ele não viesse impedi-lo", mas sim: "todo possível existe *se um mais perfeito* não impede sua existência."[8]

---

5   *Principes de la nature et de la grâce*, § 7: "Uma vez posto esse princípio, a primeira questão que temos o direito de fazer será: *por que há alguma coisa ao invés de nada*. Pois o nada é mais simples e mais fácil que alguma coisa. Além disso, uma vez suposto que devem existir coisas, é preciso que se possa dar a razão *por que elas devem existir assim*, e não de outra maneira." (Leibniz 1978, *Die Philosophischen Schriften von Gottfried Wilhelm Leibniz*. Org. C.I. Gerhardt [daqui em diante, GP]. Hildesheim: Georg Olms, VI, p. 602).

6   A origem radical das coisas", in: *Opuscules philosophiques choisis*. Op. cit., p.85. (meu grifo.)

7   Como aprendemos em Leibniz, *Recherches générales...*, op. cit., p. 446.

8   Entre 1678 e 1686, ibid., p. 455 (meu grifo).

Em suma, se existe alguma coisa ao invés de nada, é, em primeiro lugar, porque há possíveis; em segundo lugar, porque esses possíveis têm uma certa inclinação a existir; e, em terceiro lugar, porque essa inclinação, que é proporcional à sua perfeição, não é a mesma em todos eles, de modo que há uma razão suficiente para a escolha e consequente criação divina. Nosso mundo só foi criado porque era melhor que alguma coisa, e porque era o melhor de todos; e cada substância que compõe este mundo foi escolhida porque, com seu grau determinado de perfeição, contribui para dar a ele o maior grau de perfeição total, ou seja, a maior quantidade de essência.

Segundo o *Sobre as verdades primeiras*, a quantidade de essência implicada em cada uma dessas substâncias é função do número maior ou menor de substâncias que são compossíveis com ela, ou seja, a substância que for compossível com o maior número de outras substâncias conterá ou implicará uma maior quantidade de essência e será, por isso mesmo, mais perfeita. Daí uma segunda definição que Leibniz dá de perfeição:[9] é mais perfeito aquilo que é compossível com o maior número de seres. Neste sentido, o mundo mais perfeito será a série que contém o maior número de substâncias compossíveis.

Entretanto, para Leibniz, nem as substâncias nem o universo podem ser pensados separadamente de sua dimensão temporal. Não há substância que não contenha em seu conceito predicados que exprimem relações temporais (como não há substância que não exprima em seu conceito relações espaciais) e não há substância que, uma vez criada, não se desenvolva temporalmente e de maneira contínua. Tanto a definição da substância individual no *Discurso de metafísica* (§8) como a caracterização das mônadas na *Monadologia* ou nos *Princípios da natureza e da graça*, por exemplo, deixam claro o caráter dinâmico que Leibniz quer emprestar a essas noções (§§ 14 e 2, respectivamente).[10] Além disso, essas mesmas substâncias são dispostas umas em relação às outras em uma

---

9   A primeira era que a perfeição é equivalente à quantidade de essência.

10 Quando, no *Discurso de metafísica*, §8 (GP IV, pp. 432-433), Leibniz introduz a noção de substância individual, ele o faz primeiramente caracterizando-a como o sujeito das ações: toda ação pertence a uma substância, e toda substância age permanentemente. E mais tarde, quando é caracterizado o conceito de mônada, tanto na *Monadologia* como nos *Princípios da natureza e da graça*, não apenas as apetições são, juntamente com as percepções, aquilo que diferencia as mônadas umas das outras, mas as próprias percepções são definidas como estados passageiros. Cf. *Monadologia* §§14-15 (ibid., VI, pp. 608-609) e *Princípios da natureza e da graça* §§1-2 (ibid., p. 598).

ordenação temporal. Foi para dar conta dessa dimensão que Leibniz formulou esta outra definição de perfeição: é mais perfeito por natureza aquilo que é posterior segundo uma ordem temporal.[11] Essa afirmação pressupõe a irreversibilidade do tempo, e pode-se entender de duas maneiras: que as substâncias que existem em um ponto posterior do tempo são mais perfeitas que as que existem anteriormente (assim, os filhos de Adão seriam mais perfeitos que Adão), mas também que cada substância se torna cada vez mais perfeita com o tempo.

Que as substâncias que existem em um ponto posterior do tempo são mais perfeitas que as existentes anteriormente significaria que, em um mesmo mundo, ou seja, em uma mesma série de compossíveis, substâncias incompatíveis estarão dispostas em momentos distintos, e isso numa ordem precisa, a saber, de tal modo que as mais simples vêm antes das mais complexas, ou seja, vêm antes daquelas cujas noções contêm um número maior de qualidades simples positivas. Ora, as qualidades positivas são aquelas qualidades que existem sem limitação, e a substância que contém mais qualidade positiva é, portanto, mais perfeita.[12] De acordo com essa primeira forma de compreendermos a definição de perfeição segundo a ordem temporal, nosso mundo, que é o mais perfeito, comportaria um progresso natural que não dependeria de nenhuma mudança ou evolução interna às próprias substâncias que o compõem, mas que, ao contrário, estaria garantido pela disposição mesma dessas

---

11 Cf. Jean-Baptiste Rauzy, *"Quid sit natura prius?* La conception leibnizienne de l'ordre". *Revue de métaphysique et de morale.* Paris, 1/jan.-mar. 1995, p. 48.

12 Jean-Baptiste Rauzy, após expor essa segunda definição de perfeição, segundo a ordem temporal, afirmou que ela parecia ser incompatível com a definição anterior, segundo a qual a série mais perfeita é aquela que é compossível com o maior número de seres. A razão dessa afirmação é que, segundo ele, a primeira definição levaria necessariamente à conclusão de que todos os seres de um mesmo mundo (em todos os seus momentos), por serem compatíveis entre si, teriam o mesmo grau de perfeição. Entretanto, talvez o raciocínio de Rauzy não se sustente. Quando Leibniz se refere ao mundo mais perfeito como a série que contém o maior número de substâncias compossíveis, ele não está afirmando que essa compossibilidade de cada substância da série tenha que se restringir às outras substâncias da mesma série (coisa de que Rauzy tem consciência; cf. Rauzy, *"Quid sit natura prius?* La conception leibnizienne de l'ordre". Op. cit., nota 33 à p. 42). Assim, no próprio exemplo dado por Leibniz, se D é incompatível com A e com B e compatível apenas com C, e se A, B e C são compatíveis entre si, a série que existirá será ABC, e não CD. Mas C, que pertence à série escolhida, é compaível também com D, diferentemente de A e de B, que só são compatíveis com os outros elementos de sua série. C, portanto, é mais perfeito que A e que B, uma vez que é compatível com mais substâncias. Desse modo, se quisermos juntar as duas definições, diremos que ABC forma a melhor série, e que, nessa série, C é posterior a A e a B.

substâncias com graus cada vez maiores de perfeição em uma ordem cronológica.

A segunda maneira de entendermos essa definição de perfeição, que nos ocupará aqui mais demoradamente (e que, aliás, não é necessariamente incompatível com a primeira), é que cada substância se torna cada vez mais perfeita com o tempo. Ela na verdade pode ser inserida em um leque razoavelmente amplo de modelos, formulados por Leibniz conjunta ou separadamente, em uma série de textos e cartas de diversas épocas, para tentar dar conta da questão do progresso ou aperfeiçoamento das substâncias em particular e do universo como um todo. Para citar apenas alguns exemplos, temos o modelo do progresso em linha ascendente (que pode ser uma reta ou uma curva, com ou sem um ponto inicial igual a zero), o progresso feito de ascensões e quedas (que pode ser ou uma curva sinuosa ou uma espiral), e finalmente a ausência de progresso, ou seja, a estabilidade, que pode se representar quer por uma reta horizontal, quer por um círculo em que, após um longo período de ascensão, há um retorno à condição inicial. A dificuldade que encontramos aqui se deve, em parte, ao fato de que esses modelos são tratados quase sempre como hipóteses mutuamente exclusivas, entre as quais Leibniz, ao que parece, não consegue ou não quer se decidir. Mas a dificuldade recai também sobre cada um dos modelos, quando tentamos harmonizá-los com os pressupostos e definições que apresentamos acima.

Tempo: a restituição universal

Uma parte desses textos, mais especificamente aqueles escritos entre 1693 e 1715 e que giravam em torno da idéia de uma restituição universal, foram reunidos e analisados por Michel Fichant em 1991, *sob o título De l'horizon de la doctrine humaine — apokatástasis panton (la restitution universelle)*. Neles, Leibniz propõe a hipótese de uma espécie de retorno ou restituição de todas as coisas, que aparentemente teria sua necessidade garantida pelo fato de que os símbolos de que os homens se utilizam para formular enunciados sobre o mundo, sendo em número finito, e dadas uma série de outras restrições,[13] possuem também um número

---

13 Cf. Michael Fichant, Postface, "Plus Ultra". In: *De l'horizon de la doctrine humaine: apokatastasis panton (la restitution universelle)*. Paris: J. Vrin, 1991, pp. 125-210. P.e.,

limitado, ainda que imenso, de combinações possíveis. Isso constituiria um "horizonte" ou limite daquilo que pode ser enunciado ou conhecido pelos homens, e consequentemente também um limite dos próprios referentes desses enunciados, fossem eles verdades eternas, ou os fatos e personagens que constituem os assuntos humanos. Em suma, esgotadas as possibilidades de combinação dos símbolos de que dispomos para nos exprimir, para conhecer o mundo e para escrever nossa história, essas combinações, bem como os enunciados delas resultantes, estariam condenados a se repetir, arrastando consigo a própria história em seu movimento circular. E assim aconteceria que, um dia, "novos homens levariam do começo ao fim uma vida sensivelmente idêntica à que outros já teriam levado".[14]

No entanto, Leibniz não demora a se dar conta de que a hipótese desse ciclo histórico, em que novos homens levariam vidas idênticas às de antigos homens, constituiria, do ponto de vista das exigências metafísicas de seu sistema, uma cena bastante absurda. A ideia de uma "restituição universal", embora demonstrada com base nas regras da análise combinatória, logo lhe parece "chocar a harmonia das coisas",[15] e seu esforço para conciliar os dois lados em conflito produzirá, naquele conjunto de textos, o que nos aparece como uma desnorteante série de hesitações e indecisões.

Em primeiro lugar, embora caracterize constantemente o retorno, tanto dos enunciados como dos fatos a que estes se referem, como "necessário" uma vez respeitadas as condições iniciais, Leibniz restringe cada vez mais firmemente seu escopo. Já nos textos de 1693, ao mesmo tempo em que mostrava, por meio da análise combinatória, que um dia *tudo* o que se dissesse seria apenas *redito*, que não poderíamos então enunciar nada que já não houvesse sido enunciado, palavra por palavra, Leibniz ressalva que isso que *podemos* dizer e que, portanto, um dia *teremos* que redizer se quisermos continuar a dizer alguma coisa, resume-se na verdade à parte distinta e enunciável de nossos pensamentos, sem

---

que a espécie humana se mantenha sempre no mesmo estado, isto é, que conserve a mesma capacidade de conhecimento e enunciação; que nossa linguagem seja composta por palavras, e estas por um número máximo de letras; que cada enunciado se faça em um número máximo de linhas ou páginas; que haja um número finito de proposições históricas possíveis; que a história de um ano da vida de um homem possa ser escrita em um número máximo de páginas (o mesmo número que um ano de história pública) etc.

14   Ibid. p. 55.
15   Ibid., p. 53.

alcançar a enorme quantidade "de pensamentos e sentimentos confusos, sonhos, fantasias e impressões não enunciáveis".[16] Alguns anos mais tarde,[17] ele expressa uma ideia semelhante, afirmando que a identidade entre os novos enunciados ou fatos e os antigos é apenas aparente. Embora as leis da análise combinatória determinem um limite para as variações possíveis das combinações feitas a partir de um número finito de símbolos ou elementos, os fatos e as substâncias reais, sendo compostos de uma infinidade atual de partes, jamais poderiam se esgotar dessa forma. Aquilo que retornará, portanto, são apenas os "fatos sensíveis" ou "aparentes", aqueles conjuntos de predicados que podem ser conhecidos distintamente e que, portanto, podem ser expressos por meio desses símbolos discretos e em número finito. Ou seja, mesmo que haja uma repetição sensível, existe um progresso permanente das substâncias como um todo, garantido pelo fato de que os predicados que compõem esse fundo de pequenas percepções estão eternamente se desdobrando. Por esse motivo, na história real do mundo real, "não há jamais retornos perfeitos como os dos círculos e das elipses").[18] A melhor imagem para descrever a Restituição é, na verdade, a de uma espiral.

Em segundo lugar, o reconhecimento da existência desse fundo infinito, inexprimível e incognoscível impedindo a repetição exata daquilo a que nossos enunciados se referem leva Leibniz a afirmar também que somos incapazes de dizer se o que forma esses ciclos históricos repetidos são novos homens que levam vidas sensivelmente idênticas às vidas que outros homens já levaram, ou se são os mesmos homens, cujas vidas passam por acontecimentos sensivelmente idênticos aos relatados pela história anterior. Ou seja, ou as mesmas substâncias, com as mesmas almas, retornam e vão, pouco a pouco, progredindo; ou as substâncias se limitam a uma só ocorrência sensível, mesmo se os novos fatos, as novas "vidas", levadas por outras substâncias, nos fazem pensar em uma repetição, ou seja, em uma identidade entre o novo e o antigo. "Por exemplo, eu mesmo, numa cidade de nome Hanover, à beira do rio Leine, ocupado com a história de Brunswick, escrevendo aos mesmos amigos cartas com os mesmos significados."[19]

---

16 Ibid., p. 40.
17 Cf. ibid., p. 67-ss.
18 Ibid., p. 57.
19 Ibid., p. 65.

A dificuldade aqui não é muito diferente daquela formulada alguns anos antes nos *Novos ensaios sobre o entendimento humano*,[20] quando Leibniz, na voz do personagem Teófilo, após ter sistematicamente recusado todas as hipóteses fantásticas por meio das quais Filaletos, falando em nome de Locke, tentara desvincular a identidade pessoal das identidades substancial e corpórea, fundamentando-a estritamente na consciência, apresenta sua própria hipótese fantástica, de dois planetas habitados por homens "sensivelmente" (e conscientemente) idênticos. Dispondo desses dois planetas assim constituídos, Deus poderia, a seu bel prazer, transferir as almas ou os corpos dos habitantes de um planeta para os do outro quantas vezes quisesse, ou poderia deixá-los ficar lá onde estavam originalmente: ninguém seria capaz de distinguir uma situação de outra, já que todas as aparências, internas e externas, permaneceriam inalteradas. E fosse como fosse, se seguíssemos a concepção lockeana de identidade pessoal, ver-nos-íamos nesse caso estranhamente obrigados a admitir que cada um desses mais de cem milhões de pares de indivíduos, tão afastados no espaço ou no tempo, formariam uma única e mesma pessoa. O desconforto dessa situação só se resolve, segundo Leibniz, quando se entende que a totalidade das incontáveis percepções que constituem a substância individual e que formam sua noção completa ultrapassa imensamente aquele subconjunto de representações distintas e conscientes que costumamos reconhecer como nossas. Assim, enquanto essa totalidade infinita — formada igualmente por simples percepções e por apercepções, por percepções claras e obscuras, distintas e confusas — é única e distingue a substância de todas as outras, o subconjunto que forma aquilo que Locke chama de "pessoa", por constituir uma noção apenas incompleta, pode facilmente coincidir com outros subconjuntos de outras substâncias, que desse modo poderiam de fato ser indistinguíveis, porém sem maiores consequências.[21] A hipótese lockeana, ao contrário, é simplesmente absurda, por ferir o princípio dos indiscerníveis. Além disso, ainda que houvesse de fato essa coincidência parcial, ela

---

20 Cf. Leibniz, *Nouveaux essais sur l'entendement humain*, II.VII. Paris: Garnier-Flammarion, 1990.

21 Da mesma forma, não há nenhum absurdo em se supor que dois corpos são idênticos em sua aparência, contanto que se entenda que essa aparência jamais poderia englobar a totalidade de suas partes infinitas, que necessariamente incluem a razão de sua real distinção. É claro que, no sistema de Leibniz, a mera troca dos corpos (sem as almas) seria absurda por uma outra razão, a saber, porque as almas não são indiferentes à matéria que ocupam e que representam para si como seu corpo.

só poderia se dar momentaneamente, uma vez que o desdobramento e desenvolvimento das outras percepções, que constituem a diversidade insensível da substância, traria consigo necessariamente novas percepções distintas.[22] A única verdadeira identidade é a identidade real, e sua sede é a substância individual completa.

Ocorre que o princípio dos indiscerníveis, embora proíba qualquer repetição, não proíbe necessariamente o retorno, exceto o retorno do mesmo em sentido estrito.[23] De maneira que, nos textos sobre a Restituição, ao contrário da firme posição que toma nos *Novos ensaios* contra a tese de Locke, Leibniz prefere deixar mais esse problema sem solução: "[...] tais questões não poderiam ser determinadas pelos cálculos e dizem respeito à teoria da congruência das coisas, ou daquilo que é o Melhor e concorda mais com a sabedoria divina."[24]

Esses dois pontos problemáticos se refletem ainda em um terceiro campo de hesitação aparente nos textos que estamos por ora considerando. Mencionamos rapidamente a substituição da imagem de uma história circular pela de uma história em espiral. Essa substituição, à primeira vista, consegue resolver o problema de conciliar as exigências da combinatória com aquilo que melhor convém à harmonia das coisas, uma vez que conjuga o retorno ou a repetição aparente com um real progresso. Mas a coisa não é assim tão simples, porque a alternativa não é apenas entre o círculo, que representa a repetição perfeita, e a espiral, que representa a repetição aparente conjugada com um real aperfeiçoamento. Há ainda uma terceira opção, a curva que Leibniz denomina "ciclóide primária". A ciclóide secundária (ou epiciclóide) é a curva em espiral descrita por um ponto de uma circunferência, cujo centro percorre, por sua vez,

---

22 Leibniz, *Nouveaux essais sur l'entendement humain*. Op. cit., II-XXVII, §23.

23 Entretanto, pensando bem, para *onde* retornaria uma substância? Se não podemos conceber que um novo Leibniz apareça e leve uma vida idêntica à do nosso velho Leibniz, é ainda mais difícil conceber que o mesmo Leibniz possa voltar a viver numa cidade de nome Hanover, escrever as mesmas cartas aos mesmos amigos, que as lerão como se fossem cartas novas e assim por diante. Isso parece chocar ainda mais a harmonia das coisas, além do bom senso. Os fatos históricos, sobretudo no sistema leibniziano, não poderiam ser considerados acontecimentos extrínsecos às substâncias, que simplesmente passariam por eles, como se passa por um caminho. De toda forma, mesmo se levarmos em conta a restrição sugerida por Leibniz, de que as coisas apenas *parecem* se repetir ou retornar, isso ainda não resolve a questão de saber se temos duas substâncias distintas e *parecidas* ocorrendo separadamente, ou se temos uma só passando por fatos e vidas sensíveis que *parecem* se repetir.

24 Leibniz, *Nouveaux essais sur l'entendement humain*. Op. cit., p. 73.

a circunferência de um outro círculo fixo; ao passo que a ciclóide primária é a curva simples descrita por um ponto de um círculo que rola sem deslizar sobre uma reta horizontal. Enquanto a primeira curva representa o progresso em espiral, isto é, comportando momentos de regressão, a segunda representa antes um progresso direto, mesmo que também resultante de um movimento circular.[25] Mais uma vez, porém, Leibniz considera todas essas soluções como hipotéticas e não passíveis de demonstração, eximindo-se de escolher um desses modelos.

Solução genética e solução pluralista

Mas o fato de esses textos serem permeados por todas essas hesitações não é de surpreender. Na verdade, são tantos os pontos de choque entre sua hipótese mais geral e a doutrina da harmonia pré-estabelecida que nos vemos antes levados a perguntar por que afinal Leibniz insistiu tanto, e durante tantos anos, na idéia do retorno. Michel Fichant, no prefácio e também no posfácio à sua edição dos textos do *Apokatástasis panton*, vê uma espécie de progressão no pensamento de Leibniz, que afinal, em 1715, teria chegado à conclusão de que a única maneira de evitar todos esses conflitos e incoerências seria negar um dos pressupostos em que se baseava o cálculo combinatório que demonstra a inevitabilidade do retorno. Esse pressuposto é que a espécie humana deveria durar, no mesmo estado em que hoje se encontra, um tempo suficiente para que tudo o que houvesse a ser dito ou escrito se esgotasse. Ora, como isso contraria a conveniência das coisas, Leibniz conclui que a espécie humana não permanece no mesmo estado; se não permanece no mesmo estado, então não há mais limite para as enunciações e conhecimentos humanos, e, portanto, não há tampouco necessidade de se supor a repetição, nem desses enunciados, nem daquilo a que eles se referem.

O que dizer dessa interpretação? De fato, o pressuposto da permanência dos homens no estado presente é uma das constantes destes textos de Leibniz, de maneira que sua negação elimina ao mesmo tempo todo o problema. Mas, justamente, a solução de Fichant me parece boa demais. É bem verdade que, no texto *"Apokatástasis* (A Restituição)"*, de 1715 — o

---

25 Ibid., p. 59. A representação gráfica das curvas pode ser encontrada em nota de Fichant, "Plus Ultra". Op. cit., pp. 109-110.

último desse grupo de textos —, Leibniz afirma poder concluir que a espécie humana não permanecerá sempre no estado em que se encontra, "porque não é conforme à harmonia divina fazer vibrar sempre a mesma corda." Mas se essa conclusão bastasse para destruir por completo o raciocínio anterior, deveríamos esperar que ele abandonasse de vez, a partir do momento em que a enunciou, toda referência à restituição. Ora, não é bem isso que acontece. Embora a tese colocada no lugar da manutenção dos homens no mesmo estado seja a de seu eterno aperfeiçoamento, este aperfeiçoamento não será necessariamente direto e numa única direção: "deve-se antes crer", diz Leibniz, "segundo as razões naturais da congruência, que as coisas devem avançar em direção ao melhor, seja pouco a pouco, seja algumas vezes por saltos". Isso pode parecer contradizer o que acabemos de afirmar, mas o que Leibniz entende por aperfeiçoamento por saltos é o aperfeiçoamento que se dá após momentos de recuo, "ao modo como nós às vezes recuamos para melhor saltar".

Além disso, a consequência dessa concepção, tal como exposta a seguir no mesmo texto, reforça ainda mais essa idéia. Leibniz ressalva que, mesmo levando-se em conta o aperfeiçoamento, mesmo que os homens se tornem diferentes do que são hoje, se entretanto, em seu lugar, houver "espíritos que conhecem e buscam a verdade", fatalmente chegará, também para esses espíritos, o dia em que "retornarão necessariamente verdades independentes do testemunho dos sentidos", ou seja, teoremas demonstráveis pela razão pura. Apenas as verdades sensíveis, por consistirem em percepções confusas procedentes de uma infinidade de espécies de seres vivos e qualidades, têm um espectro de variação inesgotável. Em suma, mantém-se a repetição, mas nem tudo está condenado a ela.

A conclusão final do *Apokatástase*, em sua última frase, é que "cada espírito tem um horizonte de sua capacidade presente em relação às ciências, mas não de sua capacidade futura". E se essa conclusão não deixa dúvidas quanto à intenção de Leibniz de, por um lado, guardar o caráter necessário de suas demonstrações de análise combinatória, e, por outro, afirmar um aperfeiçoamento permanente dos homens, ela parece nos levar, de nossa parte, à formulação do seguinte problema. De fato, existe uma evolução visível nesses textos: Leibniz acaba por restringir a repetição, o "redito", a um mero subconjunto das verdades demonstráveis, isto é, independentes do testemunho dos sentidos. Mas, ao longo de todas as suas idas e vindas até sua restrição final, em nenhum momento ele abre mão da idéia inicial, de um movimento cíclico, ou antes, em espiral, na própria história.

Minha hipótese é que isso só ocorre porque as razões que o levaram a ela ultrapassam em muito as razões da análise combinatória, como também (apesar de seu namoro momentâneo com elas) as idéias milenaristas ou origenistas trazidas de volta ao debate por Johann Wilhem Petersen.[26] O problema que de alguma forma está presente sob a hipótese da repetição é o da direção do progresso, ou da maneira como se dá o aperfeiçoamento das substâncias. O apelo da análise combinatória é que ela parecia servir perfeitamente para provar a existência de uma circularidade temporal. Mas a circularidade que afinal ressai das conseqüências metafísicas desse cálculo matemático é antes a que caracteriza, não a temporalidade externa constituída pelas substâncias e acontecimentos em eterna repetição (ainda que aparente), mas sua temporalidade interna, a maneira como se constitui o próprio aperfeiçoamento dessas substâncias.

Uma interpretação bem diferente da de Fichant é a de Michel Serres.[27] Serres se baseia em uma amostra bem mais ampla de textos e cartas, incluindo, além dos sobre a Restituição Universal, outros tantos escritos entre 1694 e 1716, todos tratando de uma forma ou de outra do problema do progresso. Essa análise mais completa (*et pour cause*: Fichant se propõe a tratar exclusivamente dos textos sobre a Restituição) deixa definitivamente clara a multifacetária hesitação de Leibniz entre mais de uma dezena de hipóteses para representar a temporalidade e o aperfeiçoamento das substâncias, que Serres descreve como resultados de variações na técnica leibniziana de abordagem matemática do problema, as quais vão produzindo, cada uma, um ou mais modelos de progresso. E embora, segundo Serres,[28] esses modelos sejam redutíveis em última análise a "uma lei geral de evolução contínua", baseada na análise infinitesimal, eles são propositalmente (embora nem sempre explicitamente) mantidos por Leibniz como um campo harmônico e exaustivo de todas as possibilidades de representação do progresso, entre as quais não há

---

26 Desde que, em 1691, tomou contato com as teses milenaristas de Petersen, Leibniz se sentiu atraído pela idéia da restituição de todas as coisas, a ponto de, por volta de 1711, sugerir a Petersen e mesmo participar ativamente da idealização e confecção de um poema relatando a história do mundo desde a cosmogonia, passando pela descrição do reino dos mil anos e do Juízo Final, até o '*Apokatastasis panton*, com a reunião de bons e maus conduzidos à Felicidade e a Deus (cf. Fichant, Postface, "Plus Ultra". Op. cit, pp. 125-210).

27 Cf. Serres, *Le système de Leibniz et ses modèles mathématiques*. Paris: PUF, 1990, Cap. II.

28 Ibid.

que escolher. É como se Leibniz estivesse "experimentando" teoricamente todas as representações possíveis de progresso, cada uma correspondendo a um tipo distinto de problema matemático.

O resultado disso não deixa de ser curioso, porque Serres, que tinha como fio condutor de sua análise a tentativa de unificar as diferentes hipóteses levantadas por Leibniz por meio de um "sistema" único, trata esse sistema como "pluralista e relativista"; ao passo que Fichant, cuja leitura da filosofia de Leibniz busca sobretudo compreendê-la geneticamente, isto é, em suas evoluções e rupturas internas (o que explica em grande parte sua crítica à leitura de Serres), acaba subsumindo o percurso oscilante de Leibniz nos textos sobre a Restituição Universal a uma decisão final que visa resolver e, portanto, de certa forma eliminar toda a hesitação anterior.

A estabilidade e o progresso infinito

Se mencionei essas duas leituras, de Serres e de Fichant, foi sobretudo para dar ao leitor uma idéia do debate possível; meu objetivo aqui não é nem procurar estabelecer a gênese e a evolução dos modelos que Leibniz oferece para dar conta da questão do aperfeiçoamento de substâncias e mundo, nem percorrer todos esses modelos para sugerir de que maneira se relacionam. Como disse antes, além da dificuldade de estabelecer que tipo de relação pode ou deve existir *entre* os modelos, os próprios modelos já carregam separadamente dificuldades suficientes quando tentamos harmonizá-los com a metafísica leibniziana. O que farei nesta última parte, portanto, será, valendo-me da afirmação explícita de Leibniz em diversos textos de que ele (ainda) não se sentia capaz de decidir pela razão pura que modelo adotar, privilegiar dois modelos propostos, e tentar lançar muito brevemente algumas idéias sobre como eles funcionariam ou não funcionariam metafisicamente, no que diz respeito à constituição interna das substâncias e a seu aperfeiçoamento. Esses dois modelos serão o da estabilidade geral do universo resultante de avanços e recuos parciais, além de transferência mútua de perfeição entre as criaturas; e o do progresso infinito em direção à perfeição própria de cada criatura, também comportando períodos de regressos.

O modelo da estabilidade é proposto de forma mais clara no texto "O mundo cresce em perfeição?", escrito entre 1694 e 1696.[29] Ele aparece ali juntamente com outros dois modelos, mas Leibniz declara que este é seu preferido:

> Questão: o mundo, em sua totalidade, cresce ou decresce em perfeição? Ou conserva sempre a mesma perfeição (o que inclino-me a pensar) ainda que suas diversas partes permutem entre si, de maneira variável, a perfeição, de modo que esta se transferiria de umas para as outras?[30]

Na verdade, o modelo da estabilidade não é um só, já que a conservação de um mesmo grau de perfeição pode resultar de situações diversas das substâncias que compõem o universo. Se a perfeição se mantém estável, isso poderia ser em primeiro lugar porque não há mudança nem no grau nem na espécie de perfeição de nenhuma substância. Leibniz não menciona essa possibilidade, mas isso não deve necessariamente nos surpreender. Afinal, essa situação poderia ser entendida como a ausência de transformação nas substâncias, o que simplesmente seria contraditório com a concepção da substância como algo inseparável de uma transformação e atualização contínuas.[31] Uma segunda explicação possível para a estabilidade é que a mudança se dê apenas na espécie e não no grau de perfeição, ou seja, que haja passagem de uma espécie de perfeição a outra, sem alteração do grau mesmo de perfeição da substância:

> não vejo por que uma coisa não poderia mudar de espécie em relação ao bem ou ao mal, sem que mude seu grau. Passando do prazer da música ao da pintura, ou vice-versa, do prazer dos olhos ao dos ouvidos, o grau dos prazeres poderá ser o mesmo, sem que o último tenha outra vantagem senão a da novidade.[32]

---

29 Também carta a Bourguet, sem data (Leibniz, GP, III, p. 589, op. cit.); carta a Bourguet, 3 abril 1716 (ibid., pp. 591-593); "O progresso ao infinito", 1694-1696 (Leibniz, *Leibniz: textes inédits*, org. G. Grua. Paris: PUF, 1998, pp. 94; 15).

30 Leibniz, *Textes inédits*, org. G. Grua. Op. cit., p. 95.

31 Cf. *Monadologie*, §10.

32 *Teodicéia* II, §202. Ver também carta a Bourguet, sem data: "Mesmo que o universo fosse sempre igualmente perfeito, ele jamais será soberanamente perfeito; pois muda sempre e ganha novas perfeições, embora perca perfeições antigas." (Leibniz, GP, op. cit., III, p. 589).

A terceira possibilidade é que a estabilidade seja resultante da permutação de perfeições entre as substâncias, ou seja, que os aperfeiçoamentos em umas substâncias sejam sempre compensados por retrocessos em outras.[33] Esse é o modelo que mais se adequa a pelo menos uma parte dos pressupostos metafísicos de Leibniz, e é provavelmente por essa razão que este manifesta aqui sua inclinação por ele. De fato, não são poucos os textos em que encontramos uma identificação entre a ação de uma substância e o aumento em seu grau de expressão e perfeição e, inversamente, entre a paixão e a diminuição desse grau. Assim, por exemplo, na *Monadologia*, embora tivesse afirmado, no parágrafo 7, que as mônadas não influenciam nem são influenciadas externamente por outras mônadas, Leibniz, nos parágrafos 49 e 50, refere-se a uma influência ideal entre elas, estabelecida ainda no entendimento divino, e que nos permite dizer, em linguagem metafisicamente não rigorosa, que uma mônada age sobre outra e, assim, se aperfeiçoa, enquanto encontramos nela, por meio de percepções distintas, as razões do que se passa com a outra; ao passo que é dita sofrer uma ação e assim ver diminuído seu grau de perfeição aquela mônada que representa apenas confusamente o que se passa com ela.

Aumento e diminuição dos graus de perfeição ocorrem, portanto, sempre concomitantemente, e uma substância só pode se aperfeiçoar às custas de outra, sob pena de comprometer toda a estrutura do sistema da harmonia preestabelecida. Entretanto, outros pressupostos da metafísica leibniziana, tais como a irreversibilidade do tempo, a infinita divisibilidade da matéria e a impossibilidade de a alma se desfazer inteiramente de suas percepções passadas, adequam-se melhor ao modelo de um progresso infinito de *todas* as substâncias e do mundo como um todo. Reencontramos, assim, a definição de perfeição que apresentamos mais no início de nossa exposição (que aquilo que é mais perfeito por natureza é posterior segundo uma ordem temporal), e para a qual uma das interpretações que sugeri era de que cada substância se torna cada vez

---

33 Neste último caso, o aperfeiçoamento de cada substância pode se dar ou linearmente, ou por retrocessos entremeados (mas sempre de tal modo que o aperfeiçoamento seja ao final maior que o retrocesso), assim como o retrocesso pode se dar ou linearmente ou em alternância com períodos de progresso, mas de modo que ao final o retrocesso seja maior; e finalmente, o progresso ou o retrocesso podem ou continuar assim infinitamente ou se estabilizar depois de um certo tempo. Outro modelo de estabilidade é o do círculo, mais presente, como vimos, nos primeiros textos sobre a Restituição Universal.

interpretações que sugeri era de que cada substância se torna cada vez mais perfeita com o tempo.

As citações que reforçam esse modelo de progresso são ainda mais numerosas que aquelas que nos conduziam ao modelo anterior.

> A regra geral é que sempre se faz aquilo que envolve mais realidade, ou seja, que é mais perfeito. Todas as coisas se tornam mais perfeitas, embora através de períodos muitas vezes longos e de regressos.[35]

> É uma verdade certa que cada substância deve alcançar toda a perfeição de que é capaz, e que se encontra já nela como envolvida. [...] É por isso que elas avançam e amadurecem perpetuamente, como o próprio mundo de que são as imagens; pois, como não há nada fora do universo que possa impedi-lo, é preciso que o universo avance continuamente e se desenvolva.[36]

Para compreendermos como pode funcionar este modelo dentro do quadro da metafísica leibniziana, a primeira coisa que temos a fazer é deixar de lado em grande medida, ao menos provisoriamente, a ligação e interação "ideal" entre as substâncias (que parece implicar, como vimos, o primeiro modelo, da estabilidade). Em segundo lugar, devemos entender que, uma vez que o mundo criado por Deus é o mais perfeito possível, seu aperfeiçoamento não pode significar que ele adquire com o tempo uma perfeição que não estava desde o início contida em seu conceito, ou seja, que ele se torna amanhã um mundo mais perfeito que o mundo mais perfeito possível de ontem, mas apenas que a perfeição determinada que o caracteriza se dá, isto é, se desdobra, ao longo do tempo, e isso de maneira infinita, uma vez que

> a divisibilidade do contínuo ao infinito faz com que sempre restem na insondável profundeza das coisas elementos adormecidos, que ainda é preciso despertar, desenvolver, melhorar e, se posso dizer assim,

---

35 *De affectibus*, 1679 (A VI, 4, pp. 1410-1441).

36 Carta a Sofia, 4 nov 1696. E ainda: "para que a beleza e a perfeição universais das obras de Deus alcancem o grau mais alto, todo o universo [...] progride perpetuamente e de maneira ilimitada, de modo que avança sempre em direção a uma civilização superior." (GP, VII, p. 308); "a felicidade não consiste em um certo grau supremo, mas em um perpétuo incremento dos prazeres" (*"An mundus perfectione cresca — 1694-1696?"* in *Leibniz: textes inédits.* Org. G. Grua. Op. cit., p. 95).

promover a um grau superior de cultura. É por isso que o progresso nunca estará terminado.[37]

Em terceiro lugar, devemos ter em mente que esse modelo pode ser obtido não apenas se supusermos que as substâncias se aperfeiçoam segundo uma linha (reta ou curva) sempre ascendente, mas também se supusermos que o aperfeiçoamento resulta de uma composição de avanços e recuos, formando, portanto, seja uma curva sinuosa seja uma espiral, como por exemplo no modelo proposto em alguns dos textos sobre a Restituição Universal.

O progresso formado por períodos alternados de avanços e recuos parece muitas vezes ser o modelo favorito de Leibniz, apesar de sua declaração, em pelo menos uma ocasião (como citamos acima), de que se inclinava pelo modelo da estabilidade, e apesar de outras vezes ter afirmado que "as coisas sobem os degraus da perfeição o mais diretamente possível".[38] A razão disso é que, em um mundo que foi o escolhido para se tornar real por ser aquele em que o menor número de princípios produz a maior variedade e quantidade de essência possível, em um mundo, portanto, cujas substâncias são determinadas não apenas por suas qualidades positivas (perfeições), mas também pelas limitações impostas pelas outras substâncias, os bens não podem, nem devem, vir inteiramente desacompanhados de males, e isso por três motivos: porque os males servem para saborearmos melhor os bens, como a dissonância serve para compor a harmonia; porque os males são muitas vezes indispensáveis à existência de um bem maior, assim como a incomensurabilidade da diagonal do quadrado com seu lado é inevitável se não quisermos ter um universo (matemático) desprovido de figuras e de quantidades contínuas;[39] mas principalmente (para o que nos interessa aqui), porque os males e sofrimentos servem à própria transformação das substâncias, e à conquista de novas perfeições.

---

37 Leibniz, *Opuscules philosophiques choisis* (org. Paul Schrecker). Op. cit., p. 92.
38 "Qu'est-ce qui est anterieur par nature", apud Rauzy, "*Quid sit natura prius?* La conception leibnizienne de l'ordre". Op. cit, p. 48.
39 "Dialogue effectif sur la liberté de l'homme et sur l'origine du mal", 1695, in Leibniz, 1998, p. 368, op. cit.

A semente lançada na terra [...] *sofre* antes de dar frutos [...] E pode-se dizer em geral que as aflições são, durante um tempo, males, mas seu resultado é um bem, porque são vias abreviadas em direção à maior perfeição. [...] Poder-se-ia dizer sobre esses males que se recua para melhor saltar.[40]

Atualmente, uma grande parte de nossa terra é cultivada, e essa parte se tornará cada vez mais extensa. E embora não se possa negar que de tempos em tempos certas partes voltem a se tornar selvagens e sejam destruídas ou devastadas, isso deve ser entendido como acabamos de interpretar as aflições dos homens, a saber, que a destruição e a devastação favoreçam a conquista futura de um bem maior [...];[41]

O mal serve para saborearmos melhor o bem, e às vezes também contribui para uma maior perfeição daquele que sofre [...];[42]

Se o grão de trigo, ao cair na terra, não morrer, ele não dará frutos.[43]

A existência dos males e sofrimentos, portanto, contribui para o aumento do grau de perfeição das criaturas e do universo, e isso parece compatível com a idéia de irreversibilidade do tempo suposta pela definição que diz que aquilo que vem depois é mais perfeito que o que vem antes.[44] "Recuo", neste sentido, não pode significar um retorno real, a perda daquilo que já se ganhou ou se desenvolveu, o que, na opinião de Leibniz, não seria possível. É verdade que, em cada instante, na alma de Alexandre (como dizia o § 8 do *Discurso de metafísica*), encontram-se "os restos de tudo que lhe aconteceu e as marcas de tudo que lhe acontecerá".[45] Mas esses restos e marcas ali estão, não como qualidades atemporais e intercambiáveis, e sim como *restos* do que já foi *no passado* e

---

40 Leibniz, *Opuscules philosophiques choisis* (org. Paul Schrecker). Op. cit., p. 92.

41 Ibid.

42 Leibniz, *Essais de théodicée*. Op. cit., pp. 117-118.

43 Ibid., p. 54.

44 "Um ponto do universo não tem a vantagem da prioridade de natureza sobre um outro, ao passo que o instante precedente sempre tem a vantagem de prioridade não só de tempo, mas também de natureza sobre o instante seguinte"— carta a Bourguet, 5 ago 1715, in GP, III, pp. 580-83).

45 Leibniz, *Discours de métaphysique et correspondance avec Arnaud* (org. Georges Le Roy). Op. cit.

marcas do que será *no futuro*. A alma jamais se desfaz de suas percepções passadas, de modo que, ainda que passe por um período de obscurecimento, está sempre além do que já foi.

> Ou poderemos dizer que o mundo cresce necessariamente em virtude, porque as almas são afetadas por todas as coisas passadas? De fato, já mostramos [...] que não há nas almas um esquecimento perfeito; mesmo se nossa lembrança não é distinta, tudo que percebemos no presente consiste de partes em que se integram todas as ações anteriores. Devem, portanto, as almas ser levadas por períodos a pensamentos mais expressivos?[46]

Ocorre entretanto que o sofrimento é também interpretado por Leibniz como um verdadeiro *retrocesso*, no sentido de uma diminuição no grau de perfeição da substância, ainda que temporária e compensada por um posterior aumento desse grau (o que produziria os modelos da curva ascendente sinuosa e da espiral). E *essa* concepção parece dificilmente conciliável com a mesma definição de perfeição. Pois a mesma substância, num momento posterior, é menos perfeita que num momento anterior. Que esse fato seja temporário não o torna menos real.

Os vários sentidos de perfeição

Para concluir provisoriamente, gostaria de notar que um dos fatores que permitem a Leibniz propor e hesitar entre tantos modelos de temporalidade e progresso das substâncias é que seu conceito de perfeição é plural e como que estratificado, assumindo definições e funções distintas, conforme o contexto e o nível da realidade a que se aplica. Há primeiramente as *perfeições* (no plural) que constituem as qualidades ou essências positivas das substâncias; dependendo dessas perfeições, a substância como um todo será dita possuir um nível ou grau determinado de *perfeição* (no singular); mas ela também, durante seu desenvolvimento, adquire outras e novas perfeições, e se *aperfeiçoa*, sem que isso altere o grau de perfeição que, já em seu conceito, fez com que fosse escolhida por Deus para compor o mundo real. O mundo, por sua vez,

---

46 Leibniz, *Textes inédits*. Org. Gaston Grua. Op. cit., p. 95.

também possui um grau de perfeição determinado, condição indispensável para que Deus realizasse sua escolha; mas, sem que esse grau se altere, ele mesmo (na hipótese do progresso) se aperfeiçoa cada vez mais, infinitamente, em consequência do aperfeiçoamento das substâncias. E esse próprio aperfeiçoamento pode comportar internamente momentos alternados de aperfeiçoamento (identificado, conforme o texto, com a ação, o exercício da virtude ou potência, o prazer, o aumento da expressão, as percepções distintas) e de retrocesso ou diminuição do nível de perfeição (identificado com a paixão, o desprazer, a diminuição da expressão e com a representação por meio de percepções obscuras ou confusas).

Finalmente, a perfeição a que todas as substâncias tendem e que nunca é alcançada devido à divisibilidade infinita da matéria e aos infinitos atributos que sempre restam a atualizar em suas naturezas não é a perfeição absoluta. Pois como cada substância exprime o universo e Deus (o único ser absolutamente perfeito) de um ponto de vista próprio e único, sua perfeição, se pudesse ser alcançada, seria ainda assim uma perfeição distinta da de todas as outras. Cada substância encaminha-se em direção à *sua* própria perfeição, de maneira que o fim a que todas elas tendem não é de forma alguma a equalização geral e a eliminação da variedade em uma realidade absoluta.

FILOSOFIA MODERNA

CAPÍTULO 13

O conceito, o conceito do corpo
e o corpo em Leibniz*

No parágrafo 9 do *Discurso de metafísica*, Leibniz formula seu princípio da identidade dos indiscerníveis como uma consequência direta da definição da substância individual por sua noção completa, apresentada no parágrafo anterior. Ou seja, uma vez que todos os predicados verdadeiros atribuíveis a uma substância (concebida então como a união de uma forma substancial e um corpo material) podem ser deduzidos de sua noção completa, a distinção entre duas substâncias também tem que poder ser extraída de suas noções, de maneira que é impossível que duas substâncias se distingam apenas numericamente. Toda distinção entre substâncias é antes de tudo uma distinção qualitativa e, portanto, conceitual. Ora, para quem se habituou durante tanto tempo à distinção de tradição aristotélica entre matéria e forma, segundo a qual, a forma sendo aquilo que define a espécie, a principal "função" (por assim dizer) da matéria era ser o princípio de diferenciação e individualização das substâncias primeiras, parece bastante razoável a questão: de que serve afinal a matéria no sistema leibniziano?

Que a questão se aplique ao "sistema leibniziano" em geral (refiro-me ao sistema maduro) justifica-se quando pensamos que o conceito de mônada, formulado pouco mais de dez anos depois, além de manter o caráter de completude e fechamento que caracterizava o conceito de substância individual no *Discurso de metafísica*, permitirá a Leibniz, na *Monadologia*, por exemplo, tratar a matéria e os corpos como física e metafisicamente derivados das únicas verdadeiras unidades, que são essas realidades puramente espirituais, as mônadas.[1]

---

*   Este texto é a versão final do que apresentei, sob o título "O conceito e o corpo", em agosto de 2003, no *V Congresso Internacional da Associação Nacional de Estudos Filosóficos do Século XVII*, em São Paulo. O texto, já com o título atual, foi publicado na revista *Analytica*, 10 (1) 2006, pp. 107-127.

1   Foi sobretudo partindo do conceito de mônada e de suas implicações, por exemplo, que Edgar Marques colocou uma questão muito próxima àquela, em um texto apresentado em setembro de 2002, no Colóquio de Filosofia do Departamento de Filosofia da PUC-Rio (Marques, 2004). A solução que ele propunha, no entanto, tomava uma perspectiva (no

Entretanto, se essa questão nos preocupa tanto, alguma coisa deve estar errada em nossa compreensão do que Leibniz queria dizer. Pois o certo é que ele afirma também, categoricamente e em vários momentos de sua obra: em meu sistema, não há lugar para espíritos sem corpos[2]. E se não podemos abrir mão nem da definição da substância como um ser completo (ou das mônadas como substâncias simples e fechadas), nem do princípio da identidade dos indiscerníveis, nem da ligação das almas a corpos, devemos talvez reformular nossa questão inicial da seguinte maneira: como entender a própria definição da substância por sua noção completa de tal modo que ela não exclua a ligação da alma a um corpo? Ou ainda, mais simplesmente: que tipo de relação existe entre o princípio dos indiscerníveis tal como aplicado às substâncias individuais (ou às mônadas) e a hipótese da ligação da alma a um corpo?

O conceito

Embora a substância individual seja completa e, portanto, fechada, sua natureza é representativa ou expressiva. Seus predicados são representações, expressões ou percepções, e o que eles representam, graças ao princípio da harmonia pré-estabelecida, são em primeiro lugar as representações de todas as outras substâncias e de todo o universo. É em

---

bom sentido leibniziano) quase diametralmente oposta à que proponho em meu texto, a saber, buscava explicar a necessidade da ligação das mônadas a corpos pelo fato de essa ligação ser a única maneira de se entender como pode haver impedimento e incompatibilidade entre mônadas incomunicáveis. Sem discordar da idéia central daquela abordagem, o que tento mostrar aqui (seguindo antes a direção a que apontava o final de meu artigo "Indiferença, simetria e perfeição segundo Leibniz" — cf., neste volume, capítulo 11) é que a ligação a corpos é fundamental para que a *compatibilidade* entre substâncias não seja levada ao extremo da indiferenciação — em outras palavras, que a garantia da *diversidade* do mundo criado só pode ser dada pelos corpos. Sobre as relações entre o conceito de substância individual e o de mônada, ver a ótima introdução de Michel Fichant à sua edição do *Discurso de metafísica* e da *Monadologia* (Fichant, "L'invention métaphysique". In *Leibniz, G. W. Discours de métaphysique suivi de Monadologie et autres textes*. Paris: Gallimard, 2004).

2   Ver, por exemplo, *Ensaios de teodicéia* (Leibniz, *Essais de théodicée*. Paris: Garnier-Flammarion, 1969, p. 124); "Réponse aux réflexions contenues dans la seconde édition du *Dictionnaire critique* de M. Bayle, article Rorarius, sur le système de l'harmonie préétablie" (In *Système nouveaux de la nature et de la communication des substances et autres textes 1690-1703*, org. Christianne Frémont. Paris: Flammarion, 1994, p. 202); e o terceiro texto de Leibniz a Clarke, de 25 fevereiro de 1716, *in Correspondance Leibniz-Clarke* (org. André Robinet). Paris: PUF, 1957, p. 55 (§9).

grande parte devido a essa expressividade das substâncias que, quando Leibniz afirma não haver denominações meramente extrínsecas,[3] não devemos ver aí uma tentativa de reduzir todos os predicados relacionais das substâncias a predicados monádicos ou não-relacionais, mas antes uma espécie de internalização das relações (d'Agostino[4] usa a expressão "conceitos" ou "predicados intrinsecamente extrínsecos"): cada substância representa dentro de si todas as outras substâncias, e com elas todas as relações (ideais) que mantém com essas substâncias, bem como, consequentemente, as que estas últimas mantêm com o resto do universo criado.

No que concerne ao conteúdo de seus predicados, ou seja, ao objeto de suas representações, portanto, como cada substância representa plenamente todas as outras, elas são todas semelhantes. Todas vão ao infinito, dirá Leibniz no § 60 da *Monadologia*. O que permite discerni-las é apenas o grau de distinção de suas percepções, juntamente com as diferentes regiões do universo iluminadas por suas representações distintas. Pois "essa representação, no detalhe de todo o universo, é apenas confusa; e só pode ser distinta em uma pequena parte das coisas, a saber, naquelas que estão mais próximas, ou que são maiores em relação a cada mônada".[5]

Uma maneira metafisicamente rigorosa de descrever o mundo criado é, portanto, a de uma determinada série de substâncias individuais ou seres completos, entre os quais não há qualquer tipo de influência real, mas que, em virtude de seu caráter representativo e da harmonia pré--estabelecida entre eles, exprimem-se mutuamente e se relacionam idealmente. Além disso, apesar de sua expressão mútua e completa, esses seres mantêm sua diversidade em virtude dos diferentes graus e das diferentes regiões de clareza e de distinção de suas percepções. A linguagem comum tem uma maneira própria de descrever essa situação, sem o

---

3 Por exemplo, nos *Novos ensaios*: "Filaletos: Pode haver [...] uma mudança de relação sem que ocorra qualquer mudança no sujeito. Titius, que hoje considero como pai, deixa de sê-lo amanhã, sem que haja nenhuma mudança nele, apenas porque seu filho morre. Teófilo: Pode-se dizer isso no que diz respeito às coisas que percebemos; mas, no rigor metafísico, a verdade é que não há denominação puramente extrínseca [...], por causa da conexão real de todas as coisas." (Leibniz, *Nouveaux essais sur l'entendement humain*. Paris: Garnier-Flammarion, 1990, II.XXV, 5).

4 Cf. D'Agostino, "Leibniz on Compossibility and Relational Predicates", *Philosophical Quarterly*, 1976 (26), pp. 134-ss.

5 Leibniz, *La monadologie* (org. Emile Boutroux). Paris: Delagrave, 1998, §60.

mesmo rigor metafísico, mas que não deixa de ter um sentido e um fundamento verdadeiro. Embora, rigorosamente falando, nenhuma substância influencie nem sofra influência de outras, já que tudo que acontece a ela é apenas uma consequência de sua natureza, expressa em sua ideia ou noção completa, dizemos que uma substância é ativa quando aquilo que se conhece nela distintamente serve para dar a razão do que se passa em outra; e passiva quando a razão do que se passa nela se encontra no que se conhece distintamente em outra.[6]

Porém devemos lembrar que as substâncias que compõem o mundo real possuem uma existência fundamentalmente temporal. Falando de acordo com o rigor metafísico, portanto, acrescentaremos que a região de clareza e distinção de suas percepções varia permanentemente, seja em espécie seja em grau, e que a variação do *grau* de clareza e distinção corresponderá à variação no grau de *perfeição* do estado presente das substâncias. A linguagem comum, por sua vez, acrescentará que uma substância "age" sobre outra quando passa a uma maior distinção, ou a um grau mais perfeito de expressão, e "sofre" a ação de outra quando passa a um grau mais baixo.

Mesmo tal precisão, entretanto, mostra-se ainda insuficiente para caracterizar adequadamente as substâncias criadas quando consideramos essa variação temporal no grau de sua perfeição de uma outra perspectiva. Uma das hipóteses pelas quais Leibniz descreve a temporalidade e o modo de evolução do mundo criado é a do aperfeiçoamento permanente de suas substâncias.[7] Essa não é a única hipótese com esse papel (temos também, para dar apenas um exemplo, a da alternância de períodos de aperfeiçoamento e de regressão, com a manutenção do mesmo grau final de perfeição), mas é talvez a mais enfaticamente sustentada, em vários textos de diversos períodos.[8] De acordo com ela,

---

6   *Discours de métaphysique*, §14; *Monadologie*, §52.

7   Ver, neste volume, o capítulo 12, "Leibniz e as voltas do tempo".

8   Cf. por exemplo, *De affectibus*, 1679: "A regra geral é que sempre se faz aquilo que envolve mais realidade, ou seja, que é mais perfeito. Todas as coisas se tornam mais perfeitas, embora através de períodos muitas vezes longos e de regressos." (in *Sämtliche Schriften und Briefe*, Reihe I-VII. Herausgegeben von der Berlin-Brandenburgischen Akademie der Wissenschaften und der Akademie der Wissenschaften in Göttingen. Berlin: Akademie Verlag). Carta a Sofia, 4 nov. 1696: "É uma verdade certa que cada substância deve alcançar toda a perfeição de que é capaz, e que se encontra já nela como envolvida. [...] É por isso que elas avançam e amadurecem perpetuamente, como o próprio mundo de que são as imagens; pois, como não há nada fora do universo que possa impedi-lo, é preciso que o universo avance continuamente e se desenvolva." Ver tb. *A origem radical*

todas as substâncias "avançam e amadurecem perpetuamente".[9] Ora, se entendemos o "avanço" ou aperfeiçoamento de uma substância (ou de uma mônada) como a passagem a um grau mais elevado de distinção em suas percepções, e se o que diferencia as substâncias é precisamente esse grau, além da *região* de distinção dessas percepções, então o que nos impede de pensar, de acordo com essa hipótese, que o aperfeiçoamento de uma substância implica ao mesmo tempo, *como meta que seja*, o fim de sua diferença em relação às outras substâncias? Pois, se é verdade que a razão do que se passa com aquela que sofre uma ação se encontra distintamente na que exerce essa ação, não é menos verdade que essa razão também se encontra, embora confusamente, naquela que sofre a ação. De maneira que, se um dia, aperfeiçoando-se, todas as substâncias criadas conseguissem finalmente tornar distintas todas as suas percepções, não haveria mais nada que as diferenciasse. E se quiséssemos nos manter fiéis ao princípio da identidade dos indiscerníveis, teríamos então que ver aí o colapso das infinitas substâncias em uma só: um único ponto de vista sobre o universo, que necessariamente seria o ponto de vista absoluto, de Deus.[10]

---

das coisas, 1697 (pp. 91-92); e "Qu'est-ce qui est anterieur par nature", escrito entre 1694 e 1696 e citado por J.-B. Rauzy, *"Quid sit natura prius?* La conception leibnizienne de l'ordre." *Revue de Métaphysique et de Morale*, 1/jan.-mar., 1995, p. 48.

9   Carta a Sofia, 4 nov. 1696.

10 Uma objeção possível a todo esse meu raciocínio é que não fui muito fiel à letra de Leibniz ao apresentar as substâncias individuais como sendo perfeitamente semelhantes no que concerne ao objeto de suas representações. Pois Leibniz diz também: "[...] embora todas [as substâncias] exprimam os mesmos fenômenos, nem por isso elas são perfeitamente semelhantes, bastando que sejam proporcionais" (*Discours de métaphysique*, §14). Ora, dir-se-á, se as substâncias são apenas proporcionais (i.e. mutuamente expressivas, de tal modo, por exemplo, que cada elemento de uma corresponda a um elemento da outra segundo uma certa regra), não é preciso recorrer ao corpo para garantir sua distinção. Minha resposta é que isso seria correto se as substâncias não fossem seres completos, mas apenas conceitos incompletos ou entes de razão. Esse é o caso das seções cônicas, um exemplo caro a Leibniz, entre outras coisas, para explicar justamente sua noção de ponto de vista. O círculo e a elipse são figuras que exprimem pontos de vista de um mesmo e único sólido (produzidos pelo deslocamento contínuo de um plano que corta um cone em ângulos diferentes), mas cada qual pode ser construída por uma fórmula matemática distinta, sem jamais se confundirem. Nas substâncias individuais completas, entretanto, como os predicados são infinitos, de algum modo a "fórmula" de uma tem que estar contida na "fórmula" da outra. Pois se a fórmula da elipse, por exemplo, nos dá a regra de construção de uma elipse, e se a elipse por sua vez é uma projeção (ou expressão) do cone do qual ela é uma seção, deveríamos ser sempre capazes (caso se tratasse de uma noção completa) de ir da fórmula da elipse ao cone e deste novamente à formula do círculo.

Podemos colocar o mesmo problema de outra maneira. Leibniz diz:

> Para conciliar a linguagem metafísica com a prática [...], basta observar que atribuímos a nós mesmos de preferência, e com razão, os fenômenos que exprimimos mais perfeitamente, e atribuímos às outras substâncias aquilo que cada uma exprime melhor.[11]

Imaginemos aquilo que nos aparece como a ação de uma substância A sobre uma substância B. A proposição que enuncia essa ação é a expressão daquilo que, na substância A, é percebido distintamente, e que, na substância B, é percebido confusamente. A pensa: "eu agi sobre B"; B pensa: "A (ou alguma coisa) agiu sobre mim". Mas se a diferença entre os dois enunciados se devesse apenas a uma diferença nos graus de distinção respectiva com que A e B veem o mesmo acontecimento, a diferença entre as próprias posições de A e de B, ou seja, de sujeito e objeto, deveria poder ser abolida mediante a análise completa dos conceitos de A e de B. Em outras palavras, "eu estou agindo sobre ele" seria indiscernível de "ele está agindo sobre mim". Da mesma forma, ao enxergar tudo distintamente, cada substância seria capaz de assumir todos as posições e pontos de vista, ou, antes, seria capaz de superar todos os pontos de vista particulares. Assim, eu veria de maneira completamente distinta minha ação sobre outra substância; mas essa outra substância também veria essa mesma ação distintamente, de modo que, ao me ver como o sujeito da ação, eu estaria me vendo também como meu objeto se vê. Ou, melhor ainda: uma vez que aquilo que caracteriza a paixão é a obscuridade ou confusão das percepções que exprimem uma determinada relação causal, então ambas as substâncias estariam no papel de agentes; ambas estariam ocupando a posição de A, e não haveria nada que pudesse ocupar a posição de B. Ou seja, cada substância teria a outra dentro de si, mas desta vez não mais como uma outra, visto que nada as distinguiria. Só haveria *uma* posição, e essa posição seria a da totalidade do mundo criado. Novamente, portanto, de algum modo, a substância criada seria um deus.

Mas, dir-se-á, não devemos nos preocupar. Ainda que aceitemos essa hipótese do eterno aperfeiçoamento das substâncias em nosso mundo, nunca chegará o dia em que a diferença entre elas deixará de existir, e isso por pelo menos duas razões. Em primeiro lugar porque, como os

---

11 *Discours de métaphysique*, §15.

predicados que compõem cada substância são infinitos, sempre haverá um fundo de percepções confusas que podem se distinguir e clarear, interminavelmente. Essa observação é correta, e se apoia em vários textos de Leibniz, como por exemplo *A origem radical das coisas*:[12]

> para que a beleza e a perfeição universais das obras de Deus alcancem o grau mais alto, todo o universo [...] progride perpetuamente e de maneira ilimitada [...] Objetar-se-á que, se fosse assim, há muito tempo que o mundo deveria ser um paraíso? A resposta é fácil. Embora muitas substâncias já tenham alcançado uma grande perfeição, a divisibilidade do contínuo ao infinito faz com que sempre restem na insondável profundeza das coisas elementos adormecidos, que ainda é preciso despertar, desenvolver, melhorar e, se posso dizer assim, promover a um grau superior de cultura. É por isso que o progresso nunca estará terminado.

Entretanto, isso não me parece eliminar o problema; pois, se concebemos as substâncias dessa maneira, devemos admitir que, embora a infinitude dos predicados que as compõem impeça que elas de fato cheguem a uma equalização,[13] não impede que *tendam* a ela como a um limite — o que não é menos grave quando pensamos que a diversidade é um dos critérios levados em conta pela escolha divina na criação do melhor dos mundos possíveis. Pois esse "limite" é também um "fim", um *"telos"*. A finalidade metafísica (embora não moral) do aperfeiçoamento pareceria ser, assim, a superação do ponto de vista de cada substância, ou seja, a superação da própria diversidade, que portanto seria ao mesmo tempo um dos critérios da perfeição do mundo criado e um estado a ser superado: um estado infinitamente passageiro (em que pese a contradição aparente da fórmula).

Em objeção a esta última afirmação, poder-se-ia alegar que a imperfeição das criaturas é antes de mais nada essencial, e embora Leibniz considere como uma possibilidade que, uma vez criadas, elas tendam

---

12 Leibniz, *La production originelle des choses prise à sa racine*, in Schrecker (org.), *G.W. Leibniz: opuscules philosophiques choisis*, Paris: J. Vrin, 1978, p. 92.

13 Nas versões anteriores deste artigo eu supus erroneamente que, embora nunca *alcançassem* a equalização, as substâncias iam progressivamente se tornando mais e mais semelhantes, uma vez que se aproximavam cada vez mais da perfeição. Mas a ideia de que a diferença entre as substâncias pudesse diminuir é evidentemente incompatível com a noção de sua infinitude, como bem me lembrou Luiz Henrique Lopes dos Santos. Espero ter mostrado, no que se segue, que o problema se mantém, mesmo assim.

mais e mais à perfeição, a verdade é que não apenas elas jamais a alcançarão (como acabamos de ver), mas também essa perfeição para a qual elas tendem de qualquer modo não é a perfeição absoluta, que só convém a Deus. Cada substância possui um grau determinado de perfeição, já pré-definido em seu conceito, e que é função da proporção entre suas percepções distintas e confusas. Da mesma maneira, o aperfeiçoamento do mundo como um todo não faz com que ele se torne um mundo mais perfeito do que era antes (pois nesse caso poderíamos pensar num mundo mais perfeito que o melhor dos mundos possíveis escolhido por Deus), mas apenas que ele atualize sua perfeição própria.

Novamente, como a anterior, essa observação é perfeitamente correta, e mesmo fundamental. Utilizá-la como solução ao problema proposto, entretanto, constituiria uma petição de princípio. Isso porque, como o objeto representado por todas as substâncias é o mesmo (ou seja, o mesmo mundo do qual todas elas fazem parte),[14] é preciso ainda explicar, justamente, o que constitui esse grau essencial de perfeição (e de imperfeição), ou seja, o que produz no conceito das substâncias esse limite interno[15] para seu aperfeiçoamento temporal. Em outras palavras, não podemos recorrer à imperfeição das criaturas para justificar que elas não possam deixar de ser imperfeitas. Não podemos recorrer à obscuridade ou confusão de suas percepções para justificar que essas percepções nunca poderão ser inteiramente claras ou distintas. Ao contrário, devemos nos perguntar: o que torna a imperfeição das substâncias criadas assim irredutível? O que exatamente faz com que elas sejam essencialmente imperfeitas? Além disso, como nada impede que houvesse várias substâncias com o mesmo grau essencial de perfeição (não absoluta),[16] o problema se recoloca em outra escala: o que faz com que

---

14 Para não entrar na questão se elas representam também os outros mundos possíveis.

15 Um limite *externo* poderia ser, por exemplo, a duração finita do universo criado, que impediria que elas atingissem a perfeição. Por outro lado, a infinitude dos predicados constituintes de cada substância não implica propriamente um *limite*, mas, ao contrário, prolonga indefinidamente o processo de aperfeiçoamento.

16 Ou mesmo, *todas* as substâncias: haveria assim a perfeição absoluta de Deus, e um único grau de perfeição limitada para as criaturas. Sobre as relações entre as noções de ordem, tempo e perfeição, cf. Jean-Baptiste Rauzy, "*Quid sit natura prius*: la conception leibnizienne de l'ordre", op. cit, pp. 31-48. Creio que a análise do presente artigo ganharia muito em riqueza e precisão se recolocada a partir dos problemas levantados por Rauzy. Mas isso pediria um novo artigo. Por enquanto, chamemos a atenção para a seguinte avaliação do autor, quase na conclusão de seu texto: "Parece que, sobre essas questões, Leibniz estava dividido entre duas grandes possibilidades de sua filosofia: seja enfatizar a ordem

essas substâncias não possam tender a uma equalização? Ao grau de perfeição, portanto, é preciso ainda acrescentar o tipo de perfeição ou essência própria de cada substância, o qual também precisa ser explicado: por que as *regiões* de percepções distintas e confusas das diversas substâncias não poderiam vir a coincidir?

Talvez se diga que a ideia do eterno aperfeiçoamento das substâncias é apenas uma hipótese, e que não podemos fundamentar um ponto tão importante da metafísica leibniziana sobre ela. Como dizíamos antes, entretanto, essa hipótese, ao contrário de algumas outras, claramente consideradas como meras possibilidades (talvez adequadas a uma ou outra abordagem matemática dessa mesma temporalidade),[17] Leibniz por vezes a trata como a mais desejável ou conveniente de todas. Além disso, embora fosse difícil para ele decidir definitivamente se esse aperfeiçoamento correspondia de fato à solução encontrada por Deus para ordenar temporalmente os estados do melhor dos mundos, sua mera consideração como um modelo verossímil deve bastar para nos mostrar a necessidade de se compreender o que garante que a diversidade das substâncias se mantenha como algo mais que um estado provisório, de maneira que, *se* o caminho for ascendente para elas, então cada qual ascenderá eternamente em direção à *sua* própria perfeição,[18] tal como estava já definido em seu conceito, fora do tempo. Pois, parece-me, é apenas desse modo que Leibniz pode dizer que "o universo é multiplicado tantas vezes quantas há substâncias, e a glória de Deus é redobrada de igual maneira pelo mesmo número de representações diferentes de sua obra".[19]

---

e a entreexpressão, mas então encontraríamos problemas do lado da individuação, seja ao contrário enfatizar o indivíduo, e os problemas desta vez estariam do lado da comunidade das substâncias." (Ibid., p. 46).

17 Cf. Michel Serres, *Le système de Leibniz et ses modèles mathématiques*. Paris: PUF, 1990, capítulo II.

18 E de fato, podemos encontrar em Leibniz esse uso possessivo do conceito de "perfeição". Assim, por exemplo, nos *Novos ensaios*: "na verdadeira ação ou paixão de uma verdadeira substância podemos considerar como sua ação, que atribuiremos a ela mesma, a mudança pela qual ela *tende à sua perfeição*; e podemos considerar como paixão, e atribuir a uma causa estranha, a mudança devido à qual acontece-lhe o contrário [meu grifo]." (*Nouveaux essais sur l'entendement humain*. Op. cit. II.XXI.72). E na carta a Sofia de 4 nov. 1696, que citamos acima, na nota 9 (GP VII, p. 543): "É uma verdade certa que cada substância deve alcançar toda a perfeição de que é capaz, e que se encontra já nela como envolvida."

19 *DM*, §9.

Ora, minha hipótese é que a única coisa capaz de explicar que cada substância tenha um tipo de perfeição distinta, e que essa espécie de exponenciação da glória de Deus em virtude da criação de suas infinitas substâncias não seja passageira, é que cada uma representa o mundo em que está inserida de um ponto de vista próprio e único, e que esse ponto de vista está localizado em seu corpo, sendo, por *esse* motivo, irredutível. Em outras palavras, as infinitas substâncias infinitas, descritas, por um lado, como tendo o mesmo objeto representativo e, por outro, como estando inseridas em um processo de aperfeiçoamento ininterrupto, só resistem ao crivo do princípio da identidade dos indiscerníveis porque o grau e a região de distinção e confusão de suas percepções, que as diferenciam em cada instante, são definidos por seus corpos, e neles estão eternamente ancorados.[20]

> Se cada substância considerada isoladamente fosse perfeita, elas seriam todas semelhantes — o que não é conveniente nem possível. Se fossem deuses, não teria sido possível produzi-las. O melhor sistema das coisas, portanto, não conterá deuses; será sempre um sistema de corpos, i.e. de coisas dispostas segundo os lugares e os tempos, e de almas que representam e apercebem os corpos, e segundo as quais os corpos são em boa parte governados. [...] A ligação e a ordem das coisas faz com que os corpos de todo animal e toda planta sejam compostos de outros animais e outras plantas, ou de outros seres vivos; e que, consequentemente, haja subordinação, e que um corpo, uma substância sirva à outra; assim, sua perfeição não poderia ser igual.[21]

---

20 "[...] a diferença entre os pontos de vista — e um ponto de vista não é senão diferença — não está na alma. Esta, formalmente idêntica através das espécies, só enxerga a mesma coisa em toda parte; a diferença deve então ser dada pela especificidade dos corpos." Eduardo Viveiros de Castro, "Perspectivismo e multinaturalismo na América indígena" in *A inconstância da alma selvagem*. São Paulo: Cosac & Naify, 2002.

21 Leibniz, *Essais de théodicée*. Paris: Garnier-Flammarion, 1969, II, §200. Em "Indiferença, simetria e perfeição segundo Leibniz" (neste volume, cap. 11), eu chegava a uma conclusão semelhante por outra via: os corpos existem para garantir a diversidade do melhor dos mundos. Cf. ainda, Leibniz, *Essais de théodicée*. Paris: Garnier-Flammarion, 1969, III, §341, op. cit.

O conceito do corpo

Havíamos dito que a natureza das substâncias individuais, embora fechada, era representativa, e que o que elas representam era, em primeiro lugar, a totalidade das representações das outras substâncias. Mas, além dessa correspondência harmônica com as outras substâncias da mesma série, ou seja, além dessa relação harmônica com as outras almas, o que cada substância representa harmonicamente são os corpos: *seu* corpo sobretudo, mas também todos os outros corpos presentes no mundo atual, uma vez que todos, de alguma forma, afetam ou são afetados por ele.

Estar num corpo significa, entre outras coisas, ter uma localização no espaço e no tempo; e, como espaço e tempo não são para Leibniz senão o modo como as diversas substâncias (reais e possíveis) se *posicionam* umas em relação às outras, estar num corpo significa ter uma posição [*situs*] determinada e irredutível relativamente às outras coisas.[22] A matéria, diz Leibniz em uma carta a Des Bosses de 29 de maio de 1716,[23] exige naturalmente a extensão, porque "suas partes exigem naturalmente entre si uma ordem de coexistência". Dizer que as partes da matéria exigem naturalmente uma ordem de coexistência significa que, ainda que as relações entre essas partes possam se alterar (e se alteram de fato permanentemente), as partes elas mesmas nunca se confundem, ou seja, mantêm sua diversidade. Em outras palavras, a ordem de coexistência pode se alterar, mas é irredutível no sentido de que não pode haver matéria, nem partes materiais distintas, sem que haja *alguma* ordem de coexistência entre essas partes. Assim, por exemplo, a distância entre dois corpos A e B pode aumentar ou diminuir, mas nunca deixará de separar, ainda que de maneira infinitamente pequena, esses mesmos corpos A e B. Pode-se dizer algo semelhante do tempo, isto é, da ordem dos sucessivos. Os diferentes estados dos corpos mantêm entre si uma ordem de sucessão, que se faz sempre, irreversivelmente, do passado ao

---

22 As mônadas ou substâncias, embora não sejam extensas, têm uma posição, "que é o fundamento da extensão, porque esta é a repetição contínua simultânea da posição". Carta a Des Bosses, 21 julho 1707, In Christianne Frémont, *L'être et la relation: Lettres de Leibniz à Des Bosses.* Paris: J. Vrin, 1999, p. 127. Citado por Fichant, "L'invention métaphysique". Introdução a *Leibniz, G. W. Discours de métaphysique suivi de Monadologie et autres textes.* Paris: Gallimard, 2004, pp. 109-110.

23 Frémont, *L'être et la relation: lettres de Leibniz à Des Bosses.* Paris: J. Vrin, 1999, p. 253.

futuro. E embora possamos dizer, do estado presente de um corpo determinado (contra a concepção cartesiana da matéria extensa), que ele contém como que a memória de todos os seus estados passados e a antecipação de seus efeitos futuros (como podemos dizer, de uma mônada ou substância simples, que seu estado presente é uma continuação de seu estado passado e contém virtualmente seu estado futuro),[24] esses diferentes estados não poderiam se confundir nem se inverter.[25] Ou, nas palavras de Leibniz: "A ordem é a relação de diversas coisas, por meio da qual qualquer uma delas pode ser distinguida da outra."[26]

Como consequência disso, do ponto de vista de cada sujeito da percepção, é essa ordem espacio-temporal determinada por seu corpo e pelos demais que impede que ele se confunda com seus objetos. Em outras palavras, é o corpo que irá fixar de maneira irreversível as relações que compõem o próprio conceito da substância, que fará com que, por exemplo, A e B sejam dois termos sempre distintos, que podem evidentemente *alterar* e até *trocar* sua posição (e portanto suas relações), mas que nunca poderão ocupar a *mesma* posição — espacial, temporal ou causal. E, uma vez definidas (ou redefinidas), as relações entre dois termos vão sempre em apenas uma direção. O agente nunca será o paciente, o sujeito não será o objeto, o tio não será o sobrinho, etc.

Essa ideia está expressa de maneira muito clara em um trecho do manuscrito original do § 14 do *Discurso de metafísica*, suprimido na versão definitiva:

---

24 Cf. *M*, §22.
25 A concepção de que o estado presente de um corpo contém virtualmente seus estados passados e futuros foi possível para Leibniz pela reformulação da noção de força, e pela consequente introdução na matéria de uma qualidade que não se reduzia às qualidades ditas primárias (grandeza, figura e movimento), sendo antes espiritual: a forma substancial. Com essa reformulação, a matéria adquire memória e antecipação. Ver também Rauzy: "O tempo pode ser considerado como um caso particular da relação de ordem: é a relação de ordem fundada na natureza, que existe entre incompatíveis." (*Quid sit natura prius*? La conception leibnizienne de l'ordre." Op. cit. p. 40). Os "incompatíveis" a que Rauzy se refere aqui são os diferentes estados daquilo que muda.
26 Cf. Bodemann, p. 124, citado por Rutherford, *Leibniz and the Rational Order of Nature*. Cambridge: Cambridge University Press, 1998, pp. 32 e 111. Cf. tb. "Definições", in Rauzy 1998: p. 109: "A ordem é uma relação discriminante entre vários termos." (*Recherches générales sur l'analyse des notions et des vérités: 24 thèses métaphysiques et autres textes logiques et métaphysiques*. Paris: PUF). E "Resumo de metafísica": "[...] a ordem é simplemente uma relação de distinção entre coisas diversas; a confusão é quando várias coisas estão presentes, mas não há razão para distingui-las umas das outras." (in Parkinson, *Leibniz: Philosophical Writings*. Londres: Dent, 1984, p. 15).

[...] quando meu corpo é empurrado, digo que eu mesmo fui empurrado, mas quando algum outro corpo é empurrado, embora eu me aperceba disso e embora isso gere em mim alguma paixão, não digo que fui empurrado, porque meço o lugar onde estou pelo lugar de meu corpo.[27]

Entenda-se: isso não contraria a afirmação de Leibniz de que o que diferencia as substâncias são suas regiões de expressão clara e distinta. De fato, podemos diferenciá-las dessa forma; mas essa diferença só é irredutível e não meramente passageira porque é expressão de uma *ordem* irredutível, a saber, a ordem espacial e temporal em que os corpos necessariamente estão inseridos. Assim, o que a alma representa mais distintamente, diz Leibniz, é justamente o corpo particular que lhe é reservado.[28] Em seguida, em graus diversos e decrescentes de clareza e distinção, há as representações dos objetos apreendidos diretamente por nossos órgãos dos sentidos (que concentram uma infinidade de pequenas percepções tornando-as, embora não distintas, ao menos claras o suficiente para sua função),[29] há os outros corpos que sofrem a ação do nosso, direta ou indiretamente, e há ainda os corpos que agem sobre o nosso, direta ou indiretamente — compondo essa rede plena e contínua de corpos.

O corpo

Mas dizer que estar num corpo é fundamental para que a substância mantenha sua individualidade não significará que estamos ancorando essa individualidade substancial ou monádica em uma propriedade extrínseca àquilo que se encontra em seu conceito, contrariando assim a própria definição da substância como um ser completo, com que começamos este texto? Penso que não. Pois as propriedades relacionais, inclusive as causais e as espacio-temporais, sempre podem ser reduzidas a predicados relacionais intrínsecos ao conceito da substância. Dito de outro modo, as substâncias têm corpos e têm relações já no entendimento divino (corpos possíveis ou conceituais), e o fato de serem ainda apenas possíveis não impede que os predicados que designam suas

---

27 Org. Georges Le Roy, p. 229.
28 *M*, §62.
29 Cf. ibid., §25.

propriedades corpóreas sejam predicados, não de puros espíritos, mas de substâncias que, caso venham a existir, possuirão corpos — o que significa que eles nunca poderão alcançar juntos o mesmo grau de distinção, sob pena de se criar uma contradição interna ao próprio conceito da substância.

À primeira vista, entretanto, essa resposta pode também parecer insatisfatória. Pois se a mera presença conceitual dessas propriedades características dos seres corpóreos basta para garantir a diversidade qualitativa e numérica das substâncias, parece que caímos de volta em nossa questão inicial: por que é necessário algo além disso? Por que Deus não criou puros espíritos, puros espíritos cujas representações incluíssem *representações* de corpos, ou seja (para o que nos interessa aqui),[30] representações de relações espacio-temporais?

Poderíamos responder dizendo simplesmente (em uma leitura idealista ou fenomenalista de Leibniz) que é isso exatamente o que Deus fez, ou seja, criou um mundo harmônico de substâncias que representam a si mesmas como ligadas a outras substâncias que formam agregados fenomênicos percebidos por elas como corpos. Essa leitura se apoia em não poucas evidências textuais,[31] e parece ser a maneira mais simples de se evitar aquela objeção de que a individualidade das substâncias estaria fundamentada em uma realidade extrínseca a seu conceito. Entretanto, penso que ela não considera suficientemente a diversidade existente entre a substância que *representa* outras como um corpo e aquelas cuja composição *é representada* como um corpo; enquanto a primeira domina, as outras se submetem ao seu domínio.

Na nota L ao verbete 'Rorarius' da segunda edição de seu *Dicionário histórico e crítico*, Pierre Bayle afirmava, em tom irônico, que a única maneira de tornar um pouco mais compreensível a hipótese leibniziana de

---

30 É certo que, ao longo de todo este texto, limito-me a apenas um aspecto daquilo que se pode caracterizar como "corpo" ou "matéria", deixando de lado, por exemplo, todo o aparato de "forças" que compõem os corpos segundo a dinâmica da filosofia madura de Leibniz. Entretanto, esse procedimento não está em desacordo com o que o próprio Leibniz diz, por exemplo, na seguinte carta a De Volder (de 1704 ou 1705, em GP II 275): "Relego as forças derivadas aos fenômenos, mas penso ser evidente que as forças primitivas não podem ser senão os esforços internos [*tendentias internas*] das substâncias simples, esforços por meio dos quais elas passam de percepção a percepção de acordo com uma lei fixa de sua natureza".

31 Ver por exemplo a carta a Arnauld de 30 abril 1687, e a carta a De Volder de 30 junho 1704 (GP II, pp. 267-272).

que a alma, mesmo sendo simples, diversifica espontaneamente suas operações seria concebê-la como uma "legião de espíritos".[32] Leibniz responde:

> *É verdade que a alma tem essas legiões a seu serviço, mas não dentro dela mesma. Pois não há alma ou enteléquia que não seja dominante relativamente a uma infinidade de outras* que entram em seus órgãos, e a alma nunca existe sem algum corpo orgânico que convenha a seu estado presente.[33]

Dito de outra forma, embora as almas de fato precisem de corpos para *fixar* suas regiões de obscuridade e confusão (e de clareza e distinção) e portanto para discerni-las definitivamente de outras almas, poderia ser que elas apenas *representassem*, como fenômenos, esses corpos. Nesse caso, talvez se pudesse dizer que bastaria que elas tivessem essa *exigência* de matéria de que Leibniz fala nas cartas a Des Bosses.[34] Exigir a matéria, entretanto, é exigir algo diverso de uma alma, e portanto exterior a ela. Assim, a representação dos corpos é uma representação, interna à natureza da alma, mas referente a uma *outra* natureza. Retomando a fórmula de D'Agostino em um contexto um pouco diferente, diríamos que se trata de um predicado "intrinsecamente extrínseco".[35] Apenas, no melhor dos mundos possíveis, essa exigência de matéria, expressa pela *representação* dos corpos (ou esses fenômenos corpóreos), deve corresponder a corpos reais, formando assim a "mais perfeita harmonia".[36] Isso evidentemente não impede que a realidade desses corpos (para

---

32 Pierre Bayle, *Dictionnaire historique et critique*, Paris: Desoer, 1820, artigo "Rorarius", nota L §7, op. cit.

33 "Réponse aux réflexions contenues dans la seconde édition du *Dictionnaire critique* de M. Bayle, article Rorarius, sur le système de l'harmonie préétablie". In *Système nouveaux de la nature et de la communication des substances et autres textes 1690-1703* (org. Christiane Frémont). Paris: Flammarion, 1994, p. 202, op. cit. (meu grifo).

34 Carta a Des Bosses de 5 fevereiro de 1712 (in Christiane Frémont, *L'être et la relation: Lettres de Leibniz à Des Bosses*. Paris: J. Vrin, 1999, p. 197). Cf. ainda carta de 31 julho 1709: "embora não seja absolutamente necessário que todo corpo orgânico tenha uma alma, cabe pensar [*il est à penser*] que Deus não negligenciou essa ocasião, porque Sua sabedoria produz o máximo possível de perfeição." (Ibid, p. 161).

35 Ver acima, nota 5.

36 Leibniz, "Prefácio", *Essais de théodicée*. Paris: Garnier-Flammarion, 1969, §44, op. cit.; cf. Donald Rutherford, *Leibniz and the Rational Order of Nature*. Cambridge: Cambridge University Press, 1998, pp. 227-228.

passarmos de vez à linguagem da *Monadologia*) se reduza à realidade das *mônadas* que os compõem; mas estas são *outras* mônadas, tão reais quanto a mônada dominante que as representa como corpos.[37] Quando Leibniz diz que em seu sistema não há almas sem corpos, ele quer dizer justamente isso, que em seu sistema há almas e há corpos. Sua espiritualização da matéria está, a meu ver, muito longe de transformar os corpos em mera miragem harmônica das almas.

---

37 Cf. Donald Rutherford, "Metaphysics: The Late Period". In Nicholas Jolley, *The Cambridge Companion to Leibniz*. Cambridge: Cambridge University Press 1995, pp. 143-ss.

CAPÍTULO 14

Ordem e desordem na Teodiceia de Leibniz*

O tema da ordem e da desordem é uma das constantes dos *Ensaios de teodiceia*, de Leibniz. A ordem do todo ou totalidade justifica a desordem das partes — esta é uma ideia repetida exaustivamente por Leibniz em sua defesa da causa de Deus. Mas a simplicidade da fórmula não deve nos enganar. Trata-se, em primeiro lugar, de uma relação complexa, uma vez que há graus ou tipos diversos de ordens, desordens, totalidades e parcialidades, que se combinam de maneiras igualmente diversas. Em segundo lugar, a relação ordem/desordem é em Leibniz fundamentalmente dinâmica, de modo que, seja no aspecto sincrônico da relação partes-todo, seja no aspecto diacrônico do desenrolar da história das substâncias e do mundo, ordem significa sempre ordenação.

Uma ideia me parece fundamental para a compreensão da relação entre ordem e desordem em todas essas modalidades. Ela se encontra na afirmação de que, no mundo, tudo está ligado. Ou, como Leibniz nos diz no § 9 da 1ª parte da *Teodiceia*: "Tudo está ligado em cada um dos mundos possíveis: o universo, qualquer que possa ser, é todo inteiriço [*tout d'une pièce*], como um oceano." No que se segue, tentarei mostrar que, no sistema leibniziano, se é verdade que a desordem sempre de algum modo remete a uma ordem superior *ou* posterior, tal relação entre ordem e desordem não se compreende sem que se compreenda o sentido profundo e radical que Leibniz empresta à afirmação de que tudo está ligado a tudo (uma parte a outra parte, cada parte ao todo, o próximo ao distante, o passado ao presente e ao futuro). Em virtude disso, ou seja, porque nada é separado e tudo está ligado, o inverso daquela fórmula também é verdadeiro e igualmente importante: se a desordem sempre se justifica pela ordem, a ordem não se compreende menos sem

---

* O presente ensaio, publicado originalmente na revista online *Indice*, 3 (1) 2011/1, pp. 41-55, reproduz, com algumas alterações, o texto que apresentei no Colóquio Internacional Comemorativo do II Centenário da Publicação dos *Essais de théodicée* de G.W. Leibniz e 2º Colóquio Leibniz-Luso Brasileiro, em Lisboa (novembro de 2010).

a desordem, por sua vez tornada necessária para produzir o mundo mais diverso possível.

1.

A questão da desordem é analisada, nos *Ensaios de teodiceia*, sobretudo no contexto do problema da existência de males no mundo, males das mais diversas modalidades: metafísicos — as imperfeições que necessariamente caracterizam todos os seres criados em sua essência mesma; morais — ou seja, os vícios, crimes e pecados que acometem apenas as criaturas racionais; e físicos — sofrimentos de todos os tipos, que Leibniz considera como decorrentes daqueles males morais (quer como punição por um mal moral cometido, quer como consequência da ação de outra criatura).[1] A pergunta clássica que se coloca, e que Leibniz retoma principalmente a partir da discussão com Pierre Bayle, é: como Deus pode ser ao mesmo tempo onipotente, onisciente, dotado de uma vontade soberanamente boa, e ainda assim criar um mundo tão cheio de imperfeições? Não poderia e não deveria ele ter criado as coisas perfeitas, ou pelo menos um pouco melhores?

Em resposta a essas perguntas, Leibniz vai apresentando vários argumentos mais ou menos distintos, como: (1) os males e imperfeições são condições para bens maiores ou para a existência de uma quantidade maior de essência; (2) muitas vezes dois males juntos formam um bem; (3) às vezes sentimos prazer no próprio mal, porque "um pouco de amargo agrada mais que o doce", ou porque sabemos que isso aumentará nosso prazer posterior por contraste; (4) os males são apenas partes, que se justificam quando referidos ao todo.

Existe, é claro, uma justificação bem mais fundamental que todas essas. Conhecendo algo da natureza perfeita e infinita de Deus, dirá Leibniz, e concluindo *a priori* que ele não poderia agir sem razão e sem se fazer guiar pelo princípio do melhor, não podemos nos deixar abater pelos males e desordens que nos aparecem em nossa experiência tão limitada no espaço e no tempo. Como bem nota Jacques Brunschwig em sua introdução à edição francesa da *Teodiceia*, "a bondade do mundo não se constata, mas se demonstra, antes de toda constatação e se preciso contra toda constatação; as verificações são úteis à verdade, mas

---

1   Cf. Donald Rutherford, *Leibniz and the Rational Order of Nature*. Cambridge: Cambridge University Press, 1998, nota 17, p. 20.

não indispensáveis; tanto melhor se forem bem sucedidas, tanto pior se fracassarem".[2] Ainda assim, o fato é que aqueles outros argumentos perpassam todo o *Ensaio*, e, embora sejam secundários para demonstrar a bondade do mundo, acabam revelando aspectos também fundamentais do sistema leibniziano que subjaz à *Teodiceia*.

2.

Partiremos do último argumento de Leibniz mencionado, ou seja, o que refere a relação entre males e bens ou desordens e ordem à relação entre partes e todo. Uma primeira maneira de entendermos essa relação entre a desordem na parte e a ordem no todo se exemplifica por aquilo a que Leibniz alude, no §147, como "aquelas invenções de perspectiva em que certos belos desenhos parecem pura confusão até que os vejamos sob seu verdadeiro ponto de vista, ou através de um vidro ou espelho".[3] Leibniz está falando aqui das anamorfoses, experimentos pictóricos que faziam sucesso em sua época.

Uma figura em anamorfose é uma figura deformada segundo uma regra tal que, de posse dessa regra, o observador conseguirá restituir a ordem a ela subjacente. Essa regra é uma regra espacial, um ponto de vista único, que detém, por assim dizer, o segredo da figura. Segundo esse modelo, a visão perspectiva não é algo a ser superado na busca de uma visão atópica, plena e absoluta. Ao contrário, quanto mais clara e distinta for nossa percepção de um quadro ou do detalhe de um quadro em anamorfose, melhor enxergaremos a imagem *deformada*, e mais longe estaremos de seu verdadeiro sentido. O que temos a fazer é, antes, colocarmo-nos naquele único ponto determinado, ou interpor entre nosso olhar e o desenho um espelho com uma inclinação própria para refletir os raios luminosos de uma maneira única e exata, que irá reconfigurar a imagem deformada e restituir aquele sentido.

Mas, embora as anamorfoses ilustrem o vínculo entre o trabalho de ordenação de um objeto delimitado e a visão a partir de um ponto de vista sempre concreto, determinado e particular, o objetivo maior dessa ilustração aqui na *Teodiceia* é mostrar que muitos acontecimentos de nossa vida funcionam como anamorfoses cuja ordem oculta ou

---

2   Leibniz, *Essais de théodicée: sur la bonté de Dieu, la liberté de l'homme et l'origine du mal.* Paris: Garnier — Flammarion, 1969, p. 19.

3   Ibid. Ver acima, neste volume, o capítulo 10, "Nota sobre Leibniz e a perspectiva".

subjacente depende da visão a partir do ponto de vista da *totalidade*, ou seja, da visão divina. A posição da totalidade (em que pese a contradição que possa se esconder sob essa expressão) é a única capaz de nos fornecer a "chave" para interpretar as inúmeras aparências de desordem que povoam nosso pequeno mundo, humano e terráqueo. Enquanto não acedermos a esse ponto de vista, continuaremos a ver nossos males como injustificáveis, e as desordens aparentes como desordens reais, podendo assim passar uma vida inteira de lamentações.

É claro que, em nosso estado atual, e mesmo em um possível estado futuro em que nossa espécie alcançaria um grau maior de perfeição, não podemos ter essa visão total, e portanto não podemos "ver" ou compreender de forma precisa e em todos os seus detalhes de que maneira a desordem das partes desaparece ou ao menos se justifica quando inserida na grande ordem real da totalidade.[4] Mas podemos demonstrar *a priori* a sabedoria e bondade infinitas do autor deste imenso universo, e por isso *confiar* que este de fato é o melhor mundo que teria sido possível criar, mundo que é todo ordem, como seu autor. Além disso, devemos entender, em primeiro lugar, que o fato de o mundo ser "todo ordem", de podermos dizer que ele é bom e ordenado, não garante que possamos dizer também que todas as suas partes são boas e ordenadas. A relação entre ordem e desordem é uma relação qualitativa, e não quantitativa. Ora, as qualidades, diz Leibniz no §212, não se comportam como as quantidades; nas quantidades ou nas grandezas extensivas, é possível passar do todo às partes (ou vice-versa) sem alterar as relações consideradas, uma vez que ali as partes são homogêneas ao todo; mas isso não é possível nas qualidades, como, por exemplo, nos bens e males, na beleza, nos graus de perfeição. Assim:

> [Um]a parte do caminho mais curto entre dois pontos é também o caminho mais curto entre as extremidades dessa parte; mas [um]a parte do melhor não é necessariamente o melhor que se poderia fazer dessa parte — pois [um]a parte de uma coisa bela nem sempre é bela, já que pode ter sido extraída do todo de maneira irregular. Se a bondade e a beleza consistissem sempre em algo absoluto e uniforme como a extensão, a matéria, o ouro, a água e outros corpos que se supõem homogê-

---

4 Como diz Leibniz no §134: "o objeto de Deus tem algo de infinito; seus cuidados abarcam o universo, e o que conhecemos disso é quase nada." (Ibid.).

neos ou similares, teríamos que dizer que a parte do bom e do belo seria boa e bela como o todo, pois seria sempre semelhante ao todo; mas não é esse o caso das coisas relativas.[5]

Parte e todo são, portanto, no caso das qualidades, que é o que nos importa aqui, entidades ontologicamente heterogêneas. Mas, além disso, ao confiarmos que "o mundo é todo ordem", devemos entender também que ordem, no caso do mundo criado, não significa perfeição absoluta, mas a maior perfeição possível. E que a maior perfeição possível não se faria sem a maior diversidade possível, regida pela maior simplicidade possível de regras, o que, por sua vez, implica *necessariamente* a existência de males, dissonâncias, imperfeições, obscuridades.

3.

Tudo isso precisamos compreender porque não poderemos jamais alcançar de fato a visão da totalidade. Mas, na verdade, nossa própria experiência, diz Leibniz no §134, nos fornece "provas e amostras" dessa grande totalidade do mundo, naquilo que podemos chamar de pequenas totalidades, pequenos todos: um homem, uma planta, um animal. Cada um destes, ele acrescenta, pode ser visto como "uma coisa inteira, um todo acabado em si, e isolado, por assim dizer, em meio às obras de Deus".[6]

É importante compreendermos bem cada uma dessas três qualidades atribuídas aqui a esses objetos que serão ditos "todos" ou "pequenas totalidades": 1º, eles são "todos acabados em si mesmos"; 2º, são, "por assim dizer" (diz Leibniz), isolados; e 3º, devem ser também coisas "inteiras". A palavra que estou traduzindo aqui por "acabados" é *accomplis*, a mesma que aparecia em 1686, no *Discurso de metafísica*[7], no contexto da definição da substância individual. De fato, ali Leibniz dizia: "a natureza de uma substância individual ou de um ser completo [*complet*] é ter uma noção tão acabada [*accomplie*] que ela seja suficiente para fazer com que dela se deduzam todos os predicados do sujeito a quem essa noção é atribuída".[8]

---

5 Ibid., §213.
6 Ibid.
7 Leibniz, *Discours de métaphysique*, op. cit. §8.
8 A tradução mais literal de *accomplie* por "completada" soaria estranha, mas também o "acabada" não é sem problemas. A verdade é que não temos, em português (ao menos

Se pudéssemos usar essa frase do *Discurso de metafísica* para interpretar o parágrafo da *Teodiceia* de que estamos tratando, ficaríamos talvez tentados a dizer que o que faz desses objetos pequenas totalidades e, enquanto tais, amostras da grande totalidade que é o universo, é que eles são substâncias individuais, cada uma com seu próprio conceito completo, do qual devemos poder deduzir tudo que jamais aconteceu, acontece ou acontecerá àquela substância. O "acabamento" a que Leibniz se refere aqui na *Teodiceia* seria, portanto, o acabamento do conceito completo, que ao mesmo tempo permitiria também que considerássemos o objeto como "isolado", uma vez que tudo que pode acontecer a uma substância é apenas consequência de sua própria natureza ou noção completa. Mas as coisas se complicam. Em primeiro lugar, porque estamos, com a *Teodiceia*, na chamada fase "monadológica" do pensamento leibniziano, em que o traço que sobretudo caracteriza as substâncias (ou mônadas) é sua simplicidade, e não sua completude. Em segundo lugar porque, um pouco mais adiante, no §146, Leibniz, antes de repetir os mesmos exemplos que dera no §134, falará de um caso que parece bastante diferente: o sistema de nossos planetas também pode ser considerado "uma obra inteira", "um todo", "algo de inteiro e de isolado, por assim dizer". É sobretudo diante deste último exemplo, então, que nos damos conta de que não devemos negligenciar essa expressão "por assim dizer", que Leibniz repete três vezes nesses dois parágrafos.

Eu diria que o que está interessando aqui a Leibniz não são as substâncias em sentido metafisicamente estrito, nem sequer os organismos *enquanto* substâncias compostas ou substâncias vivas, tal como esses termos aparecem nos *Princípios da natureza e da graça*, por exemplo. *Et pour cause*: se fosse, ele falaria em "verdadeiras unidades" ou simplesmente em "unidades", e não em "todos", "obras", "coisas"; e, é claro, não poderia ter dado o exemplo do sistema solar. Enquanto no caso das substâncias naturais ou orgânicas o que importa é estabelecer seu fundamento metafísico, aquilo que faz delas, justamente, "verdadeiras unidades" e não meros "entes por agregação", no caso destas pequenas totalidades (um animal, um homem, uma planta, mas também um sistema planetário), o que importa é encontrar, em nossa experiência,

---

não me ocorre), um bom equivalente para o par *complet-accompli*. O sentido de *accompli* é uma composição de "completado", "acabado", "perfeito" e "completo".

aquilo que faz delas *sistemas*. Ora, o fundamental para constituir um sistema não é sua verdadeira unidade nem a verdadeira unidade de seus componentes (pois um planeta, por exemplo, não é uma unidade desse tipo), menos ainda sua simplicidade, ou sequer a completude estrita de sua noção, mas sim o tipo de relação que se estabelece entre as suas partes, que nos permite considerar esse objeto ou conjunto de objetos como um *todo* em si mesmo, *com a condição* de abstrair, "por assim dizer", de suas outras relações, com o que está fora do sistema. Um sistema ou totalidade é, portanto, nesse sentido, um ser de razão. Assim, um organismo vivo possui uma *relativa* independência (Leibniz diz: "até um certo ponto de perfeição") do meio que o cerca, não porque não esteja realmente ligado a este meio por uma infinidade de relações, mas porque podemos *deixar de considerar* tais relações sem por isso tornar incompreensível sua ordenação interna. Ou melhor, essa abstração ou seleção é aqui, não apenas uma possibilidade, mas uma exigência,[9] uma vez que, sendo a totalidade um ente de razão, à medida que inseríssemos ou deixássemos penetrar outras relações em nossa consideração, a ordenação que antes era evidente poderia se obscurecer, perdendo-se numa grande anamorfose, que só voltaria a revelar seu segredo quando vista da perspectiva da grande totalidade do universo — perspectiva à qual, mais uma vez, nós não temos acesso. Daí, portanto, a razão da segunda característica dessas pequenas totalidades: elas devem ser vistas como "por assim dizer" isoladas "em meio às obras de Deus." (§134)

Mas Leibniz diz ainda que essas totalidades, para que as apreciemos em seu acabamento ou perfeição, além de isoladas devem ser vistas como *inteiras*. A razão da menção à *inteireza* (não à completude, como já vimos) se dá por um motivo semelhante ao motivo que subjaz à menção ao *isolamento* desses objetos, só que, digamos assim, em direção inversa. É que, tal como a inclusão de outras relações dentro desse "sistema" ou pequena totalidade vem obscurecer, misturar (para nós,

---

9   Compare-se com o que diz Quentin Meillassoux sobre a teoria da percepção de Bergson (Meillassoux, "Subtraction and contraction: Deleuze, immanence, and *matter and memory.*" *Collapse*, III, 2007, pp. 73-75): a mente seleciona ou escolhe imagens dentre aquelas pré-selecionadas pelo corpo vivo sobre o fundo infinito das imagens que constituem a matéria. Assim, a relação entre a percepção consciente e a matéria é uma relação de parte a todo. Nas palavras de Meillassoux, "para Bergson, a percepção não é uma *síntese*, mas uma *ascese*. [...] A percepção não conecta, ela desconecta. Ela não informa um conteúdo, mas entalha uma ordem" (ibid., p. 75. Minha tradução).

espíritos finitos) a ordem que de fato está ali presente, a fragmentação do sistema também nos impede de enxergar sua ordenação. Ela implica a separação de relações cujo conjunto define o funcionamento sistemático que faz com que nos refiramos àquele objeto como dotado de uma unidade (mesmo que não em sentido estrito), ou, como diz Leibniz aqui, como constituindo um todo. Por isso, enquanto "a beleza e o artifício" da estrutura de uma planta, um animal ou um homem *salta aos olhos*, digamos assim, "[...] quando vemos um osso quebrado, um pedaço de carne de animal, um galho de planta, só aparece ali a desordem [...]" A menos, continuará Leibniz, "que um excelente anatomista os olhe; e mesmo este não reconheceria nada ali, se não tivesse antes visto pedaços semelhantes ligados a seu todo."[10]

O que o excelente anatomista faz é reinserir mentalmente em sua consideração as relações que faltam, reconstruir o sistema, ao associar aquele pedaço a um pedaço semelhante que encontrou anteriormente, na experiência, ligado a seu todo. Na verdade, só o anatomista *sabe* que aquilo é um fragmento e não "um todo acabado em si", e apenas sob essa condição conhece a chave de sua leitura. Ao contrário das pequenas totalidades inteiras (que mostram diretamente e de maneira clara sua ordem) e das anamorfoses (cuja ordem disfarçada se revela entretanto quando se assume o ponto de vista adequado), o fragmento, se considerado isoladamente e em si mesmo, não revelará qualquer ordem, seja de que ponto de vista for, porque ela simplesmente não está ali. O objeto está, literalmente, fragmentado, e portanto desordenado.

4.

Outra maneira de apresentar a mesma ideia é dizer que as pequenas totalidades são aquelas partes de uma grande totalidade (o universo) que remetem a esta por uma espécie de simbolização, como o microcosmo remete ao macrocosmo. Mas, justamente, desde que consideradas de maneira isolada, essas partes não aparentam qualquer desordenação importante, muito pelo contrário: são amostras evidentes da maravilhosa ordem e harmonia universal. Mesmo as anamorfoses simbolizam a ordem do todo quando vistas da perspectiva correta.

---

10 Leibniz, *Essais de théodicée: sur la bonté de Dieu, la liberté de l'homme et l'origine du mal.* Op. cit., §134.

Mas no argumento mais típico da *Teodiceia*, quando surge o problema da desordem das partes, que aparentemente não se justifica, mas que ganha um novo sentido quando referida à totalidade, as partes que se têm em mente são fatos, acontecimentos, trechos de vidas, pedaços de obras de arte. Essas partes são como os fragmentos das pequenas totalidades: um osso quebrado, um pedaço de carne arrancado de um animal, um galho caído de uma árvore, alguns anos difíceis da vida de um homem, ou mesmo toda a vida infeliz de um só homem. Elas não simbolizam ou, se quisermos, não *expressam* as totalidades de que fazem parte, e sequer a totalidade do mundo, sem antes serem referidas ao que *falta* para fazer delas essas pequenas totalidades. Assim, o fragmento de osso deverá ser referido ao osso inteiro, o pedaço de carne deverá ser referido a todo o corpo daquele animal, o galho à árvore, mas também os anos difíceis à vida inteira daquele homem, ou sua vida infeliz ao conjunto das vidas de todos os homens; e se a consideração conjunta das vidas de todos os homens ainda revela muito mais males, pecados e sofrimentos do que bens, virtudes e bem-aventurança, é certamente porque o gênero humano também é um fragmento,[11] fragmento de um mundo que inclui, não só outros seres racionais além de nós, mas também uma infinidade de seres irracionais de todos os tipos.

Por maior e mais importante que nos pareça ser o mundo dos homens, ele não passa de "nosso pequeno mundo", "nosso pequeno departamento",[12] um "quase nada".[13] O universo é imenso, os sóis, os planetas, os espaços infinitos que não conhecemos são algo além da imaginação.[14] Todos esses podem ser habitados por uma imensa diversidade de seres. Mesmo nossa Terra tem muito mais habitantes do que nós. Deus pode preferir um homem a um leão — pois "há graus nas criaturas. A ordem geral o exige" —,[15] mas jamais trocaria toda a espécie de leões por um homem, fosse ele quem fosse. Nós somos uma parte importante do universo. Mas Deus "tem em vista mais de um fim em

---

11 Cf. ibid., §146.
12 Ibid., §147.
13 Para usar a expressão que foi tema da apresentação do colega Nuno Ferro no I Colóquio Luso-Brasileiro Leibniz, no Rio de Janeiro: "Quase-nada / quase-tudo: notas sobre a noção de substância como totalidade". Cf. Ferro, "Quase nada/quase tudo: notas sobre a noção de substância como totalidade." *O que nos faz pensar*, 26, 2009, pp. 145-182.
14 Leibniz, *Essais de théodicée: sur la bonté de Dieu, la liberté de l'homme et l'origine du mal.* Op. cit., §194.
15 Ibid., §120.

seus projetos. A felicidade de todas as criaturas racionais é um dos seus objetivos, mas não é todo o seu objetivo, nem o último".[16]

Por isso mesmo, a felicidade do homem, ou melhor, da espécie humana, não se compreende sem que se compreendam as razões que levaram à escolha por Deus de toda esta série do mundo, com todas as criaturas, racionais e irracionais, mesmo as mais ínfimas, com todos os seus acontecimentos e suas relações.

> Quando se separaram as coisas que estão ligadas, as partes de seu todo, o gênero humano do universo, os atributos de Deus uns dos outros, a potência da sabedoria, pode-se dizer que Deus poderia fazer existir no mundo virtude sem qualquer vício, e facilmente. Mas como ele permitiu o vício, é preciso que a ordem do universo, considerada preferível a qualquer outro plano, o tenha exigido. Não é permitido fazer diferente, pois não é possível fazer melhor.[17]

Sem essa referência do fragmento ao todo, sem o restabelecimento das relações que compõem cada sistema, do menor deles ao maior, não há ponto de vista que revele sua ordenação. Males, desordens, dissonâncias etc. são portanto reais (afinal, nossas dores e sofrimentos são realmente dores e sofrimentos, a diagonal de um quadrado é de fato um número irracional, um velho quebra-cabeças rearrumado com as poucas peças que não se perderam é realmente feio, "de uma feiura chocante"[18]), e só remetem ao todo porque estão *ligados* a ele. A ordem sempre se revelará ao ponto de vista correto, mas o ponto de vista correto depende dessa onipresença das relações, que ligam todas as partes a todas as outras e fazem do universo como que um só oceano.

5.

Mas temos ainda um outro aspecto importante a considerar, o que mencionei no início deste artigo, que é o aspecto dinâmico da concepção leibniziana de ordem. Este aspecto dinâmico já estava presente, em verdade, no próprio processo sincrônico de ordenação exemplificado pelas anamorfoses, nas quais o ato de aceder a um determinado ponto de

---

16 Ibid., §119.
17 Ibid., §124.
18 Cf. ibid, §214.

vista é a condição da reconfiguração das relações internas de um objeto que, de qualquer outro ponto de vista, permaneceria inexoravelmente desordenado. Conhecer é, neste sentido, um processo de permanente ordenação. O dinamismo, entretanto, vai além da maneira como percebemos e ordenamos o mundo.[19] Mencionamos o argumento da *Teodiceia* de que males, desordens e sofrimentos permitiam a existência de bens maiores (do mesmo modo como a irracionalidade da relação da diagonal do quadrado com o lado permite a própria existência dessa figura geométrica tão perfeitamente regular). O que ainda não havíamos mencionado é que os males aparecem também como condições para a produção *diacrônica* de bens maiores. Por exemplo, Leibniz passa dois longos parágrafos[20] descrevendo os estados passados de nosso globo terrestre, o caos dos elementos e todos os cataclismas naturais que acabaram levando à amena conformação geológica terrestre que hoje habitamos (ou habitávamos...). E na exposição de sua doutrina dos mundos possíveis, na bela e famosa passagem da pirâmide,[21] testemunhamos junto com Teodoro a maneira como todos os acontecimentos da vida de um homem se ligam uns aos outros de maneira tal que qualquer alteração, mesmo a substituição de um mal por um bem, traria consigo no futuro uma ordem menos perfeita e portanto um mundo pior.

Na verdade, em um certo sentido, todo o sistema leibniziano do universo pode ser visto, *metafisicamente* falando, como regido por uma espécie de inversão da 2ª lei da termodinâmica, a lei da entropia.[22] A termodinâmica, que surgiria apenas em meados do século XIX, substitui a noção de um universo em estado de equilíbrio mecânico pela de um universo dinâmico entendido como um sistema isolado com uma energia constante e no qual a entropia tende a um máximo. Isso implica a ideia da "flecha do tempo", ou seja, de que o sistema está orientado temporalmente segundo uma direção única, do passado ao futuro, e

---

19 A referência do fragmento à pequena totalidade não possui o mesmo aspecto dinâmico, exemplificando um tipo distinto de conhecimento.

20 Leibniz, *Essais de théodicée: sur la bonté de Dieu, la liberté de l'homme et l'origine du mal.* Op. cit., §244-245.

21 Leibniz, *Essais de théodicée: sur la bonté de Dieu, la liberté de l'homme et l'origine du mal.* Op. cit., §414-416.

22 Essa aplicação metafísico/metafórica da 2ª lei da termodinâmica ao sistema temporal leibnizano me foi inspirada pela leitura do livro de A. Cechin (cf. Cechin, *A natureza como limite da economia: a contribuição de Nicholas Georgescu-Roegen.* São Paulo: Senac/Edusp, 2010, pp. 62-65).

que, ao contrário do que dizia a concepção mecânica, para a qual todos os processos são reversíveis, aqui os processos reversíveis são apenas excepcionais, uma vez que na natureza como um todo há uma tendência constante de transformação da ordem em desordem. Assim, os pequenos e provisórios nichos de negentropia, ou entropia negativa (como é o caso dos sistemas vivos), só podem existir porque exportam entropia, ou seja, contribuem para aumentar a entropia total do sistema.

Leibniz também pensa o mundo de maneira dinâmica, só que para ele (ao menos no que eu considero o modelo temporal predominante em seus escritos)[23] tudo caminha sempre em direção a uma perfeição cada vez maior, a uma ordenação cada vez mais complexa. As substâncias e os estados das substâncias vão se distribuindo e se desdobrando segundo uma ordem temporalmente irreversível, em que o mais perfeito vem sempre depois do menos perfeito, o mais complexo depois do menos complexo.[24] Dentro dessa tendência global, os pequenos nichos de desordem colaboram sempre para uma ordem final ainda maior.[25]

6.

Tudo portanto se justifica, tudo se ordena, tudo caminha em direção a uma ordem cada vez mais complexa e perfeita. Esta é uma conclusão que soará, com razão, um tanto simplista, mas ela serve bem ao que eu queria dizer para concluir.

Em meio a tantas e tão graves crises pelas quais estamos passando, pode parecer quase incompreensível que há exatamente três séculos alguém possa ter visto o mundo de uma maneira tão profundamente

---

23 Cf. o capítulo 12 deste volume, "Leibniz e as voltas do tempo".
24 Cf. Rauzy, "*Quid sit natura prius?* La conception leibnizienne de l'ordre." *Revue de métaphysique et de morale*, 98, 1995, pp. 31-48.
25 Gilles Deleuze, em sua aula de 4 de fevereiro de 1987 sobre Leibniz, também sugere a existência de uma entropia negativa no universo leibniziano, mas em um sentido um pouco diferente do que estou propondo. Segundo ele, os indivíduos eternamente condenados ou danados que, como Judas, se recondenam perpetuamente de maneira livre, acabam tendo sua maior punição no fato de se tornarem um fator de entropia negativa, liberando, por assim dizer, uma determinada quantidade de perfeição (à maneira de nossos créditos de carbono...) para que as *outras* almas possam se tornar cada vez mais perfeitas e felizes. Essa bela interpretação de Deleuze só é possível porque, ao contrário do que estou aqui fazendo, ele dá prevalência à concepção leibniziana (também presente em vários textos de Leibniz) de que o mundo criado mantém sempre o mesmo grau total de perfeição, apesar da tendência das substâncias individuais a se aperfeiçoarem eternamente.

otimista. Afinal, a quantidade de males então existentes não parece ter sido, ao menos aos olhos do próprio Leibniz e de seus contemporâneos, tão menor assim do que aquela que se estende diante de nossos próprios olhos. Não é à toa que, tendo como pano de fundo o grande terremoto de Lisboa de 1755, Voltaire, em 1759, escreveu contra Leibniz o *Candide ou l'optimisme*. Mas nós, diante da ameaça de catástrofes muito maiores e generalizadas, e desta vez causadas pelo próprio homem — estou pensando, é claro, na crise ecológica resultante da poluição espalhada por todo o planeta, do esgotamento dos mais diversos ecossistemas, do rápido empobrecimento da biodiversidade, e sobretudo do aquecimento global e suas muito prováveis consequências —, de que modo podemos ler hoje a *Teodiceia*, especificamente quanto a esse problema do otimismo e da justificação do mal?

Para tentar responder a essa pergunta, gostaria de citar aqui de maneira mais extensa parte de um parágrafo que citei há pouco muito de passagem. Trata-se do parágrafo 118 da 2ª parte da *Teodiceia:*

> Concordo que a felicidade das criaturas inteligentes é a parte principal dos desígnios de Deus, pois elas são as que mais se assemelham a ele, mas não vejo como possamos provar que esse seja seu único objetivo. É verdade que o reino da natureza deve servir ao reino da graça; mas, como tudo está ligado no grande desígnio de Deus, é preciso crer que o reino da graça também está de algum modo acomodado ao da natureza. [...] Cada perfeição ou imperfeição nas criaturas tem seu valor, mas nenhuma tem um valor infinito. [...] Quando Deus explicou ao profeta Jonas o perdão que havia concedido aos habitantes de Nínive, mencionou também os interesses dos animais [*bêtes*] que teriam sido atingidos pela destruição daquela grande cidade. Nenhuma substância é absolutamente desprezível nem preciosa diante de Deus. [...] É certo que Deus se importa mais com um homem que com um leão, mas não sei se se pode assegurar que Deus prefira um único homem a toda a espécie dos leões sob todos os aspectos; e, mesmo que assim fosse, daí não se seguiria que o interesse de um número qualquer de homens prevaleceria quando comparado a uma desordem geral espalhada por um número infinito de criaturas.[26]

---

26 Leibniz, *Essais de théodicée: sur la bonté de Dieu, la liberté de l'homme et l'origine du mal.* Op. cit., §118.

Um ecologista medianamente ecocêntrico[27] bem poderia ter escrito várias dessas frases, depois de alguns ajustes, é claro. Mas que consequências podemos delas tirar para pensar o significado hoje do otimismo de Leibniz? Como dizíamos no início, o mote leibniziano "tudo está ligado", que reaparece nesse parágrafo que acabo de citar, é fundamental e deve ser compreendido em toda sua radicalidade. Dizer que o universo é todo inteiriço, que nada aqui se passa que não se faça sentir em outra parte, e mesmo em todas as partes, significa que *nada* no mundo é realmente isolado, o que é uma outra forma de expressar a ideia de que não há denominações extrínsecas que não estejam expressas em denominações intrínsecas. Como Leibniz afirma nos *Novos ensaios sobre o entendimento humano*, "no rigor metafísico, não há denominação inteiramente extrínseca (*denominatio pure extrinseca*), por causa da conexão real de todas as coisas."[28] Dito de outra forma, mesmo as relações que parecem não afetar a natureza de uma substância (relações ditas extrínsecas) na verdade estão fundadas nessa natureza, ou, melhor ainda, são constitutivas dessa natureza juntamente com os predicados ditos intrínsecos ou monádicos. Mas também estes últimos, predicados monádicos, têm que de algum modo expressar relações, uma vez que: "não há termo tão absoluto ou separado que não contenha relações e cuja perfeita análise não leve a outras coisas, e mesmo a todas as outras [...]".[29] É esse relacionalismo radical que permite a Leibniz dizer que as substâncias são pontos de vista. Elas expressam em sua natureza, por meio de suas percepções e apetições, as relações que as ligam intrinsecamente a tudo o mais que constitui seu mundo. Isso significa dizer que elas se constituem através dessa expressão. Por isso, jamais poderíamos nelas encontrar essa espécie de núcleo duro, impassível, inerte e indiferente. As relações, em Leibniz, vão até o âmago de tudo que existe.

Em virtude disso, também os valores estão ligados. O valor de uma coisa é proporcional ao seu grau de perfeição, ou, se quisermos, à sua quantidade de essência, ou ainda, à sua exigência de existência. Mas como nenhuma substância criada poderia ser absolutamente perfeita, e

---

27 "Medianamente" porque não há como negar que, neste texto e de maneira geral, ainda que Leibniz se recuse a atribuir ao homem um "valor infinito", ele entretanto o mantém no topo da hierarquia dos entes criados, a ele reservando a República dos Espíritos.

28 Leibniz, *Nouveaux essais sur l'entendement humain*. Paris: Garnier — Flammarion, 1990, II.XXV.5.

29 Ibid., §10.

como, ao contrário, nosso mundo é o melhor possível, não por ser perfeito nem por conter apenas substâncias perfeitas, mas por conter o máximo de perfeição *possível* com o máximo de variedade, resta que o valor de cada coisa, embora intrínseco, jamais será levado em conta sozinho no cálculo divino para a escolha do melhor dos mundos.[30] É por esse motivo que nenhuma substância criada, não importa qual seja seu grau de perfeição, poderia prevalecer absolutamente sobre outras. Quando Leibniz diz, no texto que citamos há pouco, que "Cada perfeição ou imperfeição nas criaturas tem seu valor, mas nenhuma tem um valor infinito" e que "Nenhuma substância é absolutamente desprezível nem preciosa diante de Deus", é exatamente isso que ele quer dizer. Uma coisa só poderia ter valor infinito e, portanto, só poderia prevalecer de maneira absoluta sobre outras, se, justamente, tivesse uma parte, uma essência ou núcleo não relacional. Mas se tudo está ligado, nada pode pretender a um valor assim.

Na verdade, com essa visão ganhamos talvez um novo sentido para as expressões "valor intrínseco" e "valor relativo" ou "instrumental",[31] que estão no centro das discussões éticas, inclusive das éticas ambientais. Pois, para Leibniz, todos os seres têm valor intrínseco, mas esse valor fundamenta-se antes em sua relatividade que em seu caráter absoluto. Em outras palavras, é o fato de todo valor intrínseco (exceto o de Deus) ser relativo a outro que torna cada coisa indispensável e insubstituível.

Gilles Deleuze disse uma vez, numa aula de 22 de abril de 1980, que "o otimismo racionalista é [...] de uma crueldade infinita", porque o melhor mundo possível não é um mundo em que não sofreríamos, mas, simplesmente, "o mundo que realiza o máximo de círculos", ou seja, o mundo mais pleno possível, mais contínuo, mais bem preenchido, "e pouco importa se isso se faz ao preço da tua carne e do teu sangue".[32]

---

30 Cf. acima, neste volume, o capítulo 11, "Indiferença, simetria e perfeição segundo Leibniz".
31 Ou "externalidades", como se diz agora. [N.A.]
32 Em *A dobra*, Deleuze parece ter uma visão menos pessimista do otimismo leibniziano: o melhor dos mundos, diz ele, é "aquele em que se produz o novo" (Deleuze, *Le pli: Leibniz et le baroque*. Paris: Minuit, 1988, pp. 107-108). Creio que essa dimensão do novo se mostraria mais claramente nesta leitura se, ao invés de nos referirmos às relações como "constituindo" as substâncias, nos referíssemos a elas antes como se "produzindo" ou se "estabelecendo" (idealmente) entre as substâncias. O que apareceria nesse outro modo de formular o problema seria a dimensão do acontecimento: segundo Deleuze, todo predicado em Leibniz é um acontecimento (Deleuze, aula de 20 jan. 1987). Mas esse é um ou-

Bem, talvez afinal Deleuze tivesse razão, e de uma maneira que nem Leibniz poderia esperar, com toda sua crueldade matemática.

É que, cada vez mais, sobretudo desde a época moderna, parece que a espécie humana (ou melhor, seus representantes ocidentais dominantes), por acreditar que tem um valor infinito, acredita também que pode se constituir num nicho de negentropia eterna, mantendo e multiplicando a si mesma e a seu modo preponderante de civilização às custas dos modos minoritários e das outras espécies, para não falar dos recursos do mundo inorgânico. Mas hoje, ao que tudo indica, atingimos o nosso *tipping point* negentrópico (para usar metaforicamente uma expressão cara aos estudiosos do clima, a de *"tipping points"* ou pontos de inflexão), e não conseguimos mais exportar destruição sem destruir a nós mesmos.

Se entretanto entendêssemos que o mundo mais perfeito possível é o mundo mais pleno de essência e o mais diverso, onde tudo tem seu valor e nada tem valor infinito, então poderíamos, quem sabe, entender também que otimismo é antes de mais nada a pura *afirmação* da existência em toda a sua diversidade (e novidade), e não confiança na garantia de uma bem-aventurança futura e eterna de *nossa* espécie, ainda que às custas de tantas outras.[33] Como diz o próprio Leibniz, "a nós basta que o universo seja bem grande e variado".[34] Resta saber se conseguiremos repetir essa frase por muito mais tempo.

---

tro artigo. Ver adiante o capítulo 15, "Predicados como acontecimentos em Leibniz".

33 É, ao menos em parte, o que diz Hans Jonas, em *O imperativo da responsabilidade*: "Na intencionalidade enquanto tal [...] podemos ver uma auto-afirmação fundamental do ser [...] Em todo ato intencional, o ser se declara a favor de si mesmo e contra o nada. Contra esse veredito do ser não há contraveredito, pois mesmo dizer 'não' revela um interesse e um propósito. Portanto, o mero fato de que o ser não é indiferente a si mesmo torna sua diferença em relação ao não-ser o valor básico de todos os valores, o primeiro 'sim' em geral" (Jonas, *The Imperative of Responsibility: In Search of an Ethics for the Technological Age* (trad. Hans Jonas com a colaboração de D. Herr). Chicago e Londres: The University of Chicago Press, 1985, p. 81) (aqui na minha tradução).

34 Leibniz, *Essais de théodicée...* Op. cit., §120.

CAPÍTULO 15

Predicados como acontecimentos em Leibniz*

A oposição entre relações internas e relações externas tomou, por diversas vezes desde o final do século XIX, um lugar importante no debate filosófico, trazida à cena por pensadores tão diferentes como Karl Marx, William James, Bertrand Russell, Alfred North Whitehead, Gabriel Tarde, e mais recentemente Jean Wahl, Gilbert Simondon e Gilles Deleuze. De maneira geral, aqueles que afirmam a interioridade das relações a seus termos são identificados com o monismo, o idealismo e o determinismo, ao passo que os defensores da exterioridade das relações são vistos como pluralistas, realistas e indeterministas. Entende-se que, se nada é isolado e se as relações são compreendidas como constituindo a natureza interna das coisas, é porque estas mesmas coisas devem ser apenas momentos ou expressões fragmentárias de uma totalidade mais fundamental. Em troca, considerar as relações como vindo afetar do exterior termos independentes garantiria que esses mesmos termos podem sempre entrar em novas relações, as quais não afetariam sua natureza interna e, por isso mesmo, deixariam preservadas sua liberdade e a possibilidade do novo. Esses são os elogios. Do lado das críticas, a teoria das relações externas é frequentemente vista como reducionista, uma vez que as relações são sempre posteriores, subordinadas e portanto de algum modo menos reais que as coisas ou substâncias a que elas se referem, o que seria uma outra maneira de dizer que a experiência é constituída basicamente de dados sensíveis não relacionais e atômicos. A teoria das relações internas, por sua vez, implicaria duas importantes dificuldades: se todos os objetos são constituídos exaustivamente por suas relações com os outros objetos e vice-versa, como resolver o problema da individuação, ou melhor, o problema da distinção entre os objetos? E se todas as relações que um objeto mantém com outros estão já contidas em sua natureza, como entender a possibilidade da mudança, do novo e da liberdade?

---

* Texto apresentado em 2012 no I Congreso Iberoamericano Leibniz, na Universidad de Costa Rica, e originalmente publicado na *Revista de Filosofía de la Universidad de Costa Rica*, vol. LI (129-131), 2013, pp. 413-422.

Mais recentemente, boa parte dessa discussão foi retomada pelo grupo de autores associados ao que ficou conhecido pelo nome geral de "realismo especulativo", ou em alguns casos OOO (Object Oriented Ontology) — principalmente Quentin Meillassoux, Ray Brassier, Graham Harman e Ian Hamilton Grant.[1] Com posições às vezes bastante diferentes entre si, os realistas especulativos têm em comum a tentativa de escapar daquilo que chamam de o "círculo correlacionista" inaugurado pelo idealismo transcendental kantiano, e, de maneira não dogmática, voltar-se para as coisas mesmas, para o mundo-sem-nós, os objetos tais como eles existem, existiram ou existirão independentemente do homem em particular e do pensamento de maneira mais geral. Sendo o pensamento, como o conhecimento, uma relação, a possibilidade de uma especulação sobre a realidade sem nós parece a alguns desses autores depender de uma crítica, não apenas ao correlacionismo, mas ao relacionalismo, o que costuma implicar por sua vez uma crítica à teoria das relações internas, em nome, ao contrário, da exterioridade das relações, ou pelo menos da existência nas coisas de uma espécie de núcleo ou essência que escapa sempre a qualquer relação. A exterioridade das relações aparece aqui, mais uma vez, como fundamental para garantir a distinção e a autonomia do objeto, e sobretudo a possibilidade da mudança e do novo.

Ocorre que, na verdade, essas descrições e críticas que acabei de mencionar, tanto à teoria das relações internas como à das relações externas, supõem um bom grau de simplificação, uma vez que ambas as posições comportam variações conceituais importantes. Pensemos, por exemplo, no papel que terá Gilbert Simondon na reformulação dos próprios termos em jogo nessa discussão, quando, afastando-se do modo como toda a tradição desde Aristóteles formulou a questão, vincula ao contrário o problema das relações, não mais ao indivíduo mas à individuação, e atribui àquelas um papel, não mais de mero acidente, mas antes de princípio genético e constitutivo — como bem mostrou Didier Debaise.[2] Ou pensemos na diferença entre as próprias concepções de relações externas em Bertrand Russell e William James, como nos explica Stéphane Madelrieux.[3] Russell considera que todas as relações são

---

1   Cf. Steven Shaviro, "Panpsychism And/Or Eliminativism". *The Pinocchio Theory* (blog), 2011.

2   Didier Debaise, "Les conditions d'une pensée de la relation". In Pascal Chabot (org.). *La philosophie de Simondon*. Paris: Vrin, 2003.

3   Stéphane Madelrieux, "Pluralisme anglais et pluralisme américain: Bertrand Russell et

exteriores aos seus termos porque para ele as relações "são universais apenas pensáveis", ao passo que os termos são "particulares apenas sensíveis".[4] O pluralismo de Russell, portanto, "repousa sobre um dualismo, dualismo do particular e do universal, do argumento e da função, do sensível e do inteligível, da existência e da subsistência, dos termos e das relações".[5] Já o "empirismo radical" de James, ao contrário, constitui-se em torno da ideia de que as relações (algumas internas e algumas externas, em graus variados) são, assim como os termos a que elas se referem, partes da experiência sensível. Elas nos são dadas portanto *na* própria experiência. A linguagem de que dispomos, entretanto, não é capaz de fazer justiça à enorme variedade de tonalidades das relações existentes nessa experiência, o que, segundo ele, apenas reflete "nosso hábito inveterado [...] de só reconhecer as partes substantivas".[6] O pluralismo de James, portanto, pode também ser considerado um monismo, pelo menos no sentido de que ele se insurge contra aquilo que Whitehead denunciará como a bifurcação da natureza.

De maneira semelhante, podemos dizer, de nossa parte, que a interioridade das relações tem um sentido bem diferente, por exemplo, em Leibniz do que teria para Hegel, quando mais não seja porque, em Leibniz, as partes são anteriores ao todo, o qual (exceto no caso dos entes de razão) não tem nenhuma existência fora ou acima das partes que o exprimem. Mas a teoria das relações internas em Leibniz esconde ainda outros segredos interessantes. Os estudiosos deste filósofo conhecem bem as discussões geradas por sua doutrina do predicado no sujeito, ou seja, sua afirmação de que "sempre, em toda proposição afirmativa verdadeira, necessária ou contingente, universal ou singular, a noção do predicado está de alguma forma compreendida na do sujeito; *praedicatum inest subjecto*; ou então eu não sei o que é a verdade".[7] Embora o próprio Leibniz visse essa inerência do predicado no sujeito, e a consequente determinação completa das substâncias por razões contidas em

---

William James". *Archives de Philosophie*, 2006/3, vol. 69, pp. 375-393.

4 Ibid., pp. 381-382.

5 Ibid., p. 382.

6 William James, *Principles of Psychology*, I. 245, citado por Bruno Latour, "Reflections on Etienne Souriau's *les différents modes d'existence*". In Levi Bryant, Nick Srnicek e Graham Harman (orgs.), *The Speculative Turn: Continental Materialism and Realism*. Melbourne, Australia: Re.press, 2011, pp. 304-333.

7 "Carta a Arnauld de 4/14 julho 1686", in Leibniz, *Discours de métaphysique et correspondance avec Arnauld*. Paris: J. Vrin, 1986, p. 121.

seu conceito, como, antes que um impedimento, uma condição do livre-arbítrio das criaturas e de Deus, sua concepção ainda hoje tem que ser defendida contra os que a veem como impossibilitando a liberdade, a novidade e mesmo a pura contingência.

No presente texto, buscarei me contrapor às críticas acima (ou ao menos a parte delas), recorrendo à leitura a meu ver inovadora que Gilles Deleuze, sobretudo em seu curso de 1986 em Saint-Denis, e em *A dobra: Leibniz e o barroco* (de 1988), propõe da teoria leibniziana do predicado no sujeito.

Deleuze viu na doutrina da exterioridade das relações às ideias ou termos, que ele identifica como "o ponto comum de todos os empirismos",[8] uma maneira de pensar o caráter intotalizável do real, a insubmissão da multiplicidade à unidade. Quando Hume afirma, com seu princípio da diferença, que tudo que é discernível é separável pela imaginação e pode existir separadamente, e, por outro lado, que nenhuma relação decorre da própria natureza das coisas, precisando ao contrário ser estabelecida pela imaginação em decorrência da ação de uma série de princípios da natureza humana, ele está, segundo Deleuze, dando início, em um movimento que será seguido pela lógica moderna, a um novo tipo de reflexão sobre as conjunções e as relações, como independentes do juízo de atribuição (atribuição de um predicado a um sujeito).[9]

Inversamente, Deleuze define como "não-empirista toda teoria segundo a qual, de um modo ou de outro, as relações decorrem da natureza

---

[8] Deleuze, *Empirisme et subjectivité: essai sur la nature humaine selon Hume*. Paris: PUF, 1980, p. 109. Ao contrário do que pode parecer à primeira vista, e do que Kant pensou, não são apenas as relações concernentes às questões de fato que são exteriores às ideias, mas também as "relações de ideias", ou seja, as que Hume afirma dependerem inteiramente das ideias comparadas e não variarem sem uma variação destas: "consideremos que, como a igualdade é uma relação, ela não é, estritamente falando, uma propriedade contida nas figuras mesmas, surgindo somente pela comparação que a mente faz entre elas." (Hume, *Tratado da natureza humana*, 1.2.4.21. Trad. Déborah Danowski. São Paulo: Edunesp, 2001).

[9] Cf. Gilles Deleuze e Claire Parnet, *Dialogues*. Paris: Flammarion, 1977, p. 70: "a história da filosofia está sobrecarregada pelo problema do ser, do *é*. Discute-se sobre o juízo de atribuição (o céu é azul) e o juízo de existência (Deus é), o qual supõe o primeiro. Mas trata-se sempre do verbo *ser* e da questão do princípio. Só mesmo os ingleses e os americanos poderiam libertar as conjunções, refletir sobre as relações."

das coisas".[10] O filósofo que leva essa concepção ao extremo é, evidentemente, Leibniz. Todo predicado verdadeiro é inerente ao sujeito, o que é uma outra maneira de dizer que a razão suficiente da atribuição de um predicado qualquer encontra-se no conceito mesmo do sujeito ao qual esse predicado é atribuído. Mas, já na *Lógica do sentido*,[11] Deleuze chamava a atenção para a "forte consciência" que Leibniz tinha "da anterioridade e da originalidade do acontecimento em relação ao predicado".[12] Um bom exemplo disso seria o conceito leibniziano de compossibilidade: segundo Deleuze, é a compossibilidade entre os acontecimentos que explica a inerência dos predicados ao sujeito e não o contrário: "só são determinados como predicados inerentes aqueles que primeiro correspondem a acontecimentos compossíveis". Dito de outro modo, não é porque o predicado "já" é inerente ao conceito que ele é compossível com esse conceito e, por conseguinte, com a substância individual expressa por este último (o que de fato implicaria um necessitarismo), mas, antes, ele só pode ser atribuído ao sujeito porque é um acontecimento ("passado ou futuro") compossível com o *mundo* em que esse sujeito existe.

Isso significa que a compossibilidade não diz respeito à relação entre os predicados e as substâncias ou indivíduos; ela é pré-individual, e se define, não pela ausência de contradição, mas por uma convergência, a saber, pela convergência entre as séries que se formam em torno dos acontecimentos (ou, mais precisamente, "pela convergência das séries formadas pelas singularidades de acontecimentos que se estendem sobre a linha de pontos ordinários").[13] A incompossibilidade se define, ao contrário, "pela divergência dessas séries". Vejamos um exemplo. Na bem conhecida representação da pirâmide dos mundos possíveis, ao final da *Teodiceia*, lemos que, em um desses mundos, Sexto obedece a Júpiter, vai para uma cidade localizada entre dois mares, compra um jardim, ao cultivá-lo encontra um tesouro, torna-se um homem rico, amado, bem considerado, morre bem-quisto por todos. Tudo isso são singularidades, cada uma das quais se estende por uma linha de ordinários até a singularidade seguinte. Em outro mundo, Sexto, também resolvido a obedecer a Júpiter, vai para outro lugar, a Trácia, casa-se com a filha do rei, torna-se

---

10 Deleuze, *Empirisme et subjectivité*. Op. cit, p. 123.
11 Deleuze, *Logique du sens*. Paris: Minuit, 1969, p. 135.
12 Ibid., p. 20.
13 Ibid., p. 201.

seu sucessor, é adorado por seus súditos. No mundo mais belo de todos, lá no alto da pirâmide, Sexto sai do templo em cólera, despreza os conselhos dos deuses, vai para Roma, põe tudo em desordem, viola Lucrécia, a mulher de seu amigo, é expulso por seu pai, torna-se infeliz.[14] Notemos que o que Leibniz faz aqui não é desfilar os atributos das diversas substâncias individuais possíveis,[15] mas narrar as "histórias"[16] possíveis de Sexto, cada uma com seus acontecimentos ou singularidades,[17] expressos quase sempre por verbos antes que por substantivos ou adjetivos. Como dizíamos, dois acontecimentos são compossíveis quando há convergência das séries que se organizam em torno de suas singularidades (assim, obedecer a Júpiter, ir para uma cidade entre dois mares, comprar um jardim; ou obedecer a Júpiter, ir para a Trácia, casar-se com a filha do rei); são incompossíveis quando há divergência (ir para Roma, casar-se com a filha do rei etc.).

Deleuze nunca perdoará Leibniz por fazer, sob as "exigências da teologia", um uso negativo ou excludente da divergência e da disjunção, ou seja, por submeter os acontecimentos ou séries divergentes a um Deus que calcula, escolhe e exclui as divergências.[18] A seu ver, será preciso esperar por Nietzsche, que vai fazer da divergência ela própria um objeto de afirmação: "afirmar a distância dos diferentes como aquilo precisamente que os relaciona um ao outro enquanto diferentes."[19] Por exemplo, viver a saúde e a doença, não como dois divergentes que se excluem, mas de tal maneira "que a saúde seja um ponto de vista vivo sobre a doença, e a doença, um ponto de vista vivo sobre a saúde" (*idem*). A alternativa à solução leibniziana, portanto, não é, como aliás fará Hegel,

---

14 Leibniz, *Essais de théodicée: sur la bonté de Dieu, la liberté de l'homme et l'origine du mal.* Paris: Garnier — Flammarion, 1969, pp. 360-362, op. cit.

15 "Sextus approchants", in ibid., p. 360.

16 Ibid., p. 361.

17 Como dirá Deleuze, em *Le pli: Leibniz et le baroque.* Paris: Minuit, 1988, pp. 360-362.

18 Ao contrário, do que fará, por exemplo, Jorge Luis Borges em *O jardim dos caminhos que se bifurcam.* E, segundo Deleuze, Leibniz tinha todos os elementos para pensar a positividade da divergência, mais exatamente por meio das noções de problema e de "signos ambíguos": "os mundos incompossíveis, em que pese sua incompossibilidade, comportam alguma coisa de comum, e de objetivamente comum, que representa o signo ambíguo do elemento genético em relação ao qual diversos mundos aparecem como casos de solução para o mesmo problema." (Ibid., pp. 138-139). Exemplos de signos ambíguos seriam a equação das seções cônicas, mas também o "Adão vago" e Sexto na alegoria da pirâmide da *Teodiceia*: "os mundos incompossíveis se tornam variantes de uma mesma história".

19 Deleuze, *Logique du sens.* Op. cit., p. 202.

manter os contrários porém identificando-os sob a ideia do mesmo, mas sim afirmar a distância do diferente como aquilo mesmo que os relaciona. Assim, o que permite a Nietzsche, durante sua doença, experimentar uma saúde superior, a Grande Saúde, diz Deleuze, é "o procedimento que faz da saúde uma avaliação sobre a doença e da doença uma avaliação sobre a saúde.[20] Por isso mesmo, não é quando está doente que Nietzsche perde a saúde, "mas quando não consegue mais afirmar a distância, quando não pode mais, com sua saúde, fazer da doença um ponto de vista sobre a saúde". É nesse momento que o jogo acaba.[21]

Mas o que nos interessa aqui não passa, creio, por essa crítica. No curso sobre Leibniz que ministrou em 1986-87[22] e também n'*A dobra*, Deleuze faz uma afirmação geral que à primeira vista pode chocar tanto quanto a afirmação do próprio Leibniz, no *Discurso de metafísica*, de que *todo* predicado, mesmo o predicado contingente, está contido no sujeito. Deleuze diz: para Leibniz, *todo* predicado, mesmo o predicado necessário, é um acontecimento. E assim como a inerência do predicado no sujeito era para Leibniz, não, como se temia, um empecilho à liberdade e à contingência, mas, ao contrário, sua maior garantia, assim também, para Deleuze, que os predicados sejam acontecimentos é a única coisa capaz de explicar essa liberdade, e, com ela, a produção do novo dentro de uma filosofia que parecia excluí-los.

No caso das proposições necessárias, Deleuze pode dizer que o predicado é um acontecimento porque considera como predicado algo diferente daquilo que a forma aparente da proposição parece sugerir. Por exemplo, na proposição "2 e 2 são 4", cuja demonstração Leibniz

---

20 Ibid., pp. 202-203.
21 "Leibniz já nos havia ensinado que não há pontos de vista sobre as coisas, mas que as coisas, os seres, eram pontos de vista. Só que ele submetia os pontos de vista a regras exclusivas tais que cada um deles só se abria para os outros enquanto convergiam: os pontos de vista sobre uma mesma cidade." (Ibid., p. 203). Em Nietzsche, ao contrário, o ponto de vista se abre sobre uma divergência que ele afirma: "é uma outra cidade que corresponde a cada ponto de vista" e as cidades só se unem por sua distância (ibid., p. 203). A divergência e o incompossível em Nietzsche deixam de ser um meio de separação, e se tornam um meio de comunicação. A exclusão dos predicados é substituída pela comunicação dos acontecimentos (ibid., pp. 203-204). Mas comparar com outra passagem, em que Deleuze identifica os requisitos, no domínio dos graus de intensidade que dão realidade à matéria, com "essências problemáticas": "Os requisitos e os axiomas são condições, mas não condições da experiência à maneira kantiana, que ainda faz delas universais, e sim as condições de um problema ao qual a coisa responde em tal ou tal caso, sendo que o caso remete aos valores da variável nas séries." (Ibid., p. 64)
22 Mais especificamente, na aula de 20 de janeiro de 1987.

apresenta nos *Novos ensaios*,[23] o predicado não é 4, nem o sujeito é 2 e 2; a inclusão não é portanto de 2 e 2 em 4, nem de 4 em 2 e 2, mas sim de toda a proposição, "2 e 2 são 4", nos seus requisitos, que são os números primos 1, 2 e 3, com os quais Leibniz opera para fazer a demonstração. Isso, segundo Deleuze, significa que Leibniz vê o predicado, não como uma qualidade ou um atributo inerente ao sujeito, mas como uma relação, um acontecimento que se diz dos requisitos. Ou antes, a proposição inteira é um tal acontecimento.

A crítica de Russell à doutrina leibniziana do predicado contido no sujeito se baseava sobretudo na incompatibilidade que Russell via entre essa doutrina e a existência de relações. Para ele, dizer que todo predicado está incluído no sujeito implica dizer que todo juízo é um juízo de atribuição. Ou seja, todo predicado seria um atributo, e portanto, não haveria, na teoria da proposição de Leibniz, lugar para verdadeiras relações, apenas para predicados monádicos. Ocorre que, segundo Deleuze, Leibniz não diz isso. No exemplo dos *Novos ensaios*, para mostrar que "2 e 2 são 4" é uma proposição verdadeira, ele procede diretamente a uma demonstração que, como dissemos, remete ambos os termos, "2 e 2" e "4", a números primos, os quais, no domínio da aritmética, funcionam como requisitos — ou seja, eles simbolizam, desempenham neste contexto o papel dos disparates que constituem a natureza divina, e enquanto tais geram as definições reais dos números mais complexos. Assim, "2 e 2 são 4", tudo junto, é que é o predicado que remete ao sujeito "1, 2, 3". O acontecimento ("2 e 2 são 4!") existe porque, embora 1, 2 e 3 sejam nᵒs primos,[24] idênticos absolutos, infinitos em si próprios, e portanto disparates, irrelacionáveis exceto cada um consigo mesmo, eles "tomam relações" uns com os outros ao se tornarem requisitos da série numérica formada a partir deles. A proposição "2 e 2 são 4!" é portanto uma relação que *acontece* aos disparates ou absolutos primitivos, da mesma maneira que, em outro domínio, a mera possibilidade da criação nos leva a uma região do entendimento de Deus na qual os termos primitivos, que antes eram puros atributos da natureza divina, tomam relações que tornam possíveis as substâncias individuais.

---

23 Leibniz, *Nouveaux essais sur l'entendement humain*. Paris: Garnier — Flammarion, 1990, 4.7.10.

24 E é enquanto tais que Leibniz os emprega aqui — portanto, não enquanto formados cada um da simples soma de unidades, como quando se diz, por exemplo, que 3 é 1+1+1.

A redução dos predicados a atributos, esclarece Deleuze, só é legítima no nível das noções absolutamente simples, que excluem precisamente toda relação, apesar de estarem todas unidas na natureza simples e infinita de Deus. Mas no nível dos derivados, sejam estes séries numéricas, figuras geométricas, a matéria extensa ou as substâncias individuais, os predicados passam a ser relações ou acontecimentos de tipos diversos que têm nesses requisitos suas condições ou razões suficientes. "O que Leibniz chama de predicado é justamente o que nós chamamos uma relação."[25] Estamos longe, portanto, dos que dizem que Leibniz, em virtude de sua teoria da inclusão, não pode dar conta das relações. É exatamente o contrário, ou seja, ele compreende a inclusão como uma relação. É por esse motivo que seus exemplos preferidos de inclusão não são "eu sou pensante", "sou uma substância pensante", "eu sou viajante", "Cesar é rei" etc., mas "penso" (ou: "penso uma multiplicidade de coisas"), "viajo", "estou aqui escrevendo", "Cesar atravessou o Rubicão", etc. Nos casos em que Leibniz se serve do esquema atributivo, diz Deleuze, ele o faz do ponto de vista de uma lógica clássica dos gêneros e espécies, e segundo exigências apenas *nominais*, e não para fundamentar a inclusão.[26] Quando tem em vista definições *reais*, ele trata os predicados como relações, não como atributos.[27] A forma por excelência da proposição em Leibniz não é sujeito-cópula-atributo (eu sou viajante, escritor, Adão é pecador, Cesar é rei...), mas sujeito-verbo-complemento (eu viajo para a Alemanha, eu escrevo, Adão peca, Cesar atravessa o Rubicão).[28]

Estes últimos exemplos nos levam ao caso das proposições de fato ou contingentes, que é, aliás, onde queríamos chegar. Assim como podemos pensar 1, 2 e 3 como formas absolutas e independentes, disparates unidos apenas no entendimento infinito de Deus, também podemos pensar as substâncias individuais César, Cícero, Adão, etc. como unidades auto-suficientes (monádicas, nesse sentido) reunidas em um mesmo mundo. Porém quando dizemos "César atravessou o Rubicão", somos obrigados a

---

25 Deleuze, Curso de 1986-1987 sobre Leibniz.

26 Id., *Le pli: Leibniz et le baroque*. Op. cit., p. 71.

27 Cf. também 1986-1987: "se às vezes ele diz *attributum* não tem nenhuma importância, porque nesse nomento ele é sinônimo de predicado." Deleuze, Curso de 1986-1987 sobre Leibniz. Op. cit.

28 Em carta a Arnauld de julho de 1986, por exemplo, Leibniz diz que a inclusão se apresenta como uma conexão direta "entre eu, que sou o sujeito, e a execução da viagem, que é o predicado". Cf. também: "Não sei se viajarei ou não" (Leibniz, *Discours de métaphysique et correspondance avec Arnauld*. Op. cit., p. 112).

pensar relações entre as substâncias César e Cícero, por exemplo, já que Cícero ficará contrariado pela ação de César. É na predicação, portanto, que se gera a relação, ou melhor, a relação é aquilo que se diz ou se predica da substância. Mas as substâncias individuais, como sabemos, são unidades de um tipo bem diferente dos absolutos infinitos que constituem a natureza divina. Como tudo que acontece tem uma causa, a inclusão de um predicado verdadeiro no conceito de uma substância individual implica também a inclusão, nesse conceito, da causa desse acontecimento, e da causa deste, e assim por diante, de maneira que cada acontecimento, ao ser predicado verdadeiramente de um sujeito, arrasta consigo para dentro desse sujeito o mundo inteiro ao qual ele se refere. Se "Adão pecou" é verdadeiro, então também será verdade que Eva foi extraída de sua costela, que foi tentada pela serpente, que ambos comeram do fruto do conhecimento do bem e do mal, que Deus irá se vingar de ambos expulsando-os do paraíso etc. É nesse sentido que o conceito de uma substância individual é sempre completo. Leibniz diz: "A noção individual de Adão contém tudo que *lhe acontecerá*."[29]

Entretanto, essa inclusão do mundo inteiro dentro do conceito da substância, que se reafirma a cada vez que se "atribui" a ela um predicado, não implica um necessitarismo da parte de Leibniz, e a razão disso é, mais uma vez, que essa predicação não é uma atribuição. Deleuze diz: "O predicado é acontecimento e aparece no sujeito como mudança de percepção: o acontecimento é voluntário quando podemos designar um motivo como razão da mudança de percepção."[30] Vamos tentar entender essa afirmação.

Em primeiro lugar, é preciso dizer que, na leitura de Deleuze, a individuação em Leibniz não é um processo de especificação cada vez maior a partir de um gênero abstrato. Segundo essa visão, por exemplo, Deus "partiria" do conceito de um Adão vago, definido por uma única nota, como, por exemplo, ser o primeiro homem, e, por diferenciações progressivas, iria concebendo conceitos cada vez mais particulares e próximos da substância individual que escolheu criar: Adão primeiro homem de cuja costela Eva é extraída, Adão primeiro homem de cuja costela Eva é extraída e a quem Deus mostra e proíbe a árvore do conhecimento, Adão primeiro homem de cuja costela Eva é extraída e a quem Deus mostra e

---

29 Observações sobre carta a do Sr. Arnauld de 13 de maio de 1686. Ibid., p. 110.
30 Deleuze, *Le pli: Leibniz et le baroque*. Op. cit., p. 94.

proíbe a árvore do conhecimento e que peca ... até chegar a um conceito completo, que, por ser completo, só pode se aplicar a um único indivíduo. O movimento seria portanto do geral ao particular, pela inserção progressiva de diferenças específicas. Ora, a esse conceito de Adão corresponde uma substância cujos predicados seriam, justamente, atributos. Mas, segundo Deleuze, embora Leibniz se utilize por vezes de um vocabulário que parece levar a essa concepção, seu verdadeiro pensamento está em conceber a individuação como um processo que vai de singularidade em singularidade, sob a regra, não da diferenciação e particularização cada vez maior, mas da convergência ou do prolongamento daquilo que Leibniz em diversos contextos chama de "singularidades", ou "pontos singulares": ser o primeiro homem, viver num jardim dos prazeres, ter uma mulher extraída de sua costela, etc., etc., aproximando-se cada vez mais, infinitamente, do indivíduo que remete a apenas este mundo e não a outro mundo possível qualquer. Cada uma dessas singularidades se prolonga em uma série de "pontos ordinários", que não costumam entrar na definição real de Adão (por exemplo, não sabemos o que Adão fez entre o momento em que Deus extrai Eva de sua costela e o momento em que Eva lhe dá para provar do fruto proibido), mas que são aquilo que leva até a proximidade da singularidade seguinte, e que aliás poderia levar a outras singularidades (o que de fato acontece, mas em mundos incompossíveis).

Todas essas singularidades ou "predicados primitivos"[31] são acontecimentos que se dizem da substância individual, e se estendem até outras singularidades partindo dos "pontos de bifurcação", que em alguns casos são ações livres. Podemos exprimir a mesma ideia dizendo que as singularidades são "percepções notáveis" ou "distinguidas" (é Leibniz quem emprega todos esses termos), que são compostas de percepções não notáveis, as quais se prolongam numa série até a próxima percepção notável.[32] A ação livre existirá quando, dizia Deleuze, pudermos designar um motivo como razão dessa mudança de percepção.

---

31 Correspondência com Arnauld, in Leibniz, Op. cit, p. 110.
32 Um exemplo retirado de um contexto um pouco diferente é o do cão que subitamente recebe uma paulada. Nos *Novos ensaios*, Leibniz explica que a dor sentida pelo cão, embora pareça implicar uma descontinuidade em relação aos sentimentos prazerosos do cão até aquele momento, na verdade é precedida por toda uma série de pequenas percepções: a aproximação do dono, a lembrança da falta cometida, o cheiro da raiva, o contato com o bastão, até a dor.

Deleuze explora demoradamente um exemplo que Leibniz reproduz nos *Novos ensaios* a partir do *Ensaio sobre o entendimento humano* de Locke,[33] e é ele que vai nos guiar aqui para chegarmos ao nosso ponto final. Um homem hesita entre ficar em casa trabalhando e ir para o cabaré beber com os amigos. Ele sabe que o vinho em excesso tem lhe feito mal, tanto à sua saúde como às suas amizades e finanças, e que em breve essa vida desregrada trará sua ruína, retirando-lhe até mesmo os meios de saborear o vinho que tanto aprecia. Nos momentos mais reflexivos, ele decide se aplicar na busca do soberano bem e promete a si mesmo que nunca mais irá ao cabaré. Mas logo, ao se aproximar a hora de costume, o desejo de sentir novamente o cheiro e o gosto do vinho, de ouvir o murmurinho das vozes no cabaré, de compartilhar da alegria dos amigos o inclinam mais fortemente, e a inquietação atual de se privar desses prazeres o atormenta ao ponto de determinar finalmente sua ação de se dirigir uma vez mais ao cabaré. O que Leibniz parece gostar nesse exemplo, bem como em outros que comenta nos mesmos parágrafos, é que ele deixa clara toda a complexidade envolvida em cada ato de escolha, reflexo da existência dentro de nós desse estado permanente e quase sempre inconsciente de "inquietação" ("*unrest*" é a palavra usada por Locke), que nos "balança" para um lado e para o outro, ao modo de um pêndulo.

É essa imagem do pêndulo ("*balancier*" em francês) que deve ser contraposta à imagem da vontade como uma balança ("*balance*"), criticada por Leibniz em sua discussão com Clarke em 1717.[34] É que, quando se pensa a vontade segundo o modelo estático da balança, concebem-se os motivos como "objetivos", isto é, como "'objetos' isoláveis"[35] internos ao sujeito porém externos à própria vontade, que por sua vez é entendida como neutra e vazia em si mesma, mas dotada de uma capacidade misteriosa de gerar determinação.[36] Essa é a concepção de vontade que informa, por exemplo, a noção de liberdade de indiferença, segundo a qual a vontade é livre porque é capaz de criar sua própria determinação, independentemente da inclinação sobre ela exercida pelos diversos motivos ou mesmo na ausência de qualquer motivação que a inclinasse mais para um lado do que para outro.

---

33 Leibniz, *Nouveaux essais*, op. cit., II.XX §§34-36.
34 5º texto de Leibniz, §15, in Leibniz, *Correspondence Leibniz-Clarke*. Op. cit., pp. 127-128.
35 Deleuze, *Le pli: Leibniz et le baroque*. Op. cit., p. 94.
36 Para minha leitura acerca da crítica de Leibniz à noção de liberdade de indiferença, cf. neste volume, o capítulo "Indiferença, simetria e perfeição segundo Leibniz".

Leibniz diz que uma vontade assim concebida é um conceito abstrato e quimérico. "Uma mera vontade sem motivo (*a mere will*) é uma ficção, não apenas contrária à perfeição de Deus, mas também quimérica e contraditória, inconsistente com a definição da vontade."[37] A vontade-pêndulo, ao contrário (ou a vontade-balanço — *balançoire* —, poderíamos sugerir, contanto que não separemos o balanço daquele que se balança sobre o balanço), segue um modelo dinâmico, segundo o qual a vontade se inclina em função de um impulso ou força que a determina internamente e no presente. Na balança, os pesos são como atributos que, uma vez predicados, não podem senão gerar uma determinada inclinação. A balança é em si mesma estática; ela pode sofrer uma inclinação em função dos pesos-atributos, e passar a uma ou outra posição, mas o que interessa ali não é o próprio movimento pelo qual ela se inclina, e sim o resultado estático da distribuição dos pesos objetivos, eles próprios também estáticos, sobre um sujeito supostamente neutro. A vontade aqui atua quase como um observador, que delibera em função da inclinação da balança; ou então gera ela própria uma nova inclinação, mas desta vez por uma qualidade quimérica e inexplicável, já que sem qualquer continuidade com os motivos anteriores.

Em todos os casos, aqui, no modelo da vontade-balança, os motivos ou pesos estão sempre já dados e postos sobre a balança, e por isso são incapazes de explicar a ação *presente* da vontade, a qual ganha então uma feição fictícia ou, como Leibniz diz, quimérica. Já o pêndulo se inclina por uma força inseparável de sua natureza real e concreta naquele instante. A oscilação da vontade para um dos lados é efeito da força que *exprime* essa natureza. Quando o pêndulo retorna, a força não é mais a mesma, como tampouco os motivos ou o movimento. Será preciso refazer inteiramente o cálculo. Em outras palavras, a vontade-pêndulo está sempre se inclinando, indo e voltando permanentemente para um lado ou para o outro, inquieta, e, quando volta para trás e reconsidera o que está em jogo, nunca encontra exatamente a mesma situação anterior. "O motivo não é uma determinação, sequer uma determinação interna, mas uma inclinação. Não é efeito de um passado, mas a expressão de um presente."[38] A ação resultante será um acontecimento, predicado primeiramente também sempre no presente, por um verbo. O homem que hesita entre ficar

---

37 4º texto de Leibniz, §2, in Leibniz, *Correspondence Leibniz-Clarke*. Op. cit., p. 83.
38 Deleuze, *Le pli: Leibniz et le baroque*. Op. cit., p. 95.

trabalhando e ir beber no cabaré realizará sua escolha livre, não em virtude de ou apesar dos motivos que determinariam *antecipadamente* sua alma enquanto atributos (nesse caso de fato não teríamos alternativa senão entre um necessitarismo e uma liberdade de indiferença), mas sim em função das percepções que melhor preenchem a amplitude de movimento do pêndulo, ou melhor, como diz Deleuze, que melhor preenchem a amplitude de sua alma naquele momento. A amplitude da alma é sua perspectiva única, sua maneira única de incluir o mundo inteiro dentro de si. Mas se voltasse para casa e reconsiderasse as opções, seriam outras percepções distintas ou confusas, outros motivos, outras inclinações a preencher melhor ou pior a amplitude de sua alma naquele novo instante.

Entendemos assim (ou pelo menos começamos a entender, espero) a importância dessa ênfase de Deleuze na ideia de que os predicados em Leibniz são acontecimentos, e que apenas enquanto acontecimentos permitem a introdução da liberdade e do novo. A inclusão do predicado no sujeito, em Leibniz, é quase sempre indexada no presente: eu viajo, estou indeciso entre ir para a França ou ir para a Alemanha, eu escrevo, Cesar atravessa o Rubicão, Adão peca... Esse privilégio do presente significa que a inclusão no sujeito de todo o passado e o futuro, o distante e o próximo, ao infinito, depende da inclusão em primeiro lugar desse "presente vivo". "É porque minha noção individual inclui o que faço neste momento, o que estou fazendo, que ela inclui também tudo que me levou a fazê-lo, e tudo que decorrerá daí, ao infinito."[39] Ora, o presente vivo, justamente por ser vivo, é sempre variável, como um pêndulo em movimento. "Ele se confunde em cada momento com o departamento privilegiado da substância individual, a zona que ela exprime claramente. É ele, portanto, que constitui a amplitude da alma em tal ou tal instante."[40] O ato é livre porque exprime a alma inteira *no presente*. A substância é livre, não porque é determinada apenas internamente (o que ao menos garante a espontaneidade da ação), mas "porque constitui a cada vez o motivo do acontecimento que ela produz".[41]

Mas não retornamos assim ao necessitarismo, na medida em que ao menos a liberdade é limitada pela amplitude de alma com que aquela

---

39 Ibid., p. 95.
40 Ibid., p. 95.
41 Ibid., p. 98.

substância foi criada e que não pode mais ser alterada? Não exatamente, dirá Deleuze. A amplitude da alma racional é sua perspectiva, a região que ela exprime claramente, ou ainda seu presente vivo.[42] Mas essa amplitude, como um pêndulo, é sujeita a largas variações, entre momentos diferentes, *circunstâncias* diferentes, *relações* diferentes. Nossa perspectiva varia da infância à velhice, da saúde à doença, da casa ao cabaré. Ela pode variar até mesmo num só instante. E se não há sentido em "querermos querer" algo diferente daquilo que melhor expressa toda a amplitude de nossa alma, podemos entretanto estender nossa *região* de expressão clara e distinta, tentar aumentar essa amplitude, de modo que nosso ato livre exprima o máximo possível, o espectro mais amplo possível de percepções. Judas (num outro exemplo analisado longamente por Leibniz num texto de juventude, de 1673, *A profissão de fé do filósofo*,[43] e também retomado por Deleuze) é aquele que *reduz* a amplitude de sua alma ao ódio que sentia por Deus ao morrer, e é eternamente danado, não porque a danação seja um atributo inseparável de sua natureza, não porque a amplitude de sua alma já estivesse determinada desde sempre e para sempre por Deus, mas porque repete esse ódio, tem prazer em não enxergar senão isso, em manter essa estreiteza máxima de alma, reduzida a essa única percepção, eternamente repetida *no presente*: o ódio por Deus. Judas é condenado e recondenado eternamente porque renova eternamente seu ódio por Deus, e nada mais.

Em outras palavras, mesmo Judas poderia esperar um pouco, ter mais cuidado, prestar mais atenção. Nisso, ele não é muito diferente do primeiro pecador, Adão:

> O pecado de Adão não corresponde a uma alma apressada demais, preguiçosa demais, que não explorou todo o seu departamento, o jardim? Estender sua região clara, prolongar ao máximo a passagem de Deus, atualizar todas as singularidades que concentramos, e mesmo ganhar novas singularidades, isso seria o progresso da alma, e é nisso que podemos dizer que ela imita Deus.[44]

---

42 Ibid., p. 99.
43 Leibniz, *Confessio philosophi: La profession de foi du philosophe* (org. Yvon Belaval). Paris: Vrin, 1993.
44 Ibid., p. 100.

DIVERTISSEMENTS

DIVERTISSEMENTS

CAPÍTULO 16

Divertissement sobre Hume e o poeta cego*

É bem conhecida entre os estudiosos de Hume a exceção que ele mesmo levanta no *Tratado da natureza humana* à sua doutrina de que toda ideia simples tem origem numa impressão anterior. A exceção aparece na seguinte situação imaginada: uma pessoa que tivesse tido experiência de todas as cores menos de um único tom de azul, caso pudesse ver à sua frente ao mesmo tempo todos os tons dessa cor dispostos numa gradação contínua, onde faltasse apenas aquele que ela não conhece, imediatamente perceberia um vazio no lugar do tom ausente.[1] A conclusão, segundo Hume, é que este caso contraria um princípio básico do empirismo, pois a imaginação se mostrou capaz, por si só, de suprir a deficiência das impressões, e formar a ideia de uma cor que nunca havia sido objeto dos sentidos. (O problema, evidentemente, está em que Hume considera que, apesar de semelhantes, cada tom é uma unidade simples, de modo que não se poderia simplesmente formar o tom faltante através da análise e recomposição de partes dos tons a ele contíguos.)

Não irei me deter aqui na análise dessa questão, que aliás já foi e tem sido objeto de incontáveis discussões. Sejam quais forem as consequências que possam ser extraídas daí, o fato é que Hume parece não ter se abalado muito com a ideia de que um princípio tão fundamental de seu sistema comportava uma exceção, e não despendeu um grande esforço na tentativa de encontrar uma solução: "Esse exemplo pode servir como prova de que as ideias simples nem sempre derivam das impressões correspondentes — embora o exemplo seja tão particular e singular que quase não é digno de nossa atenção, não merecendo que, apenas por sua causa, alteremos nossa máxima geral."[2]

---

* Texto apresentado no V Encontro Nacional de Filosofia da ANPOF (Diamantina, 1992) e publicado nos *Anais do V Encontro Nacional de Filosofia (Diamantina, 1992)*. ANPOF, 1994, pp. 225-232.

1 Hume, *Tratado da natureza humana* (trad. Déborah Danowski). São Paulo: Edunesp, 2001 [Daqui em diante, THN], 1.1.1. 10, pp. 29-30.

2 Ibid., p. 30.

À parte esse único caso, portanto, fica mantida a "máxima geral" de que só podemos ter uma ideia simples se antes tivermos tido uma impressão correspondente. Uma prova disso, diz Hume, é que uma pessoa que seja desprovida de um determinado órgão sensorial será também desprovida de todo um conjunto de ideias normalmente produzidas por ele. Assim, um cego de nascença não saberá o que é a cor vermelha ou azul, e por mais completa que seja nossa explicação, esta não substituirá a presença de uma impressão original.

Em seu *Ensaio sobre o entendimento humano*,[3] John Locke utilizara já o exemplo de um cego para ilustrar uma afirmação semelhante. Definições são compostas de palavras, palavras são sons, e sons jamais bastariam para que uma pessoa soubesse o que é a luz, ou uma cor em particular, pois essas ideias simples dependem das impressões fornecidas por um sentido apropriado, a visão. "[...] esperar produzir uma *ideia* de luz, ou cor, por meio de um som, qualquer que seja a forma deste [i.e. como uma definição ou como uma mera palavra], é esperar que os sons fossem visíveis, ou as cores audíveis [...]."[4] E Locke conta a história do cego diligente que, obstinado em compreender as palavras luz e cor, após consultar amigos e livros, anunciou que finalmente sabia o que significava escarlate: era como o som de um trompete.

Esta anedota, que segundo Locke retrata uma filosofia digna de Sancho Pança (que "tinha a faculdade de ver Dulcinéia por ouvir dizer"), é relembrada por Hume uma primeira vez, de maneira indireta, ainda no *Tratado*, e uma segunda vez, explicitamente, em uma carta de 1754,[5] a Joseph Spence. No *Tratado*,[6] para se defender daqueles que consideravam absurda sua teoria de que a relação necessária entre causa e efeito tem origem numa determinação interna da mente e *não* nas próprias coisas, Hume diz que afirmar com estes que, embora possamos não ter qualquer ideia de poder ou eficácia nos objetos, temos ainda assim que *supor* que um tal poder existe necessariamente nos objetos, independentemente de termos ou não uma ideia a esse respeito — afirmar isso seria o mesmo que um cego considerar absurda a suposição de que a cor escarlate *não* é o mesmo que o som de um trompete ou que a luz não é

---

3 Locke, *An Essay Concerning Human Understanding*. Oxford: Clarendon Press, 1987, III-IV §11.
4 Ibid., p. 425.
5 O livro I do *Tratado da natureza humana* foi publicado pela primeira vez em 1739.
6 Hume, THN 1.3.14.27, p. 201.

o mesmo que a solidez. "Se realmente não temos nenhuma ideia de um poder ou eficácia em nenhum objeto, nem de uma conexão real entre causas e efeitos, de pouco servirá provar que uma eficácia é necessária em todas as operações." Podemos no máximo, como cegos, dizer que podem existir nos objetos qualidades inteiramente desconhecidas para nós, o que aliás não tem maiores consequências; mas qualquer afirmação além disso é desprovida de sentido.

A carta a Joseph Spence[7] apresenta uma abordagem algo diferente do problema. Junto com pelo menos outras cinco cartas, escritas entre fevereiro e dezembro daquele ano, ela atesta o esforço de Hume em recomendar e promover a venda dos poemas de seu amigo Thomas Blacklock, poeta e cego de nascença — e é também uma ocasião para reflexões sobre a condição da cegueira. O interessante nessas breves reflexões é que Hume mostra acerca de Blacklock uma curiosidade que ultrapassa o uso meramente exemplar, ou antes metodológico, que Locke — e ele próprio no *Tratado* e também na *Investigação sobre o entendimento humano* — havia feito do cego. Na ausência do órgão da visão, o que o empirista deve esperar é a total impossibilidade de acesso ao significado das ideias de luz e cor — e a verificação desse fato na experiência se torna uma das principais provas do princípio da prioridade das impressões em relação às ideias. Por isso, quando, como no exemplo de Locke, um cego tenta definir o que é a cor escarlate, ele fatalmente cai no ridículo embaralhamento de objetos próprios a órgãos distintos. Mas, se Hume compartilha dessa ideia, afirmando, como vimos no texto do *Tratado*, que mais ridículo que esse procedimento seria o cego tentar *justificá-lo* como dotado de fundamento, esse embaralhamento é ao mesmo tempo para ele um dos principais aspectos que fazem de Blacklock "a maior curiosidade do mundo".[8] É isso que aparece na carta a Joseph Spence, e talvez por esse motivo aqui ele não trate mais o caso de modo negativo. O que interessa agora não é o fato de que o cego não pode saber se há realmente ou não uma relação entre por exemplo uma determinada cor e um som, mas sim o fato de que, de alguma forma, ele *faz* tal relação.

Na Carta, após expressar sua admiração pelas qualidades que o poeta cego conseguira aprimorar apesar de sua deficiência física — seu gosto

---

7   Hume, in *The Letters of David Hume*, org. Greig, Oxford: Clarendon Press, 1932, vol. I. pp. 200-204.
8   Hume, in Greig (org.), op. cit., p. 195.

refinado pelas letras e a delicadeza de seus sentimentos — Hume conta que, em sua tentativa de compreender como Blacklock podia ter prazer na leitura de autores de estilo tão "descritivo" quanto Milton e Thomson, perguntou-lhe (inspirado pela anedota de Locke) se ele também não formava associações daquele tipo, isto é, se não fazia conexões entre cores e sons. Blacklock respondeu que, de fato, fazia "falsas associações", mas de um tipo intelectual (isto é, podemos supor, de um tipo não sensível, como seria a associação entre a cor escarlate e o som de um trompete). Ao ler, escrever ou falar sobre cores, era de grande ajuda, por exemplo, supor que a luminosidade do sol era semelhante à presença de um amigo, ou que a alegre cor verde era como uma simpatia amiga.[9]

Hume acrescenta que esse método de pensamento é um tanto difícil de entender, mas reconhece que ele não está inteiramente ausente do pensamento de qualquer pessoa:

> Não foi muito fácil, para mim, compreendê-lo: embora eu acredite que, em muito de nosso próprio pensamento, encontre-se alguma espécie de associação. É certo que sempre pensamos no interior de alguma linguagem, a saber, naquela que nos é mais familiar; e é bastante frequente substituir ideias por palavras.[10]

Antes de considerarmos o ensaio de interpretação do próprio Hume, ainda nessa carta, podemos nós mesmos tentar obter alguma luz. Em primeiro lugar, embora diga que também em nosso pensamento se encontra "alguma espécie de associação", não pode haver dúvida de que as palavras "alguma espécie" não se referem a *qualquer* associação — uma vez que a associação de ideias constitui na filosofia humeana a base de *todo* tipo de pensamento. Hume certamente está se referindo aqui a *essa* espécie de associação em particular, isto é, à "falsa associação", em que, sem termos verdadeiramente uma *ideia* correspondente a uma impressão (neste caso, uma impressão visual), nós associamos a palavra que denota a ideia ausente a uma outra ideia, originada em nós de uma impressão de um outro tipo, e que acreditamos estar de alguma forma relacionada à primeira. Assim, é certo que um cego de nascença não tem como saber o que significam as palavras "luz do sol". Ele não tem acesso

---

9   Ou simpatia social — cf. carta ao Abbé Le Blanc, ibid., p. 209.
10   Ibid., I, p. 201.

a essa impressão, e por isso não podemos sequer dizer que *possua* uma *ideia falsa* do que seja a luz do sol: como toda ideia tem origem numa impressão, seria mais correto dizer, dentro do sistema humeano, que o cego *não tem* tal ideia. Trata-se para ele de meras palavras. Entretanto, essas palavras, mesmo sem sentido, estão inseridas dentro de uma linguagem que ele compartilha, ao menos parcialmente, com aqueles que possuem visão. E é dentro dessa linguagem que, através de uma associação, elas recebem um sentido que em princípio lhes é alheio. Ou seja, o cego "substitui ideias por palavras" — e, podemos acrescentar, associa essas palavras a uma outra ideia.

Hume qualifica esse tipo de associação de "falsa", e não temos como saber se tal qualificativo é seu ou de Blacklock. A mesma expressão é repetida na carta ao Abbé Le Blanc: "[...] ele [i.e. Blacklock] me diz que, aos termos que expressam luz e cor, ele anexa, por uma falsa associação, certas ideias intelectuais."[11] Se a expressão for de Hume, o único modo que vejo de justificarmos essa "falsidade" é pelo fato de que a associação não se faz entre duas ideias,[12] e sim entre meras palavras e ideias. No texto do *Tratado* que se refere ao exemplo de Locke, tampouco há o uso do adjetivo qualificando a expressão. Em troca, as consequências ali extraídas do caso para reforçar a crítica à noção tradicional de causalidade podem nos ser úteis para entender o que significa exatamente, no caso dos cegos, essa "falsa associação". Quando dizemos que, embora não possamos vê-la, existe realmente uma conexão necessária nas próprias coisas, afirma Hume, "não compreendemos o sentido de nossas próprias palavras ao falar assim. Sem o saber, confundimos ideias que são inteiramente distintas".[13] Não estamos simplesmente dando um nome qualquer a alguma coisa que não conhecemos e que admitimos não saber o que é — como se disséssemos que os objetos externos têm talvez qualidades desconhecidas as quais decidimos chamar de poder, eficácia ou conexão necessária —, mas sim estamos transferindo a esse nome, que aplicamos aos objetos externos, um sentido claro proveniente de uma ideia alheia a essa coisa que nos é inacessível (a determinação da imaginação ou da mente, proveniente do hábito e da

---

11 Ibid., I, p. 209.
12 Algumas vezes Hume fala também em associações entre impressões e ideias, mas este tampouco é o caso aqui.
13 Hume, THN, 1.3.14.27, pp. 201-202.

conjunção constante). Neste caso, "a obscuridade e o erro começam a se impor, e somos desencaminhados por uma falsa filosofia".[14] Ora, podemos dizer que o mesmo acontece quando um cego pretende emitir opiniões sobre aquilo que lhe é inacessível. Dizer que o escarlate é semelhante a um determinado tipo de som, se não chega a ser uma "falsa filosofia", é uma "falsa associação". O cego não compreende o sentido de suas palavras. Sem perceber, ele mistura ideias inteiramente distintas; ou melhor, aplica a ideia proveniente de uma impressão produzida por um outro órgão sensorial a um nome que designa algo que ele é incapaz de conhecer, acreditando que assim preenche esse nome com um sentido ou ideia, e que torna o objeto em questão de alguma forma inteligível para ele.

Tal análise do *Tratado*, interpretada dessa maneira, leva-nos a um último ponto importante no trecho destacado há pouco da carta a Joseph Spence: a afirmação de que esse modo de pensar, por "associações falsas", não é exclusivo dos cegos, mas está presente também em nós. A diferença está no tipo de linguagem que é utilizada nas associações, sejam elas "verdadeiras" ou "falsas". Cada qual pensa na linguagem que lhe é mais familiar, diz Hume, e enquanto os cegos privilegiam as ideias, "sensíveis" ou "intelectuais", que não denotam impressões visuais, nós reservamos a estas um lugar privilegiado. A estranheza, portanto, seria devida não ao fato de se atribuírem a certas palavras ideias alheias a elas, mas sim ao tipo de ideias e de palavras que se relacionam por esse mecanismo.[15] Isto não significa que essas associações sejam *justificadas* em nossos pensamentos. Assim como Hume reconhece a existência de *ficções* ao lado dos raciocínios regulares por causa e efeito, e analisa a origem dessas ficções na natureza humana, seu caráter por vezes inevitável embora pudéssemos talvez desejar a regularidade completa em nossa mente, assim também ele fala nessas cartas de um tipo irregular de associação. E, como no caso das ficções injustificáveis, encontra

---

14 Ibid.

15 É possível que, ao dizer que cada um pensa naquela linguagem que lhe é mais familiar, Hume estivesse se referindo também ao fato de que, não só para os cegos, mas para qualquer pessoa, nem todo sentido na linguagem pode ser apreendido pelas ideias e impressões que estão por trás das palavras — é o caso, por exemplo, das que expressam estados de alma interiores. Ou seja, nós só aprendemos o significado dessas palavras através de *signos* externos, os quais não são necessariamente essenciais ao sentido das palavras em questão, mas devem estar de alguma forma relacionados a elas. Mas não entrarei aqui nesse problema.

na superstição um bom exemplo desse procedimento — que, se a falta da visão justifica nos cegos, deveria ser lamentada no resto dos homens. Hume prossegue, então, em sua carta a Spence, num tom irônico porém esclarecedor:

> Se você conhecesse algum místico, imagino que acharia o caso do Sr. Blacklock menos paradoxal. Os místicos certamente fazem associações pelas quais seu discurso, que para nós parece um palavrório, torna-se inteligível para eles. Acredito que normalmente colocam os sentimentos de um amor mundano [*common amour*] no lugar de suas simpatias celestes; e se não forem desmentidos, o tipo tende a tomar seus corações, e a excluir a coisa tipificada.[16]

A "coisa tipificada" em questão são as palavras vazias "simpatias celestes" — vazias porque não correspondem a nada de real, a nenhum afeto ou sentimento; e o "tipo" são os sentimentos de um amor mundano, usados para preencher o vazio da expressão "simpatias celestes", mas que, por sua força e vividez (podemos pensar assim), tendem a ultrapassar sua função de mero apoio a ela, e a excluí-la por completo da imaginação do místico.

Não há muito mais nessas cartas de Hume a propósito de seu amigo Blacklock que nos permita ampliar nossas considerações sem cairmos na pura especulação. Mas pode ser interessante, como uma última observação, lembrar que a curiosidade do filósofo pelo modo de pensamento do cego não é um fato isolado em sua época. O chamado "problema de Locke-Molineux" — saber se um cego de nascença, ao recuperar a visão através de uma cirurgia, seria capaz de distinguir visualmente um cubo de uma esfera, ou se ainda necessitaria do auxílio do tato — vinha sendo abordado por inúmeros autores, entre os quais Berkeley, Voltaire, Rousseau, Montesquieu, La Mettrie, Condillac.[17] O próprio Hume, numa carta ao Abbé Le Blanc, após se referir a Blacklock como "um fenômeno singular", diz *en passant* que "um engenhoso cavalheiro na Inglaterra está[va] escrevendo um livro para resolver o fenômeno [...]".[18] Não sabemos (ao menos eu não pude localizar) quem é

---

16   Hume, in Greig (org.), op. cit,.p. 201.
17   O problema foi colocado por Molineux a Locke. Ver Paulson, William R., *Enlightenment, Romanticism, and the Blind in France*. Princenton: Princenton Legacy Library, 1987.
18   Hume, in Greig (org.), op. cit, p. 209.

o cavalheiro. Mas eram bastante conhecidas experiências como as dos médicos Cheselden, já em 1728 na Inglaterra, ou Réaumur, em 1749 na França, que inspirou a "Carta sobre os cegos para uso dos que vêem", de Diderot.[19] Sem querer me alongar a respeito desta Carta, creio que em pelo menos um ponto o texto de Diderot pode ajudar a complicar, no bom sentido, o esboço de reflexão de Hume.[20]

Em meio a seu relato sobre o matemático Saunderson, também cego de nascença, Diderot diz que deve ser bem verdade aquilo que afirmam os que escreveram sobre sua vida, a saber, que ele era fecundo em "expressões felizes". Expressões felizes são aquelas, explica Diderot, "que são próprias a um sentido, como por exemplo o tato, e que ao mesmo tempo são metafóricas em relação a outro sentido, como a visão — donde resulta uma dupla clareza para aquele a quem se fala, a luz verdadeira e direta da expressão e a luz refletida da metáfora".[21] Embora Diderot não nos dê nenhum exemplo desse tipo de expressão, ela parece perfeitamente adequada às "associações falsas" de Blacklock ou do cego de Locke. Pois também Diderot diz a seguir que, para o próprio Saunderson, somente parte das expressões que ele utilizava fazia sentido, "já que só percebia metade das ideias ligadas aos termos que empregava". No exemplo de Blacklock, é claro que ele não podia saber o que "luminosidade do sol" significava, mas apenas "presença de um amigo". E entretanto, de algum modo, estava feita a falsa associação ou a metáfora.

Que Diderot empregue o termo metáfora, entretanto, é significativo. Ele vê nesse procedimento dos cegos a transformação de uma deficiência em virtude. Apenas, a virtude assim produzida só existe para os que enxergam e são capazes de perceber a dupla luz da metáfora. Para o cego, não há ali qualquer metáfora, mas somente, voltando-nos para Hume, uma associação — falsa, mas que o ajuda a pensar e a se comunicar com os outros.

---

19 Foi Bento Prado Júnior quem me sugeriu a aproximação entre as cartas de Hume e de Diderot.

20 À parte outras aproximações bastante interessantes entre a Carta e alguns textos de Hume, que não poderiam ser tratadas numa comunicação tão breve — sobretudo o discurso do matemático cego Saunderson acerca da precariedade e caráter transitório da ordem no universo, numa direção bem próxima à de Hume (ou à de seu personagem Fílon) nos *Diálogos sobre a religião natural* (cf. Diderot, *Lettre sur les aveugles à l'usage de ceux qui voyent*. In *Œuvres*. Paris: Gallimard (Bibl. Pléiade), 1951, pp. 839-842).

21 Ibid., p. 833.

Em todo caso, o tom das cartas de Hume por ocasião do caso Blacklock parece-me mais próximo da Carta de Diderot que da menção de Locke, em seu *Ensaio*, sobre aquele cego que descobriu o significado da palavra "escarlate". Como Diderot, Hume interessa-se antes de mais nada em conhecer a alteridade desse modo de pensamento e de existência que nos é revelado pelo cego, afastando-se assim da maneira como por exemplo Locke e Berkeley tratam o assunto — isto é, buscando, não tanto no cego enquanto tal, mas no olhar daquele que passa a enxergar pela primeira vez, uma espécie de momento original de nossa própria experiência.[22] Poderíamos perfeitamente imaginar, nos salões de Paris, uma década mais tarde, uma conversa animada entre Hume e seu amigo Diderot sobre mais um fenômeno singular e curioso de um brilhante jovem cego, e sobre tudo que seu comportamento, suas preferências morais, seu modo de conhecer, de pensar e de falar etc. nos ensinam sobre nós mesmos. É bem no estilo de uma dessas conversas que Hume, ainda na carta a Joseph Spence que estávamos analisando, conta que certa vez perguntou a Blacklock se ele tratava o amor como fazia com as cores — pois Hume notava em suas expressões uma realidade grande demais para que pudesse suspeitar que falasse do amor sem senti-lo. Blacklock respondeu que, ao contrário, nunca conseguira apaziguar seu coração nessa questão. O filósofo, então, retrucou que pelo menos a paixão do poeta devia ser mais bem fundada que a nossa, já que ele não se deixaria levar pela beleza exterior, mas apenas pela beleza do espírito. De modo algum, disse Blacklock: pois também sobre ele tinham influência os sinais da juventude, a doçura da voz, a forma do corpo. E Hume conclui, dirigindo-se a Spence: "Você pode ver por essa conversa como é difícil até para um cego ser um platônico perfeito [...]." [23]

---

22 Essa última abordagem estaria entretanto próxima ao uso que o próprio Hume faz, em sua obra filosófica, senão do cego, ao menos de uma série de personagens e situações fictícias que procuram representar um estranhamento ou primeiro olhar do homem (ou de outro ser) sobre o mundo. Cf. acima, no presente volume, o capítulo 9, "David Hume, o começo e o fim". Veja-se também o belo artigo de Gérard Lebrun, "O cego e o filósofo ou o nascimento da antropologia." *Discurso*, ano III (3): 127-139 s/d, e Paulson, William R. *Enlightenment, Romanticism, and the Blind in France*. Princeton: Princeton University Press, 1987, op. cit.

23 Hume, in Greig (org.), *The Letters of David Hume*, op. cit. vol. I, p. 201.

DIVERTISSEMENTS

CAPÍTULO 17

Filosofia com literatura:
quatro casos de insônia*

Segundo Leibniz, em sua filosofia madura, o universo criado é composto exclusivamente por dois tipos de realidades: ou as verdadeiras unidades, ou as resultantes de conjuntos ou agregados dessas verdadeiras unidades. As unidades são as *substâncias espirituais simples* ou *mônadas*. Os agregados ou compostos, embora sejam a rigor apenas conjuntos de substâncias simples discretas, aparecem-nos como corpos *materiais* dotados de continuidade espacial e temporal.

A relação entre esses agregados e as unidades que os formam, entretanto, não é do mesmo tipo que a que encontraríamos entre átomos físicos e corpos materiais. Ao contrário dos átomos físicos, os quais, embora concebidos como indivisíveis, possuiriam uma dimensão espacial, ainda que ínfima, as substâncias simples de Leibniz não têm dimensão ou extensão: elas não são materiais, e sim espirituais. Leibniz as chama de "átomos de substância" ou "átomos metafísicos", justamente para contrapô-las à noção que ele considera absurda, de átomos físicos e materiais. Esta última noção é absurda, entre outras razões importantes, porque um átomo material não poderia ser indivisível, uma vez que a matéria é sempre formada de partes. Quando dizemos, portanto, que a matéria tem sua realidade derivada da realidade das substâncias simples, queremos dizer que a realidade fenomênica dos corpos materiais, formados de partes dentro de partes dentro de partes, todas materiais ao infinito, está fundamentada em verdadeiras unidades, porém de uma outra ordem, espiritual. De maneira que, não importa quão aguda fosse nossa capacidade perceptiva, nós nunca enxergaríamos essas unidades. As mônadas não são algo para se ver, tocar ou ouvir. Elas são os fundamentos, ou requisitos imediatos, e não os elementos dos compostos.

---

* A primeira versão deste artigo foi apresentada na *VI Semana dos Alunos da Pós-Graduação em Filosofia da* PUC-Rio, em 2005. A presente versão foi originalmente publicada em Rosa Maria Dias (org.), *Arte brasileira e filosofia: espaço aberto Gerd Bornheim*. Rio de Janeiro: Uapê, 2007, pp. 154-168.

Os agregados, porém, devem ter eles também algum tipo de unidade, embora não no sentido mais estrito do conceito de "unidade"; caso contrário, nós sequer estaríamos justificados ao dizer, por exemplo, este corpo, meu corpo, aquele corpo, esta parte de um corpo, tal ou tal órgão etc. Ora, segundo Leibniz, se meu corpo pode ser dito *um corpo*, e não simplesmente um amontoado de mônadas arbitrariamente separado de outros amontoados, é porque ele é *apreendido* como *uma unidade corpórea*, ou seja, é porque existe algo, a saber, uma outra mônada ou substância simples, que *domina* e por isso *unifica* aquela multiplicidade de mônadas de que esse corpo deriva, ou seja, que compõe com essas mônadas um organismo, representando-as para si mesma como relacionadas de uma maneira espacial, e operando umas sobre as outras segundo as leis de uma causalidade eficiente ou mecânica; e cada parte desse corpo, por sua vez (por exemplo, um membro ou um órgão), só pode ser dita *uma* parte porque existe uma mônada que, embora submetida àquela mônada dominante do corpo como um todo, domina por sua vez a multiplicidade de mônadas que constituem essa parte, e assim por diante, infinitamente. Em outras palavras, as substâncias simples ou mônadas se dispõem em uma rede hierárquica de organismos, em que umas dominam as outras, ou seja, umas representam as outras como submetidas a elas segundo uma certa relação.

Essa relação de dominação-subordinação é universal (ou seja, toda mônada é dominante em relação a um agregado de outras mônadas)[1], porém não recíproca (as mônadas subalternas dominam outras mônadas, mas nunca podem passar a dominar sua própria mônada dominante); e é essa universalidade sem reciprocidade que nos permite falar, de maneira mais geral, em um universo composto de almas e corpos. Pois as mônadas dominantes que se encontram bem no topo da hierarquia recebem o nome geral de formas, almas ou enteléquias. Por não serem subalternas a nenhuma outra, elas não formam verdadeiros agregados, isto é, não constituem matéria; e desse modo não se confundem com as outras mônadas, que, embora a rigor também sejam almas

---

1 Cf. "Réponses aux réflexions contenues dans la seconde édition du *Dictionnaire critique* de M. Bayle, article Rorarius, sur le système de l'Harmonie préetablie": "não há alma ou enteléquia que não seja dominante em relação a uma infinidade de outras que entram em seus órgãos, e a alma nunca fica sem algum corpo orgânico adequado a seu estado presente." (in Leibniz, *Die Philosophischen Schriften von G.W. Leibniz*, org. C.I. Gerhardt. Hildesheim: Georg Olms, 1978, vol. IV, p. 564).

(porque são espirituais), aparecerão fenomenicamente como os corpos a que aquelas almas estão ligadas.

Ora, esteja em que grau de tal hierarquia estiver, cada mônada, segundo Leibniz, é como um *espelho* de todas as outras e do universo como um todo. As mônadas se *entreexprimem*, e *essa* relação, de expressão, é recíproca. Na verdade, a expressão é um tipo de relação que não se limita às mônadas. "Para que haja expressão de uma coisa em outra", dirá Leibniz, "basta que haja uma lei constante das relações, pela qual cada elemento de uma possa ser referido a um elemento correspondente na outra".[2] Ou ainda, "uma coisa exprime outra quando há uma relação constante e regrada entre o que se pode dizer de uma e de outra".[3] Assim, o modelo de uma máquina exprime a máquina, uma equação algébrica exprime o círculo ou outra figura qualquer, a projeção em um plano exprime um sólido. Vários tipos de coisas, portanto, são expressivas. O que as substâncias têm de particular quanto a isso é que elas exprimem uma multiplicidade (a multiplicidade dos agregados) na unidade (a unidade da alma). Essa expressão ou representação da multiplicidade na unidade é chamada por Leibniz de percepção.

Cada mônada, portanto, exprime, isto é, percebe todas as outras. Mas podemos também descrever essa macroestrutura do mundo de maneira um pouco mais restrita. Diremos que as almas exprimem ou percebem os corpos, e mais diretamente, seus próprios corpos, isto é, os corpos aos quais elas estão ligadas; e são essas percepções, dispostas numa série infinita, juntamente com o que Leibniz chama de apetições (ou seja, os esforços ou tendências a passar de percepção a percepção segundo uma lei própria), que constituem sua natureza particular. Ora, como os corpos materiais são sempre compostos, cada percepção da alma, ao exprimir completamente uma parte qualquer de um corpo material, deve encerrar ao mesmo tempo uma grande quantidade de percepções menores, as quais exprimem as partes dessa parte do corpo, e assim por diante, também ao infinito. Por exemplo, ao percebermos a cor verde, estamos também percebendo, diz Leibniz, as cores amarelo e azul das partículas que compõem o verde, bem como as cores, quaisquer que sejam elas,

---

2   Leibniz, *Opuscules et fragments inédits (extraits des manuscrits de la Bibliothèque Royale de Hanovre)* (org. Louis Couturat). Hildesheim: Georg Olms Verlag, 1988, p. 15.

3   "Carta a Arnauld de 9 de outubro de 1687" in Leibniz, *Discours de métaphysique et Correspondance avec Arnauld* (org. Georges Le Roy). Paris: J. Vrin, 1988, pp. 180-181.

das partículas ainda menores de que resultam o azul e o amarelo. Mas essa percepção do amarelo e do azul, e também das cores que os formam, não é distinta o suficiente para captar nossa atenção, que é limitada. De maneira que, embora a percepção da cor verde possa ser clara (ou seja, suficiente para que não confundamos o verde com o escarlate, por exemplo), ela deixa em estado de confusão toda essa infinidade de percepções inferiores ou, como Leibniz as chama, pequenas percepções.

Caso fôssemos dotados de sentidos mais aguçados, nossa percepção teria um grau maior de distinção, mas nunca deixaríamos de perceber qualidades sensíveis. No exemplo das cores, nós deixaríamos de ver a cor verde, mas em seu lugar veríamos o amarelo e o azul das partículas constituintes do verde, como acontece quando olhamos um objeto verde ao microscópio. E se nossa visão se tornasse ainda mais aguda, ou o microscópio mais potente, o amarelo e o azul dariam lugar a outras qualidades, e assim por diante. De modo que, embora não possamos perceber de maneira distinta, ou nos *aperceber*, da cor verde *juntamente com* as cores amarelo e azul, o mundo jamais deixaria de nos mostrar *uma* face determinada, com cores próprias. As formas ou aparências existem em todos os níveis da realidade material, sempre como fenômenos resultantes da agregação de partes materiais, as quais por sua vez são também fenômenos resultantes de partes inferiores, infinitamente.

Portanto, se possuíssemos um outro corpo, e outros órgãos sensíveis, perderíamos alguns níveis fenomênicos, mas ganharíamos outros. Aliás, o que o uso do microscópio nos proporciona é um pequeno vislumbre do que poderíamos ter, e do que talvez tenhamos um dia, já que "aparentemente estamos destinados a um estado bem acima do estado presente, e poderemos mesmo ir ao infinito, pois não há partes elementares na natureza corpórea"[4], de maneira que nunca poderíamos atingir o estágio final desse processo. De toda forma, o fato é que nossa constituição *presente* não nos permite ter um conhecimento distinto que vá demasiado além do que hoje temos, nem no que concerne às qualidades sensíveis nem no que concerne a outros tipos de conhecimentos. Neste estado, ou seja, dado nosso nível atual de perfeição, a quase totalidade daqueles infinitos níveis inferiores de realidade fenomênica são inacessíveis a uma apreensão distinta.

---

4   Leibniz, *Nouveaux essais sur l'entendement humain*. Paris: Garnier — Flammarion, II.XXIII, 1990.

Isso não é exatamente uma desvantagem, muito pelo contrário. Pessoas com o olfato muito apurado sentem-se incomodadas pelos mais variados odores. Uma visão muito penetrante nos revelaria mais objetos repugnantes do que podemos imaginar. E afinal, quem gostaria de se dar conta de todos os insetos ou micróbios que engole ao beber um pouco d'água? Que a maior parte de nossas percepções permaneça confusa e obscura é providencial. Sem isso, não poderíamos desfrutar os bens sem sentir ao mesmo tempo todos os males que os acompanham. E, o que é pior, passaríamos a vida infelizes, sofrendo com o que hoje não passa de rudimentos ou elementos da dor, aquelas "semi-dores", como Leibniz diz, que nos movem continuamente, mas que só chegam a nos incomodar quando atingem um grau suficiente de distinção. Nossa situação não seria muito diferente da do Chefe Zequiel, o bobo, personagem da novela *Buriti*, de Guimarães Rosa, que passava suas noites ouvindo e tentando nomear todos os ruídos do mato. Ouvindo e temendo:

> O chefe, por erro de ser, escuta o que para ouvido de gente não é, por via disso cresceu nele um estupor de medo, não dorme, fica o tempo aberto, às vãs... Daí deu em dizer que está sempre esperando...[5]

> Aziago, o Chefe Zequiel espera um inimigo, que desconhece, escuta até aos fundos da noite, escuta as minhocas dentro da terra. Assunta, o que tem de observar, para ele a noite é um estudo terrível.[6]

O Chefe Zequiel sofria de algo que poderíamos denominar uma insônia das almas, um mal causado pela percepção exagerada. Pois, se ele temia ouvir o que não queria ouvir, é porque ouvia demais. Aliás, a mera proliferação de percepções distintas, diria Leibniz, ainda que não desagradáveis em si mesmas, ser-nos-ia talvez insuportável. O empirista John Locke observava, alguns anos antes de Leibniz, que, se tivéssemos uma audição mil vezes mais sensível, um ruído perpétuo nos enlouqueceria[7]. Leibniz concordaria perfeitamente com essa observação. Apenas, enquanto para Locke nossa sorte é que não somos afetados de maneira

---

5   João Guimarães Rosa, *Noites do sertão*. Rio de Janeiro: José Olympio, 1969, p. 106.

6   Ibid., p. 91. Cf. também Ana Luisa Martins Costa, "O mundo escutado". *Scripta* 9 (17), 2005, pp. 47-60.

7   John Locke, *An Essay Concerning Human Understanding*. Oxford: Clarendon Press, 1987, II.XXIII.12.

nenhuma pela maior parte desses ruídos, Leibniz dirá que nós os percebemos todos; simplesmente não temos *consciência* deles.

Dissemos que o Chefe Zequiel sofria de uma "insônia das almas". A escolha da palavra "alma" foi uma licença poética, mas não foi gratuita. Não estaremos errados (embora não estejamos sendo inteiramente precisos) se dissermos que Leibniz utiliza o termo "alma" em três sentidos básicos. No sentido mais amplo, todas as mônadas ou substâncias existentes no mundo criado são almas, e por isso Leibniz diz muitas vezes que há almas em todo canto. Em um sentido um pouco menos amplo (que também já mencionamos), diremos que uma alma é uma substância ou mônada *dominante*, ou seja, que representa em sua própria unidade um certo agregado de mônadas (seu próprio corpo, ou seja, aquele que dá a ela sua perspectiva única sobre o universo) como dotado de uma unidade — uma unidade, digamos assim, derivada. Mas há um sentido ainda mais restrito. Em diversos textos, Leibniz faz uma distinção hierárquica entre três gêneros de mônadas ou substâncias simples de acordo com suas características básicas: as "puras entelequias ou mônadas", que se caracterizam por terem percepções e apetições; as "almas" (agora em sentido restrito), que animam os animais irracionais, e que também têm percepções e apetições, mas que, uma vez que esses seres são dotados de órgãos dos sentidos, que atuam como uma espécie de foco ou catalizador, têm parte de suas percepções mais distintas que as das entelequias, são capazes de atenção, possuem memória e portanto (ao menos segundo uma interpretação possível dos textos leibnizianos) têm alguma consciência, a saber, consciência de suas percepções mais distintas provenientes dos objetos sensíveis ou de suas sensações corpóreas. E finalmente os "espíritos", que animam as criaturas racionais, e que têm percepções ainda mais distintas (ou têm mais percepções distintas) e, sobretudo, têm "apercepção", que entenderemos aqui como consciência de si, ou a capacidade de *refletir* sobre suas próprias percepções internas, alcançando assim verdades universais e abstratas.

Os espíritos, portanto, distinguimo-nos das meras almas dos animais e das puras entelequias porque possuímos apercepção, e é na direção dessa consciência cada vez mais ampla de nós mesmos e de percepções cada vez mais distintas que caminhamos incessantemente. Entretanto, por mais que caminhemos, continuamos tendo dentro de nós tudo aquilo que compõe a natureza dessas outras substâncias. No fundo de nós mesmos, um fervilhar de pequenas e confusas percepções influencia e determina a maior parte de nossos pensamentos, desejos e ações.

Essa influência tem seu ponto mais acentuado no sono profundo sem sonhos. Nesse estado, como também acontece quando desmaiamos ou quando estamos atordoados por algum golpe ou doença, tanto os espíritos como as almas dos animais irracionais vêem-se reduzidos ao "estado de simples viventes", ou seja, de puras mônadas ou enteléquias. Suas percepções caem em uma tal confusão e obscuridade que eles sequer têm condições de se lembrar delas. Ora, a lembrança ou memória das próprias percepções é condição necessária para qualquer tipo de consciência; de modo que, no caso das mônadas espirituais, caracterizadas pela "personalidade" ou consciência de si, o sono ou o atordoamento é também um afastamento ou esquecimento de si mesmo. Só que esses estados são apenas passageiros, assim como é passageira a morte, que para Leibniz não passa de uma espécie de sono prolongado. Embora, durante um certo tempo, possamos aparentemente nos aproximar dos puros viventes, nunca chegamos a nos confundir de fato com eles, e nem mesmo com os simples animais irracionais. A produção e o desenvolvimento dos diferentes estados de nossa natureza são regidos por uma lei própria, e é isso que garante que, mais cedo ou mais tarde, o sono dê lugar à vigília: as percepções obscuras e confusas irão se redesdobrar em percepções relativamente claras e distintas, trazendo-nos de volta a nós mesmos e à condição de espíritos.

Em um texto de juventude, "Fragmento sobre os sonhos",[8] Leibniz dizia que acordar é relembrar [*recolligere*] de si mesmo, e pensar: "*Dic cur hic?*"; isto é: "me diga: por que você está aqui mesmo? ou "o que você está fazendo aqui?". Acordar é "começar a conectar seu estado presente com o resto de sua vida, ou com você mesmo." Só temos certeza de estarmos acordados quando nos lembramos onde estamos, e "*por que* viemos parar em nossa posição e condição presentes...".[9]

---

8   "A fragment on dreams", in *Gottfried Wilhelm Leibniz: Philosophical Papers and Letters* (org. Loemker). Dordrecht/Boston/Londres: Kluwer, 1989, p. 113.

9   A imagem que me pareceu mais esclarecedora do que está em jogo aqui é a que Marcel Proust nos apresenta no início de *À la recherche du temps perdu* (No Caminho de Swann): "Quanto a mim, no entanto, bastava que, estando a dormir em meu próprio leito, meu sono fosse profundo e relaxasse inteiramente meu espírito, o qual deixava então para trás a planta do local onde eu adormecera; assim, quando acordava no meio da noite, e como ignorasse onde me achava, no primeiro instante nem mesmo sabia quem eu era; tinha apenas, em sua simplicidade [MQ: singeleza] primitiva, o sentimento da existência, tal como pode fremir no fundo de um animal; estava mais desprovido [MQ: desapercebido] que o homem das cavernas; mas então a lembrança, não ainda do lugar em que me encontrava, mas de alguns outros que havia habitado e onde poderia estar, vinha a mim

Mesmo restaurada essa condição, do conjunto infinito de nossas percepções, a apercepção de nós mesmos (e do lugar que ocupamos), assim como a simples consciência, abarca, como vimos, apenas um restrito subconjunto. Mas, para Leibniz, seu caráter auto-reflexivo nos espíritos é suficiente para abrir um abismo intransponível em relação às demais substâncias, definindo-nos como seres racionais e moralmente responsabilizáveis.

Uma das marcas desse abismo é que a autoconsciência instaura em nossa vida mental uma dimensão de infinitude inacessível aos outros tipos de almas, e muito diferente daquela que caracterizava a realidade fenomênica em que a matéria se dispõe para nós, motivo da insônia do Chefe Zequiel. Uma infinitude que, ao mesmo tempo em que atesta nosso grau de perfeição, por vezes parece a Leibniz vertiginosa e perturbadora. Pois se a vigília é o estado em que nos lembramos, por vezes acontece de, mesmo deixando no esquecimento todo aquele fundo fervilhante de percepções obscuras ou confusas, nós nos lembrarmos mais do que o desejável. E por uma inesperada inversão, essa lembrança excessiva acaba novamente por nos afastar de nós mesmos, como ocorria no esquecimento do sono.

Em algumas de suas "Notas Parisienses", Leibniz fazia diversas e importantes considerações acerca da capacidade reflexiva da alma racional. Refletir, ou perceber uma percepção, diz ele em uma delas,[10] é lembrar. Isso porque a reflexão, ao mesmo tempo em que pode se dar independentemente de a alma ser realimentada pela variedade de imagens ou traços provindos das sensações externas ou internas, supõe sempre uma duplicação mínima do ato de perceber, além de um intervalo temporal mínimo entre a percepção presente e aquela que é seu objeto. Além disso, a reflexão é uma capacidade permanente nos espíritos, confundindo-se portanto com a consciência de si.

---

como um socorro do alto para me tirar do nada de onde não poderia sair sozinho; passava num segundo por sobre séculos de civilização, e a imagem confusamente entrevista de lampiões de querosene, depois de camisas de gola virada, recompunham pouco a pouco os traços originais de meu próprio eu". (Marcel Proust, *À la recherche du temps perdu*. Paris: Gallimard (Bibliothèque de la Pléyade), 1954. [A tradução acima é a de Mário Quintana [MQ], exceto onde menciono entre parênteses os termos originais que modifiquei. (N.A.)]

10 Nota provavelmente da segunda metade de abril de 1676, traduzida por Parkinson sob o título "On reminiscence and on the mind's self-reflection", in Leibniz, *G.W. Leibniz, De Summa Rerum: Metaphysical Papers, 1675-1676* (org. G.H.R. Parkinson). New Haven: Yale University Press, 1992, p. 73; e Leibniz, *G. W. Leibniz: Philosophical Papers and Letters* (org. Loemker). Op. cit., p. 161.

Esse mecanismo da reflexão parece a Leibniz literalmente admirável, sobretudo quando se exerce de maneira prolongada, já que é em seu prolongamento que se torna mais evidente o quanto nossa existência, em sua unidade, ultrapassa aquilo que percebemos em ato. De fato, qualquer ação de reflexão contém potencialmente sua própria continuação. Se penso sobre uma determinada percepção, posso também pensar sobre esse meu pensamento, e mais uma vez sobre este último, e assim indefinidamente. E ao mesmo tempo em que nos afastamos assim da própria percepção que originou tal série reflexiva, damo-nos conta de que essa reflexão sobre nossas reflexões ao infinito esteve desde sempre presente dentro de nós, em estado virtual. Ao realizar essa série de atos auto-reflexivos, damo-nos conta de que se mantém sempre idêntica a mesma razão que gerou o primeiro ato da série, e de que é justamente isso, a manutenção da mesma razão, que torna possível a multiplicação sem fim da reflexão. Essa razão é o que constitui a existência *per se* de nossa alma. Mas essa existência *per se* da alma racional, *revelada* pelo exercício repetitivo da reflexão sobre si mesma, precisamente porque depende da manutenção de uma mesma razão, não parece caracterizar a existência de *uma* substância em particular, diferente de todas as outras. Ou seja, a série hiper-reflexiva não parece ter como objeto *o que* somos, mas apenas o sentido *de que* somos, de que há em nós uma razão da série, seja ela qual for.

Por isso, uma coisa é vislumbrar a infinitude potencial dessa capacidade auto-reflexiva do espírito; outra, bem diferente, é ser arrastado por ela, cair em nosso próprio Maelstrom, e nos separar, sabe-se lá se definitivamente, de toda aquela outra série de percepções variadas que nos constituem. No primeiro caso, nós nos lembramos *que* somos (ou seja, que somos aqueles que pensam); mas no segundo, acabamos por esquecer *de quem* realmente somos e do *que* pensamos (esquecemo-nos do conteúdo múltiplo e passageiro de nossos pensamentos), do *cur hic*, do por que e do lugar em que estamos e que nos define como uma substância espiritual particular.

Esse temor é relatado por Leibniz numa das "Notas Parisienses", publicada sob o título "Sobre a reminiscência e a autorreflexão da mente".[11] Nela, Leibniz retoma o tema da autorreflexão, mas descrito agora em primeira pessoa, baseado em sua própria experiência pessoal. Diversas

---

11   *G.W. Leibniz, De Summa Rerum: Metaphysical Papers, 1675-1676,* op. cit, p. 73.

vezes, diz ele, aconteceu-lhe de pensar que está pensando, e notar que está pensando que está pensando, e admirar-se com essa triplicação da reflexão, e em seguida admirar-se com essa admiração. Quem desejar uma experiência semelhante, o que tem a fazer é, tal como ele, "em algum momento na escuridão da noite, quando acontece de não conseguir dormir — temos, portanto, no próprio Leibniz nosso segundo caso de insônia —, começar a pensar em si mesmo e em seu pensamento, e na percepção das percepções, e começar a admirar esse seu estado". Assim, através dessas pulsações ritmadas, e gradativamente, será levado a "entrar mais e mais para dentro de si mesmo, ou a elevar-se acima de si mesmo".

Ao contrário do que pode parecer, essa não é uma experiência fácil, nem para o espírito, nem para o corpo. Ela só ocorre se os nervos conseguem enfraquecer e bloquear "a força e a vividez de outras percepções estranhas". Isso porque é preciso que nos concentremos na contemplação de uma única percepção, e em seguida na contemplação da contemplação dessa mesma percepção, interrompendo assim o fluxo normal das percepções. Quando, por exemplo, começamos a ter dúvidas de nossa própria capacidade de ingressar, e em seguida de prosseguir, nessa operação da mente, impedimos a autorreflexão pela intromissão do pensamento dos obstáculos e dificuldades ("assim como não conseguimos dormir enquanto ficamos pensando na dificuldade de dormir"). E quando, ao contrário, finalmente conseguimos interromper a interferência das outras percepções, às vezes ainda acontece de, ao continuarmos esse processo de hiperinteriorização da mente, experimentarmos a dificuldade inversa, de retornar à contemplação dos objetos externos. Ora, tanto o esforço para manter a concentração e entrar na série auto-reflexiva como a força necessária para dela sairmos podem se tornar insuportáveis, causando desde um extremo cansaço e dor de cabeça até, pura e simplesmente, a loucura. Exaurindo-me em "perpétuas reflexões sobre reflexões", diz Leibniz, "quase começava a duvidar se algum dia voltaria a pensar em outra coisa, e temia que essa concentração da alma me causasse algum dano".[12]

O perigo a que Leibniz se refere aqui é o de, ao se dar conta de que a reflexão pode se prolongar e se multiplicar indefinidamente, o espírito, maravilhado, entregar-se à atualização da série potencial de reflexões sobre reflexões, até o ponto de, obcecado por esse único ato para sempre

---

12 Ibid.

repetido, nunca mais ser capaz de passar a outra coisa, como o corvo, do poema de mesmo nome de E. A. Poe, repetindo para sempre o refrão: "Never more" — que não quer dizer apenas: "Nunca mais terás Lenora", ou "Nunca mais me irei daqui", mas "Nunca mais outra coisa". Esse é nosso terceiro caso. Pousado para sempre sobre o busto pálido da deusa da sabedoria, o corvo fica. Sua fórmula, repetindo a essência mesma da repetição, apavora e interrompe a sonolência melancólica. E seus olhos, semelhando os de um demônio sonhando, por contraste encarceram a alma do saudoso amante, agora num estado de vigília e imobilidade eternas.

> No seu olhar medonho e enorme o anjo do mal, em sonhos, dorme,
> e a luz da lâmpada, disforme, atira ao chão a sua sombra.
> Nela, que ondula sobre a alfombra, está minha alma; e, presa à sombra,
> não há de erguer-se, ai! nunca mais.[13]

O corvo, ele mesmo, apenas ouve, absorve, e repete. Ele não parece ter profundidade. Mas o amante humano recebe suas palavras, primeiro como uma facada impiedosa que o fere profundamente, depois como uma pesada sombra que não mais se levanta. A alma que ficará eternamente presa sob essa sombra é um espírito em perigo.

Vamos voltar um pouquinho atrás, ao Chefe Zequiel, de Rosa. Se dizíamos que ele sofria de uma insônia das almas, é porque sua atenção tinha como foco exclusivamente a percepção sensível. O que tirava o sono ao Chefe é que ele ouvia, ou temia ouvir, de maneira distinta, detalhes do mundo (alguns deles apavorantes) que normalmente, por serem percebidos de maneira confusa e indistinta, não podem sequer ser objetos da linguagem.

A linguagem é por natureza seletiva. Ela não se aplica à totalidade do real, e é isso, aliás, que a torna útil para nós. Mas o impulso linguístico do Chefe Zequiel parece ir numa outra direção. Ele ouve não só o que os outros homens costumam ouvir, mas também "o que para ouvido de

---

13 Tradução de Milton Amado, in Ivo Barroso (org.), *Edgar Allan Poe: "O Corvo" e suas traduções*. Rio de Janeiro: Lacerda, 2000, p. 117. No original: "And the Raven, never flitting, still is sitting, still is sitting/On the pallid bust of Pallas just above my chamber door;/And his eyes have all the seeming of a demon's that is dreaming,/And the lamp-light o'er him streaming throws his shadow on the floor;/And my soul from out that shadow that lies floating on the floor/Shall be lifted—nevermore!" (Poe, *The Complete Tales and Poems of Edgar Allan Poe*. Nova York: The Modern Library, 1965, p. 946).

gente não é", o que ouvem os bichos menores, e outros: os morcegos-pequenos, os ratos espinhosos, as minhocas embaixo da terra. Ouve cada planta estalando, ouve as asas batendo, a mordida, o sopro e o chupo do sangue[14]. E tudo que ele ouve, ele diz, nomeia. Mais do que isso: pressentindo a imensidão abissal do que há ainda para ouvir, o Chefe

> procurava exprimir alguma outra coisa, muito acima de seu poder de discernir e abarcar. Como se ele tivesse descoberto alguma matéria enorme de conteúdo e significação, e que não coubesse toda em sua fraca cabeça, e todas as inteiras noites não lhe bastavam para perseguir o entendimento daquilo.[15]

Essa era portanto a insônia das almas. Já a insônia dos espíritos, ou da apercepção, experimentada pelo próprio Leibniz e que reconhecemos também no narrador Poe, é o mal por excelência de Funes, o memorioso de Borges. Aos dezenove anos de idade, Ireneo Funes, rapaz simples e taciturno, sofre uma queda de um cavalo xucro, que o deixa paralítico. Ao recobrar a consciência, ele descobre que sua já prodigiosa memória havia se tornado quase sobrehumana, infalível. Funes

> Sabia as formas das nuvens austrais do amanhecer de 30 de abril de 1882 e podia compará-las na lembrança com as listras de um livro espanhol encadernado que vira somente uma vez e com as linhas da espuma que um remo sulcou no Rio Negro na véspera da Batalha do Quebracho [...] Podia reconstruir todos os sonhos, todos os entresonhos.[16]

A consequência da pressão dessa realidade infatigável que dia e noite convergia sobre Ireneo era, como não poderia deixar de ser, a insônia. "Era-lhe muito difícil dormir. Dormir é distrair-se do mundo."[17]

Ora, a insônia de Funes é dupla, ou melhor, tem uma dupla causa: uma percepção infinita e uma lembrança infinita. Ela decorre, por um lado, de uma espantosa capacidade perceptiva. O presente é para ele

---

14 Guimarães Rosa, *Noites do sertão*. Op. cit., pp. 140-141.
15 Ibid, p. 181.
16 Jorge Luís Borges, "Funes, o memorioso" in *Obras completas*, v.1 (1923-1949). Buenos Aires: Emecé. As traduções foram tiradas de *Ficções*, trad. Carlos Nejar. Rio de Janeiro: Globo/Círculo do Livro, 1975, p. 115.
17 Ibid.

"quase intolerável de tão rico e nítido". E enquanto nós, de relance, percebemos três copos sobre uma mesa, Funes percebe "todos os brotos e cachos e frutos que comporta uma parreira". Mas, embora compartilhe com o Chefe Zequiel uma percepção exacerbada, o foco de sua atenção está antes na memória e na reflexão sobre suas percepções. Ireneo, sobretudo, recorda, e recorda que recorda: "Funes não recordava somente cada folha de cada árvore de cada monte, como também cada uma das vezes que a tinha percebido ou imaginado."[18] Daí o duplo paliativo que encontrava para sua insônia:

> Funes, de costas no catre, na sombra, configurava cada fenda e cada moldura das casas certas que o rodeavam [...]. Ao leste, num trecho não demarcado, havia casas novas, desconhecidas. Funes as imaginava pretas, compactas, feitas de treva homogênea; nessa direção voltava o rosto para dormir. Também costumava imaginar-se no fundo do rio, embalado e anulado pela corrente.[19]

Anulação das percepções, por um lado, para curar a insônia da alma; anulação de si mesmo, por outro, para remediar a do espírito. Funes retrata bem a ambiguidade da experiência auto-reflexiva de Leibniz: um misto de maravilhamento com a potência regressiva da mente e um temor de com isso afastar-se para sempre do mundo, e do descanso que só ele proporciona. Funes é descrito ora como um precursor do superhomem, ora como "o infeliz Ireneo".

Bem. O mundo, sabemos muito bem, não é só descanso que ele proporciona. A realidade presente pesa sobre Ireneo. E também o Chefe Zequiel, apresentado por alguns "como se fosse um talento da fazenda, com que o Buriti-Bom pudesse contar — nos portais da noite, sentinela posta", era prisioneiro de "um constante agoniado padecer"[20]. Mas para Leibniz, a própria condição presente em que de fato nos encontramos, nosso grau de perfeição e imperfeição relativas, não só de nossa alma como de nosso corpo, impede-nos de cair no abismo microscópico das percepções sensíveis. O outro abismo, em troca, o da reflexão sobre nossas reflexões ao infinito, já nos é, desde agora, acessível.

---

18 Ibid.
19 Ibid.
20 Guimarães Rosa, *Noites do sertão*. Op. cit., pp. 180-181.

É certo que o aumento do grau de distinção de nossas percepções atesta, segundo Leibniz, o aperfeiçoamento dos espíritos, assim como o das outras almas. Nesse sentido, para ele, podemos e devemos refletir sempre mais, fortalecendo nosso espírito, para sermos guiados preponderantemente por razões ao invés de nos deixar levar por paixões obscuras, para exercermos o controle de nossos pensamentos ao invés de sermos arrastados por séries autônomas de devaneios. Mas refletir cada vez mais sobre o mesmo objeto não nos esclarece em nada sobre nossa existência, nem sobre os demais conceitos universais que encontramos dentro de nossa própria alma. Ao contrário, apenas nos afasta do conhecimento daquilo que somos, daquilo sobre que pensamos, ou seja, de nosso *cur hic*, de nossa outra série de infinitude, a perceptiva. A série infinita de reflexões sobre reflexões, quando de fato nela penetramos, é como um *tipping point* de nossa condição espiritual. Não é sem razão que o medo da doença e da loucura assombra todos os nossos casos de insônia.

ENTREVISTAS

ENTREVISTAS

CAPÍTULO 18

O Brasil secou:
o que a *Superinteressante* não mostrou*

Superinteressante: Tudo indica que o aquecimento global é causado pela ação do homem, exclusivamente. Até que ponto teremos que ir para que tenhamos consciência de que estamos criando um mundo pior para nós mesmos? O que precisa acontecer para que possamos parar de destruir?

Déborah Danowski: Sim, o atual aquecimento global é causado quase exclusivamente pela ação humana, sobretudo pela emissão de gases de efeito estufa devido à queima de combustíveis fósseis. É difícil saber até que ponto esse aquecimento e suas consequências terão que chegar para que se ganhe consciência de que há limites que devem ser respeitados, se quisermos ter alguma chance de continuar vivendo em um mundo com condições razoavelmente favoráveis à nossa espécie. Mas nem todo o problema se deve à falta de consciência. Muitos têm consciência mas não fazem nada a respeito, ou seja, não passam do conhecimento à ação. Muitos acreditam que ainda poderão lucrar um pouco (ou muito) mais antes de ter que restringir suas práticas predatórias. Outros sabem que há algo acontecendo mas fingem para si mesmos que não é nada demais, que alguém vai resolver as coisas, que o governo vai tomar conta, que a razão humana vai conseguir inventar uma tecnologia para nos salvar antes que seja tarde: quem sabe conseguiremos viver em um mundo onde a natureza seja totalmente controlada, gerenciada pelo homem? — pensam eles. Por outro lado, conforme os efeitos nocivos da degradação ambiental e das mudanças climáticas vão se tornando mais

---

* Entrevista concedida a Camila Almeida, para a *Superinteressante*, em 23 nov. 2014, para compor parte da matéria "O Brasil Secou". A entrevista completa só foi publicada no blog de Alexandre Araújo Costa, *O que você faria se soubesse o que eu sei?*, em 2 dez 2014. Disponível em: http://oquevocefariasesoubesse.blogspot.com/2014/12/brasil-seco-o-que-superinteressante-nao.html. Acesso em 06 set. 2024. Agradeço a Alexandre a publicação completa desta entrevista em seu blog, bem como seu incansável trabalho no enfrentamento às mudanças climáticas.

evidentes, mais graves e frequentes, vamos vendo o crescimento e a multiplicação de movimentos sociais de resistência (como os protestos ecológicos que vêm aumentando muito na China, ou as resistências ao oleoduto Keystone XL, ou a recente Marcha Popular pelo Clima que aconteceu em setembro passado em Nova York, e que reuniu mais de 400 mil pessoas — para dar apenas alguns exemplos recentes), o crescimento também de práticas alternativas de diversos tipos e dimensões, de políticas locais que tentam passar à ação independentemente de decisões governamentais ou globais. Ainda é muito pouco, pouquíssimo, porque estamos lutando não só contra a destruição cada vez maior, mas também contra o tempo: quanto mais demorarmos a diminuir as emissões e a por em prática outras maneiras de viver e de construir relações, mais drásticas terão que ser as mudanças.

SI: O novo livro de vocês (Déborah e Eduardo) questiona o futuro do mundo. O fim será causado por nós?

DD: O livro *Há mundo por vir? Ensaio sobre os medos e os fins*, que escrevi juntamente com Eduardo Viveiros de Castro, é um sobrevoo filosófico-antropológico do estado de espírito do nosso tempo, uma tentativa de entender os diferentes movimentos de pensamento e de imaginação que têm se constituído, explícita ou implicitamente, em torno do que significa ter um mundo e perder um mundo. Um pouco como aconteceu após as bombas atômicas lançadas sobre Hiroshima e Nagasaki, estamos nos redescobrindo uma espécie mortífera e mortal. Na situação da Guerra Fria, apesar do grande medo que todos sentiam muito fortemente (sobretudo nos EUA e na URSS), ainda podíamos esperar (e até hoje esperamos, aliás) que nunca nenhum país "apertaria o botão" dessa guerra final. Como disse uma vez o filósofo Günther Anders, desde então vivemos em um adiamento, em um "tempo do fim", que pode durar em princípio eternamente, mas que será sempre um adiamento do fim, já que para sempre teremos ou seremos capazes de fabricar bombas atômicas em número suficiente para destruir o planeta várias vezes. Mas no caso das mudanças climáticas, é como se já houvéssemos apertado o botão. Quero dizer que muito da crise climática já não pode mais ser revertido. Mesmo se cortássemos agora em 100% as emissões de CO_2 (o que politicamente é pouquíssimo provável, diga-se de passagem), o assim chamado "Sistema Terra" ainda iria se aquecer aproximadamente 1ºC, o Ártico e parte da Antártida iriam continuar seu processo de derretimento, os mares se acidificando etc. Isso porque já jogamos no ar uma quantidade enorme de CO_2 que ainda nem foi absorvida totalmente pelo sistema. Mas 1ºC a mais (2ºC em relação à época pré-industrial) não é a mesma coisa que 3º ou 4ºC a mais. Nesse caso a vida será realmente muito difícil para nós, humanos, e para uma enorme quantidade de outras espécies vivas. Então, quando falamos de "fim do mundo" podemos querer dizer muitas coisas diferentes, mas, mais realisticamente, não estamos nos referindo a um fim absoluto do mundo, e sim a uma degradação progressiva de nossas condições de existência, que pode se dar em diversos graus. Isso é a perda do mundo. O que pode acabar muito mais rapidamente do que muitos pensam é nosso modo de vida, nossa "civilização" tecnoindustrial e capitalista, baseada no consumo. E, entendido desse modo, sim, o fim será causado por nós, ou melhor, pelo retorno, pelo troco da natureza sobre nossas ações predatórias.

SI: É possível imaginar uma mudança profunda no nosso estilo de vida? Uma mudança que nos conecte mais profundamente com a natureza e com o meio em que vivemos? Chegaremos ao ponto de preservar nosso ambiente — além de só explorá-lo — ou imaginar essa nova postura é utopia demais?

DD: Creio que essa mudança é muito difícil, mas não impossível. Basta pensar que esse nosso modo de vida insustentável tem uma história de apenas 250 anos, se contarmos desde a Revolução Industrial. A civilização humana (cidades, escrita, agricultura) tem pouco mais de 10 mil anos, enquanto a nossa espécie, o *Homo sapiens*, tem aproximadamente 200 mil anos. Ou seja, o nosso modo de vida atual é um detalhe temporalmente mínimo, se comparado à nossa existência enquanto espécie. Além disso, há 370 milhões de pessoas hoje no mundo, segundo estimativas da própria ONU, formando "minorias étnicas", que vivem e lutam para continuar vivendo de maneiras distintas. De qualquer modo, o que hoje pode parecer quase impossível para alguns terá que se tornar possível dentro de algumas décadas, porque o que é materialmente impossível é continuarmos a viver como vivemos no último século. Quando recursos como água potável começarem realmente a faltar, quando a seca que está acontecendo, por exemplo, na cidade de São Paulo, se tornar um evento frequente e recorrente, quando a Amazônia virar uma enorme savana ou começar a se incendiar várias vezes por ano como tem acontecido na Califórnia ou na Austrália, quando enchentes monumentais forem a norma, quando doenças tropicais começarem a assolar cidades importantes nos dois hemisférios, quando enormes contingentes de desalojados do clima começarem, em ondas cada vez maiores, a pedir abrigo nos países mais desenvolvidos — então já estaremos vivendo de maneira diversa. Ou seja, nós podemos viver outras vidas muito diferentes da nossa. Podemos viver sem celular, sem carros particulares, sem consumir produtos supérfluos, produtos importados do outro lado do mundo; podemos viver sem desmatar, conectando-nos em redes alternativas baseadas antes na construção de relações, na troca e na solidariedade. Podemos até viver sem luz, se necessário. Mas não podemos viver sem água potável, sem terra fértil para plantar nossos próprios alimentos. É claro que nem tudo depende apenas da tomada de consciência e de ações individuais. Hoje, no Brasil, por exemplo, vivemos sob um governo que não enxerga um palmo à frente de seu nariz quando se trata dessa questão. Que faz vista grossa para o desmatamento da Amazônia e para a degradação do Cerrado, que quer barrar a maior parte dos grandes rios barráveis para produzir energia que irá alimentar grandes indústrias de alumínio, grandes plantações de soja e fazendas de gado voltados sobretudo para a exportação, um governo que não para de incentivar o uso do carro privado, que chama os ecologistas de "eco-chatos" e considera seus questionamentos fantasias impossíveis. Não estou negando a enorme importância das políticas sociais dos governos Lula e Dilma, mas o que dirão aqueles 20 ou 30 milhões de pessoas que, já dentro da "classe média", entretanto não tiverem água limpa para beber? Ou quando, ao contrário, tiverem que viver fugindo de enchentes e de desmoronamentos? Quando o ar se tornar irrespirável? Quando não houver mais peixes no mar? Poderemos viver todos de alimentos transgênicos regados a quantidades absurdas de agrotóxicos? Qual o preço disso para a saúde e o bem-estar das pessoas?

SI: Como seria possível conciliar crescimento econômico com a preservação ambiental? É preciso pisar no freio do crescimento ou há alternativas?

DD: É possível distribuir melhor o "bem-viver", mas não é possível continuar a crescer economicamente sem acabar de destruir o meio-ambiente. Sobretudo se levarmos em conta que a população mundial alcançará por volta de dez bilhões de pessoas até o fim deste século. Falávamos há pouco de utopias e fantasias; pois bem, creio que um crescimento econômico ilimitado é que é a verdadeira fantasia, uma ideia completamente absurda, até paradoxal. Para entender isso basta pensar que os recursos naturais que sustentariam esse crescimento, os recursos materiais que são afinal a fonte última de qualquer tecnologia, por mais eficiente que seja, são limitados, e que, além disso, também é limitada a capacidade que tem o planeta de processar os resíduos da atividade industrial. O dióxido de carbono é apenas um desses resíduos. Essa ideia das limitações termodinâmicas, ou biofísicas, para o crescimento econômico foi proposta pela primeira vez, se não me engano, em 1971, pelo economista romeno Nicholas Georgescu-Roegen, em *A lei da entropia e o processo econômico*. Ela foi desprezada ou permaneceu simplesmente ignorada até bem recentemente, quando foi "redescoberta" e resgatada. Hoje, já há vários economistas, inclusive no Brasil, que começam a pronunciar esta palavra que até há bem pouco tempo era para eles uma espécie de impronunciável: o decrescimento, a redução.

SI: Precisamos mesmo esperar pelo pior? É o pior que está no nosso horizonte?

DD: O que é o pior? Muitas pessoas já vivem o pior, nos bairros mais pobres do Brasil e do mundo, nas prisões superlotadas, nas sweatshops da China, da Indonesia ou de Bangladesh, no Haiti, na Síria, no Iraque, em vários países da África. Os indígenas Guarani obrigados a morar na beira da estrada no sul do país já vivem o pior. O que "nós", aqui, hoje, estamos chamando de pior é termos que viver num mundo cada vez mais parecido com esses mundos. E, entretanto, há piores mais ou menos piores que outros, há muitos mundos dentro do "mundo", e de toda forma há muito o que fazer. O que nos cabe hoje é tentar mitigar as causas que estão levando ao aprofundamento das mudanças climáticas, e ao mesmo tempo fazer o possível para nos adaptar à vida em um mundo mais pobre e difícil ecologicamente, sobretudo aprender a viver com essa nova situação, imaginar novas maneiras de viver, de nos relacionar com outros humanos e com os não-humanos, inventar novos mundos com o mundo que teremos. Talvez (com sorte) aprendendo com os povos que já passaram por situações semelhantes e encontraram suas próprias saídas, que sabem que viver é perigoso, que tudo tem um custo, que é preciso pisar de leve e ter medo, mas sem necessariamente perder a alegria.

ENTREVISTAS

CAPÍTULO 19

Há mundo por vir?
A necessidade de pensar o impossível*

IHU On-Line: No conjunto de resoluções de ano novo, o que a senhora sugeriria que incluíssemos em nosso pacote?

Déborah Danowski: Eu sugeriria muita atenção aos acontecimentos para não sermos enganados e pegos de surpresa; muita calma (pois tranquilidade não creio que seja uma opção para nós hoje, aqui no Brasil, infelizmente) para não sermos sugados pela tristeza e pelo ódio, nem pela inação; e alegria, que nos permita reforçar os laços de amizade, de solidariedade e de comunidade. É isso que pode nos manter fortes internamente e, externamente, ajudar a criar uma rede de segurança para os que estão no caminho do tsunami.

IHU: É comum, durante os finais de ano, sermos tomados por uma estranha espécie de nostalgia esperançosa em relação ao futuro. Inspirado pelo título de seu livro, a questão que surge é: há mundo(s) por vir? Que mundo(s)?

DD: Ao menos até que tudo acabe, acredito que há, sim, mundo por vir, muitos mundos sempre vindo. Quando falamos no fim do mundo, não necessariamente temos em mente aquele fim abrupto e absoluto representado em dramas cósmicos como o dos filmes *Melancholia*, de Lars von Trier, ou *2012*, de Roland Emmerich. Muito mais prováveis são esses iminentes fins imperfeitos, a violência das degradações e extinções, que deixam atrás de si um mundo em ruínas, mas também a vida que continua a crescer, e muitas vezes a prosperar de maneiras inesperadas, nessas ruínas. Isso não é apenas o futuro, nós já estamos vivendo em ruínas, alguns países e algumas regiões bem mais do que outras; quase todos os

---

*   Entrevista concedida por email a Ricardo Machado, em 6 jan. 2019, para o Instituto Humanitas Unisinos. Disponível em: http://www.ihu.unisinos.br/159-noticias/entrevistas/585821-ha-mundo-por-vir-a-necessidade-de-pensar-o-impossivel-entrevista-especial-com-deborah-danowski. Acesso em: 06 set. 2024.

nossos biomas aqui no Brasil, por exemplo, já estão bastante empobrecidos ecologicamente, e ainda temos que lidar com as crises políticas e econômicas, com o caos urbano, com as enormes desigualdades sociais, e tudo mais que já sabemos. Fora esse novo governo fascista que se abateu sobre nós.

Mas, por mais paradoxal que possa parecer, há uma vantagem em se viver no Terceiro Mundo: as coisas ficam claras muito antes do que, sei lá, na Suíça, por exemplo. Então por um lado a perspectiva não é tão apavorante assim, porque afinal de contas, apesar de tudo, estamos vivos, e continuamos fazendo muita coisa e tendo muitas alegrias. Essa é minha esperançazinha para o futuro. Outra é algo em que eu volta e meia penso: que a história e os povos sempre podem nos surpreender. Por isso não devemos desistir nunca.

IHU: Como a hegemonia da espécie humana se transformou em sua própria catástrofe?

DD: Pois é, quando "finalmente" chegamos ao Antropoceno, a época do Homem, quando conseguimos nos tornar literalmente configuradores de mundo, estamos descobrindo que melhor seria se jamais tivéssemos sido humanos (para brincar com o título do livro de Bruno Latour, *Jamais fomos modernos*), pelo menos não humanos como nós, principalmente no ocidente moderno. A perspectiva de devastação trazida pelas alterações climáticas e pelo iminente ultrapassamento de diversos limites dos ciclos biofísicos fundamentais para a vida no planeta, sem conseguirmos fazer nada realmente eficaz a esse respeito, está nos obrigando a rever e problematizar muitos conceitos que orientaram nosso pensamento; e um dos principais é esse do homem enquanto um ser excepcional entre todos os seres vivos da Terra, porque seria o único capaz de razão, de ação intencional, de cultura, de valores, de tecnologia, de linguagem, de consciência etc. E como éramos os únicos capazes de ação racional, de política, de ciência, também nos considerávamos no direito de julgar acerca de quem teria direito a uma existência autônoma ou não, de quem ou do quê teria ou não valores e interesses, do quê mereceria nossa consideração e cuidado ou não, do quê seria fim e do quê seria apenas meio e por isso poderia ser escravizado e destruído a nosso bel-prazer.

Tem esta linda frase de Gabriel Tarde que resume bem nossa situação: "Em seu secular esforço para interpretar mecanicamente tudo o que está fora de nós, mesmo o que mais brilha em traços de gênio acumulados, as obras vivas, nosso espírito sopra, por assim dizer, apagando todas as luzes do mundo em benefício de sua solitária fagulha." Mal sabia Tarde que isso era ainda uma perspectiva por demais otimista, pois o que estamos descobrindo, a contragosto, é que a nossa fagulha não sobrevive sozinha.

IHU: O que significa falar sobre o fim do mundo (o fim da relação homem-mundo)? Não seria mais próprio dizer o fim do ser humano, tendo em vista que Gaia tende a sobreviver à revelia de nosso possível fim?

DD: O "ser humano", a espécie humana, vai certamente acabar um dia, como acabam todas as espécies. Mas creio que muita coisa ainda vai acontecer antes disso, muitas águas vão rolar. O que é muitíssimo provável é que a atual "civilização", isto é, a civilização moderna, do capitalismo industrial globalizado, não vá poder se sustentar por muito tempo mais. E talvez bem pior do que isso. Os últimos relatórios científicos, do Painel Intergovernamental sobre as Mudanças Climáticas (IPCC) e outros centros de pesquisa reconhecidos internacionalmente, têm projetado cenários de aquecimento global de 3, 4, até 5°C ainda neste século, ao mesmo tempo que reduzem o limite dito "seguro" desse aumento: até 2015 se falava em 2°C, hoje se fala em "no máximo" 1,5°C, e mesmo esse patamar deveria ser evitado.

Como o índice de acúmulo de gases de efeito estufa na atmosfera e nos mares só tem feito aumentar, por causa da queima de combustíveis fósseis e outros fatores, as perspectivas são realmente catastróficas. Um relatório especial da Organização das Nações Unidas (ONU) publicado há alguns meses estimou em apenas 12 anos o prazo para os diversos países implementarem medidas efetivas de corte radical em suas emissões, sem o que as mudanças climáticas sairão do nosso "controle". Isso significa que aquela interação e equilíbrio, ou antes, para falar mais precisamente, a continuidade daquele exato desequilíbrio ativo, improbabilíssimo e extremamente frágil entre os gases que formam a nossa atmosfera, a composição química dos oceanos, o intemperismo das rochas e o metabolismo dos organismos vivos que James Lovelock e Lynn Margulis chamaram de Gaia está prestes a se romper e dar lugar a um outro estado de desequilíbrio, que ainda fará parte da história de Gaia, mas que não será nada bom para nós, nem para a maior parte das outras espécies vivas atuais. Então, você tem toda razão, o aquecimento global não é um problema para o planeta Terra, nem mesmo para Gaia, mas para nós e os incontáveis outros seres vivos que formam a biosfera presente.

IHU: Em termos políticos, temos dois comportamentos relativamente comuns, de um lado os negacionistas climáticos favoráveis à irrestrita exploração ambiental, e de outro ambientalistas com pouca imaginação política. O que seria capaz de explicar a síndrome de Estocolmo de uns e de outros, os primeiros em relação ao Mercado e os últimos ao Estado?

DD: Os negacionistas do aquecimento global que são favoráveis à irrestrita exploração ambiental não me parecem vítimas da síndrome de Estocolmo. Eles sabem exatamente o que estão fazendo, têm uma agenda, não foram sequestrados a contragosto pelo Mercado, fazem parte da gangue. Sabem que as mudanças climáticas estão aí, mas mentem, e lucram ou acreditam poder lucrar com suas mentiras enquanto ainda restar algum recurso a ser explorado ou enquanto puderem especular com *commodities*. Os outros sim, os ambientalistas com pouca imaginação política, como você bem diz, é como se eles tivessem tido a mente capturada, tanto pelo Estado como pelo Mercado, por mais contraditório que isso possa parecer para quem acredita que o Mercado só prospera se deixado em paz pelo Estado, ou mesmo inversamente, que o Estado está aí para conter os exageros do Mercado. Esses são os defensores do desenvolvimento sustentável, da precificação dos serviços ambientais, das ações políticas possíveis, realistas, assimiláveis pela população em geral e, de preferência, que se traduzam em empregos e em votos no curto prazo. Não querem assustar, mas sobretudo não querem *se* assustar demais, só um pouquinho. Mas as transformações que estamos imprimindo ao clima na Terra são de tal magnitude que ultrapassam qualquer coisa que já tenhamos visto, ou que tenha sido testemunhada pela civilização humana. Então é melhor que comecemos a pensar, não a partir do que achamos ser possível, mas do que achamos ser impossível, do que, justamente, não conseguimos imaginar. Ou, pelo menos, do que só a ficção e o mito conseguem imaginar, mas que será a realidade de muitos.

Um exemplo simples, que costumo dar aos meus alunos: hoje, nos EUA e na Europa, várias instituições de ensino e pesquisa, além de grandes museus e outras instituições culturais, têm "desinvestido", ou seja, têm se recusado a receber financiamento de grandes companhias de combustíveis fósseis e empresas que lucram com a devastação de florestas tropicais e outros biomas. É óbvio que aqui no Brasil nós devíamos também, urgentemente, começar a "desinvestir" dessas companhias, nos livrar dos combustíveis fósseis a fim de diminuir nossas emissões de gases de efeito estufa. Mas, como disse o historiador da universidade de Chicago Dipesh Chakrabarty, "A mansão das liberdades modernas assenta sobre um consumo permanentemente crescente de combustíveis fósseis", de maneira que nos parece impossível abrir mão dessa fonte de energia relativamente barata. Qual a solução? Não sei. Só sei que é a partir daí que temos que pensar, pois, de qualquer maneira, se continuarmos desse jeito, em algumas décadas estaremos vivendo em um mundo muito diferente, e pior, do que o atual. Mas pouquíssimos, mesmo entre os ambientalistas, têm coragem hoje no Brasil de admitir isso.

IHU: Diante do atual contexto político brasileiro, o que podemos esperar para o futuro?

DD: Sinceramente, hoje, no Brasil, só podemos esperar que não seja tão ruim quanto parece que será. O presidente eleito está se cercando das piores pessoas, e tudo leva a crer que farão o que puderem para beneficiar mais ainda os mais ricos às custas dos direitos trabalhistas dos mais pobres, para facilitar a grilagem de terras indígenas, para destruir os direitos das minorias e as poucas conquistas sociais das últimas décadas, para minar as proteções ambientais às florestas, aos rios, ao Cerrado, para arruinar a educação básica, o ensino médio e a universidade pública, a lista é grande demais e deprimente demais. Como eu dizia no início, o que podemos fazer é estar muito atentos e resistir. E rezar para que a pressão econômica internacional também tenha algum efeito moderador sobre essa loucura.

ENTREVISTAS

CAPÍTULO 20

Um novo começo, ou: bem-vindos aos muitos fins do mundo*

Berlinner Gazette: Um dos problemas mais prementes de nosso tempo: há algumas poucas pessoas com mundo demais e muitas pessoas com mundo de menos, como sugerem os filósofos Déborah Danowski e Eduardo Viveiros de Castro em seu livro *The Ends of the World* [*Há mundo por vir?*]. Esse diagnóstico também nos leva a perguntar sobre a potência dos muitos, dessas muitas pessoas com muito pouco mundo. E se todos nós tivéssemos mais mundo? E se o fim do mundo como o conhecemos oferecesse exatamente essa oportunidade de mudar a distribuição desigual do acesso ao mundo? Nesta entrevista ao projeto "More World", a filósofa Déborah Danowski fala sobre o fim do mundo em face da crise climática.

BG: Para começar, você poderia explicar o que quer dizer ao afirmar que "o problema, acima de tudo, é que há poucas pessoas com muito mundo e muitas pessoas com muito pouco"?

Déborah Danowski: Em *Há mundo por vir?*, mostramos que "mundo" pode ter muitos significados diferentes e que, consequentemente, há muitas maneiras diferentes de perder o mundo. Mas pode-se dizer, de modo geral, que a perda de um mundo é o rompimento da relação fundamental entre um sujeito ou um povo e seu mundo. Isso pode acontecer como uma simplificação e um empobrecimento (cultural, ecológico ou ontológico) ou, em casos extremos, como morte e extinção. E ambos estão ligados, já que o empobrecimento (digamos, de uma cultura ou

---

* Entrevista concedida por email a Krystian Woznicki no contexto do projeto "More World". Publicada originalmente como "The climate crisis as a new beginning: welcoming the many ends of the world" em *Berliner Gazette*, 19 set. 2019. Disponível em: https://berlinergazette.de/the-climate-crisis-as-a-new-beginning-or-welcoming-the-many-ends-of-the-world/. Acesso em: 06 set. 2024.

de um bioma) pode levar à extinção física, e esta (digamos, o desaparecimento de um povo ou a extinção de uma espécie) também implica a extinção de uma perspectiva, de um modo de existência único e insubstituível, portanto, um empobrecimento do mundo.

O principal motivador do livro foi, é claro, a catástrofe ambiental que temos diante de nós, e ela tem essa característica única, que é o fato de que começará atingindo de forma mais forte e devastadora os países e as populações mais pobres, mas acabará atingindo a todos, não apenas os seres humanos, mas a maioria dos outros seres vivos da Terra. Isso significa que há uma generalização do processo de redução e extermínio de mundos que sempre foi a base da chamada modernização, especialmente desde a colonização das Américas e, mais recentemente, da globalização. Como sabemos, se hoje são necessárias quatro terras para atender às demandas energéticas e materiais do planeta, não é por causa da grande população dos países do Terceiro Mundo, mas principalmente por causa do alto padrão de vida da maioria dos países da Europa e dos Estados Unidos. (A China está mudando um pouco esse cenário, mas ainda está longe do consumo *per capita* daqueles outros). Para possibilitar a riqueza de uma minoria, muitos outros vivem em um mundo empobrecido, muitos estão perdendo ou já perderam seu mundo. As mudanças climáticas antropogênicas apenas ampliam radicalmente o que já é uma realidade para eles.

BG: Como seu pensamento aqui é informado por uma perspectiva do Sul Global?

DD: Você tem razão, acredito que ter uma perspectiva do Sul Global nos dá mais clareza sobre o que nos espera. Talvez eu esteja sendo excessivamente pessimista neste momento, por causa da atual situação político-econômica do Brasil, mas parece que estamos sempre à beira do caos e da barbárie. Os desastres ecológicos raramente são evitados ou reparados, antes se acumulam. Portanto, geralmente não esperamos muito das autoridades. Medidas de prevenção de longo alcance não são para todos, e temos uma boa ideia de tudo o que pode dar errado nas raras e precárias ações de adaptação feitas pelo Estado. Sabemos que temos que nos virar sozinhos.

BG: Muitas respostas às mudanças climáticas vêm acompanhadas de uma retomada da ideia de que "o Ocidente é a norma universal".

O que significa, para você, desafiar esse paradigma? Como outras conversas sobre o aquecimento global e outras formas de racionalidade coletiva podem entrar nessa conversa e nos ajudar a sair da crise da mudança climática, que também é uma crise do mundo construído pelo Ocidente?

DD: Sem dúvida, a maioria dos que levam a mudança climática a sério querem preservar nosso modelo de sociedade, ou pelo menos a melhor parte desse modelo, talvez o que você está chamando de "norma universal" do Ocidente. O que acho curioso nesse fenômeno é que, no fundo, muitas pessoas costumam pensar, em primeiro lugar, que isso é o que *todos* gostariam de ter e, em segundo lugar, que está ao nosso alcance *escolher* aquilo que queremos manter e de que não queremos abrir mão. Mas, como eu disse há pouco, essa "norma universal" do Ocidente nunca funcionou muito bem para ninguém, exceto para as elites, e agora, mais do que nunca, é evidente que está dando errado para todos.

Além disso, com as mudanças climáticas, estamos entrando em um mundo completamente diferente do que temos hoje, e talvez até completamente diferente do que qualquer ser humano já conheceu. O que seremos como sociedade é algo que ainda não existe, que ainda precisa ser inventado. Portanto, não acho que seja uma questão de escolha, mas de invenção, de criação coletiva. Seja como for, é bom enfatizar que nem as tecnologias de ponta nem uma racionalidade coletiva nos ajudarão a sair da crise climática. O Antropoceno veio para ficar. O que podemos fazer é nos esforçar para preservar interstícios, refúgios e permitir o florescimento de formas de vida que não sejam submissas a essa norma. É por isso que é tão importante cultivar práticas coletivas, não ecocidas e justas. E recusar o estado de exceção ontológica em que nós, humanos ocidentais e modernos, nos assumimos como os únicos capazes de acessar a verdade que todos devem aceitar.

BG: Se levarmos em conta as vozes não ocidentais sobre o aquecimento global, quais fontes de inspiração aparecem no radar? Quais passados futuros se tornam relevantes?

DD: Há todo tipo de inspiração. Não apenas aquelas vindas dos 370 milhões de pessoas que a ONU considera indígenas (ou seja, como dissemos em *Há mundo por vir?*, membros de povos que não se reconhecem e/ou não são reconhecidos como cidadãos-padrão de Estados-nação), mas também de coletivos que estão resistindo a serem engolidos pela lógica ocidental dominante, excludente e injusta. Iniciativas como as ocupações das ZADs na França, os agricultores experimentadores da região semiárida do Nordeste brasileiro, a retomada de práticas como as wikas e o tecnoxamanismo, as parteiras tradicionais, as moedas comunitárias, os coletivos autônomos, a medicina comunitária, os bancos de sementes e os guardiões de sementes crioulas, a agricultura urbana e muitas outras.

BG: Em que sentido os povos indígenas são fundamentais para o desenvolvimento futuro de práticas ecológicas? Como os povos indígenas podem se tornar uma inspiração para um mundo mais justo e sustentável no futuro?

DD: Como eu disse antes, o que nos tornaremos como sociedade é algo que ainda precisa ser inventado coletivamente. Nesse sentido, o termo "inspiração" é o mais apropriado, pois não há modelos prontos que possamos seguir em um ambiente tão diferente e pior do que o nosso. As comunidades indígenas de toda a Terra estão preocupadas com a queda do céu e outras formas de "fim do mundo", e podemos aprender com os povos indígenas diferentes maneiras de pensar sobre o que nos cerca. Podemos aprender a ter cuidado onde pisamos e como nos relacionamos com outros seres, porque tudo o que nos rodeia pode ser um agente, assim como nós somos, um sujeito, uma pessoa, que quer existir e permanecer existindo, e que não necessariamente pensa como nós. Podemos aprender a nos livrar dessa obsessão de que não somos apenas diferentes de todos os outros animais, mas os únicos verdadeiros sujeitos, os únicos com senso moral, dotados de razão e, portanto, os melhores e mais inteligentes do universo. Essa mesma bipartição que instituiu a modernidade sempre serviu para atormentar não apenas os não humanos, mas também os humanos que o Ocidente considera como sendo de menor valor, "pobres de mundo" ou "sem mundo" e, portanto, exploráveis, descartáveis ou até mesmo matáveis sem qualquer vergonha.

BG: Resumindo nossa conversa e dando um passo adiante: em que sentido você acha que o fim do mundo é o início de um novo mundo?

DD: Um mundo totalmente novo, mesmo que o desejássemos, é impossível. As mudanças antropogênicas do sistema climático e outros danos ambientais nos desviaram do macrocurso do Holoceno, no qual nossa civilização foi formada. De acordo com alguns estudos recentes, elas até nos desviaram (ou seja, desviaram a fase atual da Terra) do ciclo glacial-interglacial do final do período quaternário. Dependendo de nossa trajetória, esse desvio pode se tornar mais ou menos grave (e devemos fazer todo o possível para torná-lo menos grave, claro), mas não pode ser anulado ou desfeito. Entretanto, todo fim do mundo, a menos que seja um fim absoluto (como o filósofo Günther Anders imaginou que seria uma guerra nuclear total), é necessariamente também um começo. Ou, pelo menos, todo pensamento sobre o fim do mundo pressupõe o pensamento não apenas do início desse mundo que está acabando, mas de um novo começo.

Mas esse novo começo não é o início de *outro* mundo, posterior e externo a este nosso mundo atual, mas sim a invenção de novas formas de viver com o que temos, nas ruínas do mundo atual. Na verdade, é assim que já estamos vivendo hoje, e é assim que os ameríndios, que foram quase exterminados na época das "grandes descobertas", aprenderam a reinventar seus mundos para viver no mundo de seus invasores. É assim que vivem muitas pessoas em todos os continentes, bilhões de "despossuídos", refugiados do clima, animais selvagens e até plantas sufocadas sob o asfalto de uma grande cidade, ou rios canalizados ou barrados por grandes hidrelétricas. Gostaria de terminar com as palavras que encerram o belo filme de Charles Laughton, *The Night of the Hunter*, de 1955: "The wind blows and the rain's a-cold. Yet they abide ... They abide and they endure." ("O vento sopra e a chuva é fria. E mesmo assim elas suportam ... Suportam e seguem.")

ENTREVISTAS

CAPÍTULO 21

Não tem mais mundo pra todo mundo*

Agência Pública: Você estuda os fins dos mundos e fala também de como essa ideia se traduz culturalmente nas distopias produzidas em filmes, livros, séries. Um dos trechos do *Há mundo por vir: ensaio sobre os medos e os fins*?, o livro que você escreveu com o antropólogo Eduardo Viveiros de Castro, cita uma dessas catástrofes imaginadas na ficção, a do "supervírus letal". Como você recebeu a notícia dessa pandemia?

Déborah Danowski: Pois é, mas foi uma menção muito rápida. A gente mencionou o vírus letal, e inclusive poderíamos ter acrescentado o vírus zumbi... Brincadeiras à parte, Eduardo e eu falamos do vírus letal dentro desse quadro que a gente chamou de imaginações do fim do mundo. E, embora eu tenha passado anos em torno dessa questão do colapso ambiental, do fim do mundo, e das várias formas desse fim do mundo (mundo sem gente, gente sem mundo, antes e depois do mundo presente), que foi como a gente começou a pensar as variações possíveis nas imaginações sobre a quebra dessa relação entre homem e mundo — pois na verdade é sobre isso que é o livro —, eu tenho que confessar que nunca levei muito a sério coisas como meteoro, vírus letal, guerra bacteriológica, porque já é tão grande o colapso ecológico que isso ocupava minha mente e alma o tempo todo. Então foi uma surpresa para mim também. E as primeiras notícias vinham cheias de adversativas, diziam que o novo coronavírus não era tão grave assim, que não se espalhava tão rápido quanto o sarampo, então minha primeira tendência foi não prestar atenção. Mas depois, rapidamente percebi que era uma coisa séria. Outras pessoas demoraram mais a se dar conta. A minha universidade, por exemplo, demorou um pouco a fechar, dei aulas com 40 alunos, com 60 alunos, e naquele momento eu já sabia que era sério. É

---

*   Entrevista concedida a Marina Amaral, para a *Agência Pública*, em 5 de junho de 2020, e posteriormente publicada online pela n-1 edições. Disponível em https://apublica. org/2020/06/nao-tem-mais-mundo-pra-todo-mundo-diz-deborah-danowski/. Acesso em 2 out. 2024.

muito parecido com a demora maior ou menor com que as pessoas se dão conta do colapso ecológico.

AP: O colapso ecológico é o seu tema principal de estudo. Quando soube da pandemia, você ligou o surgimento do novo coronavírus a essa catástrofe maior? Você acha que as pessoas estão fazendo essa ligação?

DD: Para mim, sim, era evidente. Não só a origem, mas a forma e a rapidez da disseminação do vírus, que têm a ver com a movimentação das pessoas e produtos, com o transporte global, o desmatamento, a agroindústria, a forma como a gente está vivendo. O colapso ecológico não se resume à mudança climática, são vários parâmetros ou limites planetários; e, se um deles cai, se um deles é ultrapassado, tudo cai junto, como um dominó. E o vírus está dentro desses subsistemas ou processos ecológicos que constituem e sustentam a biosfera. Então, quase imediatamente eu me dei conta e, em seguida, percebi a proximidade desse movimento pelo qual as pessoas recebem as notícias da pandemia e do colapso ecológico e respondem ou não a eles. Claro, há também diferenças muito grandes, a começar pela velocidade do próprio acontecimento. A pandemia, em um, dois, três meses aqui no Brasil, já tinha penetrado em tudo, enquanto a mudança climática é bem mais gradual: a temperatura está aumentando, os eventos extremos estão mais frequentes e fortes, as secas, as tempestades, um pouco aqui, um pouco ali, e os fenômenos não acontecem na mesma velocidade e da mesma forma no mundo inteiro. Então isso permite que as pessoas afastem de si, enquanto podem, esse pensamento, esse perigo, porque é algo muito mais lento e demorado. Mas temos nos dois casos o mesmo processo de recusa do que está acontecendo, de negação, de dizer "não é tão grave", "aqui onde eu moro não vai chegar", "é só uma gripezinha", "vão descobrir um remédio para curar", "a vacina vai chegar a tempo", "alguém vai fazer alguma coisa". E aqui, no Brasil, a gente está percebendo claramente que ninguém vai fazer nada; ou melhor, somos nós mesmos que estamos fazendo, nós que temos que fazer, a sociedade civil, os coletivos, os grupos, ONGs, laboratórios, universidades, artistas, porque do outro lado, do lado do Estado, que hoje virou um poder de milicianos, só encontramos a tentativa de nos impedir, de nos barrar.

E o que é especialmente trágico, cruel, além das mortes, é esse isolamento que a gente é obrigada a fazer, que necessariamente bate em todo mundo e de uma maneira violenta, porque não dá nem para a gente enfrentar adequadamente esse governo de loucos. É verdade que existe uma resistência. Por exemplo, tem esse movimento incrível de pessoas que estão se juntando para ajudar, os coletivos, uma porção de grupos da sociedade civil que estão se organizando; as pessoas estão indo lá, enfrentando a pandemia com seus próprios corpos, mas é muito difícil enfrentar o que está acontecendo sem poder ver as pessoas, falar com as pessoas, tocar nas pessoas.

AP: Aproveitando o gancho da recusa de aceitar a gravidade da pandemia, o colapso ecológico, você pesquisa o negacionismo também, não é? Como você vê esse duplo negacionismo do governo, de um lado um presidente que nega fatos históricos, nega a ditadura militar, de outro a negação da gravidade da pandemia, da ciência?

DD: Eu me interessei pela questão do negacionismo por ter me acontecido várias vezes de debater com pessoas, inclusive com pessoas de esquerda, pessoas da academia, que simplesmente não acreditavam no aquecimento global: "Isso é aquecimentismo, isso é Hollywood, isso são os países desenvolvidos querendo impedir o Brasil de se desenvolver." E fui percebendo que existem vários graus e várias maneiras de se negar. Desde Olavo de Carvalho, que diz que a Terra é plana, Trump, que diz que o aquecimento global é uma bobagem ou um complô da China, ou as pessoas que são pagas pelas indústrias de combustíveis fósseis — porque o grosso do negacionismo é financiado, como aconteceu também com a invasão de *fake news* na época das eleições —; desde esse tipo de gente, então, até ambientalistas, pessoas que há anos trabalhavam em defesa da preservação do meio ambiente e da justiça ambiental, mas que, quando se viam diante do problema do aquecimento global, tinham uma espécie de obstáculo epistemológico, para usar o termo do [Gaston] Bachelard. Isso não cabia dentro das suas estruturas mentais. E algo parecido se passa com pessoas que pensam "ah, tem sim, mas isso alguém vai resolver, vão inventar uma tecnologia", e até com nós mesmos, que não conseguimos pensar nisso o tempo todo e que portanto também negamos uma boa parte do tempo.

Então eu achava esse negacionismo um mistério, e um pouco até para me defender do estado de espírito em que eu ficava quando debatia com alguém sobre isso, com alguém que negava, um dia eu pensei: "vou dar um curso sobre isso". E de fato dei esse curso na pós-graduação, em 2018. Comecei desdobrando a negação em várias modalidades, passando por conceitos da psicanálise, da filosofia, e retrocedi até o Holocausto judeu. Porque o termo "negacionismo" — isso é importante — passou a ser usado com um sentido semelhante a partir de 1987 pelo historiador francês Henry Rousso, para denunciar os revisionistas do Holocausto, que diziam que não tinha havido campos de extermínio, que não tinha havido genocídio de judeus etc.

AP: E esse negacionismo do passado, com fatos históricos registrados em documentos, depoimentos, assim como acontece aqui com a ditadura, é mais difícil de entender do que a recusa do aquecimento global, que é em relação ao futuro.

DD: Pois é, justamente. Se a pessoa é paga para isso até dá para entender, e se a pessoa tem interesses econômicos, políticos ou religiosos, isso também é, digamos assim, compreensível. Mas e quando isso não existe? Porque, no caso do Holocausto judeu, há documentos provando, testemunhas, histórico das indústrias que fabricaram o gás Zyklon B e que continuam existindo até hoje. Por que esses empresários colaboraram com o regime nazista? Por que algumas dessas empresas continuam existindo? Acho bem interessante essa comparação que você faz entre negar o passado e negar o futuro. Porque o aquecimento global já está acontecendo, e nesse sentido ele é presente e passado, mas a grande negação é de que isso vá explodir, com uma dimensão muitíssimo maior do que a pandemia da covid-19, num futuro próximo, e vai atingir todos nós, ou pelo menos nossos filhos e netos, vai atingir todos os povos, incluindo aqueles que menos emitem dióxido de carbono e outros gases de efeito estufa. Porque o aquecimento global é democrático, como se diz que a pandemia é democrática, isto é, no sentido de que todos, pobres e ricos, são ou serão atingidos. Mas nenhuma das duas coisas é democrática em relação a quem tem mais capacidade de se proteger, ou meios para reagir, como, no caso da pandemia, o acesso à saúde.

Mas voltando à comparação entre o negacionismo do passado e do futuro. Tem muita coisa diferente nessas duas formas, mas muita coisa parecida também. Existe um texto excelente, bastante conhecido, da Shoshana Felman, "In a era of testimony", sobre o *Shoah*, aquele filme maravilhoso do Claude Lanzmann, de 1985, que tem quase nove horas e foi feito só com testemunhas do Holocausto, em que ele leva as testemunhas, em sua maioria sobreviventes dos campos, para aqueles mesmos locais na Polônia e força uma espécie de reencenação: ele vai fazendo perguntas, e em alguns momentos ficamos até incomodados com isso, porque ele força as pessoas a falar, a se lembrar, mesmo contra a vontade delas, porque quer construir uma memória. E a Shoshana Felman analisa esplendidamente esse filme e mostra como o Lanzmann se baseia, em parte, numa distinção feita pelo historiador Raul Hilberg no livro *A destruição dos judeus europeus*, entre três tipos de personagens do Holocausto: perpetradores — os nazistas —, vítimas — os judeus — e espectadores — os poloneses que viviam ao redor dos campos ou nas aldeias próximas. Então são três tipos de testemunhas que aparecem no filme: os sobreviventes judeus, os nazistas — que ele filma escondido — e os poloneses, que dizem que não tinham nada contra os judeus e que eram proibidos pelos nazistas de olhar, mas que, quando levados pelas perguntas de Lanzmann a falar um pouco mais, percebemos que conheciam muitos detalhes do que se passava, ouviam os gritos, sabiam para que serviam os trens, e não haviam feito nada.

Inspirada nesse texto, pensei: "Eu posso começar trazendo para a questão do aquecimento global essas três posições". Só que eu inseri mais um termo nessa comparação: os animais criados e mortos nas grandes fazendas-fábricas; porque vários já chamaram de genocídio, e mesmo de holocausto, aquilo que fazemos com esses animais, mas vamos deixar essa questão de fora aqui. Pois bem, eu percebi que essa transposição das três posições de Hilberg funciona para o aquecimento global, porque você tem as vítimas da crise ecológica, começando com os animais e as plantas, já que estamos causando a sexta grande extinção em massa da história da vida na Terra, numa taxa que, dizem alguns, é de até mil vez o número de espécies que normalmente são extintas no curso da evolução; e evidentemente há as vítimas humanas, porque o colapso ecológico vai atingir todo mundo, embora, em primeiro lugar e mais fortemente, as pessoas mais pobres, as mesmas que estão morrendo mais devido ao coronavírus. Então temos as vítimas, os perpetradores, que nesse caso podem ser as grandes empresas de combustíveis fósseis, as empresas de processamento de carne, a Monsanto, as mineradoras, o mercado financeiro; e podemos ir desdobrando até onde a gente quiser: há os maiores poluidores e devastadores — alguns estudos falam em apenas 20 empresas que são responsáveis por um terço de todas as emissões globais de carbono; outros falam em 100 grandes companhias que, sozinhas, são responsáveis por 70% das emissões —, mas a partir daí você pode ir descendo. E temos os espectadores, que somos todos nós no fim das contas, porque somos ao mesmo tempo vítimas e espectadores — quando não somos perpetradores. E, assim como os poloneses em relação aos judeus, nós não fazemos quase nada, fazemos muito pouco. Continuamos vivendo como se houvesse amanhã, como se estivesse tudo bem. A pandemia bateu forte porque a gente não pode, pelo menos neste momento, continuar vivendo como estava vivendo. Até a Rede Globo foi forçada a dizer: tem alguma coisa errada; tem que ter um sistema de saúde que proteja todo mundo, tem que ter uma renda básica para todo mundo.

Voltando às três posições: como mostrou muito bem a Shoshana Felman, elas não são apenas três perspectivas sobre o que estava acontecendo, três maneiras de ver, elas também são três maneiras de não ver. Nem mesmo as vítimas tinham a noção da totalidade do que estava acontecendo; os perpetradores tinham que esconder, impedir os outros de ver e dizer, e os espectadores eram impedidos de olhar, viam pelas frestas, digamos assim. E é um pouco o que acontece com a gente em relação ao aquecimento global.

AP: Os espectadores são mais negacionistas que os demais? Porque, se eles não estão nem de um lado nem de outro, poderiam ver melhor, não? Por que eles negam o que estão vendo?

DD: Sim, acho que você tem razão, e é exatamente aí que a coisa começa a ficar mais difícil de entender. É talvez a "zona cinzenta" de que falava o escritor italiano, sobrevivente de Auschwitz, Primo Levi. No filme de Lanzmann, os espectadores trazidos à cena são poloneses e alguns alemães. E embora eles dissessem que o que aconteceu foi horrível, e que eles gostavam dos judeus e tal, não hesitaram, por exemplo, em pegar para si as casas dos que foram levados para os campos. E quando, por exemplo, Lanzmann leva Simon Srebnik — que sobreviveu porque tinha uma voz muito bonita e os alemães gostavam de ouvi-lo cantar — para a aldeia onde ele vivia, os antigos moradores de início festejaram a sua volta, mas, conforme eles vão falando — respondendo às perguntas do diretor —, vai se revelando todo o preconceito e toda a raiva que eles tinham dos judeus na época. Isso para dizer que os espectadores negam por vários motivos.

Um parêntesis para uma diferenciação importante. O negacionismo é um termo que vem do francês, como eu disse, *négationnisme*; em inglês se usa *denial*, negação. E uma coisa é to *deny, negar*; outra coisa é to *be in denial*, estar em negação, ou em denegação, não querer acreditar, o que pode ser entendido, resumidamente, como o mecanismo psíquico necessário para evitar um sofrimento ainda maior do sujeito — e a psicanálise nos ensinou que há várias formas patológicas dessa recusa da realidade, de torção da realidade. Os judeus estavam em negação, mais do que negavam o que estava acontecendo, embora tenha havido, também entre eles, certas atitudes que poderiam ser interpretadas como negacionistas. Mas existem todas essas posições dentro de cada uma das posições, essa é que é a verdade.

AP: Mas e os negacionistas de hoje? Porque, quando eles estavam imersos no Holocausto, essa negação era possível, mas e agora que a gente sabe com segurança o que aconteceu?

DD: Pois é. Tem pessoas que dizem, por exemplo, que a Terra é plana, que a ditadura militar não existiu no Brasil, ou que a Globo é comunista, que os nazistas eram de esquerda, que a cloroquina cura sem sombra de dúvida, enfim a lista é longa. Não pode ser por acaso que todas essas coisas se juntaram neste governo e, embora eu tenha estudado um pouco esse fenômeno, ele continua sendo um mistério para mim; porque não são só esses absurdos que são ditos sabe-se lá por quais interesses, são as pessoas que acreditam neles e que seguem o que o presidente e seus ministros dizem. Eu estava trabalhando com o negacionismo quando entrou o Bolsonaro, e então tudo ficou desatualizado imediatamente, eu me senti atropelada pela realidade, mesmo que já soubesse que tudo que se escreve sobre o aquecimento global fica desatualizado muito rápido, já que as mudanças climáticas estão se acirrando aceleradamente. Quando eu comecei a trabalhar nesse texto sobre o negacionismo — o *Negacionismos*, que saiu pela n-1 —, eu me concentrava no colapso ecológico, e o Brasil não era como os Estados Unidos, por exemplo. Na direita americana você tem que ser negacionista do clima, senão você é democrata, mas aqui não era assim. Com o Bolsonaro ficou assim. O negacionismo se expandiu, o governo inteiro se voltou contra a ciência, mesmo no que diz respeito à pandemia do coronavírus, como estamos vendo. No caso do governo, é difícil saber se eles acreditam mesmo nisso tudo ou se é só uma estratégia... O Olavo de Carvalho, por exemplo: eu não creio que ele ache que a Terra é plana, ou que o nazismo era de esquerda. Mas a coisa chegou a tal ponto que é difícil saber ali dentro quem acredita no quê. Ou até mesmo quem é adepto daquelas religiões neopentecostais que acham que o mundo vai acabar mesmo, e que então tudo bem, vamos aumentar o caos, e o vírus é até bem-vindo porque está ajudando a apressar o Apocalipse, para que sobrem só os eleitos. No que o Bolsonaro de fato acredita, não sei. E não cabe a nós ter que decifrá-lo. Mas lembremos que os que apoiaram sua eleição acharam que era melhor — e mesmo vantajoso — aguentar no governo uma pessoa que diz esse tipo de coisas, contanto que o Paulo Guedes conseguisse fazer passar suas reformas. Onde colocar esses que o apoiaram em plena consciência, por cálculo político-econômico? Certamente não entre as vítimas inocentes. Serão meros espectadores ou, quem sabe, colaboracionistas?

AP: Podemos considerar as *fakes news* uma espécie de negacionismo? Dos fatos? Do jornalismo?

DD: Acho que sim. Porque esse é um trabalho de profissionais, não é de pessoas que receberam uma informação errada. Eles são financiados para isso ou têm fortes interesses econômicos, como vimos na última campanha eleitoral. E aí, não basta negar, você tem que colocar alguma coisa no lugar, criar confusão, então se criam os fatos falsos. Isso não é denegação, não é recusa, não é desinformação, e muito menos discordância: é mentira mesmo, e criminosa, claro. Eles sabem que aquilo é falso, mas acham que podem extrair alguma vantagem disso. E essa é uma posição muito forte também dentro do negacionismo climático. Eles sabem que o aquecimento está acontecendo, ainda mais que cada vez é mais difícil ignorar a enorme quantidade e gravidade dos eventos climáticos extremos — tanto que o número de pessoas que, de boa-fé, digamos assim, não acreditam no aquecimento global está caindo.

O último livro do Bruno Latour, *Onde aterrar*, tem uma hipótese bem interessante para tentar compreender a eleição do Trump e a geopolítica global recente. Ele sugere que as elites sabem muito bem, e há bastante tempo, o que está acontecendo, sabem que não há mundo para todos, que aquele ideal propagandeado pelo neoliberalismo, de fazer o bolo crescer para depois distribuir, é um engodo. Essa elite nem se preocupa mais em fingir que pretende implantar um Estado de bem-estar social. Já faz tempo que eles sabem que não vai dar e escolheram mentir para proteger apenas a si próprios, e para isso tem sido fundamental esse negacionismo financiado há décadas pelas maiores empresas de combustíveis fósseis, porque no fundo eles já abandonaram as pessoas. E Latour acrescenta que, se não se entende que é esse o papel do negacionismo hoje, não se entende nada do que está acontecendo ultimamente no mundo. Essa é uma grande hipótese, na minha opinião. E, de fato, o que vemos muito claramente na pandemia da covid-19 é essa mesma perda de mundo que estamos vivendo com o colapso ecológico. Os novos políticos de extrema direita, os novos nacionalismos, do "*America First*" ao "Brasil acima de tudo", seguidos cegamente por toda essa gente que se sentiu traída e abandonada pelo sonho da modernidade para todos. A consciência de que estamos perdendo o mundo modificou a geopolítica. Não tem mais mundo pra todo mundo, simples assim.

AP: Você está entre aqueles que acham que o mundo não será mais o mesmo depois da pandemia? Esse choque de realidade vai alterar o pensamento das pessoas?

DD: Alterar o mundo, acho que sim, porque não tem como você sair igual de uma coisa desse tamanho. Mas essa esperança de que as pessoas ou os países vão sair melhores, que vão se dar conta do colapso que vivemos, e de que temos que mudar pois senão vão vir outras pandemias e coisas piores... Eu sou muito pessimista em relação a isso. Aquela reunião ministerial vazada pelo Moro, o que a gente vê ali? O Salles dizendo: "Vamos aproveitar que está todo mundo distraído pela pandemia e vamos desregulamentar, passar a boiada". O Guedes, o que ele diz ali? "Vamos salvar as grandes empresas, mas não as pequenas, essas não adianta, não dão lucro, não dão retorno". Ou seja, o grande capital está se aproveitando dessa desgraça. Os pequenos vão quebrar, mas as maiores companhias e o sistema financeiro estão sendo compensados e talvez saiam até melhor depois da crise. E também sou pessimista, porque não sei se, depois que acabar, se acabar — porque algumas análises dizem que não vai acabar, que vamos ter que aprender a conviver com a covid —, as pessoas vão poder se dar ao luxo de simplesmente pensar: acabou. Alguém fez uma charge onde havia três ondas — a pandemia era a onda menor, depois vinha a crise econômica, uma onda maior, e atrás vinha uma onda enorme, monstruosa, um tsunami, que é a catástrofe ecológica. Não sei se vai dar tempo de conscientizar todo mundo, eu sou pessimista nesse sentido. Tenho alguma esperança, vai que as pessoas se iluminam, percebem que não é possível continuar desse jeito, mas não sei não. Vai haver mudanças; a crise econômica virá com certeza, vai haver rupturas de hábitos, a maneira de se deslocar no mundo vai se alterar, talvez, em alguns países, se reforcem algumas redes de segurança social; mas não sei se virá a grande mudança, um mundo realmente diferente.

Em relação ao *Há um mundo por vir?*, acho que continuamos naquela modalidade que a gente analisa ali, que é a degradação gradual. Claro que dentro dessa degradação gradual a pandemia foi uma enorme pancada, mas, quando ela passar ou mesmo quando se retomar mais ou menos as coisas como eram, a tendência é seguir nesse quadro maior de degradação. Acho que a gente vai ter que conviver com isso, e vai ter que aprender a se organizar, a resistir sozinhos, ou melhor, coletivamente. E nesse sentido, acho incrível como a sociedade civil está se organizando para ajudar a combater a pandemia, ou ao menos para ajudar os que se encontram em situação de maior fragilidade a enfrentá-la. Isso talvez saia fortalecido. Porque as pessoas tiveram que inventar muito rápido e por em marcha imediatamente essas invenções. Era uma questão de vida ou morte. A pandemia fez as pessoas exercitarem a imaginação e isso é fundamental, porque é o que teremos que fazer conforme o colapso ecológico se aprofunda. Nos reorganizar, inventar pequenas saídas políticas, econômicas, desviantes da grande política, da grande economia, dessa coisa destrutiva que nos apresentaram como se fosse a única realidade possível, uma realidade única e sem saída. A pandemia está mostrando que esse discurso era falso, e nesse sentido sinto uma esperançazinha.

AP: A mídia, os jornalistas vêm desempenhando um papel importante tanto para revelar a realidade da pandemia como do governo Bolsonaro. Você acha que, em relação ao aquecimento global, a imprensa tem a mesma boa performance?

DD: De jeito nenhum. A imprensa fala pouquíssimo do colapso ecológico que está acontecendo e, quando fala, fala de um jeito meio *blasé*. Sempre se diz que vai dar tudo certo, que, se cada um fizer a sua parte, tudo vai se resolver. Esse é o papel que a grande mídia tem feito em relação ao aquecimento global. Às vezes, no Dia do Meio Ambiente ou na época das conferências do clima — as COPs —, a mídia fala um pouco mais, eles põem uns programas especiais à meia-noite falando disso e logo depois vem um anúncio de caminhonete 4×4 numa praia deserta. Tudo continua como está, a economia tem que crescer. Sobretudo no Brasil, a mídia tem sido péssima para levar a sério o colapso ecológico. Se eles levassem a sério, imagine o papel que poderiam ter. Eu considero a grande mídia quase tão criminosa quanto os negacionistas profissionais. Porque, se estamos falando de centenas de milhares de mortes na pandemia, talvez alguns milhões, no caso do aquecimento global as mortes vão chegar a bilhões. É uma coisa enorme para os humanos e para os outros seres vivos também. Isso deveria ser levado a sério como a pandemia está sendo levada a sério. Se isso acontecesse, se a mídia parasse de se vender como um espectador neutro — coisa que sabemos que não existe —, a gente aí teria só o poderoso, mas pequeno grupo dos negacionistas profissionais, dos bilionários que poluem muito mas que pagam um imposto ridículo, e daquelas cem grandes companhias poluidoras para combater juntos.

ENTREVISTAS

CAPÍTULO 22

Colapso climático: negação e crítica*

Amaro Fleck: Boa tarde, Déborah. Obrigado por ter aceitado participar deste *podcast*. **A conversa que eu gostaria de propor gira em torno do Antropoceno, do colapso climático e do negacionismo. Eu gostaria de começar traçando um rápido paralelo com a questão da pandemia. Recentemente, o historiador da economia Adam Tooze escreveu um artigo no** *The Guardian* **("We are living through the first economic crisis of the Anthropocene") dizendo que nós estaríamos passando pela primeira crise econômica do Antropoceno. Ele comenta que, diferentemente das outras crises econômicas recentes, iniciadas por abalos financeiros, a atual crise foi desencadeada por um esforço para evitar danos ainda maiores decorrentes de um modo desastrado de lidar com o ambiente. Essa crise seria a primeira do Antropoceno, porque revela também toda a nossa vulnerabilidade, nossa dependência de condições que não estão asseguradas. Ainda que essa pandemia não possa ser diretamente relacionada com o colapso do clima — embora indiretamente sim —, a gente sabe que um dos efeitos do colapso climático é o aumento na incidência de pandemias como essa. Você concorda com essa avaliação?**

Déborah Danowski: Boa tarde, Amaro. Primeiramente, eu gostaria de agradecer muito pelo convite. É um prazer enorme estar aqui fazendo esse *podcast*, sobretudo no contexto da ANPOF e de toda a situação que estamos vivendo.

Eu não conhecia esse artigo, mas li com atenção quando você me enviou, e achei muito bom. Você disse que a pandemia não está *diretamente* associada à mudança climática. De fato, ela pode não estar relacionada diretamente, dependendo do que você chama de "diretamente". Mas indiretamente, sim, certamente. Por exemplo, a mudança na

---

* Conversa com Amaro Fleck (UFMG) para o podcast da ANPOF, em junho 2020. Disponível em: https://open.spotify.com/episode/7l5qnj2snItBnz7LjcllE3?fbclid=IwAR3pacO-42Xm276fascFbvGH5-1OUBvPJ2nf-ofA64tFyLTA-errBoLxn6_k. Acesso em 06 set. 2024.

duração, na frequência e na sazonalidade das chuvas, das secas, tudo isso está acarretando uma mudança profunda em toda a biosfera, o que significa também uma mudança profunda na integralidade da vida de todos nós. O Antropoceno não se caracteriza só pela elevação da temperatura global, mas por uma série de outras alterações importantes.

Existe um estudo, que hoje já é bastante conhecido, encabeçado por Johan Rockström, e que recentemente ganhou uma segunda versão, chamado "Limites planetários" (*Planetary Boundaries*), no qual os autores fazem uma tentativa de representar o Sistema Terra segundo uma série de processos ou subsistemas (se podemos chamar assim), conforme sua zona de interferência "segura" para a humanidade sem que aquele processo determinado seja abalado. Dito de outro modo, eles procuraram quantificar limites, fronteiras cuja ultrapassagem poria em risco não só esse processo em particular, mas todo o sistema e com ele nossa existência enquanto seres vivos: uso de água doce, desmatamento e mudança no uso do solo, integridade da biosfera (quantas espécies estão se extinguindo e em que ritmo, qual o estado das populações dentro de espécies que ainda não se extinguiram mas estão diminuídas), fluxos do fósforo e do nitrogênio, depleção do ozônio estratosférico, novas entidades (processo incluído na segunda versão do trabalho, referente às entidades que não existiam na biosfera e que nós, humanos, introduzimos — como plástico, agrotóxicos, material nuclear e organismos geneticamente modificados), acidificação dos oceanos (que já foi chamada de irmã gêmea do aquecimento global devido à sua gravidade), carga de aerossois na atmosfera etc. De saída, então, podemos entender que a pandemia está ligada à perda da biodiversidade, à mudança no uso do solo e ao aumento da temperatura, além de outros fatores.

Por incrível que pareça, e como se não bastasse, o Antropoceno é maior e mais grave do que "só" o aquecimento global. Tudo que acontece hoje faz parte do Antropoceno, de modo que os eventos que antes chamávamos de "naturais" já estão todos influenciados, estão todos de alguma forma afetados por esse complexo que chamamos Antropoceno. Acho que foi James Hansen quem usou esta metáfora: "os dados agora estão viciados". Existe toda uma discussão acerca do problema da "atribuição", se um determinado evento extremo decorre ou não da mudança climática e em que medida, ou seja se ele aconteceria "naturalmente" mesmo que a Terra não estivesse esquentando; mas o fato é que tudo que acontece hoje faz parte do Antropoceno ou emergência ecológica, da relação entre todos esses processos e suas alterações. Então o resultado de qualquer lance desses dados (para continuar com a metáfora) vai estar necessariamente influenciado por essas novas condições materiais em que estamos vivendo.

Por isso, o artigo do Tooze que você trouxe é muito bom, mas não sei se eu concordo com essa sugestão que você fez de a gente poder extrapolar, dizer que esta seria a primeira grande crise geral do Antropoceno. Especulando aqui, talvez possamos dizer que essa seja a primeira crise mais concentrada no tempo e que por isso ficou tão aparente. Uma das características das mudanças climáticas e da catástrofe ambiental como um todo é sua dispersão, e a maneira heterogênea como ela se faz sentir no tempo e no espaço. O próprio neoliberalismo, o retorno dos nacionalismos que estamos vendo mais recentemente, o fascismo, o negacionismo, o hiperarmamento das polícias, já há várias análises que tentam mostrar como tudo isso já é efeito dessa perda de mundo que os geólogos propuseram nomear Antropoceno.

Então, quando pensamos que estamos causando a sexta grande extinção em massa das espécies ou quando nos damos conta do derretimento do gelo no Ártico, na Groenlândia e em partes da Artártida, e em tudo mais que está acontecendo em todas as partes da Terra, não sei se tem como a gente dizer que a pandemia da covid-19 é a primeira grande crise do Antropoceno. Esta pandemia me parece ser a primeira grande crise que se fez notar e fez cair a ficha, pelo menos parcialmente, para um grande número de pessoas sobre o que está acontecendo.

AF: Isso me lembra o seu livro com o Eduardo Viveiros de Castro, *Há mundo por vir?*, que eu acho um livro fantástico. Vocês comentam ali que o Antropoceno acaba com a estabilidade que marcou o Holoceno e que por isso a própria expressão "crise" talvez seja infeliz para nos referirmos a uma época que é marcada por uma crise contínua, e não por uma estabilidade dentro da qual existem crises.

É curioso que, durante a pandemia, a diminuição das atividades industriais mais poluentes, do trânsito, do fluxo aéreo etc permitiu, por exemplo, que se voltasse a ver as estrelas em lugares em que há tempos não se conseguia enxergá-las, a água de rios em algumas cidades ficaram transparentes, dava pra ver os peixes voltando etc. E percebemos que a poluição não é algo inevitável, nem parte natural da paisagem. Claro, não podemos nos iludir, há de fato uma perda de mundo em curso, e uma revitalização desse porte é quase insignifcante diante desses problemas. Mas ainda assim ficou a vontade de saber o quanto a

pandemia reduziu a poluição. Alguns cientistas chegaram a estimar que houve de fato uma redução significativa, em particular do dióxido de carbono. Na *Scientific American* eu li que, em 2019, as atividades humanas foram responsáveis pela emissão de aproximadamente 43 bilhões de toneladas de dióxido de carbono. E em um levantamento da revista *Piauí*, eles apontaram uma série de artigos que afirmam que emitimos 1 bilhão de toneladas a menos de dióxido de carbono por causa da quarentena, até a data de publicação do levantamento. Algo semelhante aconteceu também, por exemplo, em 2009, quando houve uma forte recessão econômica que levou a uma queda nas emissões. Mas talve agora, pela primeira vez, tenhamos uma redução mais significativa, de algo em torno de 6%.

Mas para limitar o aquecimento global a 1,5ºC, calcula-se que seria necessário reduzir pela metade a emissão de dióxido de carbono até o final desta década e zerá-la até 2050. Ou seja, para atingirmos essas metas teríamos que fazer sucessivas quarentenas e reduções de atividades poluentes, equivalentes às que ocorreram durante a pandemia. Isso mostra qual cenário precisaríamos ter em mente em termos de políticas públicas e de enfrentamento real do colapso climático. É difícil acreditar que as sociedades que mais poluem sejam capazes disto, e sei que você é cética quanto a essa possibilidade. Ainda assim, isso não significa — para resgatar o título do livro de vocês — que não existam "mundos por vir".

DD: Essas imagens que vimos durante a pandemia, o céu e os rios limpos, bichos reocupando espaços das cidades... você tem toda a razão: contas feitas, não é isso que vai nos livrar da crise — mesmo assim, a gente gosta de ver isso, dá um certo alívio pensar que é possível, que não estamos sozinhos, que os bichos devem estar lá, do lado de fora, esperando a gente sair para eles entrarem em cena. Tudo isso me dá um certo alento. Mas, de fato, precisaríamos de várias pandemias, uma depois da outra, de maneira "sustentada", como se diz hoje.

A geo-engenharia também tem sido cogitada (e em alguns casos já é experimentada) para, se tudo der errado, resolver ou remediar a crise climática. Já há estudos, seja por institutos financiados por bilionários particulares seja por governos, sobre a implantação de algumas dessas tecnologias. Por exemplo, emular o efeito dos vulcões lançando toneladas de dióxido de enxofre na atmosfera para baixar as temperaturas; ou instalar espelhos no espaço para refletir a luz solar; ou a captura e o armazenamento de carbono; ou ainda, a mais simples, eficaz e menos danosa das geo-engenharias: plantar árvores, reflorestar. Fora esta última, todas essas tecnologias têm efeitos colaterais péssimos. Por exemplo, para emularmos o efeito "positivo" dos vulcões sobre as temperaturas, isso teria que ser implantado em larga escala e de maneira permanente durante um longo tempo. Além da poluição causada por essas partículas, quando se parasse de emiti-las, haveria um efeito de rebote, a temperatura daria um salto repentino. Então esses possíveis efeitos "positivos", tanto da pandemia como das geo-engenharias, não são a "solução". Aliás, um outro efeito do Antropoceno é que estamos tendo que colocar aspas em tudo (risos)... Por exemplo, não dá para usar a palavra "humano" ou "natural" sem aspas. E o mesmo se aplica aos demais conceitos, porque está tudo em movimento, todos os conceitos estão mudando rapidamente e sendo constantemente abalados.

Voltando à sua pergunta, de fato, não acho que a crise do clima seja alguma coisa "administrável". Sou bastante pessimista quanto a essas ditas "soluções tecnológicas" ou de grandes obras de engenharia. Desde que eu comecei a ler sobre o aquecimento global, as coisas só estão piorando. Veja, foi necessária uma pandemia como esta para a atividade industrial parar — e parar apenas parcialmente. E essa parada não significa que, depois da pandemia, ela não será retomada, provavelmente, com toda a força, como na Grande Aceleração das cadeias produtivas que ocorreu depois da segunda guerra mundial.

Tem muita gente com esperanças numa mudança do mundo depois da pandemia, já que, além da diminuição da poluição, estamos vendo a valorização da saúde pública, a conscientização sobre uma garantia de condições mínimas de bem-viver para a população etc. Infelizmente, eu não acho que haverá essa grande mudança que alguns esperam. Sobretudo, não acho que a crise do clima seja alguma coisa administrável. Veja, a gente pensava que, enquanto humanidade, no Ocidente rico pelo menos, estávamos no controle, mas bastou essa pandemia para mostrar o contrário, mesmo nos países mais desenvolvidos. Na verdade, a ideia de que é possível administrar tudo é o que está nos jogando nessa crise. Temos que entender a dimensão do que está acontecendo e aceitar — não aceitar passivamente *o que* está acontecendo, mas aceitar *que* está acontecendo, e que é muito difícil que os grandes poluidores, de uma hora pra outra, parem de poluir, se deem conta, caiam em si, se tornem razoáveis. Como diz o título de um dos livros da Donna Haraway, precisamos aprender a viver com o problema.

A dimensão do que está acontecendo é algo que nós nunca tivemos pela frente enquanto espécie. Estamos falando de condições climáticas sem paralelo nas últimas centenas de milhares de anos, ou até milhões, dependendo da variável que se esteja analisando. Podemos e devemos tentar frear, mitigar as causas das mudanças climáticas, encontrar formas diferentes de viver, de criar redes como as que estão se formando na pandemia, redes de apoio, redes da sociedade civil. Tudo isso é certo, e na verdade é só aí que encontro pequenas esperanças de que algo de bom possa sair de tudo isso. Mas não há como desfazer de maneira completa o que está acontecendo no mundo físico, químico e biológico. É realmente muito grande.

Você pergunta (como nós perguntamos): Há mundo por vir? Certamente. O mundo (em um dos muitos sentidos de "mundo") vai sobreviver, ele é maior do que nós. A Terra vai sobreviver. E não só o planeta, mas a biosfera. Mas qual biosfera vai ser, e que mundo vai restar para a gente, para os humanos, e que humanos vamos ser? Pensem bem, quando eu falo em extinção das espécies, não estou falando de meio ambiente como aquilo que está fora de nós. Estamos enfrentando uma pandemia mas nós somos só 10% humanos e o restante do nosso corpo é feito de simbioses com outras formas de vida, vírus, bactérias, seres que formam até as nossas células. Há alguns anos li um artigo sobre a diminuição do número e variedade dos parasitas e simbiontes que habitam o nosso corpo. Isso significa que mesmo o nosso corpo está mudando com o colapso ou a catástrofe climática. É essa a dimensão do que estamos falando, fora e dentro da gente. Então, vai haver mundo? Certamente. Vai haver humanos? Certamente, talvez muito poucos, mesmo que morram bilhões de humanos — não em dez anos, mas isso vai acontecer. É preciso chamar as coisas pelo nome correto. Os homens vão sobreviver, mas em um mundo muito piorado, em condições materiais muito piores do que as atuais. Enfim, não sei se respondi à sua pergunta.

AF: Sim. O que eu queria mesmo era ouvir você falar sobre o título do livro, sobre o que é esse mundo que virá. E fiquei pensando também no que você chama de mundo, no título. Formamos um mundo específico e, evidentemente, poderá haver outros. Mas continuando nessa discussão sobre a dificuldade de dimensionar o problema que estamos enfrentando e que teremos que enfrentar cada vez mais. Tem uma discussão recorrente nessa literatura, sobre como apresentar os dados e pensar qual o tamanho do estrago que já foi feito e saber se é

possível (e como) mitigar isso, no futuro mais ou menos próximo. Esse debate envolve uma certa antinomia, eu diria. Por um lado, a gente pode engajar mais as pessoas para mitigar os piores efeitos dizendo que é reversível, que o quadro não é tão ruim assim e que podemos ter um horizonte mais promissor; ou, por outro lado, pode ser o caso de, correndo o risco de não engajar suficientemente as pessoas, reconhecer que já temos uma degradação irreversível do Holoceno (essa época de 11 mil anos de estabilidade climática bastante singular na história do clima na Terra), e que, portanto, tudo que fizermos é pouco demais e tarde demais, que reconhecer isso implicaria de certa forma fornecer o quadro real, mas haveria o risco de se gerar uma apatia.

Então, como uma espécie de provocação, eu perguntaria: é possível sair dessa antinomia? É possível reconhecer a realidade mas sem o risco de um certo fatalismo?

DD: Já faz bastante tempo que eu penso nessa questão. Eu me lembro de um artigo do George Monbiot intitulado "How much reality can you take?", em que ele criticava alguns movimentos ambientalistas que apresentavam dados mais baixos, atenuados, que não revelavam o quanto nós temos realmente que diminuir em termos de queima de combustíveis fósseis (deixar o petróleo no chão) e as emissões de gases de efeito estufa, e concluía que essa atenuação tinha razões políticas. Ou seja, esses ambientalistas pensavam que seria contraproducente do ponto de vista político dizer que, na verdade, seria necessário diminuir quase em 90% as emissões, em menos de dez anos.

O próprio Monbiot não é uma pessoa com papas na língua, como se diz. Eu discordo dele em vários pontos, mas não me arrependo de ter lido seus artigos tão deprimentes logo que comecei a me preocupar com a crise ecológica. Eu nunca me decepcionei (risos nervosos), porque a realidade tem se mostrado muito pior que as estimativas dos próprios cientistas. Então eu mergulhei nas posições mais pessimistas desde o início, e acho que isso foi válido porque me preparou para o pior. Agora, se eu aguento, por que esconderia isso dos outros? Quem são esses outros, aliás? Quem não deve falar para quem?

Eu já discuti muito com alunos e amigos sobre isso, sobre a questão ligada sobretudo aos sentimentos da esperança e do medo. Por um lado temos a esperança como o grande afeto-símbolo da modernidade, que sustenta o mito do progresso, da melhoria, por sua vez sustentado pela concepção da flecha do tempo, que aponta sempre para o futuro e para cima. E em contraposição a isso, há pensadores, como Günter Anders e Hans Jonas, que tomaram o medo como necessário, profilático, único afeto capaz de nos tirar da paralisia que é ocasionada, na verdade, pela esperança. Porque a esperança é a crença de que as coisas vão se resolver sozinhas ou que alguém vai resolver para nós. Que catástrofes como essas podem acontecer com outras espécies mas não com os homens, porque a humanidade tem um destino, uma história a realizar, estamos indo sempre para a frente e melhorando.

Anders tem uma expressão muito bonita naquele texto chamado "Teses para a era atômica", um artigo que eu traduzi junto com o Alexandre Nodari para a revista *Sopro*, em que ele fala sobre o "medo amoroso", um tipo de medo que não nos leva para os abrigos e sim para as ruas. Ou seja, não é um medo *dos* outros e sim um medo *pelos* outros, pelos mais frágeis, pelas próximas gerações etc. — aliás, as "próximas gerações" já não são mais "próximas", elas já estão aqui, somos nós, sobretudo os mais jovens entre nós aqui presentes. É um medo político, um medo que tem sido roubado de nós pela direita fascista e que temos que recuperar, do qual temos que nos reapropriar. Não é o medo que o fascista tem dos comunistas ou dos ataques terroristas. Não é o medo (neoliberal) das crises econômicas.

Eu tenho assistido a poucos programas na televisão, mas assisto aos noticiários, e tem um anúncio que passa na Globonews e que fica repetindo à exaustão: "vai ficar tudo bem". Eles dizem isso umas cinco vezes, no mínimo. "Vai ficar tudo bem" é justamente o mote da esperança modernista. Por outro lado, é claro, medo e desespero são coisas diferentes. Mesmo com a atual pandemia, que pede o isolamento, as pessoas não estão paralisadas. No início até houve uma paralisia, ou foi assim que a gente se sentiu quando começou o isolamento (para quem pôde se isolar); mas logo muita gente começou a se mexer. Por exemplo, fazendo eventos online para discutir os acontecimentos (este podcast que vocês estão fazendo é um exemplo), inventando coisas. Além disso, se formou uma quantidade enorme de coletivos, para levar ajuda aos lugares de maior contágio, às comunidades, às periferias, a pessoas em situação de rua; voluntários cozinhando e levando alimentos e outros mantimentos; tem o MST, que está redirecionando a sua produção para pessoas mais carentes; tem pesquisadores não remunerados dedicados a encontrar uma vacina ou a confeccionar aparatos de proteção; e nos últimos dias temos visto crescentes manifestações de rua, sobretudo fora do Brasil, é verdade, contra o racismo e o fascismo. As pessoas que vão a essas manifestações sabem que estão se arriscando, não são negacionistas como aqueles bolsominions que continuam indo a bares e festas enormes, ou que fazem aquelas carreatas e querem mesmo é que os pobres e os indígenas morram contagiados. As pessoas têm medo, mas é aquele medo amoroso que as faz se reunirem para a ação conjunta. Nesse caso, há também um outro afeto em jogo, a raiva. Mas eu acho que é necessário pensar melhor sobre a raiva para entender qual seu papel nesse complexo de afetos do Antropoceno.

AF: Uma última pergunta sobre o negacionismo. Começo mencionando um tuíte recente de uma cientista do clima chamada Katharine Hayhoe que circulou bastante, e que acho que conseguiu resumir bem os estágios da negação climática. Cito: "os seis estágios da negação climática são: 1. Não é real; 2. Não somos nós; 3. Não é tão ruim; 4. É caro demais resolver; 5. Aqui está um ótima solução, que não funciona; 6. Ah, não. Agora é tarde demais. Você devia ter avisado antes".

Quando a gente fala do negacionismo, costumamos imaginar aquela figura caricata que não aceita as evidências mais básicas, como vários dos ministros do atual governo brasileiro que falam coisas insanas como "não existe aquecimento global"; ou "o que está acontecendo é que colocaram os termostatos mais perto do asfalto", como disse o Chanceler. Ou o Ministro do meio ambiente, que disse que o aquecimento global é um problema para acadêmicos, porque nos próximos 500 anos não terá nenhum efeito sobre as nossas vidas. Claro, embora caricatos, o dano que eles causam com essas afirmações não pode ser subestimado. Só o fato de haver essas figuras em proeminência hoje é sinal de um fracasso enorme. Mas há também um certa tolerância com o negacionista que concorda que o aquecimento global existe mas subordina o problema a mil outros problemas que seriam mais urgentes. Dizem que só poderemos lidar com o aquecimento global quando tivermos uma boa recuperação econômica, o fim do desemprego etc. Ou seja, é uma posição que parece aceitar os dados, mas que no fundo, como você mesma diz, não aceita tanto assim.

Ainda que não tivéssemos essas figuras tão caricatas e grotescas no primeiro plano, ainda assim teríamos um problema gigantesco, e que não foi causado por elas. A ciência e o mundo esclarecido têm uma parcela de responsabilidade gigantesca aí. Daí a minha pergunta: a gente não estaria um pouco obcecado pela figura do negacionista caricato? Eu digo "a gente," me referindo à literatura realmente preocupada com

o problema. Focar no caricato não é um pouco fácil e não evita uma questão mais difícil, a saber, que as medidas que precisam ser tomadas, hoje, precisam ser radicais o suficiente para chocar não apenas esse negacionista caricato mas todos os indivíduos que parecem muito mais razoáveis? Porque uma coisa é a gente falar "há aquecimento global"; outra coisa é dizer que se a gente quiser ter um futuro é preciso deixar o pré-sal todo embaixo do solo, a gente tem que conseguir não apenas estatizar a Vale, mas fechar a Vale, por exemplo. A questão não é impedir que capitais estrangeiros adquiram partes da Petrobrás, e sim pensar em como fechar a Petrobrás o mais rápido possível, e como substituir essas fontes de energia.

Você não acha que estamos obcecados com o negacionista caricato e ignorando um tipo de negacionismo razoável, esclarecido, porém tão danoso quanto aquele?

DD: Eu concordo em parte e discordo em parte do que você disse. O negacionismo caricato não é exatamente uma caricatura. É real. O financiamento do negacionismo não se traduz só em ações políticas e falas de bobo da corte à maneira Bolsonaro, pois há milhões ou bilhões de dólares sendo investidos há décadas pelas grandes companhias exploradoras de combustíveis fósseis e pela direita para gerar e propagar a dúvida e a negação. Elas financiam esses negacionistas, que eu não chamaria de caricatos e sim de profissionais, porque são pagos para negar. O mesmo aconteceu com o tabaco. Tem um livro fantástico chamado *Mercadores da dúvida*, de Naomi Oreskes e Erik Conway, em que os autores mostram como, já na tentativa de negar a relação do fumo com o câncer, se criou uma estratégia e um modelo de ação para fazer a opinião pública pensar que os cientistas têm dúvidas ou que havia controvérsias entre eles sobre os reais males do tabaco.

Tudo isso envolve muito dinheiro. Então, não estamos perdendo tempo, é fundamental combater esses negacionistas *hard*, profissionais. Claro, não estou falando desses que dizem que a Terra é plana. Dentre esses, há os que acreditam nisso realmente e os que estão apenas tentando gerar o caos. Então mesmo entre os que negam há várias razões pra negar: pode ser uma razão política, financeira, religiosa etc. Inclusive hoje há os casos dos que afirmam que existe aquecimento global, mas por razões religiosas — caso dos *raptures*, ou fiéis da doutrina do arrebatamento de certas religiões neopentecostais que acreditam que o mundo vai acabar mesmo e que só vão se salvar os que lerem a Bíblia e seguirem aqueles preceitos e forem a Jerusalém — e que, aliás, talvez estejam até presentes também neste governo; penso que esse é um fenômeno muito mais importante do que a gente tenderia a pensar de início.

Então nisso eu discordo de você. Mas eu concordo que há um negacionismo que é frequentemente deixado de lado, e que o Primo Levi, a propósito dos campos de extermínio nazistas, chamou de "zona cinzenta". É a zona dos que não são exatamente os carrascos, os assassinos diretos, os grandes oficiais nazistas, mas os poloneses que moravam ao lado dos campos, que viam mas não viam; ou as pessoas das cidades que ficaram com as casas dos judeus que foram arrancados dali para os campos; ou ainda (penso aqui no filme do Claude Lanzmann, o *Shoah*) o empresário dono da companhia de trens que fazia trajetos de turismo e aceitou mudar os percursos dos trens para levar os prisioneiros para a morte, ou a empresa que fabricava os caminhões, que adaptou os caminhões a pedido dos altos funcionários nazistas que precisavam de mais rapidez e eficiência no transporte; a IG Farben, fabricante do gás Zyklon B, a Volkswagen etc — isso pra ficar só na Alemanha. Há uma porção desses exemplos na história recente, desde a guerra e o pós-guerra. Algumas dessas companhias existem até hoje. Mas aí pensamos: o nome dessa companhia ficou, mas ela agora tem outros dirigentes, e eles não são más pessoas. E de fato, muitas vezes não se trata de uma má pessoa. Temos um bom pai de família, são pessoas normais. Poderíamos lembrar também dos dirigentes da Petrobrás: eles talvez não sejam más pessoas, só estão trabalhando; os bons jornalistas da Rede Globo, os que mesmo discordando obedecem às pautas. Podemos pensar: eles precisam do emprego, têm família para sustentar. Todos precisam de emprego, não é? Então, essa é a zona cinzenta. É difícil alguém querer admitir que está implicado de uma maneira ou de outra, uns bem mais, outros bem menos. Desde os banqueiros e as empresas que lucram com o agronegócio e nem querem saber se estão investindo em terras roubadas de povos indígenas até analistas do mercado financeiro, o artista que tem um projeto cultural financiado pela Petrobrás, ou o pesquisador que tem um projeto acadêmico financiado pela Vale. São implicações muito diferentes umas das outras, mas o fundamental é entender o quanto estamos no meio disso, implicados. E não só admitir isso, claro, mas rever nossas posições, recusar quando isso for possível, fazer alguma coisa...

A própria ANPOF: quanto tempo demorou para tomar uma posição política? A universidade não é um reduto à parte, um ambiente reservado. Fazemos parte da sociedade. De quanto tempo as pessoas na universidade precisam para levar a sério a catástrofe climática? No nosso caso, da filosofia, quanto tempo os docentes vão levar pra entender que a emergência climática é um tema que os filósofos têm que levar muito a sério? E que ela vem junto com o genocídio dos indígenas, que não dá para achar normal um governo de esquerda que não considera isso tão importante quanto aumentar o PIB e o consumo, que considera que uma hidrelétrica vale mais que um rio correndo livre. É óbvio que o governo Bolsonaro é pior do que isso tudo, é uma excrescência que não tem nem nome, mas antes a gente não estava tão bem assim, tão em paz como se pintava; a gente (estou dizendo "a gente" por delicadeza) achava normal deixar o agro e os grileiros e a mineração devastar a Amazônia, como se tudo estivesse garantido e bastasse vender mais soja para o Brasil se tornar autossuficiente e feliz.

Estou dizendo isso tudo pra ilustrar como o negacionismo vai da extrema direita até a esquerda, a qual parecia estar dormindo durante os governos do PT, enfeitiçada, e que agora começou a acordar para certos problemas. E a pandemia, é claro, veio pra fazer um pouco a ficha cair pra todo mundo.

AF: Obrigado, Déborah.

DD: Eu que agradeço, Amaro. Adorei conversar com vocês. Nós, filósofos, demoramos muito para perceber que o nosso tempo é este: o tempo das coisas que estão acontecendo agora. O meu pessimismo chega até aí: daqui a 20 ou 30 anos não vai ter universidade, não vai ter ANPOF. Temos que lidar com isso.

CAPÍTULO 23

As lutas terão de ser perpétuas*

Correio da Cidadania: Em uma entrevista sua a Marina Amaral, da *Agência Pública*, ainda no início da pandemia do novo Coronavirus, você afirmou que estamos rumando para "um mundo onde não caberiam todos os mundos". Diante do quadro geral em que entramos em 2021, a relação dos governos e do tecido social com a pandemia, o agravamento da crise social e ambiental, é possível vislumbrar um ano minimamente suportável ou devemos nos preparar para um tempo talvez de variadas e incalculáveis formas de sofrimento?

Déborah Danowski: É curioso que essa formulação, "um mundo onde não caberiam todos os mundos", é um pouco diferente daquela que usei na entrevista à *Pública*, mas igualmente correta, e talvez até previna um mal entendido gerado pela frase anterior, "não tem mais mundo para todo mundo", que acabou virando a manchete da entrevista. Acontece que algumas pessoas só leram o título, e pelo título presumiram que eu estivesse assumindo uma espécie de teoria do bote salva-vidas, um *neomaltusianismo*, segundo o qual não cabe todo mundo no mundo, que o mundo não suporta mais tanta gente e, portanto, alguns (os mais pobres, naturalmente) precisariam ser eliminados ou algo assim. Na verdade, eu estava falando, de forma crítica, do abandono descarado daquilo que, até pouco tempo atrás, era apresentado como o objetivo nobre do chamado projeto de globalização, ou seja, a distribuição da modernidade e da prosperidade a todos.

Hoje, os governos de extrema-direita no mundo todo (e o bolsonarismo é um excelente exemplo disso) acham que podem reservar um "mundo" para alguns poucos, um mundo-bunker, e os outros que se danem. Não percebem que, mesmo para eles, só é possível haver mundo, ou pelo menos um mundo não completamente devastado e inóspito, se nele couberem todos os outros mundos. Foi isso que eu quis dizer.

---

* Entrevista concedida a Gabriel Brito, do *Correio da Cidadania*, publicada em 06 jan. 2022. Disponível em: https://correiocidadania.com.br/34-artigos/manchete/14474-2021-as-lutas-terao-de-ser-perpetuas. Acesso em 06 set. 2024.

Sobre a possibilidade de termos um ano minimamente suportável, eu li há poucos dias um artigo de Zeynep Tufecki, no *The Atlantic*, que dizia que essa variante do novo coronavírus que já está circulando, inclusive no Brasil — e aparentemente é 50 a 70% mais contagiosa —, embora não mais letal, pode ser uma verdadeira bomba-relógio. Basicamente, o artigo mostra, baseado em alguns estudos recentes, que uma maior capacidade de contágio chega a ser muito pior que uma maior letalidade, ocasionando uma rápida explosão no número de mortes. Diante dessa possibilidade, a autora alerta que devemos apressar ao máximo a vacinação, sem perder tempo.

Tudo isso para dizer que 2021 pode ser um pouco melhor ou bem pior que 2020. Não arrisco prever, a esta altura. Pode vir a ser mais suportável ou mais insuportável. É curioso que todo mundo está usando esses termos mínimos, "um ano mais leve", "mais suportável", "um pouco mais alegre"... Diminuímos bem nossas expectativas. Vê-se como tudo é relativo neste mundo.

Enfim, além desses fatores "externos" à sociedade (mutações do vírus, etc.), é importante dizer que 2021 pode ser um ano melhor, se o governo deixar de fazer seus absurdos, incentivando aglomerações e bloqueando a liberação das vacinas, a compra de seringas, agulhas, etc. E se as clínicas privadas não "roubarem" (i.e. não comprarem na frente) a vacina pública. Agora, imagine se ainda não houvesse a perspectiva da vacina, coisa que poderia perfeitamente ter acontecido. Qual seria nosso estado emocional e físico diante de mais um ano sem perspectivas? Sem contar que, é claro, tudo está sendo especialmente duro (e muitas vezes mortífero) para aqueles que não podem deixar de trabalhar, de pegar transporte público, aqueles que sustentam o isolamento dos que podem se dar ao luxo de se isolar. Está sendo muito duro também para as crianças e os jovens viver em isolamento, e para os idosos, sem contar o pessoal da saúde, claro. Não é à toa que estamos usando termos tão cautelosos para falar do que pode vir a ser 2021.

CD: Estará o capitalismo em uma via irreversível de fascistização, independentemente de como se nomeiem os diversos sistemas políticos-institucionais que permitem a realização de seus interesses?

DD: Essa é uma possibilidade que já vemos se realizar pelo mundo. É evidente a militarização e o aumento da presença e da violência policial — sendo que as polícias no mundo inteiro se parecem cada vez mais umas com as outras, com seus uniformes e aparatos pesados. É evidente também o aumento da vigilância pelo Estado, seja por meio de câmeras instaladas nas cidades ou pela internet e redes sociais. Assim, num certo sentido, isso é mais que uma possibilidade, é uma realidade. E as ficções distópicas são muito úteis para nos ajudar a pensar e imaginar futuros que aprofundem ainda mais este processo de fascistização. Mas irreversibilidade é algo diferente, e não estou muito certa se eu usaria esse termo.

Quando falamos de aquecimento global, as ciências do clima nos mostram que ele já é em certo grau irreversível, embora as coisas possam piorar menos ou mais no futuro. Grande parte dos gases de efeito estufa já liberados na atmosfera se acumulam nos chamados sumidouros do sistema climático, como os mantos de gelo, os oceanos, os solos e as florestas, e essa energia acumulada vai se manifestar de forma inevitável em algum momento. Quase todas as coberturas de gelo do planeta já estão derretendo e sofrendo outras transformações (como mudança na densidade e consistência do gelo).

Há um ponto de não-retorno, que nunca podemos determinar com precisão antes de acontecer, e a partir do qual esses sumidouros não conseguem mais absorver calor e passam a ser emissores. São mecanismos que não voltam atrás. Mesmo que se invente uma tecnologia boa e barata de retirar carbono da atmosfera, termodinamicamente, não dá pra desfazer o estrago, no máximo diminuí-lo e atrasá-lo. Outros exemplos de parâmetros irreversíveis são a destruição das florestas (a floresta Amazônica, por exemplo, está muito perto de atingir esse limiar em que não conseguirá mais se recompor e irá se transformar em savana), a extinção de espécies e a diminuição da biodiversidade, a extenuação dos solos férteis.

Portanto, resumindo, não creio que haja irreversibilidade no que diz respeito à sociedade e à política, muito menos em relação ao capitalismo neoliberal. Embora seja difícil evitar o pessimismo nos dias de hoje, guardo em mim uma réstia de esperança quando lembro que existem outros modos de vida e de pensamento, que resistem permanentemente ao fascismo. Há também resiliência e resistência por parte das outras formas de vida e do mundo mais que humano de maneira geral.

Por isso mesmo não podemos parar de lutar. Se se tratasse de um caso perdido, poderíamos largar mão de tudo, nos esconder no meio do mato, viver enquanto podemos nossa própria vida e esquecer o resto. Mas há tanta coisa acontecendo além dessa tendência fascista atual e da devastação causada por pequena parte de nossa espécie. Por pior que seja a situação (e a pandemia é só um prelúdio do quanto as coisas podem ficar piores), temos muito a aprender. E muitas surpresas pela frente. Por isso as lutas terão de ser perpétuas. É difícil, perigoso e cansativo, mas um mundo vivo é assim.

CD: O que devemos fazer para avançar na construção de um "mundo onde caibam todos os mundos"? Quais seriam as noções essenciais disso?

DD: Essa é a pergunta mais difícil, pois há tanto a fazer e, ao mesmo tempo, tudo que fazemos parece, ou não surtir efeito ou ser desfeito e destruído em seguida. A pandemia é nossa questão mais imediata e premente, mas pensemos em como ela tem deixado evidente, e mesmo acirrado, outros problemas enormes, como as injustiças, as desigualdades, o racismo, a ganância, o negacionismo e a indiferença para com a morte alheia. Porém, nem a pandemia nem todas essas desgraças podem hoje ser separadas do colapso ecológico. Se você for lá nos relatórios do IPCC, vai ver que os cenários futuros falam de tudo isso. Teremos cada vez mais pandemias por conta do modo como vivemos, comemos, nos locomovemos, por causa do desmatamento, da grande agroindústria, da mineração, enfim, de tudo aquilo que é destrutivo para os outros mundos. Cada um desses pontos é suficientemente grave para se tornar uma questão pertinente que requer nosso envolvimento, mas somados podem ser entendidos como partes do mesmo conjunto, o Antropoceno. Portanto, a coisa mais avassaladora que temos pela frente, que não exclui, que inclui e acirra todos os outros problemas, é a crise ecológica, a mudança climática decorrente da queima de combustíveis fósseis, o desmatamento, a queima de florestas para especulação ou para a criação de gado e produção de *commodities*, a poluição por plásticos, agrotóxicos e outros produtos, a mineração, a pesca predatória... Teremos que combater nesses campos também, porque é neles que o capitalismo se apoia para se reproduzir: o trabalho barato, a extração de matéria-prima barata, os "serviços ambientais" (detesto esse nome) prestados por outros seres vivos... Este é o ponto fraco do capitalismo, a acumulação primitiva, porque ele não se sustenta sem essa interação que ele oculta, mas que está sempre presente. Não se sustenta sem beber nas fontes aparentemente externas ao próprio capitalismo.

A pandemia fez com que prestássemos mais atenção a tudo isso. Percebemos, por exemplo, que dependemos profundamente de nossa relação com o não humano. O próprio vírus é uma forma de vida. Na verdade, há diferentes teorias sobre isso, se os vírus são vivos ou não, mas, de todo modo, eles, como as bactérias e outros seres microscópicos, ao mesmo tempo são outros que nós e inseparáveis de nós. O que seríamos, o que seriam nossos corpos sem esses outros existentes que às vezes são tão perigosos? Sem eles nem estaríamos aqui.

Há, portanto, todo um solo e um subsolo que nos mantêm vivos, individualmente e coletivamente, e aos quais talvez tenhamos nos tornado um pouco mais sensíveis com a pandemia. É uma grande lição, e teremos mais sorte no futuro se aprendermos alguma coisa com ela.

Outros dois pontos que retomo para acabar de responder à sua pergunta: primeiro, a necessidade de fortalecermos as relações sociais, os coletivos e grupos independentes que vêm se mostrando essenciais para a "rede de segurança" da sociedade civil em meio a este caos, particularmente no Brasil. Eu fiz essa afirmação em uma entrevista ao IHU em janeiro de 2019, já prevendo como isso seria importante para fazermos frente a esse governo de extrema-direita. Mas a situação se mostrou ainda mais grave do que eu ou qualquer um de nós poderia prever, pois naquela altura ainda era difícil imaginar os requintes de perversão do governo neofascista de Bolsonaro, que faz o que pode para nos lançar no puro caos. Também não imaginei que teríamos uma pandemia. Seja como for, estamos vendo a importância que é fortalecer redes e laços, para enfrentar o que está por vir e impedir justamente a barbárie, a fascistização do mundo e a devastação que ela traz consigo.

O segundo ponto é que precisamos corrigir um dos grandes erros do governo Lula, que foi não trabalhar pela descentralização da grande mídia. Tenho cada vez mais certeza disso. É evidente que tais monopólios dão o tom, pintam o quadro que querem, dizem o que querem as elites econômicas e financeiras. Felizmente há uma mídia alternativa, mas ela é vista e lida comparativamente por muito poucas pessoas. Enquanto houver controle da mídia de grande alcance por meia dúzia de famílias é muito difícil mudar alguma coisa. É preciso que outros discursos possam ser ouvidos, outras histórias... Elas existem, mas o muro da invisibilização é muito alto.

CD: Diante disso que foi debatido aqui, concorda com a tese de que 2021 no Brasil será o ano da construção do "bolsonarismo sem Bolsonaro"?

DD: Sem Bolsonaro, mas com Guedes, com Salles, com Tereza Cristina, talvez com Moro, Doria... As elites estão reclamando, mesmo timidamente, porque não conseguem fazer na economia o que gostariam. Com o desastre social e econômico aprofundado pela pandemia, até o grande jornalismo chegou a admitir que era necessário dar algum sustento às pessoas em situação mais vulnerável, no caso, o auxílio emergencial, mas fora isso o problema deles com Bolsonaro é só que ele não consegue passar todas as reformas legislativas e econômicas desejadas. E não traz a vacina.

Se tiver um Guedes um pouco mais inteligente, um Mourão um pouco menos bruto, tudo bem, pronto. Enfim, alguém com a cara da Globo: um pouco mais progressista nos costumes, que não seja tão negacionista em relação à ciência, que faça uns discursos politicamente corretos em momentos pertinentes (não sempre), mas sobretudo que faça passarem as reformas econômicas, trazendo de volta os "investidores" internacionais, segurando a inflação, acalmando o mercado. Feito isso, mundo que segue.

CAPÍTULO 24

O futuro da universidade
é não ter mais universidade*

Revista Alter: Uma filósofa metafísica tradicional que, após se dar conta do gigantismo da catástrofe ecológica que nos atinge, muda de enfoque, recomeça a estudar, cria uma nova linha de pesquisa, e se transforma em uma referência incontornável na área. Uma pensadora que acredita que teremos que lidar com o maior desafio que a humanidade já enfrentou e não temos muito mais tempo para nos preparar para isso. Uma pesquisadora que não tem receio de falar sobre a crise ambiental que nos ameaça, porque acredita que cada um vai ter que desenvolver sua maneira de enfrentar essa hecatombe. É difícil definir a professora Déborah Danowski, tantas são suas facetas de atuação e suas ferramentas teóricas para abordar as questões mais urgentes da atualidade. Para ela, a tarefa da filosofia — ou do pensamento, no seu sentido mais largo — é essa: encarar corajosamente os fatos, sabendo que eles são cada vez mais complexos, com relações mais espinhosas, e disputados por grupos inescrupulosos que preferem maquiar a realidade. Mas há mudanças no cenário atual: o Antropoceno não é mais um assunto ligado apenas a um grupo pequeno de ativistas. Como Déborah lembra, mal ou bem, ele é o tema que subjaz a parte significativa das pautas do campo político da esquerda. E se antes ele era visto quase como uma causa supérflua, agora se torna cada vez mais óbvia sua iminência. De todo modo, ela alerta: "Está demorando muito para as pessoas se darem conta que esse é o assunto do nosso mundo. Que atinge filosofia política, estética, metafísica... Tudo!"

❧

Alter: Déborah, para começar, vamos falar sobre a sua trajetória na filosofia. Qual foi o motivo por trás da sua transição da pesquisa em

---

* Entrevista concedida a Juan J. Oliveira Pinto e Ronaldo Pelli e publicada em *Alter: Revista de filosofia e cultura da PUC-Rio*, 17 (1) 2023. Disponível em: https://drive.google.com/file/d/1cNPNDoMC6z7VCEtFckA0Ijq_vK6yQJsM/view. Acesso em 06 set. 2024.

metafísica e filosofia moderna para a questão ecológica? Existiu algum evento ou momento específico que catalisou essa mudança?

Déborah Danowski: Na verdade, existiu. Criamos a linha de pesquisa em Filosofia e a Questão Ambiental em 2010. Um pouco antes, o Instituto Socioambiental, em São Paulo, estava organizando alguns seminários fechados sobre diversos assuntos diretamente ligados aos povos indígenas (e portanto também, necessariamente, ao meio ambiente). Lembro que em uma ocasião chamaram o Carlos Nobre, entre outras pessoas. E o Eduardo [*Viveiros de Castro, antropólogo, seu companheiro[1]*] ia a algumas dessas reuniões e voltava dizendo que a situação do meio ambiente estava "péssima", mas eu não queria me deixar impressionar, porque já conhecia o pessimismo habitual dele. Até que eu assisti na TV a um documentário, não me recordo direito o nome e nem o tema, mas desconfio que devia ser sobre a floresta amazônica ou mesmo sobre o aquecimento global, porque um dos entrevistados era, se não me engano, o Phillip Fearnside (ou terá sido o próprio Carlos Nobre?), biólogo norte-americano mas que mora há muito tempo aqui no Brasil, e trabalha na região, particularmente sobre o efeito das grandes hidrelétricas nas florestas tropicais. O documentário mostrava cientistas colhendo amostras de gelo no Ártico ou na Antártida, os testemunhos de gelo, que são aqueles tubos de gelo que, quando analisados, revelam a composição da atmosfera e a temperatura da época em que o gelo se formou. E o Fearnside (se era ele) dizia que, se a temperatura da Amazônia aumentasse em alguns graus, e se o período da estação seca se estendesse por mais tempo, parte da floresta poderia ficar suscetível a enormes incêndios e acabar se transformando em savana. E que isso provavelmente iria acontecer em 50 anos. Quando ele disse 50 anos, a ficha caiu para mim. Porque 50 anos... eu tinha uma filha pequena, e eu talvez não estivesse viva dali a 50 anos, mas ela certamente estaria. Então comecei a ler sem parar sobre isso. E lia, sobretudo, artigos de jornal, textos de divulgação. Foi esse o momento em que meu interesse dentro da filosofia mudou completamente.

Eu ali, tranquilamente, trabalhando com metafísica moderna, enquanto no mundo está acontecendo essa coisa enorme. E quanto mais você lê... Há uma frase da Greta Thunberg que resume o meu estado de

---

1   Notas dos editores de *Alter*.

espírito: "Como assim, não pararam tudo? Como assim, não está todo mundo falando nisso? O mundo inteiro, todos os políticos e todas as escolas falando sobre isso?" Porque é uma coisa tão imensa! A gente está entrando em um clima e em um ambiente que a espécie humana nunca viu, que nunca foi experimentado pelo *Homo sapiens*. A velocidade do aumento da concentração de CO_2 na atmosfera (que está causando a elevação da temperatura global) não tem equivalente nos últimos, sei lá, 60 milhões de anos. São coisas dessa ordem. Isso é muito antes de haver sequer "civilização" humana, que só foi possível porque a gente vivia no Holoceno, que começou há dez, doze mil anos e permitiu a agricultura, a escrita, os assentamentos urbanos, as grandes religiões, o Estado.

Quando você começa a ler — e na época eu lia muito, por exemplo, o George Monbiot, seus artigos no *The Guardian*. O Monbiot tem umas coisas com que eu não concordo muito, mas nunca me arrependi de tê-lo lido logo no início, porque ele é muito direto, diz logo tudo o que tem que dizer. E como a coisa só está piorando, não melhorando, nunca teve nada que eu achasse que era pior e que acabasse descobrindo que não era tão ruim assim. Nunca teve, pelo contrário. A situação só está piorando.

Alter: Geralmente os cientistas são mais conservadores, né?

DD: Todo mundo, quase sem exceção, exceto um ou outro cientista... Mas mesmo esses cientistas, quando publicam em relatórios oficiais, os do IPCC (Painel Intergovernamental sobre as Mudanças Climáticas), por exemplo, tendem a diminuir a gravidade da coisa para não correrem o risco de errar e serem chamados de alarmistas. Então comecei a estudar para entender. Comecei lendo os relatórios do IPCC, inclusive as notas de pé de página, ler tudo.

Esse foi o momento catalisador. O momento em que eu comecei a ler sem parar, mas praticamente só livros e artigos de divulgação científica. Aliás, nessa época, houve um evento no Departamento de Filosofia da PUC-Rio, uma Jornada de Filosofia, em que os professores apresentavam para os alunos as suas pesquisas. Eu pensei: "Bom, posso apresentar a minha pesquisa sobre Leibniz (que era tema do meu projeto do CNPq na época e o assunto que eu entendia bem), ou eu posso falar sobre a crise ecológica, que conheço pouquíssimo". Mas não tinha mais como ficar falando sobre metafísica moderna e não falar sobre isso. Então eu arrisquei e acho que os alunos adoraram. Lembro que um colega falou: "você é corajosa!". Outra me perguntou: "Mas qual é o filósofo?". E eu não sabia, porque não tinha lido nenhum filósofo sobre isso. Fora o relatório do IPCC, eu tinha lido o Monbiot, tinha lido o livro do Mark Lynas chamado *Six Degrees*, onde ele ia descrevendo como seria o mundo com mais um, mais dois, quatro, até seis graus celsius, tinha lido artigos de divulgação científica.... Claro que, se me perguntassem agora, eu já saberia "qual o filósofo", inclusive porque tem muito mais gente trabalhando nisso.

Mas a impressão que dá é que a filosofia ainda acha normal um filósofo se interessar, por exemplo, pela Segunda Guerra Mundial, pelo nazismo, estudar Hannah Arendt, estudar a Revolução Francesa, a democracia grega, Hobbes, mas acha um disparate falar sobre a questão climática. Isso está mudando, mas lentamente demais. Já ouvi dizerem que esse é um tema para a ciência, mas não para a filosofia, porque nós filósofos estamos acima disso com que os cientistas se preocupam. "Isso aí não é meu problema, não me importa, vou continuar fazendo o que eu sempre fiz". Sendo que é algo que está mudando o mundo inteiro e provavelmente vai fazer com que haja cada vez menos mundo pra filosofia pensar.

Eu lembro que ia às reuniões na PUC, quando eu era coordenadora ou diretora, e ficava ouvindo falarem sobre "o futuro da universidade". Então me vinha à mente a imagem do futuro da universidade, que era não ter mais universidade. E tudo me parecia tão surreal. Está demorando muito para as pessoas se darem conta que esse é o assunto mais premente do nosso tempo. Que atinge filosofia política, estética, metafísica... Tudo, absolutamente tudo: Sociologia, Psicologia, Direito, Relações Internacionais. Uma boa parte dos simbiontes que vivem no nosso corpo estão também em vias de extinção. Está mudando tudo fora e dentro dos corpos. Claro que há outras coisas gravíssimas acontecendo, mas isso é o que, hoje, está por trás de tudo.

Alter: Você falou da Greta, e eu acho que tem tudo a ver com nossa próxima pergunta, que é sobre a pergunta que ela própria se faz: por que as pessoas não estão falando sobre esse assunto?

DD: De fato, todo mundo devia estar falando, mas não é o que acontece. É verdade que, sobretudo a esquerda, mesmo que ainda não considere isso a coisa mais importante, já está falando disso com alguma frequência, e é bem impressionante essa mudança em comparação com os governos anteriores do PT, por exemplo. Agora, o fato de os ministérios do Meio Ambiente e dos Povos Indígenas recentemente terem sido colocados na berlinda pelos partidos do Centrão mostra que a direita sabe muito bem onde a coisa realmente aperta ou pode apertar para ela, fora a evidente misoginia.[2] E claro que o Lula foi obrigado a negociar, mas, primeiro, por que é que foram esses os ministérios visados? E por que ele aceitou negociar? Por que as exigências da direita foram aceitas, ainda que em parte, sendo essa a questão mais importante hoje no mundo? E tem também o lance da exploração do petróleo na foz do Amazonas. Isso vai completamente na contramão da prioridade absoluta que deveria estar sendo dada à crise ecológica. Então a gente tem aqui uma questão bem complexa. Porque as pessoas (estou falando agora das pessoas em geral, não da direita neoliberal ou da extrema direita), mesmo que falem de maneira imprecisa, até por vezes errada — por exemplo, quando dizem "energia limpa", a gente sabe que a energia não é limpa coisa nenhuma —, elas estão falando o tempo todo disso. Sobretudo nestas últimas eleições, a gente não se admirava mais quando alguém falava disso, mesmo que não com o devido cuidado, com a devida precisão e complexidade. O próprio Lula, que se formou politicamente como operário de uma metalúrgica do ABC paulista, e para quem resolver o problema da pobreza e da fome passava (ainda passa) por dar emprego para todo mundo, dar renda para todo mundo, aumentar o consumo de todo mundo, aumentar a produção, Lula aprendeu muita coisa e mudou muito nestes últimos anos. Não tanto quanto a gente gostaria, não o suficiente para ele ser contra a abertura de novos campos de exploração de petróleo, não o suficiente para ele priorizar o transporte coletivo sobre o automóvel individual, etc.

Então, não é todo mundo, e não é da maneira como se deveria falar e levar realmente a sério (Marina Silva sempre foi uma exceção dentro dos ministérios, ela tem plena noção da gravidade do que temos pela frente), mas há muita gente falando, além dos cientistas, os e as indígenas, os pequenos agricultores, o pessoal do MST, e os ativistas de maneira geral. Infelizmente, claro, há um ou outro gato pingado que, mesmo que seja um cientista formado e titulado em alguma disciplina

---

2   Déborah se refere à pressão de certos políticos do Centrão para se retirar poder político desses ministérios. [N.E.]

relacionada ao tema (climatologia, geografia, ecologia, etc.), quando fala sobre o aquecimento global ou sua inexistência não está fazendo ciência coisa nenhuma. E há aqueles cientistas de outras áreas que se aproveitam de sua "autoridade de cientistas" para dar palpite em assuntos sobre os quais não entendem nada. Mas o mais grave são esses casos de pessoas e pesquisas financiadas por grandes indústrias de tabaco, grandes indústrias do carvão, do petróleo... que formam uma rede imensa, um enorme — podemos dizer — complô sustentado por um financiamento absurdo, que explica em grande parte o silêncio da sociedade sobre o que está acontecendo e sobre o que devemos fazer. Há muito dinheiro investido. E há paralelos na história recente: por que a gente consome tanto açúcar? Porque as indústrias canavieiras e açucareiras investiram e continuam investindo muito para gerar dúvidas sobre o mal que o açúcar faz à saúde. Por que o amianto ainda existe no Brasil? Por que consumimos tanto plástico (que, lembremos, é feito de petróleo, além de uma quantidade considerável de produtos químicos menos ou mais secretos adicionados). Quando vamos a fundo na tentativa de responder a essas perguntas, encontramos sempre muitos interesses envolvidos: dinheiro, terra, água. A gente, digo a gente mais à esquerda, acha que sabe as razões, mas quando vai ler, fica completamente abismado. Aquele livro da Naomi Oreskes e do Erik Conway, *Merchants of Doubt*, é impressionante, porque eles começam falando da campanha nos Estados Unidos para negar o aquecimento global (na época em que escreveram esse livro, o negacionismo era quase inexistente aqui no Brasil) e vão retrocedendo para os casos do tabaco, do amianto, da chuva ácida, de produtos antichamas que eram aplicados sobre móveis, roupas etc, do açúcar, dos armamentos... São muitas grandes indústrias. Todas seguem a mesma estratégia da indústria do tabaco, que atrasou em pelo menos 50 anos a proibição de propaganda a favor do fumo.

Alter: Como naquele filme "Obrigado por fumar"?

DD: "Obrigado por fumar", sim. E eles sabiam o que estava acontecendo, sabiam que o tabaco causava câncer e continuavam (continuam, na verdade) a vender cigarros, ou cigarros eletrônicos. No caso do petróleo, recentemente têm surgido várias notícias sobre Exxon, Shell, Total, que mostram pesquisas encomendadas pelas próprias indústrias, que, ao saberem dos resultados, optaram por apagar, esconder esses resultados, para não deixar as pessoas descobrirem que elas eram culpadas pelo aquecimento do planeta. Então, parte da resposta para a sua pergunta é essa mesma. Não acho que o negacionismo profissional seja um fator lateral nisso tudo. Outro fator é que, quando nos informamos bem, entendemos que não se trata apenas de consertar uma ou outra coisinha, não adianta apenas, por exemplo, passar a produzir carros elétricos. Não estamos diante de algo que dê pra consertar aqui ou ali, uma coisinha.

Alter: Não é uma mudança pontual.

DD: Não é. Como diz a Isabelle Stengers, não é um problema ambiental restrito como o de um lago contaminado. É uma coisa sistêmica. Uma boa representação do que está acontecendo são aqueles parâmetros, os limites planetários propostos por Johan Rockström e outros. São subsistemas ou processos do "sistema Terra". Segundo os autores, se alguns deles — mudança climática, acidificação dos oceanos, perda da biodiversidade, ciclos do Nitrogênio e do Fósforo, desmatamento etc. — se romperem (digamos assim), todos acabarão se rompendo, porque são todos estreitamente interligados. O uso da água doce também. Por exemplo: há algumas décadas, a gente não diria que, no nosso planeta azul, com a quantidade de água que temos, a água doce poderia faltar. Mas basta acompanhar de perto as notícias, e saberemos que, nos Estados Unidos e na Europa, alguns rios não chegam mais no mar, reservatórios e lençóis freáticos estão secando, porque são usados para irrigar a grande agricultura, por exemplo. E esses lençóis levam milhares e milhares de anos para se formarem e se recomporem. Aí vem uma seca extrema, a situação se complica ainda mais. Ou pensemos nas geleiras no alto dos Andes, que estão derretendo: como ficará a água de países como Chile, Peru, Equador, Bolívia? Você vai juntando os parâmetros... E o problema é justamente esse, os fatores vão se juntando e acabam produzindo uma espécie de tempestade perfeita, um evento monstruoso. Quando juntamos todos esses fatores, aumenta muito a probabilidade de acontecer uma enorme catástrofe. E temos visto esses eventos com frequência cada vez maior.

Alter: Mas tem a história dos diferentes mundos que compõem o nosso mundo, né? Porque, como você falou, nem todo mundo é negacionista, mas algumas pessoas são mais negacionistas que outras,

digamos assim. O fim do mundo não acontecerá de maneira igual para todo mundo. Eu gostaria que você falasse sobre essa diferença, ou seja, como o Elon Musk não vai sofrer o mesmo impacto, ou pelo menos não no mesmo momento, do que alguém que mora em uma favela do Rio de Janeiro. Será que isso também tem alguma influência nessa decisão?

DD: Eu acho que tem. Quando você é privilegiado, você sabe que é privilegiado — mesmo nas mínimas coisas. Por exemplo, em 2015 a polícia do Rio de Janeiro expulsou pessoas sem-teto que haviam ocupado um prédio no praia do Flamengo. Eu fui lá na hora da desocupação, porque morava bem perto, e aquela situação me deu vontade de chorar. Então, sem pensar, saí na direção de um policial, pedi por favor que não fizessem aquilo — claro que não adiantou nada, mas o que eu queria dizer é que só fiz isso, só tive coragem de chegar perto do policial e falar com ele porque sou uma mulher branca, professora universitária, de meia-idade, etc. Eu sei muito bem que posso gritar, tenho essa segurança. E saber que você é privilegiado é algo que se dá em níveis diferentes. Evidentemente, o Elon Musk sabe disso, o [José] Roberto Marinho, que está construindo um resort na ilha de Boipeba, sabe disso... Quem vai se ferrar será o cara que resolveu falar, denunciar, o pescador que morou a vida inteira lá e que agora está sendo ameaçado e teve até que deixar sua casa. E é claro que não foi o [José] Roberto Marinho que mandou diretamente ameaçar aquele senhor. Foi a própria comunidade que o ameaçou, porque acham que vão ganhar alguma coisa com o "empreendimento", o que obviamente é falso. Ou seja, temos todo tipo de ambiguidade e em todas as classes sociais. Quando você sabe que é privilegiado, é muito fácil fingir que não sabe a gravidade do que está acontecendo. O Bolsonaro é outro exemplo. Eu não tenho certeza se ele sabe ou não que existe o aquecimento global, talvez saiba, talvez não. Mas vamos pegar como exemplo uma pessoa entre os dois extremos, um grande capitalista do agronegócio... Certamente ele já sabe que existe alguma coisa acontecendo, essa coisa chamada aquecimento global e que vai afetá-lo; mas ele não quer se preocupar com isso, porque tomar alguma medida para conter a devastação iria diminuir seu lucro a curto e a curtíssimo prazo. Talvez ele não saiba que o clima pode virar, assim, em um estalar de dedos, sair do controle, a tal ponto que ninguém poderá dizer quem vai se ferrar primeiro. Mas por enquanto, enquanto a temperatura, os eventos extremos parecem estar caminhando gradativamente, piorando dessa forma gradativa, a tendência é que afete os mais pobres primeiro. Tivemos recentemente o caso de Petrópolis, com uma chuva de mais de 500 milímetros em algumas horas. Com 30 milímetros, quando chove aqui no Rio, a cidade já alaga em vários pontos; então quando falamos de 500 mm em poucas horas, nem dá pra entender muito bem. E essa chuva em Petrópolis atingiu todo tipo de gente, desde as pessoas moradoras de favelas, comunidades, no morro que desabou (e que foram a maioria dos mortos), nas áreas mais claramente vulneráveis, até pessoas que tinham casas, lojas na Rua do Imperador ou proximidades. Mas a tendência é que as cidades menos abastadas não recebam verba para se recuperar e fiquem assim até a próxima chuva, e a situação das pessoas mais pobres é sempre pior. As ruínas vão se acumulando.

É aqui que entra a questão da justiça climática, contra o racismo ambiental, porque é a mesma estrutura que já produzia muita pobreza e desigualdade e que se repete de modo cada vez pior, porque não só existem os antigos problemas, como passam a existir esses novos. Era algo muito comum na esquerda — e ainda acontece, mas menos — achar que a questão ecológica é um assunto de elite. O importante, para essa esquerda, seria resolver o problema da pobreza primeiro, acabar com o capitalismo. Verdade, porque o capitalismo é simplesmente incompatível com a preservação de um mundo habitável. Mas e agora? E agora que parece que não vai dar tempo de acabar com o capitalismo? Algumas pessoas acham que estamos escolhendo os problemas, menosprezando o problema da pobreza, da luta de classes... Mas eu não estou escolhendo o problema, ele é que está passando na minha frente! O que eu faço se o problema está passando na minha frente? Um exemplo aconteceu com a covid-19. Quando chegou a pandemia, a gente não ficou dizendo: "não, temos que derrotar o Bolsonaro para depois resolver o problema". Não, certo? Temos que olhar e ver quem está morrendo, quem está ali na rua trabalhando e adoecendo e morrendo, e priorizá-los no atendimento. Agora temos fome, pandemia, desigualdade crescente, volta do fascismo, e o colapso climático, tudo junto...

Alter: Esse caso remete à tentativa de extração de petróleo na foz do Amazonas, em que muita gente da esquerda argumentou que era importante aproveitar a oportunidade para levar desenvolvimento para o Norte. Os argumentos são absolutamente falaciosos, né?

DD: Pois é. E o Lula está torcendo para darem a licença. E vão dar. A Petrobrás já está trabalhando com seis meses, no mais tardar, se demorar muito, três anos, para eles obterem essa licença. A não ser que não consigam... Temos que pensar que é possível barrar...

Alter: Agora, pegando o gancho da fala anterior e abordando essa geração atual de vinte e poucos anos que parece acreditar que não há futuro. O que se fala para essas pessoas para elas também não sucumbirem? Porque há quadros galopantes de depressão, que tira a energia das pessoas e elas não conseguem produzir nada, não conseguem ter força. Como lidar com esse problema do aquecimento global, sabendo do tamanho do problema, mas sem ser imobilizador? Como lidar com esse quase paradoxo?

DD: Tem várias coisas aí. Eu já discuti muito essa questão com colegas, com alunos. Acho um engano pensar que alguém que sabe do tamanho do problema é obrigado a dosar as palavras... Por que eu sei? Porque ouvi falar e fui ler. E se lemos, se prestamos atenção, nós nos deprimimos também. Algumas vezes você finge para você mesma que não está acontecendo, porque senão, quem aguenta? Outras vezes você se depara com uma notícia, um texto com uma palavra específica que te pega de maneira mais forte e aquilo não sai mais da sua cabeça. De qualquer forma, quem somos nós para achar que podemos saber como o outro vai reagir? Que você aguenta, mas, para o outro, é preciso dosar as palavras? Isso estava em um artigo do Monbiot, "How much reality can you take?", "Quanta realidade as pessoas aguentam?", que foi uma das primeiras coisas que li, onde ele criticava até ambientalistas que sabem que teríamos que deixar no chão [isto é, não queimar] tipo 90% das reservas de combustíveis fósseis, mas que, na hora de falar para seu público, fazem lá um cálculo político e dizem "não, se eu disser 90%, ninguém vai querer... é impraticável politicamente. 90% é demais, *too much*, não dá. Então vamos dizer só, sei lá, 70%, assim quem sabe conseguimos 50%...". Mas na verdade nem isso conseguem, porque na hora H os acordos vão dizer que tem que deixar no chão 30% e que então ainda temos tempo de queimar 70%. E as grandes empresas poluidoras ainda acham muito, acham que deixar de queimar 30% é impraticável.

Mas então, o que eu faço? Eu, como professora, já me aconteceu de ficar pensando assim: "ai, coitados dos meus alunos, eu vou falar sim, mas de outro jeito, porque senão eles vão ficar tristes..." Só que também não é justo assim. Não acho que caiba à gente, a quem quer que seja, numa situação dessas, dosar aquilo que vamos contar, achando que nós aguentamos, mas os outros não. Que vão parar de agir, vão cair em depressão... Eu acho que cada um lida com os fatos de maneira diferente. Essa questão está ligada à questão de saber se devemos amedrontar as pessoas ou dar esperanças. Só que eu acho que essa é uma falsa questão, é uma má ideia... Eu não sei se vocês leram, mas o meu artigo que saiu no primeiro volume do *Mil nomes de Gaia*, "Transformações perceptivas e afetivas na Idade da Terra",[3] é sobre isso. Eu acho que esperança e medo não são coisas unívocas. Há tipos diferentes de esperança, tipos diferentes de medo. Há o medo paralisante, mas também há uma esperança paralisante; essa é a esperança que paradoxalmente vai fazer a pessoa pensar: "se eu não comer carne, eu já fiz o bastante", "se eu não usar ou se reciclar plástico ou, sei lá, a tampinha de não sei o que..." Ótimo! Reciclemos a água. Temos mesmo que economizar água. Mas, primeiro, sabemos que as grandes indústrias, as fábricas de cerveja, as indústrias de alumínio, de aço, a agricultura intensiva, a cultura do agronegócio, a indústria da moda, é isso que gasta a maior quantidade de água; e segundo, que, pensando assim, nada é suficiente. Nada que fazemos é suficiente, mas, ao mesmo tempo, tudo é alguma coisa, então todo mundo tem que fazer de tudo e saber que isso não basta. Poupar água, usar menos garrafas plásticas, comer menos ou nenhuma carne, e assim por diante. Estamos espremidos entre centenas e centenas de *double-binds*.

Ou seja, a verdade é que eu não sei responder à sua pergunta (risos). Mas eu sou a favor de dizer tudo, se bem que não o tempo todo. Você vai dizer isso para um filho pequeno, assim, na lata? A gente acaba não falando. Ou melhor, tem horas que dá para se falar, e tem horas que você suaviza a coisa. Tem horas em que a própria pessoa vai se perguntar. Eu sei que eu mesma já me fiz essa pergunta, mas não é uma boa pergunta: como falar isso para as pessoas que você sabe que ficarão deprimidas, as pessoas que, quando você toca no assunto, não querem fazer mais nada? Quem sou eu para decidir? Claro que, se determinada pessoa está na pior, está em um momento assim, você não vai ficar tocando nesses assuntos nem em qualquer assunto mais triste... Mas, ao mesmo tempo, vocês são muito mais novos do que eu. Quem vai ter que lidar

---

3   Cf. o capítulo 7 do presente volume.

com isso, viver nesse mundo, são vocês. Vocês, os filhos de vocês, os netos...

Cada qual vai lidar de um jeito. Tem a Greta, que fez greve de escola, tem as pessoas que abriram um caminho para a água passar pela barragem de Belo Monte, tem os que vão pra rua, outros vão ensinar, outros fazem outras coisas. A gente precisa de tudo, nada é suficiente, mas tudo é um pouco e você nunca sabe quando aquilo vai resultar em alguma mudança maior. Na verdade a gente não sabe, vai que acontece? Então, temos que dar força para esses movimentos todos, para essas pessoas. Fora que é melhor que a temperatura global aumente 2ºC do que 3ºC ou 4ºC. A Stengers tem um artigo muito bom, "Accepting the reality of Gaia", "Aceitar a realidade de Gaia", em que ela (estou simplificando muito) critica as ciências sociais, alguns cientistas sociais, que ficam só solapando as pesquisas dos outros. Ou então, é muito comum, nos departamentos, na universidade, você ver que seu colega está recebendo um financiamento da Vale, da Petrobrás, mas você, por respeito, não falar nada, afinal é seu colega, certo? Mas a crítica vazia não é a boa escolha, a pergunta certa a se fazer, segundo ela, seria *"Can you help?"* Quer dizer, a pesquisa que você está fazendo está ajudando? Ou você está aqui para julgar e acabar com as outras formas de luta, para matar as iniciativas? Se prestarmos atenção, veremos que é muito comum isso. Por que você está fazendo esse tipo de crítica em vez de tentar ajudar, realmente fazer alguma coisa? *Can you help?*

Alter: Agora sobre o seu libreto *Negacionismos*. Você ali faz uma comparação entre a questão do aquecimento global, os negacionistas da *Shoah* e a indústria da carne. Será que a gente tem alguma outra coisa que pode tirar desses estudos sobre o fascismo para o momento atual?

DD: É uma hipótese meio ousada que eu fiz, e que precisaria embasar melhor, mas de toda forma não foi por acaso que ali eu voltei para o holocausto judeu para pensar o que está acontecendo hoje. O termo negacionismo (em francês *négationnisme*) foi criado para dar conta dos historiadores que negavam o Holocausto e se chamavam de revisionistas. O termo "negacionismo" nasceu ligado àquele holocausto, O Holocausto, então se você perguntar a um judeu se ele acha que há alguma ligação entre o Holocausto e o colapso climático, é muito comum que ele diga que não, que Holocausto é com H maiúsculo justamente porque nunca houve nenhum outro genocídio em que um Estado inteiro formou uma máquina para exterminar uma determinada etnia. Não eram só judeus, eram também ciganos, negros, gays, comunistas, mas de fato a maioria perseguida e assassinada foi de judeus. Seis milhões. Não tem nada igual na história, a maneira, a rapidez, toda uma tecnologia inventada para matar e para sumir com os mortos rapidamente, apagar o crime. Fazer desaparecer, negar, proibir o uso de certas palavras. Mas, se não pudermos comparar o holocausto judeu com nada, na minha opinião não poderemos aprender com o que aconteceu. E o que se pode aprender com o que aconteceu ali? O que se pode aprender é que não queremos passar por isso novamente, mas também que não devemos nos tornar, em outras situações, os novos carrascos.

Não só isso. Eu acho que se pode usar a palavra para outros acontecimentos, e inclusive ela foi usada antes, por exemplo para as bombas nucleares. O que aconteceu em Hiroshima foi um holocausto. Essa é uma palavra grega (que significa a combustão total de um animal morto e depois queimado em sacrifício aos deuses), o que não é o caso de *shoah*, que é hebraica. Holocausto tem origem grega e tem sido usada muitas vezes. Quando houve aqueles incêndios enormes na Austrália, os próprios bombeiros empregaram este termo, dizendo que foi um holocausto da vida animal. Então eu acho que devemos usar, sim. Mas entendo que há razões para os que dizem que não devemos.

E não acho que seja por acaso que os mesmos que mandaram pôr fogo na floresta amazônica são pessoas de extrema direita, fascistas, racistas, homofóbicas, etc. E que a direita esteja em ascensão no mundo inteiro. Não é uma mera coincidência. Há várias pessoas estudando essa ligação. Por exemplo, Michel Gherman, professor de sociologia da UFRJ, pesquisa a imagem de Israel que é usada pela extrema direita, o que ele chama de "Israel imaginário". Não é por acaso que essas coisas estão vindo juntas: crise climática, devastação, ecocídio, genocídio, negacionismo, fascismo. E essa conjunção corresponde bem a algumas das previsões contidas já em vários relatórios anteriores do IPCC, ou seja, de que iriam aumentar os conflitos políticos, paralelamente à escassez de recursos como água e terras férteis e com a migração de populações. Temos menos recursos e uma onda cada vez maior de devastação material no mundo inteiro causada pela corrida por esses últimos recursos. A guerra da Rússia contra a Ucrânia também trouxe à tona a dependência do mundo em relação aos combustíveis fósseis. Então, eu acho que não é por acaso, não. Há muitas ligações, mais do que paralelos, entre o Holocausto judeu e o negacionismo do Holocausto judeu, de um lado, e o Holocausto ecológico (ou, se quisermos, o Ecocídio) e o negacionismo das mudanças climáticas, de outro. Há muitas ligações, mas elas não são fáceis de serem estabelecidas com precisão nem pelas ciências do clima nem pelas ciências humanas. Em ambos os casos, elas requerem trabalhosas investigações. No caso do "Israel imaginário", por que isso está surgindo agora? O que a volta do fascismo, o que a virada para a extrema direita em Israel tem a ver com a mudança climática e o esgotamento de recursos e o "fim do mundo"? Lembremos que a Segunda Guerra, e o período imediatamente após a Segunda Guerra, corresponde ao início do Antropoceno. Ou melhor, a data de início do Antropoceno ainda não está fixada,[4] mas provavelmente será o período do pós-guerra, chamado A Grande Aceleração. Seria muita coincidência. Nem é irrelevante, eu penso, que várias indústrias que estavam lá presentes e bastante atuantes na Alemanha nazista continuam hoje muito bem das pernas: BASF, Bayer, Volkswagen, Mercedes-Benz...

Alter: Chegando quase ao final, queria perguntar sobre o procedimento do pensamento crítico que colocou em questão certas entidades estabelecidas, por exemplo a ciência, lembrando como a ciência seria uma construção, e como esse procedimento hoje em dia é aproveitado por uma extrema-direita que fala: "vamos jogar tudo fora, não vamos ter mais ciência, não tem mais democracia". Como a gente equilibra isso?

DD: Para começar, não acho que isso seja culpa dos pós-modernos, dos que criticavam, a culpa é muito mais da filosofia moderna, que por exemplo separa o mundo dos fatos e objetos do mundo dos sujeitos e valores, que separa os humanos dos outros animais, a "natureza" da cultura e da política. Aliás, por que diacho, com tanta coisa horrível, tanta gente ruim nesse mundo, todas essas e outras indústrias, os ruralistas, os fundamentalismos, o capital e o mercado, e você vai culpar logo Derrida, Nietzsche, Foucault pela ascensão do negacionismo e das *fake news*? Eu acho que não, começando pelo fato de que isso seria entender esses autores de uma maneira muito simplista e mesmo errada.

---

4 Lembramos que esta entrevista foi feita no primeiro semestre de 2023. [N.E.]

Agora, dito isso — não sei se vocês tiveram a oportunidade de ler aquele artigo do Bruno Latour que foi publicado até na [*Revista do departamento de filosofia da PUC-Rio*] *O que nos faz pensar*, "Por que a crítica perdeu a força?", em que ele se coloca exatamente essas perguntas: O que aconteceu? Será que a gente (os críticos, os que trabalharam com os Estudos de Ciência e Tecnologia ou STS) se exprimiu errado? Será que a gente no fundo queria isso? A resposta está lá. Latour se faz todas essas perguntas mas mantém sua posição: porque, diz ele, nunca quisemos tirar realidade dos "fatos", o que queríamos era, ao contrário, acrescentar realidade. A explosão de uma bomba é um fato. Mas o que esse fato envolve? Apenas a química e a física da pólvora? Ele, Latour, nunca quis dizer, como foi entendido às vezes, que aquilo não era um fato, que não há verdade, que tudo é relativo. Nunca o Latour disse: "tudo é relativo". Ele pode ter dito "tudo está relacionado", que é completamente diferente. Tudo tem relação, não há ser que não passe pelo outro, mas relação é uma coisa concreta, precisa e exata. Não é qualquer coisa. Não, de jeito nenhum é isso. Qual a relação? O que está ali quando explode a bomba, quando a Rússia ataca [*a Ucrânia*], o que está envolvido aqui neste fato? É a matéria, é a engenharia que fabrica as bombas, mas é também o petróleo, é a OTAN, é o Putin, são os EUA, a Europa, as grandes potências, é a China, é a escassez de recursos, é o Antropoceno. É preciso ir juntando tudo isso, mas de maneira sempre muito precisa. Cada um desses passos requer muito trabalho de investigação. Isso é acrescentar realidade aos fatos.

Então, nesse artigo, Latour não vai se retratar, ele se coloca perguntas: "será que era isso que a gente estava fazendo e agora, quando os outros começam a usar as mesmas ferramentas, nós reclamamos? Estaremos sendo elitistas? Estaremos usando de dois pesos, duas medidas?". É muito bom esse artigo. Ele reivindica no fundo um empirismo radical, ao modo do William James: queremos a experiência, mas a experiência toda; e o que usualmente chamam de fatos é só um pedaço da experiência, limpo de todo o resto. Fato envolve o dinheiro do financiamento, a concorrência, o erro que você faz ao longo da pesquisa, a experiência que não deu certo, o comportamento de algo que você não sabe ainda definir, a publicação, os pares, os contrários, todas as coisas com que o Latour e outros trabalharam. Isso que chamamos de fatos está em movimento enquanto a ciência está trabalhando, mas acaba se estabilizando em um "objeto", acaba sendo apresentado como se excluísse o resto, que seriam as relações "apenas subjetivas", sociais, políticas. Mas em nenhum momento essas relações deixam de estar lá.

O vírus foi um péssimo, mas ao mesmo tempo um ótimo exemplo que a gente viveu muito de perto, o SARS-CoV-2, porque foi como se os cientistas tivessem que abrir a "caixa preta" da ciência. O vírus atual já não é mais o que ele era inicialmente, já mudou. E o que ele era inicialmente? De onde veio o vírus que ocasionou a pandemia? Escapou de um laboratório em Wuhan? Ou veio do mercado de alimentos? Mas houve também os transportes aéreos, o desmatamento, toda a maneira como nós consumimos alimentos hoje em dia, as máscaras, a falta de máscaras, o negacionismo, tudo está dentro do fato. A pandemia não existiria sem isso. Então não se pode dizer que o fato é o vírus, um objeto puramente objetivo e científico, acabado de uma vez por todas, perfeitamente separado do resto, daquilo que não faz parte do vírus conhecido cientificamente. Não, é impossível fazer isso. E não é isso que os cientistas fazem. E pensemos também no que a gente, aqui no Brasil, teve que fazer, a gente que morava neste país comandado por negacionistas. Tivemos que selecionar nosso cientista predileto: "Não, este aqui... outro dia falou um absurdo". "Ah, então a Margareth Dalcolmo, ela é excelente." Tinha também a Natalia Pasternak, que me parecia ótima; mas então uma colega me escreveu dizendo: "olha só o que ela defende, ela é a favor do agronegócio, a favor de alimentos transgênicos, é completamente positivista" (e de fato, vejam que ela acaba de publicar, junto com outro autor, um livro intitulado *Que bobagem! Pseudociências e outros absurdos que não merecem ser levados a sério* — em que eles atacam a homeopatia, a astrologia e a psicanálise, tudo junto, como "pseudociências". Como se quem tivesse receitado cloroquina para a covid tivessem sido astrólogos ou psicanalistas, e não médicos que, aliás, diziam ser respaldados pela ciência...). E a gente não podia nem falar sobre isso abertamente, criticar, porque se você falasse ia parecer que você estava negando a vacina. Naquele momento, ela teve um papel muito importante. Todas essas coisas complicaram demais a nossa vida, mais do que já era complicada. Em uma pandemia durante um governo fascista, você vai dizer que discorda da Natalia Pasternak? Você não vai dizer nada. Mas em outro contexto, eu vou lá me colocar, se for o caso, contra a posição dela.

Também não se trata de dizer que sou a favor ou contra "a ciência". Os pesquisadores dos Estudos de Ciência e Tecnologia mostraram muito bem que não há "A Ciência"; há "ciências", há procedimentos científicos, o que o Latour depois iria chamar de o modo de existência dos objetos e discursos científicos. Então é preciso saber o contexto em que você está falando, e se você estiver falando com um bolsonarista, você vai dizer que existe "a" ciência sim, que fatos são fatos. Fazer como a Greta, que atravessou o Atlântico em um barco a vela onde estava escrito: "*We Stand Behind the Science*", e a gente achando ótimo, mesmo que estivesse na academia debatendo sobre a ciência e combatendo a ontologia ocidental dominante. Eu nunca pensei que fosse ficar indo em passeata para defender os fatos científicos, mas...

Alter: Continuando nessa questão, sobre o Latour, há alguma outra coisa que você acha que deveria ser mais falado, estudado?

DD: Isso eu não sei... talvez quem tenha mais ideia sobre isso seja a Alyne Costa. O Latour desperta certas antipatias, mas muitas vezes por razões que eu acho bobas. Ok, no último texto, que ele escreveu junto com o Nikolaj Schulz, ele diz: "ah, felizmente tem a Europa." Provavelmente, se ele tivesse tido tempo para fazer o que ele costumava fazer, que era distribuir o texto dele para várias pessoas lerem, receber as críticas e mudar várias coisas, mas ele não teve mais tempo... Era o modo de trabalhar dele, conversar, consultar, fazer junto, mudar ou não mudar. E estava sempre cheio de gente ao redor para dizer: "olha, não diz isso, em tal e tal contexto isso pega muito mal". Eu mesma já disse isso uma vez, sobre um outro texto, o *Onde aterrar?* Eu disse a ele (mais ou menos isso): "Você está escrevendo para quem? Para a Europa?". Ele respondeu, "sim, não está claro isso?". E eu então disse (tudo por escrito), "certo, mas é que eu estou na América do Sul, não é? E você mandou o texto para mim, e visto daqui isso é horrível". Nem me lembro o que era, alguma coisa assim como se a Europa fosse uma possível salvação, ou outra coisa. E nem sei se ele mudou o texto. Ele provavelmente estava escrevendo como um diplomata para os parlamentares da União Europeia, queria convencê-los a agir diferentemente em relação à crise ecológica. Mas ele, por outro lado, enviava seus rascunhos para as pessoas, queria ouvir o que achavam e, de fato, penso que mudou muito em vários aspectos de sua obra. Então acho que essa é uma crítica boba, dizer que "ah porque ele é religioso, é católico". *Hello*? Latour era o tipo da pessoa que ouviria você falar disso numa boa. Você podia criticar, como todo mundo fazia. Isabelle Stengers o tempo todo discordava dele sobre várias coisas mas era super amiga, e uma presença intelectual fundamental e constante. Então esse texto em que ele fala da Europa tão elogiosamente, pode até ser que tenha problemas, mas há coisas fundamentais ali, como em toda a obra dele, que é absolutamente fundamental para qualquer pessoa que esteja preocupada com o mundo de hoje. Achar que aquilo, que ser europeu e cristão, admirar a tecnologia, essas coisas fazem dele uma "má pessoa", acho que isso é muito míope.

Alter: A última pergunta: o que a filosofia pode contribuir neste momento hoje, voltando ao início da primeira pergunta, quando você disse que quando apresentou a sua nova pesquisa pela primeira vez e perguntaram: "mas é sobre qual filósofo?" O que a filosofia pode fazer hoje?

DD: O que a filosofia pode fazer hoje, se quer continuar existindo como filosofia, é pensar sobre o que está acontecendo. E nesse sentido estar aberta a todas as questões, sobretudo àquelas que até bem recentemente eram consideradas fora da alçada da filosofia. E a mudança que já vem ocorrendo, eu acho impressionante. Colonialismo, racismo, misoginia, a gente não "via". Não "enxergava"! Uma vez o meu amigo [*professor de filosofia*] Luiz Carlos [*Pereira*] me contou a ideia que ele e mais alguém tiveram, e que eu adorei, de fazer um seminário pegando só textos de grandes filósofos, mas para mostrar: "olha só quem, adivinhem quem disse isto aqui", "vejam esta frase do Descartes", "e esta frase do Hume", "e isso aqui, que coisa racista!" O Kant... Heidegger nem se fala. Olha o que Kant fala dos negros, olha o que eles falam dos indígenas, das mulheres, veja o que fulano fala... beltrano tinha fazenda de cana e escravos não sei onde... Juro para vocês, a gente não "enxergava" esses problemas. E de repente todo mundo começou a enxergar, a "ver". Isso é uma mudança grande na filosofia, de você enxergar o que se fazia na filosofia. Não ter praticamente nenhuma mulher filósofa... Como assim não tem? Nenhuma prestava? Nenhuma mulher nunca escreveu uma coisa tão boa quanto um homem? Que coincidência...

Então, acho que é isso. É levar a sério isso. E no mínimo, em sala de aula, comentar essa "coincidência". Se você está dando um curso sobre a *Metafísica dos Costumes* de Kant, o mínimo que você pode fazer é dizer: "Eu gosto muito do Kant, mas olha só o que ele diz aqui, presta atenção". Ou: "Kant está por trás de toda a modernidade, e a modernidade fez isso e aquilo". Só para ver, ler, mostrar. Não é o mínimo que você pode fazer? O único que escapa acho que é o Montaigne...

Isso é a filosofia. Não tem como negar. Dizer que o resto não é filosofia, "isso é filosofia, isso não é filosofia". "O que você faz não é filosofia". Quem estudava [*Gilles*] Deleuze ouvia essas coisas o tempo todo. "Vocês são os desejantes, isso aí não é filosofia".

Alter: E isso era com Deleuze...

DD: Imagina se fosse o Davi Kopenawa. "Não, isso não é filosofia, isso é outra coisa". Mas quem disse que tem que transformar tudo em filosofia para que seja algo de interesse da filosofia? Essa é uma questão. Ou, inversamente, se dissermos que o que o Kopenawa faz é, sim, filosofia — o que isso *muda na* filosofia? Não valerá até mais a pena pensar essa possibilidade, não será mesmo necessário, pensar o que isso mudaria (ou talvez já esteja mudando) na filosofia? Eu acho que quem faz filosofia tem que pensar essas coisas e lidar com elas de frente.

Alter: E aguentar também o tamanho dos problemas.

DD: Aguentar o tamanho das transformações...

ENTREVISTAS

CAPÍTULO 25

A espiral do tempo*

Peter Pál Pelbart: Você já disse algumas vezes que é tímida. Mas, assistindo ao seu debate recente com Paulo Arantes, fiquei perplexo: que desenvoltura, que firmeza, que tranquilidade em rebater, revidar, discordar! Você poderia falar um pouco sobre essa combinação entre timidez e assertividade?

Déborah Danowski: De fato eu detesto falar, mas a timidez não é algo que me impeça de dizer o que eu penso. Quer dizer, já que eu estou ali, o jeito é falar, não é? Já cheguei lá, já desafiei parte da timidez só pelo fato de estar lá. No caso daquela mesa, com o Paulo Arantes, teve um elemento que foi o fato de eu, por um lado, não ser especialista nem na obra do Günther Anders nem no caso Eichmann nem em Hannah Arendt[1], mas, por outro lado, eu tinha muita certeza do que eu penso sobre essas questões de crise ecológica, do mundo e do fim do mundo; e sabia também que não era exatamente nisso que ele, Paulo, estava interessado. Além disso, eu não sou de São Paulo, não sou da USP, não tenho os vínculos que poderiam me fazer hesitar naquela situação...

> Um estampido interrompe a conversa. É o som de um pássaro que se choca contra a janela da casa.
> — Ah, era um passarinho!
> — Se machucou, né? Será que morreu?
> — Bateu e morreu! Bateu no vidro.
> — Tá se mexendo ainda.
> — A gente pode dar uma morte calorosa pra ele. Por na mão...
> — Ele bateu muito forte...
> — Tá parecendo o *Melancholia*...
> Longo silêncio.

---

*   Entrevista concedida a Peter Pál Pelbart, em Mury, julho de 2023. Estiveram também presentes à conversa Mariana Lacerda, Eduardo Viveiros de Castro e Mel.

1   A mesa era sobre a carta de Anders ao filho de Eichman [N.E.].

Sons de passarinhos cantando. Pessoas voltam a conversar e as vozes se misturam com o canto dos pássaros. Murmúrio, ruídos...

PPP: Vamos aproveitar isso que acabou de acontecer. O que essa pequena cena suscita em você?

DD: Uma tristeza... Porque se calcula que um bilhão de passarinhos morrem assim, todos os anos, só nos Estados Unidos; no mundo inteiro, então, devem ser muitos mais. Eduardo lembrou do filme *Melancholia*.

PPP: Por quê?

DD: Por causa dos passarinhos caindo do céu, no filme. É desse fim do mundo que a gente está falando, e não do fim do mundo dos humanos, como falava o Paulo Arantes.

PPP: E qual é a diferença que você enxerga?

DD: O fim do mundo humano é só o fim do mundo humano; o Fim do Mundo vai engolir o mundo humano, mas é muito maior. Poucas pessoas, inclusive na filosofia, se dão conta disso...

PPP: Você acha que tem uma defasagem entre o que impera no campo da filosofia e o que acontece hoje e que demanda uma espécie de urgência do pensamento?

DD: É, a filosofia ficou, de maneira geral, muito apartada... É que as pessoas estão demorando muito a se dar conta de que temos que olhar para o mundo ao nosso redor. Já me deparei várias vezes com esse tipo de coisa, por exemplo as pessoas dizerem: "você tem certeza de que quer falar sobre esse assunto? As pessoas não vão gostar!" E eu dizia, "não tem problema, eu estou certa do que eu vou falar, estou disposta a comprar esta briga"; ou diziam assim: "isso é coisa para ciência, não afeta a minha filosofia", e isso, mesmo no caso de alguém que faz, por exemplo, filosofia política. Falam sobre o que Hannah Arendt disse sobre a Segunda Guerra, falam sobre a Revolução Francesa, a política em Platão, a Cidade, mas o colapso ecológico não, isso não, porque é coisa de ciência, não é filosofia. Outra versão: não tenho opinião porque não tenho informação suficiente sobre isso. Uma mistura de negacionismo com prepotência. A filosofia está acima da ciência, a filosofia não precisa se curvar às questões da ciência. E ainda hoje é assim que as pessoas pensam.

E tem mais: uma boa parte das pessoas que falam sobre a crise ecológica, a mudança climática, o Antropoceno... é só você ser um pouquinho treinado que percebe que não é esse o problema delas. Elas estão falando só para cobrir um assunto que está se impondo e sobre o qual elas têm que saber falar, têm que dizer os nomes, saber o vocabulário, justamente, para não serem classificadas como negacionistas nas palavras; mas no fundo são, são negacionistas. No fundo, aliás, todo mundo é, mas alguns são mais que outros.

Mariana: E mais do que falar, é se implicar.

DD: Exato. Quando você começa a se importar, você começa a se implicar. É impossível não se implicar nisso.

M: Assim como o feminismo, a questão do Antropoceno também pode virar um discurso sem implicação.

DD: Sim, e vira muito. Vira, inclusive, uma questão estética. Por exemplo, eu e o Eduardo. O nosso livro *Há mundo por vir?* é todo em torno dessa expressão e dessa questão do fim do mundo, foi por isso que a gente escreveu o livro. Mas, depois do livro, eu fui percebendo que o próprio livro, à nossa revelia, claro, acabou criando, ou melhor, avalizando aqui no Brasil o fim do mundo como um tema estético, um tema apresentável e até divertido... Divertido no sentido de você poder fazer um livro sobre o assunto, escrever artigos, peças de teatro... Não quer dizer que não sejam pessoas sérias, mas aquilo virou... estava indo numa direção que eu não gostei muito... Claro, a gente precisava falar sobre o fim do mundo. Não estou dizendo que o livro errou, não. Mas é preciso deixar claro que o fim do mundo não é algo a ser admirado, nem simplesmente temido ou analisado conceitualmente como uma coisa que acontece e pronto, aconteceu — distante, de certa forma, distante.

Antes do mundo terminar, e é isso que já está acontecendo, "fim do mundo" significa a devastação e a diminuição do mundo, com a qual nós temos que viver: nós, os nossos descendentes, animais e plantas e todas as coisas à nossa volta. Então, o fim do mundo não é um motivo estético, digamos assim. A motivação estética em torno desse tema foi me deixando irritada e incomodada.

Claro, é preciso falar do fim do mundo, mas é preciso dizer também que "fim do mundo" não tem necessariamente um sentido absoluto, significa muitas coisas pra muita gente diferente. Já aconteceu, para os humanos, está acontecendo de novo para os humanos — para alguns humanos e não para outros. Então, assim como o mundo vai vindo e acontecendo, o fim do mundo vai vindo e acontecendo. É claro que há fins do mundo diferentes, causados por agentes diferentes, e que atingem gentes e povos diferentes, humanos e não humanos; e vai chegar o momento em que esse fim será para todos. É por isso que a gente tem que se implicar.

PPP: Como foi que essa questão entrou na sua trajetória? Você fez o seu mestrado sobre Nietzsche, o doutorado sobre Hume, escreveu sobre Leibniz, e aí vem o fim do mundo. Como você acha que essa questão se insere nessa trajetória ou a desvia totalmente? Como você lê essa sequência?

DD: Essa questão do fim do mundo já estava entrando em alguns dos meus últimos textos dessa fase, digamos, anterior dos meus trabalhos. Se você olhar, por exemplo, o último artigo que eu escrevi então ("David Hume: o começo e o fim"[2]), baseado em um capítulo da minha tese chamado "Ficções de estranhamento", ele falava, entre outras coisas, sobre Adão, o primeiro homem... Porque Hume utilizava muito ficções sobre o começo do mundo, de várias formas. Por exemplo, ele diz: se alguém como Adão entrasse ou despertasse no mundo, com plena posse de suas faculdades mentais, e visse todas as coisas pela primeira vez, como ele saberia que se afogaria ao cair num rio? Dada tal situação, como ele agiria, uma vez que qualquer inferência de causa e efeito só acontece se houver "experiência", no sentido da acumulação de experiências passadas repetidas? Outro exemplo: se todos os humanos saíssem de cena e entrassem em seu lugar outros humanos, como ocorre com os bichos-da-seda... Como seria essa nova geração de humanos? E muitas outras. Ou seja, nessas ficções Hume propõe ao leitor pensar o que seria o início, o antes da experiência. Como seria? Como seria você inserir no

---

2   Ver o capítulo 9 deste volume.

mundo a mente humana, um sujeito humano, e exigir ou pedir dele uma resposta, uma ação, um sentimento, antes de ele ter esse acúmulo de experiências? Porque na filosofia dele existe uma contingência de fundo, que nem a razão pode superar; não há nenhum indício de que um determinado evento seja causa ou efeito de outro e, inversamente, não há garantia nenhuma de que as coisas não vão mudar, de que o sol não vai acabar ou que o gelo da Groenlândia vai estar sempre lá, ou que nossa vida vai se dar sempre dentro desse clima ameno que a gente está vivendo, como não há garantia, aliás, que as pessoas vão agir sempre da forma como esperamos... O que seria estar diante desses cenários, dessa experiência totalmente nova? Então essas imagens me atraíram, eram muitas imagens desse tipo na obra dele, e eu gosto muito de ficção científica... Então fiquei pensando, e entendi que, claro, na verdade ele quer dizer o oposto disso, porque para Hume nós estamos sempre já no meio — e é isso que importa para ele —, a gente está no meio da experiência, nossas noções, emoções e inferências, e todo o trabalho da imaginação se dá a partir dessa repetição da experiência passada, da maneira como as coisas acontecem, etc. Então, ele usa essas ficções de uma primeira experiência, uma experiência original, para dizer o contrário disso, dizer que não é aí que estamos, porque estamos no meio e é por isso que conseguimos raciocinar, estabelecer as leis da sociedade, enfim... Toda a filosofia dele.

Por outro lado, a insistência nessas ficções mostra que nós sempre estamos sujeitos a essa volta, a esse retorno, porque mesmo a história tem idas e vindas, ascenções e quedas... Hume, que era também historiador, era um iluminista, então ele claramente prezava a civilização; no entanto, ele sabia que os homens estão o tempo todo sujeitos a cair novamente na barbárie. E estamos sujeitos a esse tipo de coisa, no mundo humano e no mundo não humano, porque não existe garantia de que o sol vá nascer todos os dias, que uma bola de bilhar vá bater na outra e seguir aquele movimento previsto, e bater na próxima, e daí por diante. Não se pode garantir racionalmente que isso vá acontecer.

Esse era o capítulo da minha tese... Mas em 2007, quando eu fui reescrever esse texto, para apresentar em um colóquio organizado pelo grupo Hume, de Belo Horizonte, eu já coloquei mais ou menos assim: "nós hoje estamos, exatamente, nessa situação. Estamos diante do perigo de ter uma modificação, uma alteração radical da nossa experiência, e não há garantia nenhuma de que vamos seguir pensando, sentindo da maneira como fazíamos. Nunca estivemos tão perto de dar essa razão a Hume."

Quanto a Leibniz, em 2020 eu escrevi um texto ("Ordem e desordem na *Teodiceia* de Leibniz"[3]) que apresentei no II Colóquio Luso-Brasileiro Leibniz, em Lisboa. Ali, estando em Portugal, eu me inspirei no famoso terremoto de Lisboa e na querela da crítica de Voltaire ao otimismo do Leibniz, e tentei pensar como podíamos entender esse otimismo hoje. Diferentemente de Hume, Leibniz tem várias teorias sobre o tempo. É como se ele fosse testando cada uma. Acho que foi o Michel Serres quem disse isso, que Leibniz vai testando as teorias matemáticas, as regiões matemáticas em relação ao tempo, e vai obtendo resultados diferentes e concepções diferentes de temporalidade.

Algumas vezes, ele pensa a temporalidade no sentido de um aperfeiçoamento cada vez maior das substâncias ou seres criados, como se o tempo fosse sempre ascendente, como se seguisse uma curva ascendente. Em outras ocasiões, ele diz que a história descreve um círculo, que as coisas vão se dando e se combinando, que as possibilidades vão se desdobrando até chegar ao esgotamento dessas possibilidades e combinações e então há o retorno. Depois ainda ele vai dizer que a imagem do tempo circular não funciona e que, na verdade, haveria períodos de progresso e outros de regresso (um pouco como Hume pensava). Há ainda o tempo como uma espiral, onde só *parece* que as coisas se repetem, mas na verdade os momentos e personagens que parecem se repetir são distintos, já que seu princípio dos indiscerníveis proíbe a existência real de duas coisas ou momentos exatamente iguais no mundo. E ainda tem outras figuras, outros tipos de espirais, outros tipos de movimentos possíveis do tempo.

Então, Leibniz vai testando. Mas o que predomina, pelo menos foi essa a minha hipótese, é esse aperfeiçoamento permanente das substâncias. Isso não quer dizer que não haja substâncias que regridem. Um fruto tem que apodrecer antes que a semente germine, para criar uma planta nova... É muito sutil isso na filosofia do Leibniz. Mas — e isso é o que descobri naquele texto —, se você pensa nessa possibilidade de um mundo que é o mais perfeito possível mas que ainda está se aperfeiçoando, e as substâncias individuais se aperfeiçoando o tempo todo, ou seja, um mundo em que a maior perfeição das substâncias venha sempre

---

3   Ver acima, o capítulo 14.

depois da menor perfeição ou da maior imperfeição, é como se o mundo inteiro para Leibniz tomasse o caminho inverso da segunda lei da termodinâmica. Segundo essa lei, falando de maneira muito pouco rigorosa, para alguma coisa se aperfeiçoar, outra tem que morrer; pra haver vida em um lugar tem que haver morte em outro; a vida é um pequeno espaço de neguentropia dentro da grande entropia universal. E por aí vai. Então tudo isso virou para mim uma questão nesse texto, tendo em vista não mais o grande terremoto de Lisboa, mas a grande crise ecológica em que nos encontramos hoje.

Mas enfim, eu já comecei, ali, a inserir esses pensamentos sobre a catástrofe que está diante de nós hoje... Fazia isso, inseria pequenas intervenções, no meio daquilo que eu sabia fazer, que era a metafísica moderna, o período da história da filosofia em que talvez as pessoas acreditassem mais no nosso melhoramento.

Eu só tive coragem de realmente tentar escrever sobre o que eu estava lendo (sobre o aquecimento global) num evento organizado por estudantes da Universidade Federal de Góias, que se chamava "Eu penso". A ideia deles é que as pessoas pudessem falar sem precisar recorrer à história da filosofia e outros autores. Foi ali que eu fiz o meu primeiro texto, mesmo sabendo muito pouco sobre a questão ecológica. Todo mundo ficou meio de olhos arregalados, ninguém comentou muito, porque provavelmente nunca tinham ouvido falar dessas coisas, mas ao mesmo tempo estavam abertos para escutar algo que ainda não estava avalizado pela história da filosofia.

Desde então, eu tenho relido toda essa história a partir dessa ótica. E tudo ficou diferente. Inclusive algumas questões que antes não me interessavam passaram a me interessar, na medida em que eu podia conectá-las com aquilo que estava acontecendo na atualidade. Toda a metafísica pode ser relida a partir do que está aí, em torno de nós, dos nossos olhos e ouvidos, e passamos a entender tudo de maneira diferente.

PPP: Nessa releitura da história da filosofia você encontrou novos aliados, novos autores, um novo leque de referências?

A conversa foi interrompida porque foi preciso trocar o cartão de memória da câmera. Enquanto aguardávamos,
a cachorra Mel pegou na boca o passarinho que tinha caído morto no jardim:
— Ela pegou o passarinho!
— Ahhh...
— Ela vai comer o passarinho. Essa era a ideia...
— Que danada!
Seguem-se vários barulhos e conversas indistinguíveis.

PPP: Você estava dizendo que essa questão que te surgiu como premente mudou a tua leitura da filosofia e da história da filosofia, que de algum modo fez você reler tudo a partir de um outro ponto de vista.

DD: Na PUC-Rio, por volta dessa época, foi organizada uma jornada em que os professores apresentaram seus projetos aos colegas e aos estudantes. E eu me vi diante de um dilema: poderia falar sobre Leibniz — que era tema do meu projeto do CNPq e um assunto que eu conhecia bem — ou sobre esse projeto novo. E resolvi falar sobre o projeto novo. Os alunos ficaram super interessados; quanto aos professores, me lembro de duas manifestações: um colega elogiou minha "coragem" — o que diz muita coisa, porque ele estava reconhecendo que aquele era um assunto de que a filosofia não tratava e que eu ousei apresentar. Me perguntaram também qual era, afinal, "o filósofo"... E eu não tinha um filósofo. Eu tinha entrado nessas questões lendo artigos de jornais, autores como George Monbiot, do *The Guardian*, que era bem pessimista, os relatórios do IPCC (Painel Intergovernamental sobre Mudanças Climáticas), mas não tinha um filósofo. Só depois me conectei com os filósofos e outros que estavam já tratando disso: Latour, Stengers, as pessoas que chamamos para o colóquio *Os Mil Nomes de Gaia* aqui no Rio (que foi gestado na convergência de desejos, meu, do Latour e do Eduardo), além de pessoas que não puderam vir; e aqui no Brasil também foi a época em que começamos a formar um pequeno grupo, com o Alexandre Nodari, a Flávia Cera, depois o Rondinelly Medeiros, José Márcio Fragoso, o Marcos Mattos, o Marco Valentim, depois as pessoas que vieram a ser minhas alunas e amigas, a Juliana Fausto, a Alyne Costa, a Cecília Cavalieri, começamos a ir juntas a manifestações, passeatas, a pensar juntos...

Ou seja, começou a se formar um grupo de pessoas preocupadas com essas questões, e na filosofia também. Aqui no Brasil elas eram mais raras, mas também existiam, espalhadas por aí, e esse número foi aumentando. E tinha aquelas que permaneciam e permanecem, por motivos variados, fazendo o que já estavam fazendo. Não quero dizer que todo mundo tenha que falar sobre isso, mas não é possível também que isso não penetre de alguma maneira no que as pessoas estão fazendo, seja na filosofia antiga, na moderna ou contemporânea, na lógica, metafísica, estética, o que for. Nenhum assunto é impermeável nem prescinde do mundo em que nós estamos. A minha relação com a filosofia mudou completamente e acho que a filosofia começa a mudar. Tem que mudar.

M: Em 2014 teve o colóquio *Os Mil Nomes de Gaia*. E pra mim o seu trabalho só chegou em 2015, pelos vídeos do evento que estão no Youtube. Foi também quando saiu, em 2015, a tradução para o português do livro *A queda do céu*, do Davi Kopenawa e do Bruce Albert. Você acha que é por ali também que começa no Brasil esse debate?

DD: É bem possível. Quando a gente organizou esse colóquio, na casa de Rui Barbosa, éramos eu, Eduardo, Felipe Süssekind, a Juliana, a Cecília e a Alyne. E foi a gente que fez tudo, praticamente sozinhas; dizíamos que éramos a Faixa de Gaia. De fato, nunca tinha acontecido aqui nada desse tipo fora das ciências duras, as ciências da terra. E fizemos questão de chamar gente de muitos campos diferentes. O colóquio encheu, abrimos as inscrições e em um dia acabaram os lugares, tivemos que por telões em salas paralelas, fizemos tradução simultânea para três línguas, transmitimos online. Foi uma novidade mesmo. Nós tínhamos esse senso de urgência, e as pessoas não conheciam. Foi importante também colocarmos os vídeos na internet, porque muita gente só viu depois.

PPP: Foi uma reviravolta no campo. Vocês inauguraram uma possibilidade de pensar o presente numa chave outra.

DD: Pois é, se *essas* pessoas estão pensando nisso, então deve ser verdade, não é? (risos).

PPP: Quer dizer, validou-se como uma matéria digna de ser pensada no campo da filosofia e das ciências humanas.

DD: Sim.

PPP: E sobre a escrita desse livro, *Há mundo por vir?*, que, não só no Brasil, mas no mundo inteiro, teve o efeito de uma dinamite, como foi que vocês escreveram? Quando a gente lê um livro escrito por duas pessoas, tipo Deleuze e Guattari, sempre se pergunta como foi esse "escrever junto". Nas entrevistas, Deleuze conta que eles se encontravam e a cada encontro um falava e o outro ouvia, depois era o contrário. E, às vezes, eles se davam conta de que estavam usando a mesma expressão ou conceito, mas falando de coisas diferentes. Então, havia sempre essa margem de mal-entendido. E como faz para escrever a quatro mãos se cada um já é muitos?

DD: Com a gente já foi diferente porque estamos o tempo todo ali, juntos, conversando. E foi falando sobre o que cada um estava lendo e escrevendo que surgiu a ideia de escrevermos um livro juntos. Se eu não me engano, eu estava trabalhando no texto do Hume que mencionei, "O começo e o fim", e o Eduardo estava lendo o Meillassoux, o *Après la finitude*.

E a gente percebeu que havia uma relação entre as teses do Meillassoux e as ideias do último homem e do primeiro homem. Essa ideia, aliás, a gente acabou esquecendo de colocar dentro daqueles quadrinhos — porque no início eram quadrinhos, eram oito quadrinhos, oito posições da relação entre gente e mundo: gente sem mundo, mundo sem gente, no passado, no futuro, vistas de maneira otimista ou pessimista, etc... A ideia do primeiro ou do último homem, que estava nas nossas anotações iniciais, e que de certa forma faria a passagem da existência para a inexistência de gente ou de mundo, acabou faltando, foi esquecida no meio do caminho...

Mas então, nós começamos a pensar todas essas variações, e o Eduardo fez imediatamente essa coisa bem estruturalista que foi distribuir: "são quatro tipos"; aí esses quatro viraram oito, porque a gente percebeu que havia várias maneiras de falar sobre cada uma dessas situações. Foi então que veio um convite do Jean-Christophe Goddard para falarmos na Universidade de Toulouse — Jean-Jaurès, e calhou (foi realmente uma coincidência) que a palestra ocorreu no dia 21 de dezembro de 2012, o "dia do fim do mundo" do calendário Maia. Depois de Toulouse ainda reapresentamos o nosso jogral na aula do Bruno Latour, em Paris. Depois veio um convite da Emilie Hache para publicarmos o texto como capítulo numa coletânea que ela estava organizando (*De l'univers clos au monde infini*). Eu, que já tinha uma parte escrita, continuei escrevendo, e o Eduardo, que não tinha nada escrito, continuou não escrevendo, mas em compensação, quando começou não parava mais. E a gente ia conversando, eu escrevia uma parte e Eduardo escrevia outra, mas também cada um discutia e complementava o que o outro havia escrito. Por exemplo, toda a parte dos indígenas foi basicamente o Eduardo quem escreveu. Mas eu preparei a passagem do Gabriel Tarde para os ameríndios, porque fiquei pensando naquela "pequena tribo de chineses cavucadoures" que Tarde pôs nas antípodas das cavernas — era óbvio que esses chineses tinham que ser os indígenas. E o artigo (porque era pra ser só um artigo) já estava muito maior que o encomendado para a coletânea, eu querendo parar e ele não parava. Eu me lembro de uma entrevista que demos alguns anos depois, na Itália, para o jornal *Il Manifesto*, em que a entrevistadora nos disse: "nossa, é tão linda essa química entre vocês, um diz uma coisa e o outro complementa..." Mas, na verdade, não era bem assim que a escrita funcionava para a gente. Saía faísca, briga, imagina se não sairia... Você escreve e o outro vem e diz que não está certo. Não foi fácil nem pacífico, de jeito nenhum, foi bem difícil. Mas, no final, nós sempre estávamos basicamente de acordo sobre o resultado.

Tem uma diferença de escrita também. Eu sempre quero escrever com a linguagem mais simples e clara possível. Um estilo mais humeano, digamos assim. E Eduardo gosta de inserir adjetivos, palavras compostas... E quase todas as tiradas mais irônicas são dele também, eu tento moderar um pouco isso. E tem ainda a relação entre a filosofia e a antropologia. Isso é importante porque, depois que saiu a primeira edição, um belo dia, eu me dei conta de que o texto ficou como se a filosofia fosse sempre má, fosse apenas a tradição grega ou moderna, o Kant, Descartes etc, e a antropologia fosse boa. Então, na segunda edição eu me revoltei, troquei, corrigi, não era possível que a filosofia fosse o vilão e a antropologia o mocinho, sendo que na verdade a gente estava usando vários filósofos pra dizer o que estávamos dizendo...

PPP: Deixa eu aproveitar o que você disse? Vocês usaram vários filósofos. Você podia falar um pouco sobre Deleuze? Afinal, é um autor que acompanha a sua trajetória. Você poderia contar como e quando ele chegou até você, o que te interessou nele, e como ele foi usado nessa sua virada?

DD: Deleuze chegou a mim através do Roberto Machado, que era professor da PUC-Rio e tinha voltado da Europa recentemente. Se bem que, na verdade, sobre Deleuze eu só me lembro de um curso do Roberto, sobre os *Dialogues*; ele falava mais de Foucault. Depois ele saiu da PUC, foi despedido junto com vários outros professores, por questões políticas. Mas nós, alunos, fazíamos grupos de estudo. Primeiro foi Nietzsche, Foucault, depois o Nietzsche do Foucault — e aí já entrava o Nietzsche do Deleuze. E eu tenho que mencionar a Kátia Muricy, que também passeava por esses e outros autores e deu vários cursos ótimos. Na verdade, o que me influenciou foi o próprio Nietzsche, além das aulas do Roberto e da Kátia, porque a primeira coisa que li de Deleuze foi o livro dele sobre Nietzsche. E eu dou graças a deus por ter começado a filosofia por aí. Foi isso que formou a minha cabeça, não foi Heidegger, nem Kant, nem mesmo Hume.

Ao contrário, acho que eu comecei seguindo esse caminho porque tive cursos sobre Nietzsche e o meu trabalho de conclusão de curso foi em torno da conferência do Foucault sobre Nietzsche, "Nietzsche, a genealogia e a história"; o mestrado foi sobre os sonhos em Nietzsche, o doutorado sobre a questão do acaso em Hume, e só no pós-doutorado passei ao Leibniz. Eu fui estudar Hume porque fiz um curso sobre ele no semestre que passei estudando na Universidade de Columbia, em Nova York. Mas eu já tinha ali uma questão que me acompanhava desde minhas primeiras aulas na graduação. Achava muito curioso que eles, Leibniz e Hume, fossem pensadores tão próximos cronologicamente e pensassem de maneiras tão opostas: Hume pensando as relações como exteriores umas às outras e Leibniz pensando as relações como interiores, internas umas às outras. Leibniz dizendo que nada acontece sem uma causa e Hume problematizando a necessidade das causas e referindo as inferências à contingência da experiência, ao hábito. Então eu já tinha essa admiração, mas também estava seguindo o caminho de Deleuze na minha escolha dos filósofos: Nietzsche, Hume, Leibniz.

Mel vem trazer um presente para Déborah, uma plantinha.
Pessoas conversam sobre Mel e seu presente.

Quando eu escrevi minha tese sobre Hume, eu já tinha lido mais de uma vez o livro do Deleuze *Empirismo e subjetividade*, mas fiz questão de parar de ler esse livro, para não ficar nessa relação endogâmica. Li muito também o livro de Michel Malherbe (*La philosophie empiriste de David*

Hume), que foi meu orientador na França durante minha bolsa sanduíche. Mas na verdade acho que Deleuze estava por trás de tudo. No final da tese voltei a ele para responder às perguntas que eu tinha sobre Hume. Eu procurava e procurava, mas só Deleuze me parecia dar essas respostas; mesmo com toda a estranheza que a história da filosofia deleuziana suscita, sempre me pareceu que só ele tinha as respostas. Talvez, claro, as minhas perguntas já estivessem induzidas pela minha leitura anterior da sua obra. Mas o fato é que só ele podia me dar uma luz naquele momento.

PPP: E como Deleuze continuou te acompanhando depois da sua virada temática?

DD: Deleuze continuou e continua comigo — mesmo que indiretamente, porque eu não tenho lido Deleuze de maneira sistemática. O mesmo se passou com Nietzsche. Eu parei de ler porque todo mundo só falava em Nietzsche naquela época e eu não aguentava mais... Na verdade, volta e meia leio pedacinhos dos textos do Deleuze, sobre a noção de tempo, sobre o devir, sobre o acontecimento, sobre Leibniz, etc. Eu gostaria de voltar a ler todos esses autores algum dia, não sei, não sei se isso vai de fato acontecer. É que, para mim, acabou essa ideia que existia de que a gente tinha que produzir uma tese sobre um autor, entender, analisar e fazer grandes sínteses da obra de um autor. Pensávamos que devíamos esclarecer, acrescentar um entendimento, criar um público filosófico aqui no Brasil, que pudesse formar uma compreensão cada vez maior sobre a obra de um autor e sobre a história da filosofia; como se houvesse um progresso do conhecimento filosófico.

Para mim, isso não tem mais importância, a não ser quando estou dando aula. Mas a ideia de estar contribuindo para construir alguma coisa que vai durar no tempo, se expandir, isso acabou, porque, para mim, do jeito que as coisas andam, daqui a umas poucas décadas, nem vai ter mais universidade. A universidade também se insere nos cenários distópicos que vejo para o futuro. Não sei se a universidade resiste, se continua, se vai se transformar...

PPP: Aqui vai uma pergunta mais provocativa: o pensamento de Deleuze é conhecido por uma certa afirmatividade de fundo nietzscheano, digamos assim. Deleuze nunca foi sensível a temas como o fim da metafísica, da história, da filosofia. Ele atravessou a segunda

metade do século XX na contramão de certos discursos mais heidegge-rianos, ou mais niilistas. Eu entendo o pensamento de Deleuze, dentre vários outros qualificativos possíveis, como uma espécie de contra-nii-lismo. Agora, nessa temática do fim do mundo, estamos constatando uma destruição generalizada. E como essas coisas conversam?

DD: Constatar essa destruição generalizada não é exatamente niilismo. Eu vejo niilismo em alguns filósofos do materialismo especulativo, entre outros Meillassoux, Brassier, e em algumas pessoas que estudam esses autores. Eu não sou exatamente uma conhecedora da obra nem de um nem de outro, mas veja o caso do Brassier, por exemplo: a morte térmica futura do universo, daqui a bilhões de anos, para ele justifica a falta de sentido do que nós vivemos aqui hoje. Isso é totalmente anti-deleuziano. E eu acho que o mais grave é que eles esquecem que entre a nossa vida aqui, agora, neste lugar maravilhoso que é a Terra, e um fim de mundo, uma distopia qualquer, é certo que existe uma enorme degradação, uma diminuição da vida, mas existe vida ali também! A gente já está vivendo nisso, neste mundo presente; nossos filhos, as outras espécies, todos já estão vivendo com isso. Era nesse sentido que eu disse algumas vezes ter me incomodado a repercussão do título do nosso livro, que faz referên-cia ao fim do mundo. O livro pode ser pessimista, mas não tem nada de niilista. Ele pode ser pessimista porque a realidade que temos hoje é essa, mas isso não é um niilismo. Em certo sentido é até um livro otimis-ta. É por isso que nas páginas finais falamos da necessidade de "crer no mundo", que aliás é uma expressão do Deleuze.

Outro exemplo, o filme *O Cavalo de Turim*. Quem nos deu a dica do filme foi o Bruno Latour, que ficou impressionado com aquele pessimis-mo, aquela tristeza toda. Eu me lembro dele descrevendo os dois perso-nagens principais, naquela rotina terrível, cada um só comendo uma batata cozida... Eles tentam ir embora, mas por algum motivo não con-seguem, retornam, e voltam a comer batatas; depois acaba o fogo e eles sequer podem cozinhar as batatas... O Latour só conseguia pensar nisso, no pai, na filha, nas batatas, na água do poço que acaba, no cavalo que não queria mais andar, depois não queria mais comer, esse processo de imobilização geral que vai atingindo a todos, até que todos, cavalo, pai e filha, param de comer, param de fazer as coisas, param de viver. Existe isso no filme, evidentemente. Mas ele esqueceu dos ciganos que passam, cantando, rindo, no meio daquele cenário. Eles passam procurando água, mesmo sabendo que provavelmente não tem água porque o mundo está acabando, e ainda assim eles passam por ali, alegres, e seguem viagem.

E muita gente também diz que o fim do mundo... não faz mal, pode ser até melhor que acabe... Eu me lembro de alguns alunos em um curso que dei na PUC, em que falávamos das bombas atômicas, de Hiroshima, Anders e tal. Eles pensavam que tudo bem o mundo acabar... Então eu disse para eles assistirem a um documentário sobre a bomba de Hiroshima. Eles assistiram, e quando voltaram me disseram que de fato nunca tinham pensado que fosse assim, que não é simplesmente uma espécie de *big bang* ao contrário, em que tudo existe e um segundo depois tudo não existe mais. Nesse intervalo existe um sofrimento enorme...

PPP: E o que você falou sobre *O Cavalo de Turim* vale também para o filme *Melancholia*? Por um lado tem o perigo, a destruição, por outro tem uma espécie de contra-efetuação?

DD: Ali na cabaninha, no final do filme...

PPP: Sim.

DD: *Melancholia* é um pouco diferente, porque tem um momento em que tudo acaba, é o fim absoluto. Mas logo antes do final eles constróem uma cabaninha, os três entram ali, se dão as mãos e alguma coisa se passa. Ora, se eles sabem que o choque da Terra com o planeta Melancolia vai trazer só destruição, a destruição total, por que construir aquela cabaninha transparente, que não protege ninguém de nada? Ali a gente se inspirou no Deleuze, totalmente. Porque dentro da cabaninha acontece alguma coisa, uma contra-efetuação do desastre, em outro plano, o plano do sentido, do acontecimento.

PPP: Talvez a própria escrita do livro seja algo dessa natureza.

DD: Exatamente.

PPP: No livro, vocês escrevem a seguinte frase: "Gaia, para Stengers, não é pensada como o que deve unir todos os povos da Terra. Não é um nome que cria pertencimento e união, mas intrusão e mal estar. Gaia é o chamado a resistir ao Antropoceno, isto é, a aprender a viver com ele, mas contra ele, isto é, contra nós mesmos". E a pergunta que

fica é: será que somos capazes disso? Será que somos capazes, como ela diz e vocês retomam, de "sonhar outros sonhos"?

DD: Acho que a primeira coisa é tentar desdobrar esse "nós", o sujeito da frase. Não são apenas os humanos que sonham, são os seres vivos, talvez até outros seres além dos seres vivos. Mas quando Stengers se pergunta se somos capazes de sonhar outros sonhos, creio que ela está falando de nós, os ocidentais, do Ocidente-moderno-branco-europeu-capitalista. Será que esses *nós* somos capazes de sonhar outros sonhos? Sonhos de outros humanos ou de outros-que-humanos? Talvez estejamos do lado que não vai saber fazer isso. Ou talvez sejamos os que Latour chamou de Terranos, ou Terrestres, pessoas que querem poder saber viver outros sonhos, só que isso não é fácil. Outros humanos já estão vivendo — sempre viveram, na verdade — de outra maneira e, literalmente, sonham outros sonhos porque sonham diferente. Vide o que diz Davi Kopenawa sobre os brancos sonharem apenas consigo mesmos e suas mercadorias, e eles, os Yanomami, sonharem com bichos, espíritos, outros mundos, o mundo da floresta... Enfim, eu não sei. Será que a gente consegue? Porque não é fácil ser outro que nós mesmos. Não é todo mundo que pode ser indígena, por exemplo. E virar indígena talvez não seja para "a gente", e aí a gente vai ter que viver da maneira que sabe, se adaptando... Não sei, não tenho resposta.

PPP: Você foi convidada, há um tempo atrás, pela Casa do Povo, para falar sobre o tema do levante, "Levante da Terra". E eu vou ler um trecho que você escreveu. É um pouco longo, mas foi você quem escreveu e eu não poderia resumir. "Embora tentem nos fazer desacreditar, muitas terras, muitos mundos nunca pararam de se levantar. Ora, toda terra tem um povo e todo povo, inclusive um povo nômade, precisa de uma terra, o que é muito diferente de precisar ser o seu dono, cercá-la e tê-la como único proprietário. A própria terra, afinal, o solo, é feita de uma multiplicidade de povos: insetos, fungos, bactérias, vírus, plantas; aves, mamíferos, e também de humanos. Há almas em todo canto, e por isso levante se diz no plural: levantes. A terra preta dos índios é em si mesma um levante, ou muitos levantes. As sementes crioulas são levantes. As baixas tecnologias são levantes. Hoje mesmo, portanto, neste exato momento, velhos e novos povos se levantam, em muitos lugares, movidos por diferentes premências".

E você termina assim: "Um povo, uma minoria se levanta quando se vê em uma situação extrema e insuportável, ou quando enxerga com muita clareza um grande perigo à frente, um perigo extremo: o extermínio, a queda do céu, o fogo e a lama do Antropoceno. Catástrofe, Holocausto, *Shoah, Nakba*. Com que enorme frequência temos ouvido essas palavras ultimamente: ecocídio, genocídio. É contra todas elas que se dizem: Levante, *Mered, Intifada*."

Esse texto é maravilhoso. Você gostaria de comentá-lo?

DD: O Benjamin Seroussi me convidou para falar, nesse evento que a Casa do Povo faz anualmente em comemoração ao levante do gueto de Varsóvia. E esse ano, em abril de 2023, era o aniversário de 80 anos daquele levante. Fiquei na dúvida se aceitava o convite, mas eu queria falar sobre os palestinos e perguntei se poderia fazer isso. Ele me respondeu que sim. Então, eu construí todo o texto para fazer esse caminho: começar com o levante da Terra e terminar com o levante dos palestinos. É bom quando te chamam para falar sobre um tema, porque isso te força a pensar algo que, sozinha, você não ia chegar a pensar.

Meu pertencimento ao povo judaico, hoje, passa pelos palestinos. Eu não me sinto, de jeito nenhum, ligada ao judaísmo se não for para me perguntar de que lado do muro eu estou.

Essa coisa do muro, sobre de que lado estamos, foi uma inspiração longínqua do Primo Levi. Por exemplo, em *Os afogados e os sobreviventes*, ele fala nos "imitadores" de Auschwitz: "Não tenho tendência a perdoar, jamais perdoei nenhum de nossos inimigos de então nem tenho vontade de perdoar seus imitadores na Argélia, Vietnã, União Soviética, Chile, Argentina, Cambodja, Africa do Sul..." E no mesmo livro ele diz que não devemos esquecer que "no gueto estamos todos ... e não muito distante espera o trem". Ou seja, ele está dizendo (penso eu) que os inimigos, os carrascos, e portanto o muro que separa vítimas e carrascos, podem estar em qualquer lugar. E eu pergunto: se todos estamos no gueto, quem está dirigindo o trem?

Inclusive, depois que eu apresentei meu texto, a coisa se acirrou ainda mais em Israel e na Cisjordânia. De que lado estão os judeus hoje? O Estado de Israel está um horror.[4] Algumas pessoas poderiam identificar

---

4   Notar que esta entrevista foi feita em julho de 2023, portanto antes do ataque do Hamas e da vingança do Estado de Israel. [N.A.]

esse levante de que eu falei no meu texto com as manifestações de rua que estavam acontecendo, dos judeus israelenses contra Netanyahu, contra essa guinada cada vez mais para a extrema direita do Estado israelense, mas não é isso que estou chamando de levante. Porque os palestinos estavam fora das manifestações, elas não falavam dos palestinos. Os israelenses não estavam na rua reivindicando justiça para os palestinos. Então, esse final do texto foi uma provocação. Mas foi também uma afirmação da necessidade de se ampliar o uso do termo "holocausto". Muitos judeus se revoltam contra isso porque pensam que o verdadeiro holocausto é *o* Holocausto, com H maiúsculo, que não seria comparável a nenhum outro evento porque é o mal maior, é um evento único, intraduzível, etc. E isso parece dar razão a eles eternamente e deixá-los numa posição confortável em relação aos outros povos. Só que o que eles estão fazendo com os palestinos é claramente um holocausto, uma *Nakba*.

O que eu quis fazer foi aproximar mesmo *Nakba* e *Holocausto*, *Intifada* e *Mered*. Foi emocionante falar naquele contexto da Casa do Povo, acender a vela, mas aquele ritual só fez sentido para mim por isso, por ser essa a única razão possível, nesse momento, para eu estar ali, naquele lugar: poder falar *diante* dos palestinos. E dizer assim: "daqui a 20 anos, dados os fatos e as consequências do aquecimento global, onde estaremos, de que lado do muro estaremos? A gente não sabe". Então, é tudo a mesma coisa. Quer dizer, não é a mesma coisa, mas é tudo uma coisa só.

PPP: Isso tudo está ligado com os negacionismos que têm pululado. Você escreveu um belíssimo cordel para a gente chamado *Negacionismos*. E a gente tinha pensado que isso poderia virar um livro. Só que você constatou, ao longo desse tempo, que a palavra foi inflacionada, foi usada pra tantas coisas, e você recuou um pouco também por causa do uso generalizado desse termo, que esvaziou um pouco o sentido dele. Você poderia falar um pouco sobre isso?

DD: Eu entrei no assunto do negacionismo para entender os negacionismos do aquecimento global. Porque eu me deparava, diversas vezes, com pessoas de todos os tipos, mesmo da esquerda, que não acreditavam na crise climática, que diziam: "não, aquecimento global, eu tenho um problema com essa palavra, não é bem assim, isso não existe." E se espantavam diante disso, e negavam essa coisa tão enorme que já estava acontecendo. E mesmo aquelas pessoas que trabalhavam com a questão ambiental estabeleciam uma espécie de limite quando se entrava no tema do aquecimento global. Era muito estranho. Fora a direita, evidentemente. Eu tive brigas espetaculares com algumas pessoas, como o cientista e climatologista Luiz Carlos Molion, que antes pesquisava e trabalhava com o regime de chuvas da Amazônia, e virou negacionista, certamente por... Para mim essas pessoas que sabem o que está acontecendo e que vão lá dar palestras para dizer que não está acontecendo só pode ser por interesse, ou financeiro ou ideológico, ou os dois.

Mas quando pessoas de esquerda diziam que não estava acontecendo e que não era importante, eu ficava tentando entender como era possível dizerem aquilo, dizerem as coisas mais absurdas. E quis dar um curso para tentar entender essas e muitas maneiras e razões para negar, não ver o que estava acontecendo. E eu fiz o curso, tentando passar por diversos aspectos do negacionismo, começando pelo próprio termo, que teve origem numa literatura que falava sobre os historiadores revisionistas do *Holocausto* — com "h" maiúsculo. O termo, não ainda "negacionismo", mas "negação", está muito presente na psicanálise também, nas formas de negação em Freud, Lacan; está nas ciências cognitivas, etc. Eu fiz um plano de curso e aquele projeto de pós-doutorado com você.

Só que aí veio o Bolsonaro e o termo "negacionismo" bombou! E o desafio passou a ser entender esses outros negacionismos, ao lado do da crise climática, os negacionismos das vacinas, da pandemia, os revisionismos da história, que o nazismo era de esquerda... um milhão de coisas. Por isso não sei se tenho energia para fazer esse livro. De toda forma, ainda não vi nenhuma análise que fechasse o caso Bolsonaro, que explicasse completamente o que aconteceu, por que houve essa tentativa de destruição, de destruir tudo. É interessante, porque essas coisas sempre andam juntas: negacionismo, destruição, ódio aos pobres, às mulheres, aos gays, à esquerda, às minorias, à cultura, à linguagem. Houve várias tentativas muito interessantes de explicar o que aconteceu, mas nenhuma fecha o círculo, digamos assim. E não fecha porque é uma monstruosidade, tem sempre uma ponta que nos escapa. Você pode falar sobre a infância e a juventude dessa pessoa — o que é interessante —, sobre o pai, a escola, a história da ditadura; pode falar dos interesses financeiros, da influência do Steve Bannon e da direita mundial, de como ela se conecta com parte dos evangélicos...

PPP: Tudo isso está atravessado por um certo exercício de escrita seu, que é uma arma, um dispositivo, um suporte para poder exercitar esse levante do qual você fala. Você acha que existe uma escrita feminina?

DD: Eu não saberia caracterizar na própria materialidade da escrita o que há de feminino. Posso falar de mim. Os temas de que eu tratei nas minhas pesquisas foram de certa forma sempre laterais, menores. Não sei se isso é falta de coragem ou uma característica feminina positiva. Escrevi sobre os sonhos em Nietzsche, sobre o acaso em Hume. Mas quando me voltei para o tema do aquecimento global foi completamente diferente. De fato, precisei de coragem, porque eu não entendia nada disso, e sempre fui muito ruim para falar sobre história, lembrar nomes, acontecimentos, contextualizar. Talvez eu seja meio aérea (risos). Talvez isso ligue todos os meus textos. Por exemplo, em Leibniz há uma questão central, que é a conciliação entre a determinação e o livre arbítrio. Esse é um tema maior em Leibniz. Mas eu não comecei por aí, comecei pela liberdade de indiferença. Passei quase um ano na França lendo Leibniz e sem saber sobre o que eu queria escrever, daí encontrei uma resposta dele à resposta que Pierre Bayle dá à questão posta por Buridan, um filósofo medieval, que conta a anedota do asno que está com muita fome e muita sede, e se vê numa encruzilhada, diante de dois caminhos e a igual distância de um balde d'água e de um monte de aveia, entre os quais não é capaz de se decidir. Bayle diz que, como o asno não tem livre arbítrio, ele ficaria parado para sempre e morreria de fome e de sede, porque as duas opções têm o mesmo peso, e ele não conseguiria se decidir; mas Leibniz responde: "não é possível passar um plano geométrico cortando, pelo meio exato, o asno e o mundo, não dá para dividir o mundo em duas metades exatamente iguais; não existe simetria perfeita, de modo que haverá sempre pequenos motivos, pequenas percepções que vão inclinar esse asno, como nos inclinam, para um lado ou para o outro, mesmo que você não saiba o que te levou a ir para lá ou para cá, mais para um lado do que para o outro. Então, a simetria e ausência de motivos é uma abstração sem fundamento na realidade. A ideia de uma vontade que se autodetermina também é abstrata e irreal, para o Leibniz.

Então, eu sempre fui por esses caminhos menores. A indiferença está em toda a filosofia do Leibniz, mas não é uma questão maior. Acho que essa busca do tema menor pode caracterizar uma escrita feminina. Isso não quer dizer que as mulheres não sejam capazes de tratar de grandes temas. Não é isso. Acho que é uma tendência interessante... que as mulheres, talvez, vão assim, por um caminho meio escondido, penetrando nos mais diversos temas de um filósofo. Tem relação com uma certa delicadeza também: "não vou falar de tudo, vou falar só dessa coisinha aqui..."

PPP: Vamos para a última pergunta? Você comentou anteontem que o texto do Eduardo sobre os isolados comporta implicações políticas mais amplas do que ele mesmo admite. Quais seriam essas implicações?

DD: A existência de indígenas isolados, a visão que um povo tem... ou os relatos que um povo faz sobre a existência de membros isolados, ou a própria constatação de que existem povos inteiros isolados, sem contato com os Brancos... ele (Eduardo) deu a isso um estatuto de virtualidade. Mesmo que não seja possível constatar factualmente que esses índios existam, eles estão lá virtualmente. Isso quer dizer que, enquanto houver essa virtualidade, ninguém conseguirá exterminar totalmente um povo, pois ele sempre pode ressurgir, não necessariamente no mesmo lugar e com a mesma forma. "Um índio descerá"... Hoje, que é difícil a gente ainda acreditar em uma grande revolução que traga um mundo melhor, até porque parece não haver mais tempo para tanto, se a catástrofe se abater, mas sobrar um punhado de indígenas no Alto dos Andes, como disse uma vez Russell Means, todo um povo poderá ressurgir. É por isso que ele diz: "*isso* é revolução". Essa revolução ou ressurgência é um outro nome para levante. Como os levantes, ela não se dá no singular, já que cada indígena isolado é todo um povo que pode ressurgir, e essas ilhas, aparentemente isoladas umas das outras, já que estão em muitos lugares podem formar arquipélagos e quem sabe até montanhas e florestas. Foi isso que eu achei que pode ser uma inspiração. Aqueles movimentos na França que foram chamados *Les soulèvements de la terre*, e que chegaram a ser oficialmente proibidos (gerando a palavra de ordem: "não se proíbe um levante!"), se não me engano a ideia do movimento é fazer uma espécie de comunicação e conexão horizontal desses muitos e diferentes levantes, insurgências, boicotes, desobediências, esparsos mas presentes em todo canto, contra o roubo das águas e das terras, contra o esmagamento de povos e da Terra pelo concreto do capitalismo industrial neoliberal...

Tem também uma coisa que acho muito bonita em um dos textos do Comitê Invisível, *À nos amis*, quando eles falam de um movimento inverso ao do capital que separa e isola, da existência, no mundo todo (vou usar aqui as minhas palavras) de pequenas insurreições (levantes), isoladas mas que se comunicam de alguma maneira, nos becos, nas periferias, nos cafés dos escritórios, e que vão se comunicando e se alastrando porque em si mesmas cada uma delas já tem uma referência (virtual?) às outras. Vou citar aqui o trecho:

A secessão que o capital já pratica, nós vamos assumir, mas à nossa maneira. Fazer secessão, separar-se [...] é conectar-se estrategicamente com outras zonas de dissidência, intensificar a circulação com lugares amigos, sem se preocupar com fronteiras. Separar-se é romper, não com o território nacional, mas com a própria geografia existente. É criar uma geografia diferente, descontínua, em arquipélago e intensiva — e, portanto, ir ao encontro dos lugares e territórios que nos são próximos, mesmo que isso signifique viajar 10.000 km.

Quer dizer, os indígenas isolados são ilhas remanecentes da subida do nível e da expansão do mar branco, mas essas ilhas podem se reconectar novamente, porque estão virtualmente lá, esperando, sob o mar.

Enfim, é isso.

PPP: Debi, muito obrigado.

BIBLIOGRAFIA

ADAMS, Robert M. *Leibniz: Determinist, Theist, Idealist,* Oxford: Oxford University Press, 1998.

AGAMBEN, Giorgio. *Quando a casa queima.* Trad. Vinícius Nicastro Honesco. Coleção Pandemia Crítica #150. São Paulo: n-1, 2020.

ALBRECHT, Glenn A. *Earth Emotions: New Words for a New World.* Ithaca e Londres: Cornell University Press, 2019.

ALLEN, Joseph G. et al. "Associations of Cognitive Function Scores With Carbon Dioxide, Ventilation, and Volatile Organic Compound Exposures in Office Workers: A Controlled Exposure Study of Green and Conventional Office Environments". *Environmental Health Perspectives,* 124 (6), 2016, pp. 805-812.

ANDERS, Günther. *Le temps de la fin.* Paris: L'Herne, 2007.

——. *Teses para a era atômica.* Trad. Alexandre Nodari e Déborah Danowski. *Sopro,* 87, 2013, pp. 1-11.

ARAÚJO, Inácio. "Cineclube Pedagogias da Imagem exibe 'Branco Sai, Preto Fica'". Disponível em: http://www.cfch.ufrj.br/index.php/decania/noticias/733-cineclube-pedagogias-da-imagem-exibe-branco-sai-preto-fica. Acesso em 10 set. 2024.

ARNOLD, Jack. *The Incredible Shrinking Man,* 1957 (filme).

ASAFU-ADJAYE, John et al. *An Ecomodernist Manifesto,* 2015. Disponível em: www. ecomodernism.org. Acessado em 10 set. 2024.

ATWOOD, Margareth. *Oryx and Crake.* Londres: Virago, 2009.

BARROSO, Ivo (org.). *Edgar Allan Poe: "O Corvo" e suas traduções.* Rio de Janeiro: Lacerda, 2000.

BARTOV, Omer et al. "An Open Letter of the Director of the US Holocaust Memorial Museum". *New York Review of Books Daily,* 1 jul., 2019. Disponível em: https://www.nybooks.com/ daily/2019/07/01/an-open-letter-to-the-director--of-the-holocaust-memorial-museum/. Acesso em 19 jul. 2024.

BAYLE, Pierre. *Dictionnaire historique et critique.* Paris: Desoer, 1820.

BEYSSADE, Michelle. "Hume et les miracles". *Revue de l'enseignement philosophique,* set./out. 1987, pp. 59-69.

BORGES, Jorge Luis. *Obras completas,* v. 1 (1923-1949). Buenos Aires: Emecé, 2005.

——. *Ficções,* trad. Carlos Nejar. Rio de Janeiro: Globo/Círculo do Livro, 1975.

BRADBURY, Ray. *The Martian Chronicles.* Nova York: Bantam, 1979.

——. *As crônicas marcianas.* Trad. Ana Ban. São Paulo: Globo, 2005.

BREGER, Herber. "Symmetry in Leibnizean Physics." In *The Leibniz Renaissance International Workshop, Firenze, 2-5 giugno 1986.* Centro fiorentino di storia e filosofia della scienza. Florença: Leo S. Olschki, 1989.

BUTLER, Octavia E. *Parable of the Sower.* New York: Grand Central, 1993.

——. *Parable of the Talents.* New York: Grand Central, 2000.

BUTLER, Ronald J. "Natural Belief and the Enigma of Hume". *Archiv für Geschichte der Philosophie,* 42 (1), 1960, pp. 73-100.

CANÇADO, Wellington. "Contra-plano piloto". In *Uninomade.net*, 2015. Disponível em: https://uninomade.net/contra-plano-piloto/. Acesso em 10 de set. de 2024.

CARLSON, Colin et al. "Parasite Biodiversity Faces Extinction and Redistribution in a Changing Climate". *Science Advances,* 6 set. 2017, 3 (9).

CECHIN, Andrei. *A natureza como limite da economia: a contribuição de Nicholas Georgescu-Roegen.* São Paulo: Senac/Edusp, 2010.

CICERO. *Traité du destin.* In *Les stoïciens* (Bibliothèque de la Pléiade, trad. Emile Bréhier). Paris: Gallimard, 1983.

CLÉRO, Jean-Pierre. *La philosophie des passions chez David Hume.* Paris: Klincksieck, 1985.

——. *Hume: une philosophie des contradictions.* Paris: Vrin, 1998.

CNN. "Police: Australian Fires Create a 'Holocaust'". CNN, 9 fev., 2009. Disponível em: https://edition.cnn.com/2009/WORLD/asiapcf/02/08/australia.wildfires/. Acesso em 19 jul. 2024.

COETZEE, John Maxwel. *A vida dos animais.* São Paulo: Companhia das Letras, 1999.

COLLEN, Alanna. *10% Humano: como os micro-organismos são a chave para a saúde do corpo e da mente.* Rio de Janeiro: Sextante, 2016.

COMITÉ INVISIBLE, Le. *À nos amis.* Paris: La Fabrique, 2014.

——. *Aos nossos amigos: crise e insurreição.* São Paulo: n-1, 2016.

COSTA, Alexandre. "Eles sabiam". *Revista Virus*, 6 mar. 2017. Disponível em: http://revistavirus.com.br/eles-sabiam/. Acesso em 19 fev. 2018.

CPTEC / INPE, 2007. *Atlas de cenários climáticos futuros para o Brasil.* Disponível em: http://mudancasclimaticas.cptec.inpe.br/~rmclima/pdfs/prod_probio/Atlas.pdf. Acesso em 21 jul. 2024.

D'AGOSTINO, F.B. "Leibniz on Compossibility and Relational Predicates". *Philosophical Quarterly*, 1976 (26), pp. 125-138.

DANOWSKI, Déborah. *Natureza acaso: a contingência na filosofia de David Hume.* Rio de Janeiro: PUC-Rio, 1991. Tese de doutorado.

——. "Deleuze avec Hume". In E. Alliez (org.), *Gilles Deleuze: une vie philosophique.* Le Plessis-Robinson: Institut Synthélabo/Les Empêcheurs de Penser en Rond, 1998 pp. 191-206.

——. "Leibniz e Hume sobre a indiferença". *Kriterion,* XLIV nº 108, jul. a dez. 2003, pp. 209-223.

——. "Leibniz, Locke e Berkeley: mundos fenomênicos". *O que nos faz pensar, 26,* 2009, pp. 93-109.

——. *Negacionismos.* Coleção Pandemia. São Paulo: n-1 edições, 2018.

DANOWSKI, Déborah e Ailton KRENAK. "Crônicas terranas, mundos por vir". *Live* no Youtube com mediação de Tatiana Amaral. SESC São Paulo, ciclo Ideias #emcasacomsesc, 2020. Disponível em: https://www. youtube.com/watch?-v=ouaklNBO0_E&feature=youtu.be. Acesso em 10 de set. 2024.

DANOWSKI, Déborah e Eduardo VIVEIROS DE CASTRO, "L'arrêt de monde". In Hache, Emilie (org.), *De l'univers clos au monde infini*. Bellevaux: Éditions Dehors, 2014.

——. *Há mundo por vir? Ensaio sobre os medos e os fins*. Desterro: ISA e Cultura e Barbárie, 2017 [1ª edição: 2014].

DANOWSKI, Déborah, Eduardo VIVEIROS DE CASTRO e Rafael SALDANHA (orgs.). *Os mil nomes de Gaia: do Antropoceno à idade da Terra*. Rio de Janeiro: Machado, 2022.

DEBAISE, Didier. "Les conditions d'une pensée de la relation". In Pascal Chabot (org.). *La philosophie de Simondon*. Paris: Vrin, 2003.

DELEUZE, Gilles. *Logique du sens*. Paris: Minuit, 1969.

——. "Hume". In CHÂTELET, François. (org.). *História da filosofia: ideias, doutrinas*, vol. 4: O Iluminismo (o século XVIII). Rio de Janeiro: Zahar Editores, 1974.

——. *Empirisme et subjectivité: essai sur la nature humaine selon Hume*. Paris: PUF, 1980.

——. *L'abécédaire de Gilles Deleuze*. Conversa entre Gilles Deleuze e Claire Parnet, programa de TV produzido por Pierre-André Boutang, 1988-1989. Disponível online.

——. *Qu'est-ce que la philosophie?* Paris: Minuit, 1991.

——. "Sur Leibniz". *Curso de 1980 sobre Leibniz*. Disponível em: http://www.web-deleuze.com/php/sommaire.html. Acesso em 19 set. 2024.

——. "Sur Leibniz: Leibniz et le baroque". *Curso de 1986-1987 sobre Leibniz*. Disponível em: http://www.webdeleuze.com/php/sommaire.html. Acesso em 19 set. 2024.

——. Curso "Anti-Oedipe et autres réflexions", Disponível em: https://deleuze.cla.purdue.edu/wp-content/uploads/2017/11/AO-05-80-FR-2023-Update.pdf. Também no site Webdeleuze, https://www.webdeleuze.com.

——. *Le pli: Leibniz et le baroque*. Paris: Minuit, 1988.

DELEUZE, Gilles e Félix GUATTARI. *Capitalisme et schizophrénie: mille plateaux*. Paris: Minuit, 1980.

DELEUZE, Gilles e Claire PARNET. *Dialogues*. Paris: Flammarion, 1977.

DERRIDA, Jacques. *O animal que logo sou*. São Paulo: Edunesp, 2002.

DESCARTES, René. *Oeuvres et lettres* (Bibliothèque de la Pléiade). Paris: Gallimard, 1953.

——. *Oeuvres philosophiques, tome III (1643-1650)*. Paris: Classiques Garnier, 1998.

DICK, Philip K. *Ubik*. New York: Daw Books, 1983.

DIDEROT, Denis. *Lettre sur les aveugles à l'usage de ceux qui voyent*. In Œuvres. Paris: Gallimard (Bibl. Pléiade), 1951.

FELMAN, Shoshana. "In an Era of Testimony: Claude Lanzmanns' Shoah". *Yale French Studies*, 78, 1971.

FERRO, Nuno. "Quase nada/quase tudo: notas sobre a noção de substância como totalidade." *O que nos faz pensar*, 26, 2009, pp. 145-182.

FESTINGER, Léon. *A Theory of Cognitive Dissonance*. Stanford: Stanford University Press, 1957.

FICHANT, Michel. Postface: "Plus Ultra". In *De l'horizon de la doctrine humaine: apokatastasis pantwn (la restitution universelle)*. Paris: J. Vrin, 1991, pp. 125-210.

———. "L'invention métaphysique". Introdução a *Leibniz, G. W. Discours de m*étaphysique suivi de *Monadologie* et autres textes. Paris: Gallimard, 2004, pp. 7-140.

FLAVELLE, Christopher. "Louisiana, Sinking Fast, Prepares to Empty Out its Coastal Plain." In *Bloomberg*, 22 dez 2017. Disponível em: https://www.bloomberg.com/news/articles/2017-12-22/louisiana-sinking-fast-prepares-to-empty--out-its-coastal-plain. Acesso em 24 jul. 2024.

FLEW, Anthony. *A Dictionary of Philosophy*. Nova York: St Martin's Press, 1984.

FRANCISCO, Papa. *Carta Encíclica do Sumo Pontífice Francisco. Laudato Si / Louvado Seja. Sobre o cuidado da casa comum*. São Paulo: Loyola/Paulus, 2015.

FRÉMONT, Christiane. *L'être et la relation: Lettres de Leibniz à Des Bosses*. Paris: J. Vrin, 1999.

GAGLIARDI, Pasquale; Anne-Marie REIJNEN e Philipp VALENTINI (orgs.). *Protecting Nature, Saving Creation: Ecological Conflicts, Religious Passions, and Political Quanderies*. Londres: Palgrave / Macmillan, 2013.

GUIMARÃES ROSA, João. *Noites do sertão*. Rio de Janeiro: José Olympio, 1969.

HACHE, Emilie e Bruno LATOUR. "Morale ou moralisme? Un exercice de sensibilisation". *Raisons politiques*, 34 (2), 2009, pp. 143-165.

HAGE, Ghassan. "Holocaust Denialism and Climate Denialism: On the Necessity of Taboos." *Hage Ba'a*, 8 jan., 2020. Disponível em: https://hageba2a.blogspot.com/2020/01/holocaust-denialism-and-climate.html?m=1. Acesso em 19 jul. 2024.

HAMILTON, Clive. *Requiem for a Species: Why We Resist the Truth About Climate Change*. Abington: Earthscan, 2010.

———. "The Theodicy of the 'Good Anthropocene'". *Environmental Humanities,* vol. 7, 2015, pp. 233-238.

———. *Defiant Earth: The Fate of Humans in the Antropocene*. Sydney: Allen & Unwin, 2017.

———. "A Letter from Canberra: The Apocalyptic Fires in Australia Signal Another Future." *Sierra*, 1 jan., 2020. Disponível em: https://www.sierraclub.org/sierra/letter-canberra. Acesso em 19 jul. 2024.

HILBERG, Raul. *The Destruction of the European Jews*. New York: Holmes and Meier, 1985.

———. *A destruição dos judeus europeus*. São Paulo: Amarilys Editora, 2016.

HOLTHAUS, Eric. "Why I'm a Climate Change Alarmist". *Slate*, 20 ago. 2014. Disponível em: https://slate.com/technology/2014/08/climate-change-alarmist-optimistic-realistic-not-naive-assessment-of-global-warming.html. Acesso em 17 fev. 2021.

———. "Ice Apocalypse: Rapid Collapse of Antarctic Glaciers Could Flood Coastal Cities by the End of this Century". *Grist* , 21 nov. 2017. Disponível em ///Users/deborah2/Desktop/Pages%20web%20salvas/Ice%20Apocalypse%20%7C%20Grist.webarchive. Acesso em 19 fev. 2018.

HUME, David. *The Letters of David Hume*. In GREIG, John Young Thomson (org.), Oxford: Clarendon Press, 1932.

——. *An Enquiry Concerning Human Understanding*. Nova York: Collier Macmillan, 1962.

——. *A Letter from a Gentleman to his Friend in Edinburgh*. Paris: Annales Littéraires de l'Université de Besançon/ Les Belles Lettres, 1977.

——. *A Treatise of Human Nature* (org. Selby-Bigge). Oxford: Clarendon Press, 1981.

——. *The Natural History of Religion* (org. H.E. Root). Stanford: Stanford University Press, 1981.

——. *The History of England from the Invasion of Julius Caesar to the Revolution in 1688* (6 vols.). Indianapolis: Liberty Fund, 1983.

——. *Enquiries Concerning Human Understanding and Concerning the Principles of Morals* (org. L.A. Selby-Bigge). Oxford: Clarendon Press, 1986.

——. *Essays: Moral, Political and Literary* (org. E.F. Miller). Indianapolis: Liberty Fund, 1985.

——. *Dialogues Concerning Natural Religion* (org. Norman Kemp Smith). Nova York: Macmillan, 1989.

——. *Diálogos sobre a religião natural* (trad. José Oscar de Almeida Marques). São Paulo: Martins Fontes, 1992.

——. *Tratado da natureza humana: uma tentativa de introduzir o método experimental de raciocínio nos assuntos morais* (trad. Déborah Danowski). São Paulo: Edunesp, 2001. A edição inclui o texto *Sinopse [do] Tratado da natureza humana*, pp. 679-699.

——. *Investigação sobre o entendimento humano*. In: *Investigações sobre o entendimento humano e sobre os princípios da moral*. (trad. José Oscar de Almeida Marques). São Paulo: Editora Unesp, 2004.

——. *A Treatise of Human Nature* (orgs. David Fate Norton e Mary J. Norton). Oxford: Clarendon Press, 2007. A edição inclui o texto *An Abstract of A Treatise of Human Nature*, pp. 403-417.

IPCC, 2007. *Sumário para formuladores de políticas do grupo de trabalho II do 4º relatório do painel intergovernamental sobre mudanças climáticas*. Disponível em https://www.ipcc.ch/site/assets/uploads/2021/03/ar4-wg2-spm.pdf. Acesso em 21 jul. 2024.

JAMES, William. *The Principles of Psychology*. Nova York: Dover, 1952.

JONAS, Hans. *The Imperative of Responsibility: Search of an Ethics for the Technological Age* (trad. de H. Jonas com a colaboração de D. Herr). Chicago e Londres: The University of Chicago Press, 1985.

KAHN, Amanda. "Climate Change and the 5 Stages of Grief." *The BMSC Blog*, 6 de maio de 2014. Disponível em: https://bmscblog.wordpress.com/2014/05/06/climate-change-and-the-5-stages-of-grief/. Acesso em 10 set. 2024.

KEMP SMITH, Norman. "Introduction" in HUME, David, *Dialogues Concerning Natural Religion*. Nova York: Macmillan, 1989, pp. 1-123.

KLEIN, Naomi. *The Shock Doctrine: the Rise of Disaster Capitalism*. Toronto: Penguin, 2008.

———. "Naomi Klein: Greta Thunberg Is a 'Prophetic Voice' in Fight for Climate Justice". *Democracy now*, 2019. Disponível em https://www.democracynow.org/2019/9/17/naomi_klein_greta_thunberg_youth_activists. Acesso em 24 jul. 2024.

KOPENAWA, Davi e ALBERT, Bruce. *La chute du ciel: paroles d'un chaman yanomami*. Paris: Plon, 2010. [Ed. bras.: *A queda do céu*, trad. Beatriz Perrone-Moisés. São Paulo : Companhia das Letras, 2015.

KOPP, R.E. et al. "Evolving Understanding of Antarctic Ice-Sheet Physics and Ambiguity in Probabilistic Sea-Level Projections". *Earth's Future*, 5, 2017, pp. 1217-1233. Disponível em https://agupubs.onlinelibrary.wiley.com/doi/full/10.1002/2017ef000663. Acesso em 19 fev. 2018.

KRENAK, Ailton. *Ideias para adiar o fim do mundo*. São Paulo: Companhia das Letras, 2019.

KÜBLER-ROSS, Elizabeth. *On Death and Dying*. Nova York: Scribner, 1969.

LANZMANN, Claude. *Shoah* (filme), 1985.

———. *Shoah, an Oral History of the Holocaust: The Complete Text of the Film*. Nova York: Pantheon Books, 2009.

———. *Rapport Karski* (filme), 2010.

LATOUR, Bruno. "Love Your Monsters", NORDHAUS e SHELLENBERGER. *Postenvironmentalism and the Anthropocene*. Breakthrough Institute: 2011, pp. 17-25. Disponível em http://www.bruno-latour.fr/sites/default/files/107-NORDHAUS%26SHELLENBERGER.pdf. Acesso em 21 jul. 2024.

———. "Reflections on Etienne Souriau's *Les différents modes d'existence*". Levi Bryant, Nick Srnicek e Graham Harman (orgs.), *The Speculative Turn: Continental Materialism and Realism*. Melbourne, Australia: Re.press, 2011, pp. 304-333.

———. "Draft for a San Giorgio Declaration". 2013. Disponível em http://www.bruno-latour.fr/sites/default/files/downloads/00-CINI-DRAFT-BL.pdf. Acesso em 21 jul. 2024.

———. *Facing Gaia: Six Lectures on the Political Theology of Nature. Being the Gifford Lectures on Natural Religion*. Edinburgh du 18 au 28 février 2013.

———. *Face à Gaïa: huit conférences sur le nouveau régime climatique*. Paris: Les Empêcheurs de Penser en Rond / La Découverte, 2015.

———. "La grande clameur relayée par le pape François." In *Collectif Laudato Si', Édition commentée*, Collège des Bernardins: Parole et silence Editions, 2015, pp. 221-229.

———. "Fifty Shades of Green". *Environmental Humanities*, vol. 7, 2015, pp. 219-225.

———. *Onde aterrar? Como se orientar politicamente no Antropoceno*. Rio de Janeiro: Bazar do Tempo, 2020.

———. "Por que a crítica perdeu a força? De questões de fato a questões de interesse".

O que nos faz pensar, 29 no 46 (trad. A.P. Morel, D. Danowski, L. Weltman, M. Vilela e T. Marconde), pp. 173-204, 2020.

LATOUR, Bruno e CHAKRABARTY, Dipesh. "Conflicts of Planetary Proportion – A Conversation". *Journal of the Philosophy of History* 14 (3), 2020, pp. 419-454.

LEIBNIZ, Gottfried Wilhelm. *Sämtliche Schriften und Briefe*, Reihe I-VII. Herausgegeben von der Berlin-Brandenburgischen Akademie der Wissenschaften und der Akademie der Wissenschaften in Göttingen. Berlin: Akademie Verlag.

——. *Correspondance Leibniz-Clarke*. (org. André ROBINET). Paris: PUF, 1957.

——. *Essais de théodicée: sur la bonté de Dieu, la liberté de l'homme et l'origine du mal*. Paris: Garnier – Flammarion, 1969.

——. *Die Philosophischen Schriften von Gottfried Wilhelm Leibniz*, Vols. I – VII (org. C.I. GERHARDT). Hildesheim: Georg Olms, 1978.

——. *G.W. Leibniz: opuscules philosophiques choisis*. (org. Paul SCHRECKER). Paris: Vrin, 1978.

——. *La production originelle des choses prise à sa racine*, in Paul SCHRECKER (org.), *G.W. Leibniz: opuscules philosophiques choisis*, Paris: J. Vrin, 1978.

——. *Escritos filosóficos* (org. e trad. E. OLASO). Buenos Aires: Editorial Charcas, 1982.

——. *Leibniz: Philosophical Writings*. (org. PARKINSON) Londres: Dent, 1984.

——. *Principes de la nature et de la grâce fondés en raison/principes de la philosophie ou monadologie* (org. André ROBINET). Paris: PUF, 1986.

——. *Discours de métaphysique et correspondance avec Arnauld* (org. Georges LE ROY). Paris: J. Vrin 1988.

——. G.W. *Leibniz: opuscules et fragments inédits (extraits des manuscrits de la bibliothèque royale de Hanovre)* (org. Louis COUTURAT). Hildesheim: Georg Olms Verlag, 1988.

——. *Gottfried Wilhelm Leibniz: Philosophical Papers and Letters* (org. Leroy E. LOEMKER). Dordrecht/Boston/London: Kluwer, 1989.

——. *Nouveaux essais sur l'entendement humain*. Paris: Garnier – Flammarion, 1990.

——. *De l'horizon de la doctrine humaine: apokatastasis pantwn (la restitution universelle)* (org. Michel FICHANT). Paris: J. Vrin, 1991.

——. *G.W. Leibniz, De Summa Rerum: Metaphysical Papers, 1675-1676* (org. G.H.R. PARKINSON). New Haven: Yale University Press, 1992.

——. *Confessio philosophi: La profession de foi du philosophe*. Paris: Vrin, 1993.

——. *Système nouveau de la nature et de la communication des substances et autres textes 1690-1703*. Paris: GF Flammarion, 1994.

——. "Réponse aux réflexions contenues dans la seconde édition du *Dictionnaire critique* de M. Bayle, article Rorarius, sur le système de l'harmonie préétablie". In *Système nouveaux de la nature et de la communication des substances et autres textes 1690-1703* (org. Christiane FRÉMONT). Paris: Flammarion, 1994.

——. *La monadologie* (org. Emile BOUTROUX). Paris: Delagrave, 1998.

——. *G.W. Leibniz: textes inédits*. (org. Gaston GRUA). Paris: PUF, 1998.

——. *Recherches générales sur l'analyse des notions et des vérités: 24 thèses métaphysiques et autres textes logiques et métaphysiques* (org. Jean-Baptiste RAUZY). Paris: PUF, 1998.

——. *L'être et la relation: lettres de Leibniz à Des Bosses (1706-1716)* (org. Christiane FRÉMONT). Paris: Vrin, 1999.

——. *Sistema novo da natureza e da comunicação das substâncias e outros textos* (trad. Edgar Marques). Belo Horizonte: Ed. UFMG, 2002.

——. *Discours de métaphysique suivi de monadologie et autres textes* (org. Michel Fichant). Paris: Gallimard, 2004.

LEBRUN, Gérard. "O cego e o filósofo ou o nascimento da antropologia." *Discurso,* ano III (3), pp. 127-139 s/d.

LEVI, Primo. *É isto um homem?* Rio de Janeiro: Rocco, 1988.

——. *Os afogados e os sobreviventes: os delitos, os castigos, as penas, as impunidades.* Rio de Janeiro: Paz e Terra, 1990.

LOCKE, John. *An Essay Concerning Human Understanding.* Oxford: Clarendon Press, 1987.

LOPES DOS SANTOS, Luiz Henrique. "Leibniz e a questão dos futuros contingentes". *Analytica*, 3, 1998, pp. 91-121.

LYNAS, Mark. *Six Degrees: Our Future on a Hotter Planet.* Washington, D.C.: National Geographic, 2008.

LYNAS, Mark, NORDHAUS, Ted e SHELLENBERGER, Michael. "A Pope Against Progress", 2015. Disponível em http://www.marklynas org/2015/06/a-pope-against-progress/. Acesso em 10 de set. 2024.

MADELRIEUX, Stéphane. "Pluralisme anglais et pluralisme américain: Bertrand Russell et William James". *Archives de Philosophie*, 2006/3, vol. 69, pp. 375-393.

MALHERBE, Michel. *La philosophie empiriste de David Hume.* Paris: J. Vrin, 1984.

——. "Introduction". In HUME, D., *Dialogues sur la religion naturelle.* Paris: J. Vrin., 1987.

MARQUES, Edgar. "Corpos e mônadas na metafísica madura de Leibniz. *O que nos faz pensar*, 18 (2004), pp. 183-194.

MARTINS COSTA, Ana Luísa. "O mundo escutado". In *Scripta* 9 (17), 2005, pp. 47-60.

MCKIBBEN, Bill. *Falter: Has the Human Game Begun to Play Itself Out?* Nova York: Henry Holt and Co, 2019.

MEANS, Russel. "The Same Old Song". In *Marxism and Native Americans.* Boston: South End Press, 1983.

MEILLASSOUX, Quentin, *Après la finitude: Essai sur la nécéssité de la contingence.* Paris: Seuil, 2006.

——. "Subtraction and Contraction: Deleuze, Immanence, and *Matter and Memory*." *Collapse*, III, 2007, pp. 63-107.

MOLION, Luiz Carlos. "Por uma agenda climática baseada em evidências e nos interesses reais da sociedade: Carta aberta ao ministro do Meio Ambiente, Ricardo de Aquino Salles." Disponível em https://www.noticiasagricolas. com.br/noticias/meio-ambiente/231554-cientistas-liderados-por-lcmolion-

-confrontam-ambientalistas-que-defendem-o-aquecimento-climatico. html#.XIaeE9F7kWo. Acesso em 20 jul. 2024.

MONBIOT, George. "Should We Seek to Save Industrial Civilisation? A Debate with Paul Kingsnorth" (2009). Disponível em https://www.monbiot. com/2009/08/18/should-we-seek-to-save-industrial-civilisation/. Acesso em 21 jul 2024.

MONTAIGNE, Michel de. *Essais.* In *Oeuvres complètes* (Bibliothèque de la Pléiade). Paris: Gallimard, 1962.

MOREAU, Joseph. *L'univers leibnizien.* Hildesheim: Georg Olms, 1987.

MORTON, Timothy. *The Ecological Thought.* Cambridge, Massachusetts: Harvard University Press, 2010.

MOSSNER, Ernest C. "The Enigma of Hume.", *Mind,* 45, 1936, pp. 334-49.

——. *The Life of David Hume.* Nova York: Thomas Nehagelson and Sons, 1954.

NOLAN, Christopher. *Interstellar,* 2014 (filme).

NORDHAUS, Ted e Michael SCHELLENBERGER. *Break Through: Why We Can't Leave Saving the Planet to Environmentalists.* Nova York: Mariner Books, 2009.

OLLMAN, Bertell. *Alienation: Marx's Conception of Man in Capitalist Society.* Cambridge: Cambridge University Press, 1996.

ORESKES, Naomi e CONWAY, Erik. *Merchants of Doubt: How a Handful of Scientists Obscured the Truth on Issues from Tobacco Smoke to Global Warming.* Nova York: Bloomsbury Press, 2020.

ORTEGA Y GASSET, José. *El tema de nuestro tiempo.* Madri: Revista de Occidente, 1956.

PARENT, William A. "An Interpretation of Hume's *Dialogues.*" *The Review of Metaphysics,* 30, 1976, pp. 96-114.

——. "Philo's Confession". *Philosophical Quarterly,* 26 (102), 1976, pp. 63-68.

PASSMORE, John Arthur. *Hume's Intentions.* Londres: Duckworth, 1980.

PAULSON, William R. *Enlightenment, Romanticism, and the Blind in France.* Princeton: Princeton University Press, 1987.

PINHEIRO, Ulysses. "Contingência e análise infinita em Leibniz". *Kriterion* XLII (104), 2001, pp. 49-71.

POE, Edgar Allan. *The Complete Tales and Poems of Edgar Allan Poe.* Nova York: The Modern Library, 1965.

PORTUGAL, Aline Bittencourt. *Geografia de espaços outros: formas de ocupar e inventar as cidades no cinema brasileiro contemporâneo.* Niterói: Universidade Federal Fluminense, 2016. Dissertação de mestrado.

PROUST, Marcel. *À la recherche du temps perdu.* Paris: Gallimard (Bibliothèque de la Pléyade), 1954.

——. *No caminho de Swann* (trad. Mário Quintana). Porto Alegre: Editora Globo, 1948.

QUEIRÓS, Adirley. *Branco Sai Preto Fica,* 2014 (filme).

RAUZY, Jean-Baptiste. "*Quid sit natura prius?* La conception leibnizienne de l'ordre." *Revue de métaphysique et de morale*, 1/jan.-mar. 1995, pp. 31-48.

RESCHER, Nicholas. "Choice Without Preference". *Kant Studien* 21, 1959-1960, pp. 142-175.

RIPPLE, Wiliam J. et al. "World Scientists' Warning of a Climate Emergency". *BioScience*, v. 70, n.1, jan. 2020, pp. 8-12. Disponivel em https://doi.org/10.1093/biosci/biz088. Acesso em 19 jul. 2024.

ROCKSTRÖM, Johan, et al. (2009). "A Safe Operating Space for Humanity". *Nature, 461*, 472-475, 2009.

RUSSELL, Bertrand. *A Critical Exposition of the Philosophy of Leibniz (with an appendix of leading passages)*. Londres e New York: Routledge, 2002.

RUTHERFORD, Donald. "Metaphysics: the Late Period". In Nicholas JOLLEY. *The Cambridge Companion to Leibniz*. Cambridge: Cambridge University Press, 1995.

——. *Leibniz and the Rational Order of Nature*. Cambridge: Cambridge University Press, 1998.

SALDANHA, Arun. *Space After Deleuze*. Londres e Nova York: Bloomsbury, 2017.

SERRES, Michel. *Le système de Leibniz et ses modèles mathématiques*. Paris: PUF, 1990.

SHAVIRO, Steven. "Panpsychism And/Or Eliminativism". In *The Pinocchio Theory* (blog), 4 out. 2011. Disponível em: http://www.shaviro.com/Blog/?p=1012. Acesso em 24 jul. 2024.

SMAJE, Chris. "Dark Thoughts on Ecomodernism". 12 ago. 2015. Disponível em http://dark-mountain.net/blog/dark-thoughts-on-ecomodernism-2/. Acesso em 10 set. 2024.

SNYDER, Timothy. "It Can Happen Here: The U.S. Holocaust Memorial Museum's Decision to Speak Out Against Holocaust Analogies is a Moral Threat". *Slate*, 12 jul. 2019.

SOLNIT, Rebecca. *Hope in the Dark: Untold Stories, Wild Possibilities*. Nova York: Nation Books, 2004.

SPINOZA, Baruch. *Oeuvres complètes* (Bibl. de la Pléiade). Paris: Gallimard, 1954.

SPINOZA, Bento de. *Ética*. Trad. Tomaz Tadeu. Belo Horizonte: Autêntica, 2009.

STENGERS, Isabelle. *Au temps des catastrophes: Résister à la barbarie qui vient*. Paris: Éditions La Découverte, 2009. [Ed. bras.: *No tempo das catástrofes: resistir à barbárie que se aproxima*, trad. Eloisa A. Ribeiro. São Paulo: CosacNaify, 2015].

——. *Une autre science est possible! Manifeste pour un ralentissement des sciences*. Paris: La Découverte, 2013.

SWAN, Shanna. "Most Couples May Have To Use Assisted Reproduction by 2045". Entrevista feita por Zoë Corbyn, *The Guardian*, 28 mar. 2021. Disponível em https://www.theguardian.com/society/2021/mar/28/shanna-swan-fertility-reproduction-count-down. Acesso em 10 set. 2024, 2021.

TARDE, Gabriel. *Fragmento de história futura*. Desterro: Cultura et Barbarie, 2013.

THOMAS, Chris D. et al. "Extinction Risk from Climate Change". *Nature* 427, 2004, pp. 145–148.

TILLON, Florent. *Detroit, ville sauvage*, 2010 (filme).

TOOZE, Adam. "We Are Living Through the First Economic Crisis of the Anthropocene". *The Guardian*, 7 mai. 2020. Disponível em https://www.the-guardian.com/books/2020/may/07/we-are-living-through-the-first-econo-mic-crisis-of-the-anthropocene. Acesso em 3 out. 2024.

TWEYMAN, Stanley. (org.). *David Hume: Critical Assessments*. Londres e Nova York: Routledge, 1995.

USHMM – United States Holocaust Memorial Museum. Statement Regarding the Museum's Position on Holocaust Analogies. USHMM, 2 jun. 2019 [atualizado em 29 set. 2019]. [O documento parece ter sido excluído do site do Museu – N.A.]

——. Statement Regarding the Museum's Position on Holocaust Analogies (press release). 21 dez. 2018. Disponível em https://www.ushmm.org/information/press/press-releases/why-holocaust-analogies-are-dangerous. Acesso em 12 jul. 2020.

VIVEIROS DE CASTRO, Eduardo. "Perspectivismo e multinaturalismo na América indígena". In *A inconstância da alma selvagem*. São Paulo: Cosac & Naify, 2002

——. *A floresta de cristal: ensaios de antropologia*, capítulo 12. São Paulo: n-1 edi-ções, 2024.

WEYL, Hermann. *Symmetry*. Princeton: Princeton University Press, 1980.

YOURCENAR, Marguerite. *Les yeux ouverts: entretiens avec Mathieu Galey*. Paris: Livre de Poche, 1982.

ZEITLIN, Benh. *Bêtes du sud sauvage*, 2012 (filme).

ZOURABICHVILI, François. *Le vocabulaire de Deleuze*. Paris: Ellipses, 2003.

**Dados Internacionais de Catalogação na Publicação (CIP)
de acordo com ISBD**

D188c
  Danowski, Déborah

    A chuva desmancha todos fatos: ensaios de filosofia /
  Déborah Danowski. – São Paulo : N-1 edições, 2024.
    384 p. : il. ; 15cm x 23cm. – (Reviravolta)

    ISBN: 978-65-6119-034-3

    1. Filosofia. I. Título. II. Série.

2024-3758   CDD 100
                                         CDU 1

Elaborado por Odilio Hilario Moreira Junior – CRB-8/9949

Índice para catálogo sistemático:
1. Filosofia 10
2. Filosofia 1

n-1

O livro como imagem do mundo é de toda maneira
uma ideia insípida. Na verdade não basta dizer Viva
o múltiplo, grito de resto difícil de emitir. Nenhuma
habilidade tipográfica, lexical ou mesmo sintática será
suficiente para fazê-lo ouvir. É preciso fazer o múltiplo,
não acrescentando sempre uma dimensão superior,
mas, ao contrário, da maneira mais simples, com força
de sobriedade, no nível das dimensões de que
se dispõe, sempre n-1 (é somente assim que o uno faz
parte do múltiplo, estando sempre subtraído dele).
Subtrair o único da multiplicidade a ser constituída;
escrever a n-1.

Gilles Deleuze e Félix Guattari

n-ledicoes.org